불교 논리학
Buddhist Logic

테오도르 체르바츠키 지음
임　　옥　　균 옮김

II

경서원
1995

이 책은

F, Th, Stcherbatsky가 지은

BUDDHIST LOGIC(U.S.S.R, Leningrad : 1930)

의 온전한 번역입니다.

【불교 논리학 1】

차　례

제 1 부 실재와 지식(prāmāṇya-vāda)

제 2 부 감성 세계

제1장 순간적 존재의 이론

제3장 감관-지각(pratyakṣam)

제4장 궁극적 실재(paramartha-sat)

제 3 부 구성된 세계

제1장 판 단(Judgment)

제2장 추 론(Inference)

【불교 논리학 2】

차 례

제3장 삼단논법(parārthānumānam)

제4장 논리적 오류(Logical Fallacies)

제4부 부 정

제1장 부정판단(The negative judgement)

제2장 모순율(The law of contradiction)

제5장 외부 세계의 실재(Reality of the External World)

약 어 표

Anekāntaj.	Anekānta-jaya-patāka of Haribhadra(Jain).
AK.	Abhidharmakoša.
AKB.	Abhidharmakošabhāsya.
BB.	Bibliotheca Buddhica.
BI.	Bibliotheca Indica.
CC.	The Central Conception of Buddhism and the Meaning of the term Dharma(London 1923, R. A. S.).
CPR.	Critique of Pure Reason by Kant, transl. by Max Müller.
ERE	Encyclopedia of Religion and Ethics.
GGN.	Göttinger Gelehrte Nachrichten.
IHQ.	Indian Historical Quarterly(Calcutta).
JBORS.	Journal of the Bihar and Orissa Research Society.
JRAS.	Journal of the Royal Asiatic Society.
Khand.	Khandana-khanda-khādya by Šriharṣa.
Mallavādi.	Nyāya-bindu-ṭippanī by this author, different from the ṭippanī printed by me in the BB.
Madhy. v.	Mūla-mādhyamika-kārikā-vrtti by Candrakīrti.
Nirvāṇa.	The Conception of Buddhist Nirvāṇa(Leningrad, 1927).
NB.	Nyāyabindu' by Dharmakīrti.
NBT.	Nyāyabinduṭikā by Dharmottars.
NBTT(or Tipp. simply)	Nyāyabinduṭīkā-ṭippanī ed. by me in the BB and erroneously ascribed to Malavādī, g. c.
NBh.	Nyāya-bhāsya.
NK.	Nyāya-kanikā(reprint from the Pandit).
NKandalī.	Nyaya-kandalī by Šrīdhara(Vizian).
NMukha.	Nyāya-mukha by Dignāga, transl. by Tucci.
NV.	Nyāya-vārtika(BI).
NVTT(also Tātp).	Nyāya-vārtika-tātparya-ṭīkā(Vizian).
NS	Nyāya-sūtra.
Parišuddhi	Nyāya-vārtīka-tātparya-ṭīkā-parišddhi(BI).
Pr. vārt.	Pramāna-vārtika by Dharmakīrti.
Pr. vinišc.	Pramāna-viniščaya by the same.
Pr. samucc.	Pramāna-samuccaya by Dignāga.
SD.	Šāstra-dipikā by Pārthasārathimišra.
SDS.	Sarvadaršanasangraha(Pooua, 1924).
Tipp.	Nyāyabinduṭīkā-ṭippanī by unknown author edited by me in the BB and erroneously ascribed to Mallavādī q. c.
Tātp.	cp. NVTT.
VS.	Vaišeṣika-sūtra.

제 3 장
삼 단 논 법
(PARĀRTHĀNUMĀNAM)

1. 정 의

불교 논리학의 목적은 인식된 세계에서 〈궁극적 실재〉의 요소들을 발견하기 위해, 우리의 지식의 《근원들》에 관해 탐구하고, 그것들을 인식의 과정에서 그것들에 부가되는 〈상상력〉의 요소들로부터 분리하는 것이다. 삼단논법은 지식의 근원이 아니다. 그것은 기존의 지식을 다른 것들에 연결시키는 명제들로 구성되어 있다. 그것은 그러므로 디그나가에 의해 《다른 사람들을 위한》 추론이라고 불리운다. 하나의 추론이 다른 사람에게 전달 될 때, 그것은 그의 머리에서 반복되고, 이러한 은유적 의미에서만[1] 그것은 추론이라고 불리울 수 있다. 삼단논법은 듣는 사람의 마음 속에 추론을 산출하는 원인이다. 그것의 정의는 그러므로 다음과 같다.[2]——《삼단논법은 논리적 표시의 세 측면들을 다른 사람들에게 전달하는 것이다》.

이른바 〈논리적 표시의 세 측면들〉이 무엇인지는——우리들은 〈추론〉의 이론을 통해서 알고 있다. 그것들은 아리스토텔레스의 삼단논법에서의 대전제, 소전제, 결론에 상응한다. 그것들은 사실상

---

1) *upacārat.*

2) NB., Ⅲ. 1 ; 109쪽에 번역되었다.

삼단논법이라는 점에서는 같지만 그것들의 순서는 다르다. 하나의 추론은 본질적으로 다른 하나의 특수한 경우와의 유사성에 의해서 하나의 특수한 경우를 추론하는 과정이다. 모든 특수한 경우들을 통합하며 몇가지 예들의 인용에 의해 지시되었던 일반 규칙이 두 특수한 경우들 사이에 통합하는 성분으로서 계속하여 개입한다. 반대로 삼단논법은 일반 규칙을 선언하고, 그것을 지지하는 예들을 인용함으로써 시작하고, 계속해서 일반으로부터 특수를 연역해낸다. 불교 삼단논법에서 전제들의 순서는 그러므로 아리스토텔레스 삼단논법의 제1격에서와 같다. 그것은 대전제로 시작하여 소전제, 결론으로 나아간다.[3] 《자신을 위한》 추론, 또는 더 정확하게 《자신 안에서의》 추론과 듣는 사람의 머리 속에 추론을 산출하는 원인이라는 의미에서의 추론 사이의 차이는 그러므로 고려할만한 가치가 있다. 전자는 세 개념들을 포함하는 인식의 과정이다. 후자는 기존의 인식을 전달하는 과정이며 명제들로 구성된다.

이에 대한 디그나가의 입장을 이해하기 위해서 우리는 근원, 또는 올바른 지식이란 무엇인가에 대한 그의 생각을 마음에 새겨두어야 한다. 그것은 새로운 인식의 최초의 순간이며 재인식이 아니다.[4] 그러므로 오직 신선한 감각의 최초의 순간만이 완전한 의미에서의 올바른 인식이다. 지각적 판단은 이미 지성의 주관적 구성이다. 추

---

3) 바로 이 점에 관하여 이것과 에르트만(B.Erdmann, Logik 3, 614쪽) 교수의 우유부단함을 비교해보라. 그의 「논리학」 마지막 판에서 그는 아리스토텔레스의 전제들의 순서를 바꾸어 소전제를 맨 앞에 놓는 중요한 조치를 취했다. 그는 이 순서가 우리 사유의 자연스런 흐름을 더 충실하게 표현한다고 생각했다. 즉, 그는 삼단논법을 《자신을 위한》추론이라고 보았다. 지그바르트는 실제 생활에서의 그 순서는 이럴 수도 있고 저럴 수도 있어서 둘다 똑같이 가능하다고 생각한다.

4) *pramāṇam=prathamataram vijñānam=anadhigata-artha-adhigantr*, 위 114쪽 참조.

론은 올바른 지식의 궁극적 근원으로부터 더욱 멀다. 지식이 다른 사람에게 전달될 때, 그의 머리 속에서의 새로운 인식의 최초의 순간은 어느 정도 신선한 감각이라고 이해될 수 있는데, 그것의 근원, 또는 원인이 삼단논법을 구성하는 명제들인 것이다.

다음의 세가지 예들은《자신을 위한》세 유형의 추론과 이에 상응하는《다른 사람들을 위한》세 유형의 추론에서 나타나는 차이를 예시하여 줄 것이다.

자신을 위한 추론——

1. 말의 소리들은 비영구적인 실재들이다.

왜냐하면 그것들은 항아리등과 같이 의지대로 산출되기 때문이다.

이것은《비영구성》과《산출》이라는 두 개념들의 〈동일적 관련〉에 기초하고 있는 추론이다.

2. 언덕에 불이 없다.

왜냐하면 부엌등에서와 같은 연기가 없기 때문이다.

이것은 두 사실들 사이의 〈인과 관계〉에 기초하고 있는 추론이다.

3. 이 장소에 항아리가 없다.

왜냐하면 우리가 하늘에서 자라는 꽃을 지각하지 않는것과 같이, 그러한 어떤 것도 지각하지 않기 때문이다.

이것은 〈부정〉에 기초하고 있는 추론이다.

반면 이에 상응하는 세 유형의 삼단논법은 다음과 같은 형식을 가질 것이다.

1. 의지대로 산출되는 것은 무엇이건 비영구적이다. 예를 들어 항아리등과 같이.

그리고 우리의 말소리들도 그렇다.

2. 연기가 있는 곳은 어디나 반드시 불이 있다. 부엌등에서와 같이.

그리고 언덕 위에서 나는 연기도 그렇다.

3. 우리가 하나의 사물을 지각하지 않는 때는 언제나 그것의 존재를 부인한다. 예를 들어 우리가 하늘에서 자라는 꽃을 부인하는 것과 같이.

그리고 이 장소에서 우리는 어떤 항아리도 지각하지 않는다. 비록 그것의 지각 가능성의 모든 조건들이 충족되었을지라도.

〈추론〉과 〈삼단논법〉 사이의 차이는 그러므로 보통 우리의 사유, 그리고 행동 과정의 자연스런 흐름 속에서 갖는 〈추론적 판단〉의 형식과 과학이나 공개 토론에 가장 적합한 다른 형식 사이의 차이이다. 공개 토론에서 전칭 명제는 응용 명제 또는 소명제를 수반하는 추리의 기초로 적절하게 제시된다; 반면에 실제의 사유—과정에서 전칭 판단은 막 뒤에서 우리 사유의 진행을 조정하기는 하지만, 결코 필연적으로 마음에 현존하지 않으며 우리 의식의 깊은 곳에 감추어져 있는 것처럼 보인다.

우리의 사유는 하나의 특수한 경우로부터 다른 하나의 특수한 경우로 도약하고, 이유는 마음에 스스로를 제시하는 것으로 보인다. 그것의 술어와의 보편적, 필연적 연결은 본능에 분명히 잠재해 있고 오직 충분히 주의할 때만 스스로를 드러낸다.[5] 우리는 개별적 사유—과정에 대해서는 〈추론〉이라는 명칭을 보류하는데, 왜냐하면 그것이 하나의 특수한 경우로부터 다른 하나의 특수한 경우로의 자연적 이행 과정에 더 밀접하게 상응하기 때문이다. 우리는 아리스토텔레스의 제1격과의 외적 유사성 때문에 《다른 사람들을 위한》 추론에 삼단논법이라는 명칭을 붙인다. 사실상 사유—과정으로서의 추론에 속하는 것과 언어에서의 그것의 표현을 구별하는 것은 항상 매우 어려운데, 우리는 어떤 방법으로든 그것을 표현하지 않고 사유—과정을 다루기는 어렵기 때문이다. 그 문제는 실제로 추론 과정의 정의, 그것의 《공리들》, 그것의 규칙들의 법전, 그리고 사유의 종합 과정을 조정하는 근본적 관계들의 주요 문제가 《자신을 위한》 추론의 항목 아래 다루어짐으로써 해결된다. 다른 한편 삼단논법의 〈격〉의 문제와 논리적 〈오류들〉의 문제는 《다른 사람들을 위한 추론》의 항목 아래 다루어진다. 그러나 문제들의 이 분류마저도 충분히 완전하게 실행될 수 없다. 다르마키르티는[6] 〈부정적 삼단논법의 격〉이라는 중요한 문제를 《자신을 위한》 추론의 항목 아래 다루는데, 왜냐하면, 그에 의하면, 모든 다른 측면들과 형식들을 통한, 〈부정〉에 대한 반복되는 고찰은 〈부정적 판단〉 자체의 본질을 우리에게 충분히 자각시켜 주기 때문이다.

---

5) 이 심리적 사실이 아마도 밀(J.S.Mill)등의 몇몇 유럽 논리학자들이 대전제를 하나의 특수한 경우로부터 다른 하나의 특수한 경우로 이행하는데 있어서 마음을 돕는 일종의 부수적 주목이라고 특징지우는 실제적 이유일 것이다.

6) NB., II. 45 그리고 NBT., 37쪽 11행 이하, 100쪽에 번역.

그러나 비록 추리의 기초로서 일반 명제는 맨 앞에 놓는 것이 매우 올바르게 보일지라도, 그럼에도 불구하고 티벳과 몽고의 모든 수도원 학파들의 실천에서 살아 남은 삼단논법의 형식은 오히려 《자신을 위한》 생략된 추론의 형식에 속한다. 교훈적이건 투쟁적이건 논쟁은 전칭 명제를 제시함으로써 시작되지 않았고, 명제들도 전혀 그렇게 사용되지 않았다. 〈응답자〉는 그의 세 개념들, 즉 〈주어〉, 〈술어〉 그리고 〈이유〉(또는 매개념)을, 명제들의 형식에 맞추려고 애쓰지 않고, 언급함으로써 시작한다. 〈반대자〉는 그때 다음과 같은 두가지 질문들을 고려한다. 1) 〈이유〉(R)가 실제로 〈주어〉(S)에 전적으로, 그리고 필연적으로 현존하고 있는가? 그리고 2) 〈이유〉(R)가 필연적으로, 그리고 보편적으로 〈술어〉(P)에 현존하고 있는가? 거기에서 논쟁이 시작된다. 현대 영어의 형식 논리 구절로 축소한다면 두 질문들은 다음과 같은 것을 의미할 것이다. 1) 〈매개념〉은 〈소개념〉에 주연되는가? 그리고 2) 〈매개념〉은 〈대개념〉에 주연되는가? 〈삼단논법〉을 진술하는 이 형식을 수세기 동안의 주도면밀한 실천을 통해서 오류들을 발견하는데 가장 편리한 것으로 알려져왔다. 실제적 논리 작업은 오직 세 개념들이 분명하고 애매하지 않게 선택될 때에만 시작한다. 산만한 명제 형식에서는 실제적 개념들이 가끔 숨겨져 있어서 오류를 발견하는 것이 어렵다.

2. 삼단논법의 항들

위의 예들에서 본대로, 삼단논법은 단지 두 명제들로만 구성된다. 디그나가가 그의 논리적 개혁을 시작했을 때, 그는 니아야 학파에서 수립된 다섯—항의 삼단논법 이론에 직면했다. 이 삼단논법은 상향, 하향 추리의 상호 관련된 다섯 단계들을 나타내는 것으로 생각되

었다. 그것은 테제로 시작하여 테제의 반복에 불과한 결론으로 끝맺는다. 항들은 다음과 같다:

1. 테제. 언덕 위에 불이 있다.
2. 이유. 왜냐하면 연기가 있기 때문이다.
3. 예 . 부엌등에서와 같이; 연기가 있는 곳은 어디나 불이 있다.
4. 적용. 그리고 언덕 위에 그러한 연기가 있다.
5. 결론. 언덕 위에 불이 있다.

이 다섯 항들로부터 디그나가는 오직 둘, 즉 예들을 포함하는 일반 규칙과 결론을 포함하는 적용만을 취하였다. 사실상 모든 추론에서와 마찬가지로 모든 삼단논법에서 주요한 점은 대전제에서 표현된, 두 개념들 사이의 필연적 상호 관련이라는 사실이다. 두번째 점은 일반 규칙의 특수한 경우에의 적용에 있다. 이것이 추론, 즉 하나의 대상을 그것의 표시에 대한 지식의 기초 위에서 인식하는 것의 실제적 목적이다. 이 두 단계들이 성취되면 삼단논법의 목적은 이루어진 것이며 다른 항들은 여분이다. 그것은 그러므로 일반 규칙과 그것의 개별적 경우에의 적용으로 구성된다.[7)]

니아야파의 삼단논법은 더욱 더 상세한 것들을 포함한다. 그것은 우선 단독의 테제와 단독의 결론을 갖는다. 비록 내용상 결론이 끝에서 테제를 되풀이 하는 것에 불과할지라도. 삼단논법은 그래서 수학적 논증을 닮았는데, 그것은 프로반둠(*probandum*)을 선언함으로써 시작하고, 그것의 논증이 완료되었다고 진술함으로써 결론을 맺는다. 디그나가와 다르마키르티는 정확한 테제의 정의를 상술한다.

7) Bain, Logic I.146과 비교해 보라-《각 타당한 연역의 본질적 구조는 1) 긍정적, 또는 부정적인, 보편적 근거를 갖고 있는 명제, 그리고 2) 반드시 긍정적이어야 하는 적용 명제이다》.

분명히 이것은 그들 시대의 학파들 사이에 논쟁거리였다. 그들은 공개 토론에서 테제는 정확하게 형식화되어야 한다고 주장한다. 그러나 그들은 동시에 테제는 전혀 모든 연역에 필수불가결한 항이 아니라고 주장한다. 그것은 논쟁중에 특별한 언급 없이도 분명히 이해될 때에는 논쟁에서도 안전하게 생략될 수 있다. 그들에 의하면 테제는 불합리하거나 모순적인 것, 증명할 가치가 없는 것일 수 없고, 반드시 논쟁자 자신이 믿고 있고, 성의를 가지고(*bona fide*) 실제로 증명하려고 하는 명제이어야 한다. 만일 철학자가 스스로 공유하지 않는 관념에 편승하려고 시도한다면 그것은 바람직하지 않은 논리가 될 것이다. 바챠스파티는 만일 바이쉐시카 원리들의 옹호자로 알려진 철학자가 갑자기 그의 적대자들인 미맘사파의 이론, 즉 말 소리들의 영원성을 가정하는 이론을 그의 테제로 받아들인다면, 만일 그가 권위있는 심사원들이 앉아있는 공개 토론회에서 그렇게 한다면, 그는 계속 진행하는 것이 허용되지 않고, 그의 주장들을 펴기도 전에 즉시 그의 패배가 선언될 것이다.

그래서 용인할 수 있는 테제들이 반드시 충족시켜야 하는 일련의 규칙들이 수립되었다.[8] 그러나 후에, 정확하게 형식화된 테제에 관한 이 장은 점차로 무의미하게 되었는데, 왜냐하면 테제의 모든 오류들이 거짓 이유들의 교의로 흡수되었기 때문이다.

디그나가와 다르마키르티에 의하면, 삼단논법의 실제적 항들, 논리적 과정의 필수적 항들은 그러므로 단지 둘, 즉 일반 규칙과 그것의 개별적 경우에의 적용이다. 전자는 두 개념들 사이의 필연적 상호의존을 수립하고, 후자는 이 일반 규칙을 쟁점에 적용한다. 전자는 분리할 수 없는 연결[9]이라 불리우고, 후자는 (이 〈분리할 수

---

8) 2권 3장 주 220 참조.

없는 연결〉이라는 사실에 의한) 주어의 자격부여[10]라고 불리운다. 그것의 공식은 따라서 다음과 같다[9]

R은 P를 갖고
S는 R+P를 갖는다.

결론은 사실, 일부 유럽 논리학자들에 의해 주목되어 온 바와 같이[11], 대전제가 소전제로부터 분리될 수 없는 정도만큼, 소전제로부터 분리될 수 없다. 만일 우리가 분리된 항의 지위를 그것에 부여한다면, 실로 니아야파가 주장하는대로 테제, 즉 프로반둠을 가장한 맨 앞에 있는 결론의 반복에 이 지위를 부정할 충분한 이유가 없다. 디그나가는 말한다.[12] 《나는 테제, 적용, 결론을 삼단논법의 분리된 항으로 간주하는 논리학자들의 이론을 거부한다》.

다르모타라는 말한다.[13] 《분리적으로 결론을 표현할 절대적 필연성은 없다. 연역된 성질과 다양하게 공존하는 것으로 인식되어온 〈이유〉를 가정해 보면, (그때 우리는 대전제를 알게 된다). 그때 만일 우리가 어떤 한정된 장소에서 바로 그 이유의 현존을 지각한다면, (즉, 만일 우리가 소전제를 안다면), 우리는 이미 그 결론을 알게 된다. 연역된 결론의 반복은 쓸모 없다》.

그러므로 삼단논법의 실제적 항들은 《자신을 위한》 추론에서 수립되고 《다른 사람들을 위한》 추론에서 그 순서가 바뀌었고 〈논리

9) *avinābhāva* = *anantarīyakatva* = *avyabhicāra* = *vyāpti*.
10) *Pakṣa-dharmatā* 또한 단순히 *pakṣa*라고도 불리운다. N. mukha, 12쪽을 참조하라.
11) Sigwart, Logik, I. 478 n.
12) N. mukha, Tucci의 번역, 45쪽.
13) NBT., 53쪽 16행 ; 번역, 150쪽.

적 이유의 세 측면들〉과 동일하다.

그것들은 :

1. 〈유사한 것들〉에서만,
2. 〈유사하지 않은 것들〉에서는 결코, } =분리할 수 없는 연결

. 〈주어〉에서는 전체적으로=적용.

처음의 두 측면들은, 곧 입증되겠지만, 단지 형식의 차이를 나타낼 뿐으로, 본질적으로 그것들은 같다.

3. 삼단논법과 귀납

디그나가는 말한다.[14] 《그러나 그때(만일 테제도, 적용도, 결론도 분리된 항이 아니라면), 예의 형식은 단순히 이유의 의미를 선언하는 것으로서 다른 항을 나타내지 않는가?》. 디그나가의 대답은 《긍정적, 부정적 예들을 분리적으로 표현하는 것이 필요하다(이유가 소전제의 주어에 현존하는 조건 이외에도 다른 두 조건들을 갖고 있다는 것을 보여주기 위해서)》라는 취지의 말이었다. 그러나 예는 대전제로부터 분리되어서는 안되는데, 그것은 분리된 항이 아니고 일반 규칙에 내속해 있으며 사실상 그것과 동일하다.

인도의 삼단논법은 사실 연역적 추리의 형식일 뿐만 아니라 또한 항상 〈연역〉을 앞서는 〈귀납〉의 암시도 포함하고 있다. 일반 규칙 또는 대전제는 그것을 예증해 주고 지지해 주는 《예들》인 개별적 사실들로부터의 일반화에 의해 수립된다. 하나의 예는 본래 일반 규칙을 포함하고 있는 개별적 사실이다. 예들이 없으면 일반 규칙이

14) N. mukha, 번역, 45쪽.

있을 수 없고, 개별적 사실들은 일반 규칙을 포함하고 있지 않다면 예로 간주될 수 없다. 그러므로 예와 일반 규칙, 또는 대전제는 실제로 동일한 것이다. 불완전한 〈귀납〉을 막기 위해서는 예들이 반드시 긍정적이거나 부정적이어야 한다. 말하자면 〈일치〉와 〈차이〉의 연대 방법이 적용되어야 한다. 긍정적 예들이나 부정적 예들이 전혀 발견될 수 없을 때에 결론은 불가능하고, 그러면 결과는 오류일 수 있을 뿐이다. 그러나 니야야파는 예를 삼단논법의 분리된 항, 분리된 전제로 간주하고 정의를 내린다. 이것은 다르마키르티에 의하면 완전히 불필요하다. 왜냐하면 만일 〈논리적 이유〉의 정의가 올바르게 주어진다면 예가 무엇이어야 하는가에 대한 정의도 주어지며 그것들은 분리적으로 주어질 수 없기 때문이다. 〈논리적 이유〉는 유사한 예들에서만 현존하고 유사하지 않은 예들에서는 항상 부존하는 것이다. 이 예들과 이유는 상호관련되어 있어서, 이유가 정의되자마자 예들도 또한 이유와의 관련에 의해서 정의된다. 다르마키르티는 이 점을 다음과 같은 방식으로 다룬다.[15] 《일반적으로 논리적 이유의 본질은 우리들에 의해서 오직 유사한 경우들에서의 그것의 현존과 모든 유사하지 않은 경우들에서의 그것의 부존에 있다고 정의되어 왔다. 게다가, 우리는 (인과적 이유들)과 (분석적 이유들)을 상술하여, 전자는 (필연적 원인의 존재가 추론되는) 결과, (후자는) 단독으로도 (결과)를 연역하기에 충분한 (필연적으로 공존하는 속성을) 나타내는 것으로 보아야 한다고 했다. 이유들이 그렇게 나타내어질 때, 다음과 같은 것을 알 수 있다. 1) 예를 들어 연기가 존재하는 곳은 어디나 불도 또한 존재한다, 부엌들에서와 같이-불이 없는 연기는 없다, (연못이나 모든) 유사하지 않은 경우

15) NB., Ⅲ. 123 ; 번역 131쪽.

들에서와 같이-2) 산출이 있는 곳은 어디나 변화가 있다, 항아리등과 같이-만일 어떤 것이 변화하지 않는다면 그것은 산출품이 아니다, (공간)과 같이. 사실상 다른 방법으로 유사한 경우들에서의 이유의 존재와 유사하지 않은 경우들에서의 그것의 부존을 보여주는 것은 불가능하다……(이 일반적 특징들을 다음과 같은 두가지를 보여주는 것 이외의 방법으로 나타내는 것은 불가능하다). 1) 원인의 존재의 인과적 연역은 결과의 결론으로부터 필연적으로 일어난다. 그리고 2) 분석적으로 연역된 성질은 분석적 이유를 나타내는 사실에 필연적으로 내속한다. 이것이 알려질 때 예가 무엇인지도 알려지는데, 왜냐하면 그것의 본질은 그 이상의 아무것도 포함하지 않기 때문이다》.

4. 삼단논법의 격

삼단논법이 추론을 명제들로 표현하는 것에 불과하기 때문에, 추론의 종류만큼 많은 다양한 종류의 삼단논법이 있으리라는 것은 분명하다. 추론은 표시를 통한 대상의 인식으로 정의되어 왔고 표시 또는 이른바 〈세—측면의 논리적 표시〉는 바로 두 개념들 사이의 필연적 상호의존의 경우에 불과하다. 따라서 두 개념들 사이의 다양한 접속만큼 많은 다양한 삼단논법이 있을 수 있다. 우리는 우리로 하여금 하나의 사물을 다른 사물과의 필연적 연결을 통해서 인식하도록 해주는 세 종류의, 오직 세 종류의 필연적 관계가 있다는 것을 보았다. 우리는 하나의 사물을 그것의 〈결과〉를 통하여 인식할 수 있거나 또는 그것의 〈내속적 성질〉 또는 그것의 〈부정적 짝〉을 통하여 인식할 수 있다. 따라서 세 종류의 삼단논법, 즉 〈인과적〉, 〈분석적〉, 그리고 〈부정적〉 삼단논법이 있을 것이다. 그것들은 위에서 예증되어 왔다.

그러나 이 차이들은 삼단논법의 형식이 아니라 내용에 기초하고 있다. 그것들은 다르마키르티가 엄격하게 한정된 범주표를 구성했던 논리적 관계들의 차이에 기초하고 있다. 삼단논법의 단순한 형식에 영향을 주는 또 하나의 다른 차이가 있다. 동일한 사실, 논리적 표시를 통한 대상의 동일한 인식은 두가지 다른 방식으로 표현될 수 있다. 우리는 이 차이를 〈격〉의 차이라고 부를 수 있다. 모든 논리적 표시는 사실 두가지 주요한 특징들을 갖는데, 그것은 오직 유사한 경우들과 일치하고 모든 유사하지 않은 경우들과는 불일치한다. 디그나가는 그것이 두가지 다른 표시들이 아니고 동일한 표시라고 주장한다.[16] 하나의 표시는, 동시에 모든 유사하지 않은 경우들에 부존함이 없이는, 오직 유사한 경우들에만 현존할 수 없다. 그러나 실제적으로, 표시가 동일하므로, 우리는 그것의 긍정적 측면에 주의하고 부정적 측면은 함축에 의해 이해할 수 있으며, 또는 부정적 측면에 주의하고 긍정적 측면은 함축을 통해서 이해할 수도 있다. 〈일치〉와 〈차이〉의 혼합 방법은 인식의 전 영역을 지배하지만, 그것의 긍정적 부분과 부정적 부분은 균등하기 때문에 일치나 차이의 한 측면만을 표현하는 것으로 완전히 충분하게 된다. 그것의 짝은 필연적으로 함축된 것이다. 이것이 바로 우리가 모든 삼단논법의 두 격을 갖는 이유이다. 이 맥락에서 격은, 모든 추론의 핵심, 즉 두 개념들의 보편적, 필연적 상호의존이 완전히 말살되어버리는, 추론 용어들의 왜곡된, 비자연적인, 부당한 언어적 배열을 의미하지 않는다 ; 그것은 두 개념들 사이의 필연적 상호의존에 기초하여 진리를 인식하는 두가지 보편적이고 균등한 방법들을 의미한다. 우리

16) N. mukha, 번역, 22쪽.

는 《이것은 불이다》라는 지각적 판단이 모든 불들과 유사하고 모든 불—아닌 것들과 유사하지 않은 것으로서 하나의 대상을 인식하는 것에 불과하다는 것을 보았다. 연기라는 표시를 통한 보이지 않는 불에 대한 인식도 마찬가지로 연기와 불이라는 이중적 표시를 갖는 모든 장소들과의 유사성과 이 이중적 표시가 항상 부존하는 모든 장소들과의 비유사성에 대한 인식이다. 아니, 《여기에 불이 없다》라는 부정적 판단조차도, 그것이 부정적, 또는 인도 말에 따르면 《비－지각》을 통한 추론임에도 불구하고, 이 두가지 긍정적, 부정적 방법들에 의해서 표현될 수 있다. 사실, 우리는 이 판단을 다음과 같은 방식으로 표현할 수 있다.

> 모든 지각 가능성의 조건들이 충족되었음에도 불구하고 지각되지 않는 것은 부존한다.
> 이 장소에서 그러한 항아리는 지각되지 않는다.
> 그것은 부존한다.

또는 우리는 동일한 생각을 〈차이〉의 방법에 의해 표현할 수 있다.

> 현존하는 것은 무엇이나 모든 지각 가능성의 조건들이 충족될 때 필연적으로 지각된다.
> 그러나 이 장소에서 그러한 항아리는 지각되지 않는다.
> 그것은 부존한다.

한정된 지점에서의 항아리의 부존은 다른 부정의 경우들과의 유사성을 통해서이거나 또는 그것의 현존의 긍정적 경우들과의 차이를 통해서 인식된다. 동일한 두 방법들은 〈인과관계〉에 기초한 귀납과 연역, 그리고 객관적 관련의 〈동일성〉에 기초한 귀납과 연역에 자연스럽게 적용될 수 있다.

〈일치〉의 방법에 따라 표현된 분석적 연역은 예를 들어 다음과 같은 것이다——

원인들의 변화에 기능적으로 의존하여 변화하는 것은 무엇이나
비—영구적이다, 항아리등과 같이.
말의 소리들은 변화한다.
그것들은 비—영구적이다.

〈차이〉의 방법에 따라서 표현된 동일한 연역은 다음과 같이 삼단논법의 형식을 띤다——

원인들의 변화에 기능적으로 의존하여 변화하지 않는 것은 무엇이나
영구적이다, 예를 들어 〈공간〉과 같이.
그러나 말의 소리들은 변화한다.
그것들은 비—영구적이다.

마찬가지로 모든 〈인과적〉 연역의 두가지 다른 격들이 있다. 〈일치〉의 방법에 따라서 표현된 것은 다음과 같은 인과적 삼단논법이다——

연기가 있는 곳은 어디나 불이 있다, 부엌에서와 같이.
여기에 연기가 있다.
어떤 불이 있음에 틀림없다.

〈차이〉의 방법에 따라서 표현된 동일한 것은——

불이 없는 곳은 어디나 연기가 없다, 물에서와 같이.
그러나 여기에 연기가 있다.
어떤 불이 있음에 틀림없다.

〈일치〉와 〈차이〉의 방법은 그러므로 인도 논리학에서 《현상을 앞서는 상황들 중에서 불변의 법칙에 의해 그것이 실제로 연결되어 있는 것들을 찾아내는 가장 간단하고 가장 명확한 양식》[17]일뿐만 아니라 모든 종류의 연결과 심지어 모든 종류의 판단을 확충하는 보편적 방법이기도 하다.[18] 후자는 《현상이 일어나는 다른 경우들을 함께 비교하는 것이고》, 전자는 그것들을 현상이 일어나지 않는 경우들과 비교하는 것이다.[19] 디그나가는 이것들이 두가지 상이한 방법들이 아니고 〈일치〉와 〈차이〉가 혼합된 한가지 방법이라고 주장하는데, 그것을 긍정적 측면에 주목하여 표현할 수도 있고 부정적 측면에 주목하여 표현할 수도 있다는 것이다. 단지 연기만 지각되는 멀리 있는 언덕 위의 불의 현존은 두 현상들이 일어난다고 관찰되어왔던 장소들과의 일치에 의해서 확증될 수도 있고, 두 현상들이 결코 일어 나지 않는다고 관찰되어 왔던 모든 장소들과의 차이에 의해서 확증될 수도 있다. 그러므로 〈일치〉의 방법은 삼단논법의 대전제로 표현될 것이고 〈차이〉의 방법은 삼단논법의 〈이환〉으로 표현될 것이다. 그것들은 삼단논법에 나타나는 〈논리적 표시〉의 두 측면들이다. 삼단논법에서의 〈논리적 표시〉의 첫번째 측면은 대전제의 긍정적 형식으로 표현되고, 그것의 두번째 측면은 그 전제의 〈이환〉으로 표현된다. 그러나 두 격들을 표현할 필요성은 없는데, 왜냐하면 이미 언급한대로 《〈일치〉의 공식으로부터 그에 상응하는

17) J.S.Mill, Logic, I, 448쪽.
18) A. Bain, Logic, I. 8 그리고 II. 46과 비교해 보라.
19) J.S.Mill, Logic, I, 448쪽.

〈차이〉의 공식이 함축적으로 뒤따라 나오기 때문이다.》[20] 다르모타라는 말한다.[21] 《하나의 형식이 직접적으로 일치(또는 이유와 그것의 결과의 필연적 공존)를 표현할 때, 그것들의 차이, 즉 이환(또는 일반 명제)은 함축적으로 뒤따른다》. 《공존이 긍정적 형식으로 표현될 때, 비록 이환이 직접적으로 표현되지는 않지만, 그럼에도 불구하고 함축적으로 이해된다》. 다르마키르티는 말한다.[22] 《왜냐하면 만약 그렇지 않으면 이유가 결과와 불변적으로 공존할 수 없기 때문이다》. 두 방법들은 두 사실들, 또는 관념들 사이에 의존의 필연적 연결이라는 동일한 상황을 똑같이 확립한다. 다르마키르티는 말한다.[23] 《그리고 경우가 어떠하든지간에 오직 두 종류의 의존적 존재가 있다는 것이 확증되어왔다. 의존적 부분은 같은 동일물과의 관련을 나타내거나, 또는 결과(그것의 원인인 또 하나의 다른 것)를 나타낸다》. 이환된 일반 명제는 항상 서로 뒤따르는 두 사실들의 동일한 필연적 상호의존을 표현하거나 또는 동일한 사실을 가리키는 두 관념들의 필연적 연결을 표현한다. 이 상호의존(인과적 또는 분석적)은 《긍정적 형식의 일반 명제에 불과하다》. 《그래서 하나의 단일한 일반 명제는 직접적으로나 또는 이환된 형식으로 논리적 표시가 유사한 경우들에는 현존하고 유사하지 않은 경우들에는 부존한다는 것을 선언하는 것이 된다》.[24]

그러므로 모든 삼단논법은 두 격들로 표현될 수 있는데, 그것들 중의 하나는 표시의 표시는 사물 자체의 표시이다(nota notae est-

20) NB., Ⅲ. 28 ; 번역, 142쪽.
21) NBT., 51쪽 4행 ; 번역, 143쪽.
22) NB., Ⅲ. 29 ; 번역, 143쪽.
23) 같은 책, Ⅲ. 33.
24) 같은 책, Ⅲ. 34.

nota rei ipsius)라는 《공리》에 상응하고, 다른 하나는 한 사물의 표시와 모순되는 것은 그 사물 자체와 모순된다(repugnans notae repugnat rei ipsi)라는 두번째 공리에 상응한다. 이것들이 유일하게 실제적인 논리적 격들이다.

특수한 판단들이 삼단논법에 존재하지 않는다는 것은 두 개념들 사이의 필연적, 보편적 연결, 그리고 〈주어〉의 전 범위에서의 논리적 표시의 필연적 현존에 기초한 추론의 정의로부터 나온다. 부정 삼단논법으로 말하자면, 지금까지 〈이환〉은 사실상 부정적이라고 간주되지 않는데, 그것들은 다음 장에서 〈모순율〉의 분석과 함께 따로 다루어지고 그것들의 격도 분석될 것이다.

5. 삼단논법의 가치

위에서 언급해온 바에 따르면, 삼단논법이 기존의 지식을 올바로 형식화하고 그것을 다른 사람에게 전달하는 데에만 가치있는 수단이라는 것이 분명하다. 그것은 진정한 지식의 근원이 아니며, 새로운 지식의 획득과 확장을 위한 가치는 전무하다. 그것은 무엇보다도 〈인과관계〉의 삼단논법에서 아주 분명하다. 《우리는 인과적 관계라는 사실이 이미 알려진 경우에만 결과가 그것의 원인을 연역해 내는 논리적 이유를 나타낸다고 주장할 수 있다》고 다르마키르티는 말한다.[25] 만일 우리가 이미 불이라는 것을 모르고 있다면, 아무리 추론하려고 노력하더라도 관찰되는 연기를 산출해내는 원인을 연역해낼 수 없다. 그러나 《부엌이라든가 유사한 경우들에서, 긍정적, 또는 부정적 경험에 의해, 연기와 불 사이에는 보편적인 인과적 관

25) NBT., 번역, 137쪽

계를 나타내는 필연적인 다양한 연결이 있다는 것이 입증되었다》. 고유한 추론은 이 일반법칙을 하나의 특수한 점에 적용시키는데 있고, 삼단논법은 이 사실을 다른 사람에게 전달한다. 그러나 삼단논법에 의해 전달되는 본질적 부분은 결과와 원인들의 필연적 의존이라는 사실이다.[26] 이 관계의 특수한 내용 뿐만 아니라 원리가 어떻게 입증되고, 그것의 경험적, 선험적 부분들이 어떻게 입증되는지는 추론의 이론에서 설명되었고,[27] 삼단논법은 둘 또는 세 명제들에 그것이 올바른 형식을 부가하는 것일 뿐이다.

인간의 모든 지식은 관계들에 대한 것이고, 필연적 관계들은 우리가 이미 본대로 오직 둘, 즉 〈동일성〉과 〈인과관계〉뿐이다. 부정적 관계는 여기에서 고려하지 않는다. 관계는, 이미 설명된대로, 여기에서 한 개념의 다른 개념에의 필연적 의존이라는 의미로 쓰여졌고, 그리고 필연적 상호의존은 공존하는 두 사실들이나 연속적인 두 사실들 사이에 존재할 수 있다. 우리가 본대로, 다른 두 사물들의 필연적 공존은 항상 그들 사이의 필연적 연속, 또는 인과관계로 귀착될 수 있다. 그래서 고유의 공존, 즉 인과관계로 환원될 수 없는 공존, 다른 두 사실들 사이에서가 아닌 공존은 단일한 사실의 범위내에서 두 필연적 개념들의 공존이다. 그것은 다른 두 개념들의 공통토대의 〈동일성〉에 가로놓인 공존, 또는 공내속(coinherence)이다. 이제 한 토대에서의 두 개념들의 이 필연적 공존의 경험적 내용, 즉 〈동일성〉에 기초한 공존은 또한 삼단논법에 의해서가 아니라 경험에 의해 입증된다. 추론에서조차 전자의 임무는 올바른 형식화와 전달에 국한된다. 다르모타라는 말한다.[28] 《사실상 논리적 이유는,

26) 같은 책, 129쪽.
27) 위 397쪽 이하를 참조하라.
28) NBT., 번역, 129쪽.

예를 들어 램프가 (우연히 비추게된 대상들에 대한 지식을 산출하는 것)처럼 우연히 어떤 사실에 대한 인식을 산출하지 않는다. 그러나 그것은 다양한 동반이 확인된 경우처럼 논리적 필연성에 의해 지식을 산출한다. 논리적 이유의 기능은 사실 관찰되지 않는 사실에 대한 인식을 산출하는 것이고, 이것이 바로 후자와 다양하게 동반하는 이유의 확인이 의미하는 것이다. 우선 (예비 단계로서) 우리는 우리의 논리적 이유의 현존이 서술된 결과의 현존에 필연적으로 의존한다는 것을 확신해야 하고, 우리는 반대 명제를 배제하는 모순율[29]을 적용함으로써 (〈동일성〉에 기초한 분석적 판단에서) 그렇게 해야 한다. 그리고서 우리는 삼단논법을 계속하고, 우리의 기억 속에 기록된 일반 명제, 주어가 술어와 다양하게 동반한다는 것을 암시하는, 예를 들어 《산출품인 것은 무엇이건 영구적이 아니다》라는, 명제를 이용할 것이다. 그런 후에 우리는 이 일반 기록을 하나의 특수한 경우, 즉 《말의 소리들은 비—영구적이다》라는 경우에 연결시킬 수 있다. 이 (두 전제들) 사이에서, (대전제는) 기억적 기록을 포함하고, 논리적 이유(그리고 그것의 동반)에 대한 지식을 나타낸다. (고유한) 삼단논법은 (우리가 소전제에서) 소리의 특수한 경우에 내속하는 원인의 기원이 비—영구성이라는 속성과 필연적으로 공존한다는 것을 회상하는 (때인 다음 단계에 포함된다). 만일 그렇다면 사실상 관찰되지 않는 사물의 인식(또는 전달)은 무수한 동반의 인식일 뿐이다. 그러므로 〈모순율〉과 〈동일율〉에 기초한 분석적 연역은, 어떤 다른 경우가 아니라, 이유의 현존이 확인되는곳마다 연역된 특징이 필연적으로 현존한다는 것이 이미 알려진 때에, 거기에 의존할 수 있다고 언급된다.》 술어는 이유에 포함되어 있고,

29) *bādhakena pramāṇena.*

따라서 논리적 결과는 이유의 현존이라는 단순한 사실로부터 필연적으로 뒤따라 나온다.

그러나 만일 그렇다면, 만일 분석 판단의 연역된 술어가 그것의 주어에 포함되어 있다는 것이 알려져 있고, 후자로부터 자동적으로 뒤따라 나온다면 그 연역은 쓸모 없다.

다르모타라는 묻는다.[30] 《그렇다면 왜 이미 매우 확실한 어떤 것이 추구되어야 하는가?》《왜 우리는 이유로부터 이유에 이미 주어진 것을 연역하기 위해 논리적 추리에 의지해야 하는가?》

대답은 다음과 같다. 비록 분석적 연역의 이유와 결론이 (또는 분석 판단의 주어와 술어가) 〈동일성〉을 통해서 연결되더라도, 그럼에도 불구하고 우리는, 우리가 그것들이 〈동일성〉을 통해서 필연적으로 연결된다는 것을 이미 알고있을지라도, 그러한 연역 위에서, 또는 그러한 판단 위에서 출발할 수 있다. 결과로부터 원인을 연역해내는 경우에서와 똑같이, 우리는 현상들이 필연적으로 원인과 결과로서 관련된다는 것을 경험으로부터 미리 알아야 한다. 바로 그래서 우리는 동일한 실재에 속하는 다른 두 특징들이 〈동일성〉을 통하여 연결된다는 것을 경험, 또는 다른 근원들로부터 알아야 한다. 그것들의 〈동일성〉은 공통 토대의 동일성이고, 그것은 공통-토대(cosubstrateness), 또는 공내속[31]이다.

비록 우리의 모든 개념들이 우리의 오성의 구성들이지만, 그것들의 이해, 의도, 특징, 상호 배제는 경험으로부터 인식된다. 〈동일율〉〈인과율〉〈모순율〉은 우리의 오성이 원래 가진 것이지만 그것들의 적용은 감각적 경험의 영역에 국한된다는 것이 위에서 입증되었었

30) NBT., 47쪽 17행, 번역 131쪽.

31) 또는 지그바르트(Logik, I. 110)가 말한대로 〈일치(Uebereinstimmung)〉.

다.[32] 다르모타라는 다음과 같은 예를 제시한다.[33] 일반적인 나무에 대한 경험이 없는 사람이 매우 높은 아소카 나무를 지각하고 그것이 나무라고 소개받았다고 가정해보자. 그는 아소카 나무의 높이가 그것이 나무라고 불리우는 이유라고 생각할 것이다. 작은 아소카 나무를 보면 그는 그것이 나무가 아니라고 생각할 것이다. 그리고서 그는 나무라는 것은 일반 용어이고 아소카는 그 아래에 속하는 특별한 종류라는 것을 배울 것이다. 그 다음에 만일 그가 한 그루의 나무도 없는 순전히 바위로 된 어떤 시골이 있다는 말을 들으면, 그는 나무가 없다면 아소카도 또한 없을 것이라고 알게 될 것이다. 모든 개념들의 특징은 그러므로 두 현상들 사이의 원인과 결과의 관계, 또는 그것들의 상호적 비양립성의 관계처럼 《지각과 비—지각》에 의해서, 즉 긍정적, 부정적 경험에 의해서 입증된다. 두 개념들 사이의 분석적 관계는 때때로 매우 복잡한 논증의 과정을 거쳐서 입증될 수 있다. 만일 결론이 이유에 포함되어 있다면, 이것은 실제로 항상 마음에 떠오르는 사실이라고 심리적으로 이해되어서는 안된다. 분석적 관계는 논리적이고 무한한 연장이 가능하며, 때때로 매우 깊이 숨겨져 있다. 모든 경우의 분석적 관계는 그것에 적절한 상응하는 증명에 의해 입증되어야 한다고 다르마키르티는 말한다.[34] 모든 존재가 찰나적이라는 원리는 불교도들에 의해, 그 이상의 연장이 가능한 긴 논증의 노력 속에서 입증되어왔다. 이 두 개념들 사이의 연결은 분석적이고, 〈모순율〉 아래에서 옹호된다. 만일 〈존재〉가 매순간에 변화하고 있지 않다면, 만일 그것이 〈우주 에테르〉 또는 〈공간〉과 같이 불변하는 것이라면, 그것은 〈존재〉가 아닐 것

32) 위 380쪽 이하를 참조하라.
33) NBT., 24쪽 3행 이하 ; 번역 67쪽.
34) *yathā-svam-pramāṇaiḥ,* NBT., 47쪽 5행 이하.

이다. 그러나 이것은 그의 마음 속에 〈존재〉라는 관념을 가지고 있는 모든 사람이 동시에 그것이 찰나적이라는 관념을 가지고 있다는 것을 의미하지는 않는다. 분석적 관계는 인과적이 아닌 필연적 관계를 의미하는데, 왜냐하면 필연적 관계들은 오직 둘, 〈동일성〉 또는 〈비—인과성〉, 그리고 〈인과성〉 또는 〈비—동일성〉이기 때문이다. 동일한 것은 〈존재〉, 그리고 또한 〈찰나점〉이라고 불리운다. 그것들은 〈동일성〉에 의해서 연결된다. 필연적으로 선행하는 찰나점에 대해서 그것은 그 결과가 될 것이다. 가능한 제3의 동시적 관계는 없고, 〈동일성〉 아니면 〈인과성〉이다. 개념들의 분석적 관계이건 또는 찰나점들의 인과적 관계이건, 그러한 관계들의 모든 개별적 경우는 경험, 또는 다르마키르티가 말한 《그 자체의 증명》에 의해 입증되어야한다. 삼단논법은 올바른 형식화라는 것 이외에 그것들에 대한 우리의 인식에 아무것도 덧붙여주지 않을 것이다.

6. 다른 사람들을 위한 추론으로 간주되는 삼단논법의 역사적 소묘

다르모타라는 《스승》, 즉 디그나가가 최초로 추론과 삼단논법 사이에 확실한 선을 그었다고 증언한다.[35] 그는 추론을 우리 지식의 두 《근원들》 중의 하나인 인식의 과정으로 보고, 그것을 《자신을 위한》 또는 《본래적인》 추론이라고 불렀다. 그는 삼단논법을 전혀 지식의 근원으로 간주하지 않았고, 듣는 사람을 위해 지식을 일련의 명제들의 형태로 정확하고 납득이 가도록 표현하는 방법으로 간주

35) NBT., 42쪽 3행. Keith, Ind. Log., 106쪽, 그리고 Randle, Ind. Log., 160쪽을 참조하라.

하였다. 우리가 이미 본대로, 이 교의는 우리 지식의 두 근원들 사이의 원리적 차이라는 이론의 결론일 뿐이다. 지식의 근원들은 둘, 그리고 오직 둘뿐이다. 왜냐하면 두, 그리고 오직 두 종류의 인식된 《본질들》이 있기 때문이다. 감관들은 극단적 특수와 구체만을 감지하고, 추론은 일반만을 감지한다.[36] 감성과 모순적으로 대비되는 지식의 근원으로서, 추론과 이해는 서로 바꿀 수 있는 용어이다. 사실상 우리의 분석은 추론은 다양한 판단에 불과하고 판단은 이해 절차의 다른 이름에 불과하며 ; 순수 감성이 절대적 특수 또는 엄격하게 본래 있는 그대로의 사물을 인식하는 반면에 추론은 일반을 다룬다는 것을 보여준다. 그러한 추론은 하나의 테제를 듣는 사람에게 전달하기 위해 사용하는 일련의 명제들로부터 분리되어야 한다. 그래서 우리는 한 권위있는 저자가 《본래의》 추론과 《다른 사람을 위한》 추론이라는 이론이 디그나가에 기인한다는 결론을 직접적으로 증거하는 것을 들었을 뿐만 아니라, 그러한 분리의 〈근본적 이유〉를 밝힐 수 있게 되었다. 즉 그것은 그의 철학의 근본적 원리의 직접적인 결과였던 것이다.[37]

다르모타라의 진술은 우리가 현재 〈인도 논리학〉에 대해 알고 있는 모든 것에 의해 지지된다. 우리는 디그나가의 개혁 이전의 저작들에서는 《자신을 위한》 추론과 《다른 사람들을 위한》 추론에 대한 언급이 없음을 볼 수 있다. 고타마도, 카나다(Kaṇāda)도, 바챠야나도, 그리고 우리가 아는한 바수반두도 그것을 언급하고 있지 않다. 그러나 디그나가 이후 논리학에 대한 거의 모든 저작들은 그것을 포함하고 있다. 아마도 디그나가와 동시대인이었을 프라샤스

36) 위 125쪽 이하를 참조하라.
37) Cp. my article Rapports etc. in the Muséon, V. 163쪽 이하.

타파다(Pra šastapāda)가 최초로 바이쉐시카 학파의 논리학에 그것을 도입하였을 것이다.

약간 다른 것은 니아야 학파에서 행했던 디그나가의 혁신의 운명이다. 고타마 자신의 경구들이 이미 인식(*pramāṇa*)의 《근원들》중의 하나로서의 추론과, 인식의 네《근원들》중의 하나로서가 아니라 〈열여섯가지 논쟁 주제들(*padārtha*)〉중의 하나로 간주되는《다섯—항의 삼단논법》 사이의 구분을 포함하고 있다는 것을 주목해야 한다. 디그나가의 혁신이 고타마의 이 규칙들로부터 단순히 빌어온 것이거나 또는 추출한 것이라고 볼 수도 있다. 그러나 니아야 학파에서 다섯—항의 삼단논법은 듣는 사람의 머리 속에 떠오른 추론으로서가 아니라 추론 과정에서 우리 사유의 점진적 단계들을 충실하고 적절하게 묘사한 것으로 간주된다. 추론이 다른 사람에게 전달될 때, 이 단계들은 반복되어야 한다. 다섯—항의 삼단논법은 그것이 확립되기 이전에 그 학파에서 유행했던 열—항의 삼단논법의 축약이었다. 그것은 최초 순간의 호기심(*jijñasā*)으로 시작하여 추론된 결론으로 끝나는, 우리의 추론적 인식의 모든 점진적 단계들을 묘사하는 것을 목표로 하였다. 다섯—항의 삼단논법과 관련하여 동일한 심리학적 관점이 이 학파에 널리 퍼져 있었다.

니아야—바이쉐시카 학파의 심리학적 견해에 따르면, 모든 사유는 세 순간의 지속을 갖는다. 세번째 순간에서 그것은 소멸하여 작동하지 않게 되고, 유효하게 되기 위해서 다시 일깨워지기를 원한다. 추론 과정은 삼단논법의 첫 항인 테제를 일으키는 호기심이라는 순간에 의해 시작된다. 이유와 예가 즉시 뒤따른다. 테제의 순간은 예의 순간이 나타날 때 소멸하여 작동하지 않는다. 한 순간에 포함된 사유로서의 동반은 그것이 소전제에서 되풀이 되지 않는다면, 그것이 소전제라는 순간에 의해 분리되는 결론을 내기 위해 작동하지 않고 소멸할 것이다. 이 반복은 《재고찰》[38] 또는 《표시의 세번째 환기》[39]라고 불리운다. 표시의 첫번째 고찰은 예를 들어 부엌에서의 연기의 지각이다. 두번째 고찰은 언덕에서의 연기의 지각이다. 세번째 고찰은 소전제에서의 재고찰이다. 《여기에 불을 항상 동반하는 바로 그 연기가 있다》는 형식의 이 《재고찰》에는 《언덕에 어떤 불이 현존함에 틀림없다》는 결론의 근접하고 즉각적인 원인이 되는 지위가 부여된다.

처음에는 니아야 학파가 그들의 다섯—항의 삼단논법을 기존의 지식을 어떤 청중에게 전달하려는 단순한 명제들로 간주하지 않았다는 것은 분명하다. 그러나 디그나가의 견해는 웃됴타카라에 의해 받아들여졌다.[40] 니아야 학파는 바이쉐시카의 예를 따랐고, 《다른 사람들을 위한》 추론의 이론을 그들의 논리 학습에 편입하였다. 우리는 강게샤(Gangeša)의 저작들과 그 이후의 모든 개작들에서 자신을 위한 추론과 다른 사람들을 위한 추론 사이의 구분을 볼 수 있다.

동일한 언급이 〈인도 논리학〉의 또 하나의 특징인 삼단논법의 격이라는 교의에도 〈필요한 변경을 가하여〉 적용되어야 한다. 두가지, 그리고 오직 두가지 '실제적 격들이 있고, 모든 특칭 판단들은 삼단논법에 존재하지 않는다는 것은 디그나가보다 오래 전의 학파들에 의해서도 받아들여졌다. 그러나 이 사실에 대한 진정한 의미의 발견은 그에게 공이 돌려져야 한다.

긍정격과 부정격, 또는 더 정확하게 긍정논법(modus ponens)과 부정논법(modus tollens)은 니아야파에 의해 받아들여졌을 것이다.

---

38) *parāmarṣa, NV., 46*쪽 *10*행 이하를 참조하라.

39) *trtīya-linga-parāmarṣa.*

40) NV., 18쪽 10행 *vipratipanna-puruṣa-pratipādakatvam.*

그러나 실재론적 학파들에게는 그것들이 삼단논법의 두 독립적 형식들인 반면에 불교도들에게는 두 형식들이 균등한 것이므로 모든 삼단논법이 이 형식으로나 저 형식으로 표현될 수 있다. 그것들의 독립에 대한 증거로 니아야파는 부정적 짝을 갖지 않는《순수하게 긍정적인》[41] 연역들도 있고 또한 긍정적 짝을 갖지 않는《순수하게 부정적인》[42] 연역들도 있다는 사실을 든다. 불교도들은 이것을 부정하고 모든 명칭들과 모든 판단들이 필연적으로 그 본질에 있어서 긍정적이고 부정적인 것과 똑같이 모든 연역은 긍정적이고 부정적이라고 주장하였다.

《불》이라는 명칭과《이것은 불이다》라는 판단은 한편으로는 모든 불과 유사하고 다른 한편으로는 모든 불—아닌 것들과 유사하지 않은 하나의 실재적 점이 있다는 것을 의미한다. 중간은 배제되는데,[43] 불과 불—아닌 것 사이에 가능한 제3의 사물은 없다. 동일한 것이 모든 추론과 삼단논법에도 적용된다.

〈인과관계〉의 이론을 증명하기 위해 최초로 부정논법을 광범하게 사용한 것은 상키야파인 것처럼 보인다. 그들은 원인과 결과의 본질적 동일성, 즉 결과가 그것의 원인에 선재한다고 주장하였다. 그들의 목적은 이러한 방식으로 그들이 좋아하는 〈영원한 물질〉이라는 생각을 옹호하고, 모든 결과들을 이 유일하고 보편적인 〈원인〉에 포함시키려는 것이었다. 그들은 그것의 증명을 위해 부정논법(modo tollente)[44]으로 표현된 다섯개의 삼단논법의 정식을 만들었다. 그것들은 다음과 같다.

41) *Kevala-anvayin.*
42) *Kevala-vyatirekin.*
43) *trtīya-prakāra-abhāva.*

1. 만일 결과가 선재하지 않는다면, 그것은 결코 무로부터 창조될 수 없다.
   그러나 그것은 창조되었다.
   그러므로 그것은 (그것의 물질적 원인에) 선재한다.
2. 만일 결과가 그것의 물질적 원인에 선재하지 않는다면, 그것과 동질이 아닐 것이다. 그러나 옷감은 실과는 동질이지만, (또한 하나의 원인인) 옷감짜는 사람과는 동질이 아니다.
   그러므로 결과는 그것의 물질적 원인에 선재한다.
3. 만일 결과가 그것의 물질적 원인에 선재하지 않고, 그리고 만일 그것이 다른 곳에 선재한다면, 그때는 옷감이 실로부터 생산되지 않고, 짚 등으로부터 생산될 수 있을 것이다.
   그러나 옷감은 실로부터 생산되는 것이고(가마니처럼) 짚으로부터 생산되는 것이 아니다.
   그러므로 그것은 실에 선재한다.
4. 어떤 것을 생산하는 능력은 그것이 향하는 대상을 필요로 한다 ; 만일 이 대상이 선재하지 않는다면 그 힘은 유효할 수 없다. 그러나 그 힘은 유효하다.
   그러므로 대상은 (그것의 물질적 원인에) 선재한다.
5. 원인은 결과에 관계한다. 만일 결과가 선재하지 않는다면 또한 원인도 없을 것이다.
   그러나 원인은 존재한다.
   그러므로 결과는 (그것의 원인에) 선재해야 한다.

부정논법을 표현하는 이 다섯개의 〈반가언적 삼단논법〉은, 상키야파에 의하면, 독립적 증명 방법이다. 디그나가에 의하면,[45] 그것들은 독립적이 아닌데, 왜냐하면 모든 부정논법은 그것과 실제적으

---

44) *avita-pañcakam.* **NK.**, 30쪽을 참조하라 ; *avīta*라는 용어는 티베트어로 *bsal-bas hon̄-pa*라고 번역되는데, 그 뜻은 《배제의 방법에 의해 도달된=부정적, 또는 *tollens*》라는 것이다. *avīta*에 대해서는 NV., 123쪽, Sānkhya-kaum. 5, H. Jacobi in Aus Indiens Kultur, 8쪽 이하를 비교해 보라.

45) N. mukha, 22쪽을 참조하라.

로 동일한 긍정논법의 존재를 전제로 하기 때문이다. 다르마키르티는 〈일치〉의 삼단논법과 〈차이〉의 삼단논법이 동일한 삼단논법의 두 격에 불과하고, 전자와 후자는 정확하게 똑같은 것을 증명한다는 것을 설득력 있게 입증하였다. 모든 삼단논법과 모든 추론은 그러므로 동시에 긍정적이며 부정적이다.[46)]

《순수하게 긍정적인》 삼단논법과 《순수하게 부정적인》 삼단논법은 웃됴타카라의 발명이다.[47)] 불교와 불교적인 모든 것에 대한 그의 극단적 증오에 따라, 그는 디그나가의 추론에 대한 정의, 〈세—측면의 논리적 이유〉 이론, 삼단논법의 격에 대한 교의, 논리적 오류의 체계 등을 가장 격렬하게 공격한다. 그는 매우 교묘한 비판을 퍼붓는데, 그것은 독자를 납득시키기보다는 혼동시킨다. 이 발명의 대부분은 결국 버려졌지만, 순수하게—긍정적인 이유와 순수하게—부정적인 이유라는 이론은 니아야파의 삼단논법 교육의 일부분으로 영원히 남았다. 《원인을 갖는 모든 것은 비영구적이다》라는 불교도들이 좋아하는 삼단논법은, 니아야파에 따르면, 순수하게 긍정적이거나 또는 논리적 오류이다. 불교도들에게는 원인없는 사물이 없는데, 존재하는 모든 사물이 필연적으로 원인을 갖기 때문이다. 원인없는 사물들은 존재하지 않는다. 그러나 불교도들은 부정적 예, 즉 편재, 불변, 부동하는 〈우주적 에테르〉 또는 〈공간〉이 있다고 주장한다. 부정적 예는 실재일 필요가 없다. 논리적 목적을 위해 대비로 사용되는 것으로서는 영원한 〈공간〉과 같은 그러한 예로 아주 충분하다.[48)]

《살아있는 육체는 영혼을 갖는데, 왜냐하면 그것이 동물적 기능

46) *definitio est omnis negatio.*
47) NV., 48쪽 10행 이하.
48) N. Mukha, 27쪽 ; NBT., 87쪽 3행

들을 갖기 때문이다》라는 것과 같은 추론은《순수하게 부정적인》 추론의 예이다. 살아있는 육체가 영혼을 동반한다는 것을 증명하는 긍정적 예들은 없지만, 그러나 이 두 속성들이 부존하는 많은 예들이 있다. 〈실재론자들〉에 의하면 이 예들은 살아있는 육체와 영혼의 다양한 연결을 증명할 힘을 갖고 있다. 불교도들에 의하면 그것들은 아무 것도 증명하지 않으며, 연역은 오류이다. 부정적 예들은 긍정적 예들로부터의 당연한 결과이다. 만일 긍정적 예들이 없다면 어떠한 실제적인 부정적 예들도 있을 수 없다.

7. 유럽의 삼단논법과 불교의 삼단논법

〈인도 삼단논법〉에 대한 현재 우리의 지식 수준으로 불교의 이론과 유럽의 이론을 충분히 비교 고찰하고 평가하기를 시도하는 것은 이른 것처럼 보인다. 그럼에도 불구하고 그런 방향에 대한 약간의 언급은 인도의 지위, 즉 인도 논리학자들이 삼단논법을 다루었던 독립적이고 독창적인 견해를 더 잘 이해하는데 도움을 줄 것이다. 아리스토텔레스 이론의 다음과 같은 점들은 고려할만한 가치가 있다. 1) 아리스토텔레스의 일반 삼단논법에 대한 생각, 2) 그의 〈예〉로부터의 삼단논법에 대한 생각, 3) 그의 〈귀납〉에 대한 생각, 4) 삼단논법의 실제적 구성 부분들, 5) 그것의 실제적 〈격〉, 6) 그것의 〈공리〉와 〈반가언적 삼단논법〉의 도입.

a) 아리스토텔레스에 의한 정의와 불교도들에 의한 정의

아리스토텔레스에 의하면 삼단논법은《어떤 명제들이 진술되고, 그것들이 진술된 필연적 결론으로서 이 진술들로부터 다른 어떤것이 뒤따라 나오는 말》이다.[49] 이 정의는 삼단논법이 (최소한) 세 명제들로 구성되고, 그것들중의 하나(결론)는 다른 둘(전제들)로부터 필연적으로 나온다는 것을 의미한다. 그러나 삼단논법이 단지 《말》일 뿐만은 아니라는 것은 분명하다. 《말》의 표현을 떠나서 그 말에서 표현되는 것이 있다. 삼단논법의 내용은 아리스토텔레스의 『전체와 무에 대한 언명(*Dictum de omni et nullo*)』에서 《전체로 긍정되거나 부정되는 어떤 것이건 그 전체의 어떤 부분으로도 긍정되거나 부정된다》는 것을 의미하는 것으로 특징지워졌다. 이 규칙에 따르면 삼단논법은 항상 일반으로부터의 특수의 연역을 포함해야 한다. 또한 삼단논법의 내용 또는 이른바 《공리》를 진술하는 다른 방법이 있다. 그것은 표시의 표시는 사물 자체의 표시이다(nota notae est nota rei ipsius)라는 원리와, 그것과 상호 관련되는 한 사물의 표시와 모순되는 것은 그 사물 자체와 모순된다(repugnans notae repugnat rei ipsi)이다. 이 《공리》에 따르면 삼단논법은 매개적 표시를 통한 대상의 인식을 포함한다. 그것은 감관을 통한 직접적 지식과 구별되는 간접적 지식을 나타낸다. 〈추론〉을 표시를 통한 대상의 인식으로 정의하는 불교의 정의가 노타 노타에(nota notae)의 원리와 일치한다고 우리는 이미 언급하였다. 일련의 명제들로 표현하는 것은 그러므로 아리스토텔레스의 《말》에 상응할 것이다. 우리는 그래서 유럽의 이론에서 《자신을 위한》 추론과 《다른 사람들을 위한》 삼단논법을 구분하는 불교도의 구별에 상응하는 것을 본다. 그러나 바로 이 점에 또한 두 이론들 사이의 커다란 차이점이 있다.

정확하게 말해서 불교의 〈자신을 위한 추론〉에는 전혀 명제들이 없다. 최소한 〈아리스토텔레스의 삼단논법〉에 항상 있는 그러한 명제들은 없다. 《소리는 비영구적인데, 왜냐하면 그것이 항아리처럼

49) Grote의 번역, 앞의 책, 143쪽.

산출품이기 때문이다》라는 형식의 인식은 단일한 명제로 진술되어 있다. 중요한 부분은 명제가 아니라 세 용어들, 또는 〈예〉까지 친다면 네 용어들이다. 우리는 그래서 삼단논법에 대한 매우 다른 두 정의들에 직면하게 된다. 하나는 그것이 결론적 명제가 두 전제들로부터 필연적으로 뒤따라 나오는 《말》이라고 말한다 ; 다른 하나는 그것이 〈세—측면의 논리적 표시〉,[50] 즉 세 용어들의 상호 관계를 표현하는 《말》이라고 말한다.

그러므로 삼단논법의 《공리》의 동일성에도 불구하고 그것을 진술하는 《말》에 주어지는 중요성에 있어서 두 이론들 사이에는 상당한 차이가 있다는 것이 된다. 아리스토텔레스 삼단논법에서는 첫째가 일련의 세 명제들이고, 다음이 전체와 무에 대한 언명이며 ; 디그나가 삼단논법(그리고 추론)에서는 첫째가 상호 관련된 세 용어들이고, 다음이 일반 법칙과 그 적용을 표현하는 일련의 두 명제들이다

b) 아리스토텔레스의 〈예〉에 의한 삼단논법

삼단논법과 그것이 본질적으로 표현하는 사실 사이의 구분 이외에도, 아리스토텔레스의 이론에는 아리스토텔레스 자신이 우리를 위한(*pro nobis*) 삼단논법과 본래의 삼단논법(*notius natura*) 사이의 차이라고 특징지운 또 하나의 구분이 있다. 《우리를 위한》이라는 칭호는 불교의 《자신을 위한》 추론과 약간 비슷하다고 생각된다.

본래의 추론(*notiora natura*)과 우리를 위한 추론(*notiora nobis*, 또는 자신을 위한 추론〈*notiora quoad nos*〉) 사이의 안티테제를 아리스토텔레스는 그의 철학의 주요한 점이라고 인식한다. 전자는 지각에 가

50) *trirūpa-linga.*

깝고, 더욱이 일반적으로 인간의 감지력 한도내에 있으며 〈경험〉을 구성한다. 후자는 최종의, 또는 완전한 지식에 가깝고 〈과학〉을 구성한다.

아리스토텔레스는 자신을 위한 지식이라는 이름아래 여러가지 삼단논법을 센다. 주요한 것은 〈예〉에 의한 삼단논법과 〈귀납〉에 의한 삼단논법이다.

인도의 〈자신을 위한 추론〉에 가장 가까운 것은 아리스토텔레스의 〈예〉에 의한 삼단논법과 〈귀납〉에 의한 삼단논법이다. 〈예〉는 여기에서, 인도에서와 똑같이, 세 개념들, 즉 대개념, 매개념, 소개념 이외의 네번째 개념으로 간주된다.[51] 추론은 하나의 특수한 경우로부터 일반으로, 그리고 일반을 거쳐서 다른 특수한 경우로 가는 것이다.

〈예〉는 전부가 아니라 단지 하나나 또는 몇개의 특수들을 포함한다 ; 그것들로부터 우선 전체 류(class)를 추론하고 그 다음에 그 류에 속하는 어떤 다른 유사한 특수를 추론하는 것이다. 추론과정은 두 부분들, 즉 상향적인 것과 하향적인 것으로 구성된다. 추론은 하나의 특수한 경우로부터, 드러나게 언급되지는 않을지라도 항상 〈예〉에 포함되어 있는 매개적 일반 전제로 통하여, 다른 유사한 경우들로 진행해간다. 이 관점으로부터 본다면, 니아야파의 다섯—항의 삼단논법만이 추론 과정의 이 이중적 진행을 아주 정당하게 다루고 있다고 인정해야 한다. 사실 그 처음의 세 항들은 네 개념들을 포함하고 있다. 전제들의 순서는 거꾸로 되어 있다. 삼단논법은 테제이기도한 결론으로부터 시작된다. 그리고서 소전제를 언급한다. 세번째 항이 〈예〉이다. 대전제는 독립된 항이 아니다. 우리는 그래

51) Grote, 앞의 책, 191쪽.

서 다음과 같은 삼단논법 형식을 얻는다——

1. 테제. 소리는 비영구적이다.
2. 이유. 왜냐하면 그것은 노력에 의해 산출되기 때문이다.
3. 예. 항아리같이.

이것은 하나의 특수로부터 다른 특수로 도약할 때의 지성의 자연적 진행을 나타낸다. 대전제는 완전히 드러나지 않았지만 의식의 밑바닥 어디엔가 감추어져 있으며, 그 다음 단계, 또는 연역이 취해질 때 표면에 떠오른다. 그래서 삼단논법은 다음과 같은 형태를 띤다 :

1. 테제. 소리는 비영구적이다.
2. 이유. 왜냐하면 노력에 의해 의지대로 산출되었기 때문이다.
3. 예. 항아리같이. 노력이 있는 곳에는 비영구성이 있다.
4. 적용. 소리는 노력에 의해 의지 대로 산출된다.
5. 결론. 그것은 비영구적이다.

이것은 꼭 아리스토텔레스가 그의 〈예〉에 의한 삼단논법을 보여주려고한 삼단논법처럼 보인다. 그는 그것을 자신을 위한 추론(notiora quoad nos)의 부류에 귀속시킨다. 그러나 니아야파에게는——오직 앞의 세 항들만이(감추어진 대전제와 함께) 자신을 위한 추론을 나타낸다. 그들은 완전한 다섯 항의 삼단논법을 다른 사람들을 위한 추론이나 또는 공개 토론에 사용되는 완전한 삼단논법으로 간주한다.

밀(J. S .Mill)이 과거의 경험을 토대로 세운 유명한 근대적 이론은 주요한 점에서 니아야파의 이론과 상응하는 것처럼 보인다. 그는 삼단논법을 감추어진 부수적 대전제를 가진 특수들로부터 특수를 추론하는 과정으로 간주하였다.

c) 추론과 귀납

전칭, 또는 대전제가 특수들로부터의 〈귀납〉에 의해 입증되어야 한다는 것은 불교도들과 아리스토텔레스에 의해 똑같이 주장된다. 삼단논법은 〈귀납〉을 전제로 하며 그것에 의존한다. 아리스토텔레스는 전칭 명제들이 오직 〈귀납〉으로부터 얻어진다고 명료하게 선언한다.[52] 기억되고 비교된 특수한 사실들은 일반 개념과의 결합을 통해서 〈경험〉을 구성한다.[53] 다르마키르티는 말한다. 《결합(또는 대전제)은 상응하는 (특수한) 사실들에 의해서 입증되어야 한다》.[54] 만일 이것이 실제로 그렇다면, 사고의 자연적인 귀납적—연역적 과정을 다른 두 반쪽들, 즉 〈귀납〉과 〈연역〉으로 가르는 것은 불가능하거나 또는 매우 인위적인 것처럼 보인다. 둘은 서로 보완적이며 추상 속에서 말고는 분리될 수 없다. 우리가 보게 될 것처럼, 이것이 인도적 견해의 요점이다. 〈귀납〉과 〈연역〉 사이의 연결은 매우 강해서 〈연역〉의 격이나 식은 〈귀납〉의 주요 방법들을 고려에 넣을 때에만 올바로 확립될 수 있다는 것을 우리는 보게 될 것이다. 우리가 삶에서 때때로 귀납적 과정에 우리의 주의를 기울이고, 말하자면 연역적 과정을 억압하기 때문에, 두 부분들 사이에는 자연적 안티테제가 존재한다. 이것이 자신을 위한 추론이라고 불리운다.또는 우리는 〈귀납〉의 과정이 이미 주어진 것으로 가정하고, 우리의

52) Grote, 앞의 책, 187쪽.

53) 같은 책, 193쪽.

54) *yathā-svam-pramāṇaiḥ* , NBT., 47쪽 1행 이하, 이 맥락에서의 *pramāna*의 의미에 대해서는 NBT., 64쪽 1행, 81쪽 1행을 참조하라.

모든 주의를 과정의 두번째 부분 즉, 연역에 기울인다. 이것은 인도인들에 의해서는 다른 사람들을 위한 추론이라고 불리우고, 아리스토텔레스에 의해서는 실제의, 진정한 삼단논법(*notius natura*)이라고 불리운다. 그러나 아리스토텔레스는 삼단논법이라는 명칭을 〈귀납〉과 〈연역〉에 다 적용시킨다. 그는 〈귀납〉에 의한 삼단논법을, 가정된 매개념이 대개념으로 바꾸어져 있기 때문에 실제적 매개념이 없는 매우 특수한 종류의 삼단논법으로 다룬다. 전제들의 순서는 〈예〉에 의한 삼단논법에서와 같이 거꾸로 되어 있다. 끝맺는 결론이 첫번째 명제 또는 대명제이다. 아리스토텔레스는, 매개념을 통해서 증명되는 진정한 삼단논법이 노티우스 나투라(*notius natura*)이고, 그것이 우선적이고 인식을 하는데 있어서 더 효과적이지만 ; 그러나 〈귀납〉에 의한 삼단논법이 우리에게(*pronobis*) 더 평이하고 더 분명하다고 덧붙인다.[55]

아리스토텔레스에 의해 그려진 〈귀납〉에 의한 삼단논법은 다음과 같은 형식을 갖는다——

> 결론(=테제). 한 사람이나 관찰할 수 있는 모든 사람은 죽는다.
> 소전제. 그들은 사람의 전체를 대표한다.
> 대전제(=결론). 모든 사람은 죽는다.

이러한 삼단논법은 특수로부터 보편으로 올라가는 과정일 뿐만 아니고, 더욱이 관찰된 한 부류의 전체성으로부터 절대적 전체성으로의 부당한 비약을 포함한다. 그러나 아리스토텔레스는 반복되고 비모순적인 〈귀납〉이 최대의 확실성과 필연성을 보장해 준다고 생각한다.[56] 〈보편(*notius natura*)〉은 그러므로 노티오라 노비스(*notiora*

55) Grote, 앞의 책, 191, 196쪽.

nobis)인 특수들로부터의 〈귀납〉의 과정에 의해 마음 속에 생겨난다.

디그나가와 아리스토텔레스는 사실상 둘 다 추론의 귀납적 부분은 단순히 인식하는데 스스로 만족하고, 반면에 연역적 부분과 그것을 규정하는 규칙들에 대한 분석에는 둘 다 대단한 노력을 기울인다.

몇몇 비판자들은 〈귀납〉을 특수한 형태의 삼단논법으로 전환시키고, 그리하여 추론에서의 상향적 과정과 하향적 과정 사이의 커다란 대조를 지워버리는 아리스토텔레스의 과정을 비판해왔다. 그들에게 두 과정들 사이의 주요한 차이는 삼단논법에 내속하는 속박력 또는 필연성, 〈귀납〉이 결코 얻을 수 없는 필연성에 놓여 있다.[57] 그들에 의하면 모든 〈귀납〉은 비약, 특수한 경우들로부터 보편적 주장으로의 부당하고 위험한 비약을 포함한다. 그러나 삼단논법적 연역에는 부당한 비약이 없고 엄격한 필연성이 있다. 아리스토텔레스는 특수들의 전체성과 류개념(class-term)의 의미 사이의 구분을 부당하게 채용함으로써 〈귀납〉과 〈삼단논법〉 사이의 기본적 구분을 가볍게 취급했다고 이 비판자들은 주장한다. 아리스토텔레스는 말한다 :《귀납 삼단논법에서는 소개념이 모든 특수들로 구성되어 있다고 생각해야 한다 ; 왜냐하면 〈귀납〉은 그것들 모두를 포괄하기 때문이다》.[58] 이 비판자들에 의하면 특수들로부터 〈류 (class)〉로의 부당한 비약은 〈귀납〉을 손상시키지 않고 그것에 포함될 수 있다. 그러나 그것이 삼단논법에 포함되는 것은 거부되어야 하는데, 왜냐하면 그렇게 하는 것은 삼단논법의 방법의 존엄성을 떨어뜨리게 될 것이기 때문이다. 다른 많은 문제들과 마찬가지로 이 문제에 대해

56) 같은 책, 192쪽 이하.
57) 같은 책, 197쪽.
58) 같은 책, 260쪽.

서도 인도의 견해는 고려할만한 가치가 있다. 어려움은 지식 자체에 내재한다. 전체 추론 과정을 둘로 나누고 그것을 오직 한 쪽에다 속하게 함으로써 그 한 쪽의 결점이 전혀 없게 되는 다른 한 쪽을 얻는다는 것은 가볍게 처리될 수 없다. 판단의 보편성과 필연성은 모두 논리의 핵이며, 그것은 어떤 방식으로든 설명되어야 한다. 그것이 설명되지 않는한 〈귀납〉도 〈삼단논법〉도 깨끗한 것으로 드러나지 않을 것이며, 내부의 병, 힌두교도들이 말하는 《암》이 그 안에 잠복해 있을 것이다. 불교의 해결에 대해서는 〈추론〉에 관한 장에서 설명되었고, 후에 한번 더 언급하게 될 것이다.

d) 불교의 삼단논법은 두 명제들을 포함한다.

아리스토텔레스의 정의에 따르자면 삼단논법은 세 명제들로 구성되어야 한다. 그중의 둘은 유사한 기능을 하며, 〈결론〉에 대한 《전제들》이라는 공통의 특징에 의해 맺어진다. 불교의 정의에 따르자면 삼단논법은 오직 필요불가결한 두 명제들로 구성된다. 하나는 이유와 그것의 결론 사이의 다양한 공존의 일반 법칙을 표현하고, 다른 하나는 주어진 예에의 법칙의 적용을 표현한다. 사실상 소전제와 결론 사이의 연결은 이른바 두 전제들 사이의 연결보다 훨씬 더 약하다. 로체(Lotze)와 지그바르트(Sigwart)는 《소전제는 결론을 전제하고 있다》[59]고 올바르게 지적하고 있다. 소전제와 결론은 로커스(Locus)의 적용(Application), 또는 조건(Qualification)을 구성한다.[60] 삼단논법의 두 필요불가결한 항들이 바로 〈귀납〉과 〈연역〉을 나타낸다는 것은 쉽게 알 수 있다. 삼단논법의 결론이 증명되는

59) Lotze, Logik, 122쪽 ; Sigwart, 앞의 책, I, 478. "소전제에 언급된대로, 우리가 아미 소크라테스가 죽는다고 확신하고 있지 않다면, 소크라테스는 사람일 수 없다."

실제적 증거는 소전제와, 〈귀납〉에 의해 대전제를 산출하는 특수한 사실들의 집합에 있는 것이지, 대전제 자체에 있는 것이 아니다.[61] 위에서 언급된대로,[62] 〈예〉와 〈적용〉은 불교삼단논법의 두 항들이다.

e. 이 환(contraposition)

인도의 이론은 명제들에서의 주어와 술어의 환위(conversion)와 환질(obversion)을 단순히 추론 및 삼단논법과 연결지어 다루고 있다. 환위는 오직 대전제나 또는 근거 명제(grounding proposition)에서만 가능하다. 소전제와 결론의 결합인 적용 명제(applying proposition)에서는, 주어는 바꿀 수 없는 고정적 위치를 갖는다. 근거 명제는 이유 또는 매개념이 오직 유사한 예들에만 현존하고, 유사하지 않은 예들에서는 항상 부존한다는 것을 표현한다. 이것은 대전제에 있어서 서로 함축하는 두 규칙들이다. 왜냐하면 만일 이유가 오직 유사한 예들에 현존한다면, 그것은 당연히(*eo ipso*) 유사하지 않은 예들에는 항상 부존할 것이기 때문이다. 그러나 명시하건 함축하건 간에 이유가 술어에 필연적으로 의존한다는 것을 표현하기 위해서는 둘 다 언급되어야 한다. 유사한 예들에서만의 이유의 현존은 〈명제〉[63]이다. 유사하지 않은 예들에서의 그것의 항상적인 부존은 〈이환〉[64]이다.

명제는 〈일치〉의 귀납적 방법에 의해 수립된다. 〈이환〉은 그 계,

60) *paramārtha-sat.*
61) Grote, 앞의 책, 199쪽.
62) 위 425쪽을 참조하라.
63) *anvaya.*
64) *vyatireka.*

즉 〈차이〉의 방법에 의해 수립된다. 둘은 동일한 사실을 표현한다. 그것들은 동일한 생각을 표현하는 두가지 방법들이다. 이환의 논리적 가치 및 타당성은 쉽게 이해할 수 있다. 매개념이 대개념에 필연적으로 의존한다면, 매개념이 대개념에 포함된다는 것은 분명하다. 그러므로 그것의 부정의 범위는 정확하게 대개념의 범위가 매개념의 범위를 초과하는 만큼 대개념의 부정의 범위를 초과한다. 이것은 다음과 같은 원으로 표시될 수 있다.

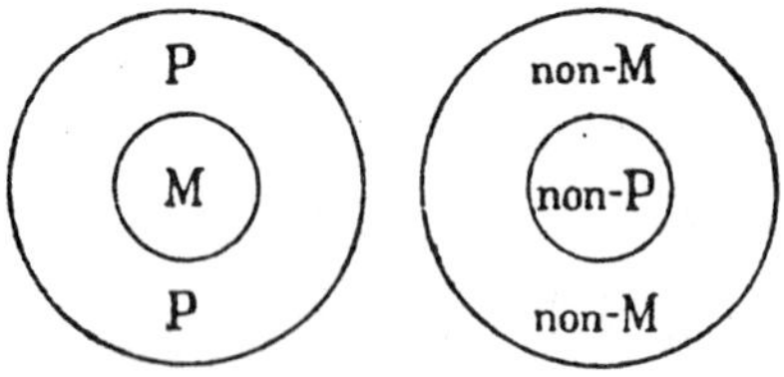

예를 들면 다음과 같다. 《산출되는 것(**M**)은 비영구적(**P**)이다》와 《영구적인 것(**non-P**)은 산출되는 것이 아니다(**non-M**)》; 또는 《연기가 있는 곳에는 (**M**) 불이 있다(**P**)》와 《불이 없는 곳에는 (**non-P**) 연기가 없다(**non-M**)》. **M**의 전체 범위는 **P**에 포함된다. **non-P**는 큰 원의 바깥에 놓여 있다. 그리고 **non-P**가 바깥에 놓여 있기 때문에 **non-P** 전체는 **non-M**에 포함된다.

전칭 부정이 환위될 수 있다는 것도 마찬가지로 분명하다. 만일 주어와 술어 사이에 전혀 연결이 없다면 이 불연결은 상호적이다.

그러나 정칭 긍정은 환위될 수 없다. 그것은 한 개념의 다른 한 개념에의 필연적 의존을 표현한다. 이 관계는 바뀔 수 없다. 주어는 결론의 주어처럼 고정된 위치를 갖는다. 많은 오류들이 이 규칙을 소홀히 하기 때문에 나타난다. 예를 들어 《노력에 의해 산출되는 것은 비—영구적이다》라는 명제를 단순히 환위한다면 《비—영구적인 것은 노력에 의해 산출된다》는 명제가 된다. 이것은 〈불확실한 이유〉의 오류가 될 것이다. 왜냐하면 《비―영구적》이라는 이유는 항아리등과 같은 유사한 예들에도 똑같이 현존하기 때문이다.

아리스토텔레스가 〈환위〉의 문제를 다룬 것은 형식적이고 문법적이다. 그는 주어와 술어의 상호위치를 바꾸려고 했다. 그 결과 그는 동일한 작용이 어떤 경우에는 가능하고, 매우 불가해하게도 다른 경우에는 불가능하다는 것을 알게 되었던 것이다.

유럽의 논리학자들 가운데서 지그바르트는 인도인들의 태도와 같은 견해를 가지고 있다. 그는 술어가 되는 것의 위치는 《실제로 술어인 것》에 달려있어야 한다고 주장한다.[65] 그는 다음과 같이 말하고 있다. 《이환의 모든 의미는 우리가 가언적 명제의 형식과 연결지어 보면 곧 분명해진다. '모든 A는 B이다'라고 주장하는 대신 그것을 '만일 어떤 것이 A라면 그것은 또한 B이다'라고 표현해보면 그것의 이환은 '만일 어떤 것이 B가 아니라면 그것은 A도 아니다'라는 것이 될 것이다》. 《오직 두 경우들, 즉 (부정의) 순수 〈환위〉와 〈이환〉만이 옳고 (논리적으로) 가치가 있다. 그것들은 술어가 필연적으로 그것의 주어에 속하거나 또한 속하지 않는다는 주장의 의미를 모든 측면으로부터 표현하고 있다. 단순히 특칭 명제들로 귀착되는 다른 모든 경우들은 **명확한 결론이 불가능하다는 것을 나타내준다**》.

그것이 바로 인도의 이론이 특칭 명제들을 논리학의 영역으로부터 다 배제해버린 이유이다. 논리학은 전칭 명제, 필연 명제의 영역이다.

65) 앞의 책, I. 451.

f. 격

아리스토텔레스 논리학은 〈정언(Categorical)〉 삼단논법과 〈가언(Hypothetical)〉 삼단논법을 구분하고, 정언 삼단논법을 4격 19식으로 나눈다. 〈정언〉과 〈가언〉의 구분에 대해서, 즉 이 구분이 문법형식에 얼마나 영향을 주었고, 얼마나 추론의 본질에 속하는지 하는 문제에 대해서 후에 약간 언급하게 될 것이다. 그러나 4격 19식의 구분은, 〈환위〉와 마찬가지로, 두 전제들에서의 〈매개념〉의 위치라는 문법적 원리에 기초하고 있다. 문법적으로 매개념은 대전제에서 주어이고 소전제에서 술어일 수 있으며, 역으로 소전제에서 주어이고 대전제에서 술어일 수 있다. 또는 둘 다에서 주어일 수도 있고 둘 다에서 술어일 수도 있다. 더우기 전제들중의 하나는 특칭 또는 부정일 수 있다. 매개념의 네 위치들의 각각과 전제들중의 하나가 특칭 또는 전칭일 가능성을 결합함으로써 19개의 타당한 식의 도식이 구성된다. 오직 그것들중의 하나, 즉 제1격의 제1식(*Barbara*)이 아리스토텔레스에 의해 《최종적》인, 또는 진정한 것으로 간주된다. 다른 모든 것들은 복잡한 환원의 과정을 거쳐서 그것으로 바꾸어진다.

중세와 근대 〈형식 논리학〉의 거의 전 체계를 형성하고 있는 이 모든 복잡한 교의들을 인도에서는 거의 발견할 수 없다. 우선 특칭 결론들이 인도 논리학의 영역으로부터 다 배제되어 있다. 특칭 결론이란 〈이유〉가 〈주어〉의 전범위에 현존하지 않는다는 것을 의미한다. 이것은 법전의 첫번째 규칙을 범하는 것으로서 오류를 낳는다. 불교도들은 부정 결론들을 특별한 부류로 분류하고, 전칭 긍정 결론들로부터 완전히 분리한다. 삼단논법의 제3격과 제4격은 그러므로 삼단논법의 영역으로부터 배제되어 있다. 그것들의 환원과 타당성을 위한 복잡한 규칙들은 전혀 쓸모없는 것이 된다. 〈매개념〉을 대전제의 술어나 소전제의 주어로 바꾸는 문법적 원리는 정당하게 논리학에 도입되지 못한다. 추론의 세 개념들중에서 하나(소개념)가 주어인데, 그것이 진정한 주어, 논리적 주어이다. 그것을 술어로 환위하자면 혼란하고 부당한 표현이 된다. 소전제의 주어와 결론의 주어는 동일한 것이고 올바른 표현에서 동일한 위치를 차지해야 한다. 그것은 적용 명제의 주어이다. 근거 또는 대명제의 주어는 필연적으로 〈매개념〉이다. 왜냐하면 이 명제는 대개념에의 매개념의 필연적 의존을 표현하고, 이 사실이 대개념의 술어화를 초래함으로써 언어적으로 표현되기 때문이다. 《술어를 본래의 술어이도록 하라》고 지그바르트는 말한다.[66] 위치의 모든 변화는 여분이고 쓸모없다. 우리에게는 그러므로 제1격의 식들중의 하나(*Barbara*)와 제2격의 식들중의 하나(*Cesare*)가 남겨진다. 후자는 전자의 이환에 상응한다. 우리는 이미 이환에서 매개념이 대개념과 실제로 자리를 교환할 수 있다고 설명했다. 왜냐하면 이 두 형식들은 동일한 사실을 표현하는 두가지 다르지만 등가인 방식들이기 때문이다. 이 이중적 표현은 주어와 술어의 위치를 임의로 바꾼 결과가 아니라, 귀납과 연역이라는 두 보편적 과정들을 나타내는 것이다.

불교의 이론은 삼단논법과 추론을 그 내용에 따라 세 종류로 나눈다. 그것들은 〈분석적〉, 〈인과적(=종합적)〉, 〈부정적〉 연역이다. 형식적인 면에서 보면 그것들 각각은 〈일치〉의 방법을 따르거나 〈차이〉의 방법을 따라서 표현될 수 있다 ; 전자는 반가언적 삼단논

66) Sigwart, 앞의 책, I. 451. 제2격의 제1식(Camestres)에서 〈매개념〉은 대전제의 술어로 가정된다. 그러나 대전제에서 술어인 매개념은 형용의 모순(contradictio in adjecto)이다. 이것은 전제들의 순서를 바꿈으로서만 가능하다. 바인(Bain)은 말한다(앞의 책, 140쪽)──《표준 부정(Celarent)으로부터의 더 큰 변화가 여기(Camestres)에서 관찰될 수 있다. 전칭이어야 하는 근거 명제가 소전제이다-그래서 전제들의 정상적 순서의 도치가 있다》.

법의 긍정논법(modus ponens)이 되고 후자는 반가언적 삼단논법의 부정논법(modus tollens)이 될 것이다.

디그나가에 의하면, 대전제가 〈명제〉의 형식으로 표현되는가 〈이환〉의 형식으로 표현되는가에 따라서, 삼단논법에는 이 두, 그리고 오직 두 격들이 있다. 두 형식들은 항상 가능하고, 서로 보충적이다. 그것들은 동일한 것을 표현하며, 하나가 표현될 때 다른 하나는 표현되지 않더라도 함축된다. 그것들은 이유가 유사한 예들에서만 현존하고 유사하지 않은 예들에서는 항상 부존한다는 삼단논법 법전의 두번째와 세번째 규칙에 상응한다. 다르모타라는 말한다.[67] 《의미는 삼단논법의 목적이다. 그것에 의해 반드시 표현되어야 하는 실제적 사실은 (〈일치〉와 〈차이〉의) 두 삼단논법들이 서술하고 있는 사실이다. 그것들이 입증하려고 목적하고 있는 사실에는 전혀 차이가 없다. 사실 목적은 논리적 연결을 표현하는 것이다……비록 그것들이 다른 두 방법들을 나타낸다고 하더라도 하나의 논리적 연결이라는 바로 동일한 사실을 표현한다……제1의(*prima facie*) 의미에 관한한 표현은 다르지만, 그것들이 사용된 목적에 관한한 차이가 없다. 사실 대전제에서 직접적, 또는 긍정적 동반이 표현될 때, 그것의 이환이 함축적으로 뒤따른다……그리고 마찬가지로 이환된 동반이 표현될 때, 그것의 긍정적 형식이 함축적으로 뒤따른다)》.

삼단논법의 분야가 유럽의 형식 논리학에서는 19식으로 나누어지고, 인도의 체계에서는 단지 2식으로 나누어진다면, 다음과 같은 질문들이 자연스럽게 제기된다. 1)유럽의 19식과 인도의 2식 사이에 일치점은 무엇인가(일치점이 있다면), 2)이 두 분류들의 비교 논리적 가치는 무엇인가. 이미 언급한대로 유럽 논리학에서의 제3격과

67) NBT., 43쪽 2행 이하 ; 번역 115쪽.

제4격은 여기서 고려할 필요가 없다. 그것들은 특칭 결론들만을 내고, 환원없이 그 자체만으로는 논리적으로 무가치하기 때문이다. 같은 이유로 제1격과 제2격의 제3식과 제4식도 배제되어야 하는데, 그것들 또한 특칭 결론들만을 내기 때문이다. 제2격의 제1식은 실제적 오류를 숨기고 있는 부당한 표현을 나타낸다.[68] 제2격의 식들 중에서 제1격의 제1식(*Barbara*)의 이환인 제2식(*Cesare*)이 남게 되고, 그것은 디그나가의 긍정적, 또는 직접적 격에 일치한다. 제1격의 제2식(*Celarent*)에 관해 말해보면, 그것의 부정은 언어적인데 불과하다. 모든 실제로 부정적인 결론들은, 우리가 보게 될 것처럼, 《여기에 항아리가 없다. 왜냐하면 우리가 아무것도 지각하지 않기 때문이다》라는 전형적 예로 환원될 수 있다. 그러나 모든 명칭들이, 뒤에 보게 되겠지만, 긍정적, 부정적 명칭들이기 때문에, 긍정 결론을 일종의 부정 판단으로 가장하는 것이 항상 가능하다. 예를 들어 우리는 다음과 같이 말할 수 있다.

모든 사람들은 영원히 살지 않는다,
소크라테스는 사람이다,
그는 영원히 살지 않는다.

이 결론은 《소크라테스는 죽는다》라는 결론과 언어적으로만 다르다. 인도의 전형적 예를 들어보면—

모든 산출품들은 영구적이 아니다,
소리들은 산출된다,
그것들은 영구적이 아니다.

이 언어적 차이를 각각의 식으로 세우는 것은 전혀 의미가 없다.

---

68) 왜냐하면 〈매개념〉은 대전제의 술어일 수 없기 때문이다.

모든 판단과 모든 명칭이 두가지 방식들로, 즉 긍정적으로나 부정적으로 표현될 수 있으므로, 인도인들처럼, 〈부정〉의 문제를 〈부정〉의 실제적 특성을 고려함이 없이 모든 격들과 식들을 이중화하는 대신, 어디에서나 나타날 수 있는 우리의 사고의 특징으로 따로 다루는 것이 더 편리한 것처럼 보인다.

같은 비판이 전칭 결론을 가진 식과 특칭 결론을 가진 식으로 나누는 데에도 적용된다. 후자는 전자에 포함되기 때문이다. 다르모타라는 이 주제를 다음과 같은 방식으로 다룬다[69]——《추론의 주어는 직접 지각되는 〔단일한〕 부분과 실제로 지각되지 않는 부분의 결합이다……예를 들어 소리가 순간적 〈존재〉를 나타낸다고 연역될 때, 단지 어떤 특수한 소리는 직접 지적될 수 있지만, 다른 것들은 실제로 지각되지 않는다》. 말하자면 위의 전형적 예에서《소리》라는 개념은《모든 소리들》,《어떤 소리들》, 그리고《한 소리》를 의미한다. 그러나 이 세 가능성들을 다른 세 항목들로 분류하는 것은 의미가 없다. 왜냐하면 차이는 중요하지 않고, 그 구분은 쓸모없는 세밀한 구분이기 때문이다.

그러므로 디그나가의 두 식들은 아리스토텔레스 삼단논법의 제1격의 제1식(*Barbara*)과 제2격의 제2식(*Cesare*)에 상응한다.

이제 삼단논법에 단지 두 격들이 있다는 진술과 이 두 실제적 격들을 19식이라는 인위적 도식에 숨기고 있는 이론의 비교 가치의 문제를 다루어 보기로 하자.

어떤 저자들은 디그나가의 목록의 비교적인 단순성이 열등함의 표시라고 생각해왔다. 반대로 다른 사람들은 복잡한 이론보다는 단순한 이론을 선호한다. 지그바르트는 다음과 같이 말하고 있다[70]—

---

69) NBT., 31쪽 21행 번역, 89쪽.
70) 앞의 책, I. 485.

—《만일 우리가 (제1격에서) 연역이 이루어지는 필수적 규칙을 그에 상응하는 형식으로 바꾼다면 다음과 같이 된다——만일 어떤 것이 M이라면, 그것은 P이다. 그리고서 만일 우리가 S가 M이라고 생각한다면 그 결과는 S가 P라는 것이 된다》.

그는 계속한다. 《동일한 규칙들이 제2격의 기초가 되어야 한다. 왜냐하면 개념들의 단순한 관계로부터 **다른 결과는 있을 수 없기** 때문이다. 그러나 우리는 여기에서 (필연적) 후건(consequent)의 부재로부터 (필연적) 전건(antecedent)의 부재를 결론짓는다》. 《그러므로 아리스토텔레스의 제1격과 제2격은 우리가 앞 절에서 언급했던 것, 즉 삼단논법의 실제 식이 단지 둘, 긍정논법과 부정논법이라는 것[71]과 정확하게 일치한다》.[72] 《제1격과 제2격의 연관과 차이는, 제1격에서는 우리가 전건의 근거의 타당성으로부터 그것의 필연적 결과(긍정적 또는 부정적)의 타당성을 결론내리는데 반해서, 제2격에서는 우리가 필연적 결과의 부존으로부터 그것의 필연적 전건의 근거의 부존을 결론내린다는 단순한 사실에 의해 밝혀진다》. 이 두 격들은 〈반가언적 삼단논법〉의 긍정논법 및 부정논법과 일치한다.

이것은 또한 케인즈(J.N. Keynes)에 의해서도 인정되고 있다.[73] 〈반가언적 삼단논법〉의 두 식들에 대해서 언급한 후에 그는 다음과 같이 말하고 있다——《이 식들은 각각 정언 삼단논법의 제1식 및 제2식과 일치한다. 우리가 이미 본대로 제1격에서 우리는 근거로부터 결과로 옮아가며, 제2식에서는——결과의 부정으로부터 근거의 부정으로 옮아가기 때문이다》.

칸트에 의하면,[74] 제2격의 규칙은 《한 사물의 표시와 모순되는

71) 같은 책 466쪽을 참조하라.
72) 같은 책, 465쪽.
73) Formal Logic, 352쪽.

것은 그 사물 자체와 모순된다(repugnans notae repugnat rei ipsi)》는 것이다. 그래서 그는 제2격이 항상 이환에 의해서 제1격으로 환원될 수 있다는 것을 보여준다. 이것은 다시 불교도들의 이론과 일치하는데, 그들에 의하면 삼단논법의 두 격들은 대전제와 그것의 이환, 또는 유사한 예들만에서의 이유의 현존과 모든 유사하지 않은 예들에서의 이유의 부존을 요구하는 두 규칙들에 불과하다.

격과 식에 관한 아리스토텔레스의 도식에 가해진 비판을 요약해 보면, 우리는 다음과 같은 점들을 알 수 있다. 1) 전제들에서 〈주어〉와 〈술어〉의 자연스런 위치를 바꾼 것은 아리스토텔레스의 잘못된 생각이었다. 2) 전제들에 부정논법 또는 〈이환〉 이외의 다른 부정적 식들을 도입하는 것은 불편하다. 3) 제1격으로 환원될 수 있는 한에서만 타당할 수 있는 특칭 결론들을 도입하는 것은 쓸모 없다. 칸트는 말한다.[75) 《네 격들 모두에서 타당한 결론이 가능하다는 것은 부정할 수 없다. 그러나 모든 것을 해결해서 뒤죽박죽이 되지 않게 하고, 비밀스럽고 부당한 방식으로가 아니라 공개적으로 단순하게 발표하는 것이 논리학의 목적이다》. 《(아리스토텔레스의 격들이) 잘못된 교묘함에 빠진 첫번째 이유를 발견하기는 쉽다. 세 명제들을 차례로 세 줄로 배열하여 삼단논법을 최초로 기록했던 사람은 그것을 체스판으로 간주하고 매개념의 위치를 바꾸어 그 결과를 관찰하려고 시도했다. 그는 타당한 결론들이 나오는 것을 보고서 글자 수수께끼 놀이를 할 때처럼 놀랐다. 후자에 대해서 기뻐하는 것이나 전자에 대해서 기뻐하는 것이나 똑같이 어린아이 같은 짓이다》.[76) 칸트는 그러므로 아리스토텔레스의 교의를 《잘못된 교묘함》이라고

74) 그의 소논문〈삼단논법의 네 격에 대한 잘못된 궤변에 관하여 (Von der falschen Spitzfindigkeit der vier syllogistischen Figuren)〉에서.

75) 같은 논문.

불렀고, 지그바르트도 마찬가지로 그것을 《불필요한 특수화》라고 규정했다. 유럽 학문의 이 두 선구자들에 의해 인정된 두 격들은 정확하게 디그나가에 의해 인정된 것들이다. 《잘못된 교묘함》과 《불필요한 특수화》는 또한 인도에서도 발견되며, 심지어는 아리스토텔레스보다도 더 심하다. 우리는, 디그나가가 〈유사한〉 예와 〈유사하지 않은〉 예 사이에 〈이유〉의 아홉 위치를 센 것을 더 늘리고자 하여, 웃됴타카라가 불필요하고 부적절한 특수화와 잘못된 교묘함의 방법을 채택했다는 것을 보게 될 것이다. 그래서 그는 옳거나 그른 것을 다 합쳐서 전부 2,032에 달하는 매개념들의 수에 쉽게 도달했다!

g. 인과적 삼단논법과 가언적 삼단논법

다르마키르티에 의하면 우리들의 주장은 두 커다란 원리들, 즉 〈동일성〉의 원리와 〈인과관계〉의 원리에 기초하고 있다.[77] 우리는 부정적 주장들을 특별한 고려아래 놓고서 긍정적 주장들을 말하는 것일 뿐이다. 우리가 이미 본대로 〈동일성〉은 두 개념들의 논리적 동일성이 아니다. 다르마키르티가 고려하고 있는 〈동일성〉은 다른 두 개념들에 가로놓인 실재의 동일성이다. 이 개념들은 그 객관적 관련의 동일성에 의해 결합된다. 하나의 개념은 순수 상상의 허구가 아니라, 그것이 객관적 관련을 가지고 있는 한 참된 지식일 뿐이다. 그러므로 다르마키르티의 원리는 또한 다음과 같이 표현될 수도 있다——두 개념들의 모든 논리적 연결은 그것들의 동일한 객관적 관련의 〈동일성〉 또는 그것들의 다른 두 관련들의 〈상호의존〉에 기초하고 있다.

76) 같은 논문.
77) *tādātmya-tadutpatti.*

두 상호의존적 개념들의 객관적 관련은 동일할 수도 있고, 또는 동일하지 않다면 두 다른, 그러나 필연적으로 상호의존적인 것들로 구성되어야 한다. 《심사파는 나무이다》라는 판단, 또는 《이것은 나무이다. 왜냐하면 그것이 심사파이기 때문이다》라는 추론은 세 개념들을 포함하는데, 하나는 다른 둘에 가로놓인 실재의 점이다. 두 개념들 사이에는 또한 일종의 동일성, 간접적 동일성, 또는 일부 유럽 논리학자들이 부르는 것처럼 《부분적 동일성》[78]이 있다. 그러한 의미에서 그것들은 모순적인 것도 아니고 상반되는 것도 아니다. 단일한 실재는 상반되는 두 개념들을 동시에 가질 수 없다. 그것들은 상반되지 않고 동일한 것에 속하는 한 동일하다. 심사파는 필연적으로 나무이고, 비—나무일 수 없는데, 왜냐하면 만일 심사파가 나무가 아니라면 그 자체일 수 없기 때문이다. 그렇게 되면 우리는 동시에 나무이면서 비—나무인 대상을 갖게 될 것이다. 만일 질들(또는 개념들)이 상반되고 실재로서 존재한다면, 질들은 동일할 수 없다[79]고 불교의 〈모순율〉은 말한다. 그것은 개념들 사이의 논리적 법칙이자 실재의 법칙이기도 하다.[80] 〈동일성〉은 그러므로 〈인과관계〉만큼 실재적 관계[81]이며, 〈인과관계〉로부터의 필연적 계(corollary)이다. 〈동일성〉에서는 객관적 관련이 하나이고, 〈인과관계〉에서는 그것이 이중적이면서 상호의존적이다.

그러면 〈인과율〉의 본질은 무엇인가? 우리가 본대로 그것의 공식은 《이것이 존재하면, 저것이 나타난다》는 것이다. 그것은 실재의 모든 찰나점이 바로 이전의 찰나점에 필연적으로 의존한다는 법칙

78) Sigwart, 앞의 책, I. 110 이하.

79) *virrudha-dharma-samsargād*(*dharmi*) *nāaā*.

80) *vastuni avastuni ca*. NBT., 70쪽 22행과 비교해보라.

81) Sigwart, 앞의 책, I. 442.

이다 ; 그것의 표현은 〈가언 판단〉이다. 실재의 모든 찰나점에 어떤 개념이 상응하고, 찰나점은 개념을 통해서만 인식할 수 있기 때문에, 실재에 상응하는 개념들 사이에는 그것들이 상응하는 찰나점들 사이에서 얻어지는 실재적 관계와 유사한 논리적 관계가 존재해야 한다. 연기는 불에 의해 산출된다. 즉, 계속적인 순간들의 연속 사이에는 인과적 결합이 있는데, 그 한 부분은 불이라는 개념의 부류에 포함되고, 그 다음 부분은 연기라는 개념 아래 결합된다. **그러나 이 개념들의 논리적 관계는** 상응하는 실재의 점들 사이의 **실재적 관계의 반대이다.** 논리는 필연성을 의미하고, 원인은 필연적으로 그 결과를 수반하지 않기 때문이다. 주어진 결과의 산출을 방해하는 것은 항상 나타날 수 있다.[82] 필연성을 직접 확신할 수 있는 절대적으로 인과적인 판단은 없다.[83] 그러나 그 반대 관계는 필연성으로 특징지어진다. 하나의 결과는 필연적으로 그것의 원인의 결과이며, 그것은 만일 그것이 하나의 결과가 아니라면 존재할 수 없고, 만일 그것이 원인의 필연적 결과가 아니라면 결과일 수 없다. 그러므로 논리적 〈인과율〉은 실제로 〈결과〉의 법칙이다. 이것도 또한 다르마키르티가 부여한 명칭이다.[84] 그는 그것을 《결과를 통한》 추론이라고 불렀다.[85]

이런 의미에서 논리적 인과율은 실재적 인과율의 반대이다. 원인은 이유가 아니다. 원인은 결과를 예측하기 위한(또는 예측하는) 충분한 이유가 아니다. 그러나 결과는 선행하는 원인의 존재를 필연적으로 확인해 주는 충분한 이유이다. 이러한 의미에서 〈인과율〉은

82) *geg-byed-pa srid-pai-phyir = pratibandha-sambhavāt.*

83) Sigwart, 앞의 책, I. 418.

84) *Kārya-anumāna = Kāryena anumāna.*

85) 원인의 바로 마지막 순간과 결과의 최초의 순간 사이의 필연성은 또한 명백하게 인정된다. NBT., 39, 72쪽 ; 번역 88쪽.

또한 〈동일율〉과 똑같이 〈모순율〉에 다음가는 법칙이다. 모든 사물은, 만일 그것이 어떤 다른 사물의 결과가 아니라면 하나의 사물일 수 없을 것이다.

그러므로 〈인과율〉과 〈모순율〉을 동등하게 보는 것은 잘못이다. 후자는 모든 일반 또는 개념, 그리고 모든 실재 또는 찰나점을 똑같이 지배하는 보편 법칙이다. 그러나 〈인과관계〉는 찰나점들의 산물만을 지배한다.

지그바르트는 라이프니쯔가 〈모순율〉과 〈충족 이유율〉을 우리의 모든 논의들의 단지 두 커다란 원리들이라고 본 것은 잘못이라고 생각한다. 왜냐하면 그의 견해로는[86] 라이프니쯔의 〈충족이유율〉은 〈인과율〉에 불과하고, 논리적 〈모순율〉과 논리적이 아니고 실재적인 〈인과율〉을 동등하게 보는 것은 잘못이기 때문이다.

다르마키르티의 관점으로 보면 〈충족이유율〉은 우리들의 모든 논증의 보편법칙이며, 〈동일성〉과 〈인과관계〉의 두 큰 원리들은 그것의 단순한 상술이다. 이 법칙은 단순히 〈이유〉[87]라고 불리우거나, 또는 〈3중의 논리적 표시〉[88]의 법칙이라고 불리운다. 그것의 공식은 우리가 본대로 《1) (주어)에서의 전체적인 현존, 2) (유사한 것들)에서만, 3) (비유사한 것들)에서는 결코》이다. 그것의 두 주요한 격들에 따르면 그 법칙은 또한 〈명제와 이환의 법칙〉[89]이라고도 불린다. 그것의 공식은, 이유가 가정되면 그것의 필연적 결과도 마찬

86) 앞의 책, I. 254――《나는 참된 진리(Véritě de fait)의 실제적 이유를 들 때, 원인을 말한다……바로 그로부터, 모순율과 관계하지 않으면서도 모순율에 버금가는 동일한 원리로서의 가치를 갖는 일반적인 논리 법칙을 만들고, 라이프니쯔의 원리에서 실재적 원인과는 다른 논리적 이유를 찾을 권리가 얼마나 적은가 하는 것이 명백해진다'.

87) *hetu*=*gtan-thsigs.*

88) *trirūpa-linga*=*thsul-gsum-rtags.*

89) *anvaya-vyatireka.*

가지로 가정되고, 필연적 결과가 부존하면 이유도 마찬가지로 부존한다는 것이다.

〈의존적 기인〉으로서의 불교의 〈인과율〉은 《이것이 존재하면 저것이 나타난다》는 가언적 판단으로 표현된다. 불교의 〈충족이유율〉도 마찬가지로 가언 판단 또는 가언 삼단논법으로 표현된다. 이 법칙의 명제와 이환[90]은 〈반가언적 삼단논법〉의 긍정논법과 부정논법에 상응한다. 〈인과관계〉에 기초한 연역과 〈동일성〉에 기초한 연역에서 보편적 〈충족이유율〉이 똑같이 관철되므로, 우리는 우리의 모든 논증들이 이 두 큰 원리들에 기초하고 있고, 〈인과관계〉의 삼단논법이 분석적 삼단논법과 똑같은 권리로 존재한다고 주장할 수 있다.

유럽의 삼단논법은 인과적 연역을 특별한 종류의 삼단논법으로는 결코 인정하지 않아왔다. 근대의 이론은 〈인과관계〉, 또는 사실상 〈제일성(uniformity)〉의 원리, 즉 같은 원인들은 같은 결과들을 산출한다는 원리가 〈귀납〉의 기본적 원리이고, 〈귀납〉은 〈연역〉 또는 삼단논법의 반대라고 가정한다. 후자는 분석적 〈동일성〉의 원리에 기초하고 있다. 〈귀납〉은 그 결론에서 엄격한 보편성과 필연성을 획득할 수 없는 반면에, 삼단논법적 연역은 필연성에 의해 특정지워진다.

이것은 아리스토텔레스의 의견은 아니다. 그에게는 〈귀납〉도 또한 하나의 삼단논법이고, 〈인과관계〉도 또한 분석적 〈동일성〉의 원리에 기초하고 있다. 그의 인과적 삼단논법은 원인으로부터 결과의 연역이다. 원인은 매개념과 협력하여 일체가 되고,[91] 결과는 결론에서 대개념의 위치를 점유한다. 그러나 〈인과관계〉에 기초한 이 영

90) *anvaya-vyatireka.*

역은 불교에서처럼 보편으로부터 특수의 분석적 연역과 동등한 두 번째 종류[92]가 아니라 ; 그것에 종속되거나, 또는 반대로 분석적 연역이 인과적 연역에 종속되기도 한다. 〈보편〉은 일종의 원인으로 간주되기 때문이다. 아리스토텔레스에게 원인은 항상 결과가 그것의 특수인 〈보편〉이다. 어떤 것의 원인에 대한 탐색은 매개념에 대한 탐색이다.[93] 원인과 결과의 보편적 연관은 특수한 경우들로부터의 연역을 통해서 우리에게 알려진다. 아리스토텔레스가 가정한 네 종류의 원인들은 모두, 그것으로부터 결과 또는 대개념이 연역되는 매개념들이다.[94] 삼각형의 본질이 두 직각과 같은 세각들을 갖기 위한 원인 또는 근거인 것과 똑같이, 원인의 본질은 그것의 결과를 산출하는 것이다.[95]

중세 철학과 근대 철학은 아리스토텔레스로부터 분석적 관계로서의 〈인과관계〉라는 개념을 이어받았다. 그것은 스피노자가 《원인 즉 근거》(*causa sive ratio*)를 인정함으로써 정점에 달하였다. 그 결과로 인과적 삼단논법은 별개의 종류라고 무시되고 종속적인 종류라고 소홀히 취급되었다. 그것은 전혀 존재하지 않았다. 분석적 인과

91) 종종 결과가 더 잘 알려져 있기 때문에 우리가 그것을 매개념으로 채용하고 (Grote, 223쪽을 참조하라) 그것으로부터 그에 상응하는 원인을 결론으로 끌어낸다는 것을 아리스토텔레스도 인정하고 있는 것은 사실이다. 그러나 이러한 경우에 삼단논법은 인과적이 아니라고 가정되며, 그것은 원인에 대한 지식이 아니고 존재(Ens)에 대한 지식이다.

92) 그러나 아리스토텔레스도 쿠아에지툼(Quaesitum)이 때로는 사물 자체의 〈본질〉 또는 본질적 특성이고 때로는 외적 사실이라는 점을 인정한다(Analyt. Post., II, ii, a 3 i ; Grote, 앞의 책, 220쪽을 참조하라). 여기에서 아리스토텔레스는 모든 추론을 위한 두 배타적, 궁극적 근거들이 〈공내속(=동일성)〉이거나 또는 〈인과관계(=외적 사실에의 의존)〉라는 것을 인정한 것으로 보인다.

93) Grote., 앞의 책, 240쪽.

94) 같은 책, 246쪽.

관계 이론이 심리적으로 흄에 의해서, 선험적으로 칸트에 의해서 파기되었음에도 불구하고, 인과적 삼단논법은 분석적 삼단논법과 동일한 권리를 갖는 두번째 종류로 인정되지 않았다. 흄은 모든 인과적 결과들의 필연성과 보편성을 부정했고, 칸트는 그것들을 선험적 기초 위에 세웠음에도 불구하고 그것들을 가언 판단과 동일시했으며, 정언 삼단논법 형식을 분석적 연역들에만 배타적으로 허용했다.

칸트의 가언적 판단으로부터의 인과관계 범주의 연역과 관련하여, 칸트 스스로 직접 책임이 없지만, 그의 연역의 결과이자 인도의 유사한 이론에 비추어 언급할 가치가 있는 한 이론을 주목하는 것은 흥미있다. 이 이론에 의하면 〈공내속〉의 관계는 《모든 A는 B이다》라는 정언 판단으로 표현된다; 그러나 〈인과관계〉는 《만일 A가 있다면, 필연적으로 B가 있다》라는 가언 판단으로 표현된다. 이 이론은 우리의 모든 논증들이 기초하고 있는 단지 두 큰 원리들, 즉 〈공내속〉의 원리와 〈인과관계〉의 원리가 있다고 인정하는 듯이 보인다. 그러므로 가언적 형식이 인과관계에만 배타적으로 채택되는 것이 아니라 둘 다에 똑같이 적용될 수 있음을 쉽게 알 수 있다.[96] 《모든 A는 B이다》라는 전칭 명제는 실제로 어떤 것이 A라면 그것은 필연적으로 B라는 것을 의미한다. 관계의 필연성은 인과관계의 경우에서처럼 이 경우에도 가언적 형식[97]으로 표현된다. 《A는 항상 B에 의해 산출된다》는 전칭 명제는 《만약 A가 있다면 필연적으로 어떤 B가 선행한다》는 것을 의미한다. 이렇게 고치고 부가해보면

95) 같은 책

96) Sigwart, 앞의 책, 297쪽. Bain, Logic, I. 117과 비교해 보라 ; J. S. Mill, Logic I, 92와 비교해 보라. 그는 가언 판단이 정언 판단과 사실상 다르지 않다는 의견을 최초로 표현한 것으로 보인다.

97) *yo yo dlūmavān sa so'gnimān.*

그 이론은 인도의 이론과 일치한다. 사실 우리의 모든 논증들을 통제하는 법칙이 있다. 우리는 그것을 〈이유의 법칙〉, 또는 〈충족이유율〉, 또는 불교도들 처럼 〈3중의 논리적 이유〉라고 부를 수 있다. 그것은 가언적 판단으로 표현되며, **이유가 주어지면 결과가 필연적으로 뒤따르고, 만일 필연적 결과가 부존하면 이유도 또한 부존한다는 것을** 의미한다. 이 법칙의 다른 이름은 〈명제와 이환의 법칙〉[98]이다. 그것은 〈반가언적 삼단논법〉의 긍정논법과 부정논법에 상응한다. 그 규칙들의 법전은 다음의 세가지로 구성된다——주어에서의 전체적인 현존, 오직 유사한 것들에서만, 비유사한 것들에서는 결코. 이것은 표시의 표시는 사물 자체의 표시(**nota notae est nota rei ipsius**)라는 원리, 그리고 전체에 대한 언명(*dictum de omni*)과 일치한다.[99] 그것은 우리의 모든 논증들이 기초하고 있는《큰 원리들》, 즉《동일성》의 원리와《인과관계》의 원리에도 똑같이 적용될 수 있다. 사실 인도의 전형적인 예를 들어보면——

> 만일 어떤 것이 산출품이라면 그것은 영구적이 아니다, 항아리등과 같이.
> 만일 그것이 영구적이라면, 그것은 결코 산출품이 아니다, 〈공간〉등과 같이.
>
> 소리는 산물이 아니다.그것은 영구적이 아니다.

또는 상응하는 유럽의 전형적 예를 들어보면——

> 만일 어떤 존재가 사람이라면, 그는 필연적으로 죽는다, 이 사람 그리고 저 사람같이,
> 만일 그가 불사라면, 그는 사람일 수 없다, 〈신〉과 같이.

---

98) *anvaya-vyatireka.*

99) 이 두 식들이 동일하다는 것은 칸트에 의해 증명되었다. 〈삼단논법의 네 격에 대한 잘못된 궤변에 관하여〉 참조.

이 존재는 사람이다,
그는 죽는다.

수학적 연역들도 동일한 형식으로 환원된다. 예를 들어—

만일 어떤 것이 직선이라면, 그것은 필연적으로 두 점들 사이의 가장 짧은 거리이다, 이 직선 그리고 저 직선과같이.
만일 그것이 가장 짧은 거리가 아니라면, 그것은 직선이 아니다, 곡선등과 같이.
이것은 직선이다,
그것은 가장 짧은 거리이다.

이 연역들은 형태상 인과적인 것과 다르지 않다. 사실 인도의 전형적 예를 들어보면[100]—

연기가 있는 어디에나 불이 있다, 부엌등에서와 같이.
불이 없는 곳에는 연기가 있을 수 없다, 물등에서와 같이.
여기에 연기가 있다.
또한 불이 있다(또는 있었다).

두 세트의 예들 사이에 형식적 차이는 없다. 둘 다 〈명제와 이환의 법칙〉, 또는 3중의 논리적 표시, 또는 〈가언적 삼단논법〉의 두 식들에 속한다.[101] 차이는 단지 인과적 연관의 보편성이 〈동일성〉에 기초한 연결의 보편성 및 필연성과 동일하지 않다는 것뿐이다. 이 문제에 대한 인도의 해결이 무엇이고, 그것이 칸트의 해결과 얼마나 일치하는가에 대해서는 추론에 관한 장에서 이미 언급하였다.

100) 이 판단의 가언적 성격은 산스크리트어로 *yatra yatra dhūmah* 또는 *yo yo dhu ̄mavān* 이라는 말로 표현되는데, 이것은 라틴어 *quis quis*와 일치한다. Sigwart, I. 288 참조.
101) 〈가언적 삼단논법〉을 중요시하는 것 또한 스토아 논리학의 뚜렷한 특징이다. Paul Barth, Die Stoa 3, 74쪽.

h. 요 약

우리가 유럽(주로 그리이스)의 체계와 인도(주로 불교)의 체계를 비교한 것을 요약하면 다음과 같다.

1. 인간의 지성에는 바로 그것의 본질을 구성하는 기본적 과정이 있다. 그리이스와 인도의 학문은 그것을 탐구하고 그것의 내용과 형식을 명확히 정의하려고 애썼다. 이 과정은 〈추론〉 또는 〈삼단논법〉이다. 불교도들에게 추론은 사유 일반과 동일하다. 왜냐하면 지식에는 단지 두 근원들, 즉 감관들과 오성, 다시 말해서 감각과 추론이 있기 때문이다.

2. 양편에서 그 탐구는 일반적인 철학적 조망에 의해 조건지워졌다. 그리이스 철학자는 세계를, 그 부분적, 전체적 연결과 불연결이 삼단논법에 규정되어 있는 현실적 개념들의 질서있는 체계로 조망했다. 인도의 철학자는 세계를 찰나점들의 흐름으로 조망하고, 그중에 일부의 점들이 고정된 개념들에 의해 밝혀지고, 노력하는 인간들에 의해 그들의 목적적 행동들에서 도달된다고 생각했다.

3. 그리이스의 학문은 삼단논법을 세 개념들을 포함하면서 명제들에서 이 세 개념들의 문법적 위치를 바꿈으로써 19개의 상이한 식의 타당한 판단들을 산출할 수 있는 일련의 세 명제들이라고 정의한다. 인도의 학문은 삼단논법을, 직접적으로 감관—지각에서가 아니고 필연적으로 상호의존적인 두 개념들의 상부구조를 통해서 간접적으로 실재를 인식하고 실재에 도달하는 방법이라고 정의한다.

4. 삼단논법이 추론적 인식이라는 내적 과정을 포함한다는 사실은 유럽의 학문에서는 알려지지 않았다. 그것은, 주어와 술어의 위치를 서로 바꿀수 있는 세 명제들로 형식화하여 완전히 표현한 것의 불완전하고 완성되지 않은 형태로 취급되었다. 반대로 내적 추론을 추종하는 인도의 삼단논법은 상응하는 명제들에서 논리적으로 고정된 위치를 갖는 세 개념들의 필연적 상호의존을 명제들로 형식화하는 방법이다.

5. 아리스토텔레스에 의하면 삼단논법은 모든 〈연역〉 및 〈귀납〉에 일반적 형식이지만, 그의 후계자들은 그것을 〈연역〉에만 국한시켰다. 그리고 근대에 〈귀납〉이 고개를 들자마자, 단순한 연역에 국한되었던 삼단논법의 지위는 위험에 처하게 되었다. 많은 철학자들은 삼단논법이 지식의 진보를 위해 무가치한 쓸모없는 현학주의를 나타내는 것이라고 선언하였다. 인도

에서 〈연역〉은 〈귀납〉으로부터 분리할 수 없는 것이다. 그것들은 각각 상대편을 서로 포함하고 있고, 하나는 다른 하나를 정당화해준다. 〈연역〉은 〈귀납〉이 선행하지 않으면 불가능하다. 아무리 순수하게 연역적인 과학들이라도 다른 것과 마찬가지로 귀납적 토대를 갖는다. 다른 한편, 그 이상의 특수한 경우들에 적용되지 않는 〈귀납〉은 전혀 무가치할 것이다.

6. 그러므로 불교의 삼단논법에는 오직 두가지, 즉 귀납 삼단논법과 연역 삼단논법이 있는데, 그것들은 사유의 기초적 진행과 적용적 진행에 상응한다.

7. 불교의 체계는 유럽 논리학에서 처음에 분석적 삼단논법에 흡수되었다가 후에 삼단논법의 영역에서 완전히 배제된 〈인과적 삼단논법〉을 포함한다.

8. 불교의 체계는 〈인과관계〉와 〈동일성(공내속)〉을, 우리의 모든 논증들과 그 표현인 삼단논법이 기초하고 있는 두 큰 원리들이라고 동등하게 본다.

9. 이 두 큰 원리들의 형식적 통일은 〈보편적 충족이유율〉 또는 이른바 〈3중의 이유〉로 표현된다.

유럽의 학문에서 〈충족이유율〉, 분석적 관계와 인과적 관계의 문제들 및 그와 관련된 분석 판단과 종합 판단의 문제는 주로 삼단논법의 이론 밖에서 다루어졌다. 인도에서 그것들은 삼단논법의 이론에서 빠뜨릴 수 없는 부분들이다. 〈지성〉은 바로 〈이유〉의 다른 이름이며, 〈이유〉는 바로 〈충분한 이유〉, 또는 〈동일성〉과 〈인과관계〉라는 두 큰 원리들의 형식적 통일을 나타내는 원리이다. 〈이유〉 일반과 세 규칙들의 법전을 갖는 〈삼단논법적 이유〉 사이에 차이는 없다.

10. 이 규칙들의 두번째와 세번째는 〈반가언적 삼단논법〉의 긍정논법과 부정논법에 상응한다. 그러므로 단지 두개의 실제적 삼단논법격들, 즉 명제적 격과 이환적 격이 있다. 모든 삼단논법의 근본적 원리는 〈반가언적 삼단논법〉의 원리, 즉 《근거는 필연적 결과를 수반하며, 필연적 결과의 부정은 논리적으로 근거의 부정을 수반한다》는 원리이다.

11. 〈충족이유율〉은, 그것이 삼단논법의 세 규칙들로 표현되기 때문에, 또한 〈반가언적 삼단논법〉의 동등한 원리, 또는 〈명제〉와 〈이환〉으로 표현된다. 그것들은 논리적 필연성의 법칙을 표현한다. 대부분의 유럽 논리학에서 진정한 삼단논법적 과정이 아니라 부가적, 부차적인 것으로 취급

되었던 〈반가언적 삼단논법〉이 불교 논리학에서는 근본 원리로 등장한다.

그러므로 유럽의 삼단논법 이론과 불교의 삼단논법 이론 사이에는 큰 차이가 있다. 그러나 두 이론들은 같은 중심 문제, 즉 인간 지식의 원리들이라는 문제를 더듬고 있는 것이다. 디그나가와 다르마키르티가 제시하고 있는 해결은 어떤 면에서는 아리스토텔레스보다 칸트나 지그바르트에 더 가깝다.

아리스토텔레스의 《잘못된 교묘함》에 관한 칸트의 견해는 이미 언급하였다. 그러나 이것이 칸트의 이론과 불교의 이론 사이의 유일한 일치점은 아니다. 이런 맥락에서 다음과 같은 칸트의 생각들은 우리의 주의를 끈다. 《하나의 사물을 그 표시와 비교하는 것이 판단이다》. 《매개적 표시를 통한(즉, 표시의 표시를 통한) 판단은 우리의 이성의 추론(*Vernunft-schluss*)이다》. 그래서 그는 〈이환〉의 원리에 주의를 기울이고, 대전제의 〈명제와 이환〉을 통해서 얻어지는 결론에 라티오시니움 히브리둠(*rariocinium hybridum*)[102]이라는 명칭을 붙인다. 그는 〈명제〉의 삼단논법을 아리스토텔레스의 제1격과 동일시하고, 〈이환〉의 삼단논법을 제2격과 동일시하며, 나머지는 쓸모없고 잘못된 교묘함이라고 선언한다. 〈명제와 이환〉이라는 사실에 그러한 중요성을 부여함으로써 칸트는 실제로 (명백하게 언급하지는 않았지만) 삼단논법이, 긍정논법과 부정논법이라는 두 식들을 가진 〈반가언적 삼단논법〉의 원리에 기초하고 있다는 것을 인정하였다. 칸트는 네 격들이 쓸모없는 잡동사니(*Plunder*)라고 말하기는 했지만, 아리스토텔레스 삼단논법이라는 거인을 단번에 쓰러 뜨리려고는 하지 않았다. 사실, 내가 아는 한, 지그바르트가 칸트의 제안들을 채택하여

102) anvaya-vyatireki anumānam과 비교해 보라.

〈반가언적 삼단논법〉의 원리 위에 삼단논법 이론을 세운 유일한 논리학자이다.

지그바르트는 《모든 추론의 가장 일반적 형식은 이른바 반가언적 결론이다》라고 주장한다.[103] 《A라는 타당한 판단이 주어질 때, 〈만일 A가 타당하다면, X도 또한 타당하다〉는 무조건적 전칭 명제가 인정되기만 하면, X라는 판단이 A에 기초할 수 있다는 것은 분명하다》[104] 《전제들의 순서는 모든 개별적 경우에서의 사유의 운동에 달려 있다》[105] 이것은, 개인적 사유에서는 우리가 보통 소전제로 시작하고, 공개 토론에서는 우리가 전칭 명제로 시작해야 한다는 디그나가의 견해와 일치한다.

그래서 지그바르트는 다음과 같이 말한다. 《모든 종류의 단일한 진술의 연역은 보통 반가언적 결론의 긍정논법과 부정논법이라고 불리우는 두 형식들에서 유래한다》. 그는 주석에서 《부정논법은 항상 그에 상응하는 긍정논법으로 환원할 수 있다》고 덧붙인다. 따라서 그는 이 두 식들의 동등성을 주장하고, 그럼으로써 말하자면 상키야에 반대하고 디그나가의 편을 든다.

그는 인도와의 유사성이라는 관점에서 특별히 관심을 끄는 언급을 하고 있다.[106] 《추론의 이론을 더 발전시키기 위해서는 A와 X라는 두 판단들 사이의 연결을 필연적 연결로 만들어 주는 것이 무엇인가 하는 문제를 반드시 다루어야 한다. 이 필연성을 소수의 제한된 법칙들에 돌리는 것은 불가능하지 않을까…》. 《동일성도 사유들 사이의 관계이다》라는 재미있는 언급을 하고 있기는 하지만, 이

103) 앞의 책, I. 434쪽.
104) 같은 책.
105) 같은 책
106) 같은 책, 442쪽.

질문은 제기되었을 뿐이고, 명확한 대답은 주어지지 않았다. 우리가 본대로 필연적 의존이라는 다른 관계는 두 상호의존적 사실들 사이의 비동일성이고, 〈의존적 비—동일성〉은 〈인과관계〉의 다른 말에 불과하다. 이와 관련하여, 인도의 철학자들에 의하면, (필연적으로 관련되는 두 사실들 사이의) 〈인과관계〉와 (두 개념들의 객관적 관련에 있어서의) 〈동일성〉말고 다른 관계는 없다.

모든 필연적 연결이 의지하고 있는 법칙들은, 우리가 본대로, 인도식의 해석을 가한 〈동일율〉, 〈인과율〉, 〈모순율〉이다.

〈환위〉, 〈이환〉, 그리고 특수 판단과 관련하여 지그바르트가 표현한 견해들은 인도의 일부 개념들과의 유사성으로 유명하다. 그것들은 이미 위에서 인용하였다.

제 4 장
논리적 오류
(LOGICAL FALLACIES)

1. 분 류

다그나가는 분명히 삼단논법 규칙의 엄격한 법전을 세우도록 해주었고, 동시에 〈논리적 오류〉의 엄격한 법전의 문제를 해결하였다. 오류는 규칙의 위반에 불과하다. 만일 규칙들이 수에서 한정되어 있고, 체계적 순서로 그것들을 정리할 수 있다면, 규칙의 위반도 마찬가지로 수에서 한정되고 체계적으로 통합하여 정리할 수 있을 것이다. 모든 명제의 논리적 의미는 이중적인데, 그것은 긍정적 의미와 함축된 부정적 의미를 갖는다. 하나의 규칙은 항상 어떤 것을 긍정하는 동시에 그 반대를 배제한다. 모든 삼단논법 규칙은 상응하는 오류를 판결한다.[1)]

우리가 본대론 논리적 추론의 규칙들은 세가지이다.

1. 결론의 〈주어〉에서의 〈이유〉의 현존, 즉 〈주어〉의 전 영역에서의 〈이유〉의 필연적 현존.
2. 유사한 경우들만에서의, 즉 연역된 〈술어〉의 현존에 의해 유사한 경우들에서의 이유의 필연적 현존.
3. 모든 유사하지 않은 경우들에서의, 즉 연역된 특성이 현존하는 것들과

---

1) NBT., 61쪽 18행 ; 번역, 171쪽.

반대되는 경우들에서의 이유의 필연적 부존.

잘못된 이유는 첫째, 또는 둘째, 또는 셋째 규칙에 어긋날 것이다. 그러나 우리는 첫번째 규칙을 위반한 오류와 두번째와 세번째 규칙의 결합을 위반한 오류를 구별해야 한다. 사실 동시에 세번째 규칙을 위반함이 없이 두번째 규칙을 위반할 수는 없다. 두번째 규칙과 세번째 규칙은 동일한 규칙의 두 측면들일 뿐이다.[2] 만일 이유가 유사한 경우들에서만 현존하지 않는다면, 그것은 당연히(eo ipso) 또한 전체적으로나 부분적 유사하지 않은 경우들에 현존할 것이다. 그러므로 두 종류의 주요한 오류가 있는데 하나는 삼단논법 법전의 첫번째 규칙을 위반한 오류이고, 다른 하나는 두번째와 세번째 규칙의 결합을 위반한 오류이다. 유럽 논리학의 언어로 환원시켜 본다면, 이것은 소전제에 대한 한 종류의 오류들과 대전제에 대한 다른 한 종류의 오류들, 또는 소전제에서 주연되지 않은 〈매개념〉과 대전제에서 주연되지 않은 〈매개념〉을 의미할 것이다. 우리가 본대로 하나의 추론, 또는 하나의 삼단논법은 1) 불변의 동반이라는 사실, 그리고 2) 이 두 상호의존적 개념들과 실재의 어떤 점과의 관련으로 구성된다. 첫번째 사실은 대전제에서 표현되고, 두번째 사실은 소전제에서 표현된다.

소전제가 논리적 구성과 실재의 한 점과의 관련을 포함하므로, 이 규칙의 위반은 실재에 대한 오류를 나타낼 것이다. 실재와의 관련이라는 면에서 실패한 이유는 《비실재적 이유》[3]라고 불리울 수 있을 것이다. 다른 한편, 대전제는 이유의 결과에의 필연적 의존에

2) NBT., 20쪽 5행 번역, 57쪽.

3) *asiddha-hetu-ābhāsa*

대한 표현을 포함한다. 만일 이유가 필연적으로 결과에 의존한다는 사실을 나타낸다면, 그것의 현존은 항상 결과의 현존을 수반한다. 이 점에서 실패한 이유는 실재가 아니라 일관성의 오류를 나타낼 것이다. 두 개념들 사이의 불변의 동반은 논파될 것이다. 명확한 결론이 따르지 않고, 이유는 《불확실한》[4] 것이 될 것이다. 그러므로 두 종류의 주요한 오류, 즉 실재에 대한 오류와 일관성에 대한 오류가 있다. 후자가 엄격한 의미에서의 논리적 오류이며, 디그나가는 그 수와 체계를 확립하기 위해 그가 《논리적 이유의 바퀴(The Wheel of Logical reasosns)》라고 부른 체계적 목록[5]을 고안하였다.

유사한 경우들과 유사하지 않은 경우들 사이에서 이유의 모든 가능한 위치들이 이 목록에서는 수학적 원리에 따라 계산되었다. 결과는 더도 덜도 아니고 〈이유〉의 단지 아홉 위치들이 있다는 것이었다. 그중에서 단지 두가지가 올 바른 이유를 나타내고, 나머지 일곱가지는 오류이다. 이 일곱가지 중에서 두가지는 최대의 오류를 나타낸다. 그것들은 올바른 이유의 모순 대당 부분이며, 《반대의》,[6] 또는 《거꾸로의》 이유라고 불리운다.

나머지 다섯가지는 《불확실하다》.[7] 왜냐하면 유사한 경우와 유사하지 않은 경우 사이에 매개념의 위치가 명확하지 않기 때문이다. 그것은 유사한 경우로부터 유사하지 않은 경우라는 금지된 영역으로 중복되거나, 모든 유사하지 않은 경우 뿐만 아니라 유사한 경우도 포괄하거나, 또는 마지막으로 엄격하게 단순한 주어로 한정되고

---

4) *anaikāntika-hetu-ābhāsa.*

5) Hetu-cakra, 때때로 Hetu-cakra-ḍamaru, Hetu-cakra-samarthana라고 불리운다.

6) *viruddha-hetu-ābhāsa.*

7) *anaikāntika = sandigdha.*

어떤 유사한 경우나 유사하지 않은 경우에서도 발견되지 않거나 한다. 후자의 경우에 이유는 《배제적》이거나 '너무－좁으며',[8] 따라서 아무런 결론도 내지 못한다. 반대로, 이유가 모든 유사하지 않은 경우뿐만 아니라 모든 유사한 경우를 포괄한다면, 그것은 《너무－넓거나》 또는 《너무 일반적이며》,[9] 따라서 어떤 결론도 허용하지 않는다. 《너무－넓은》, 그리고 '너무－좁은' 두가지 이유는 분명히 실제로는 거의 일어나지 않지만, 그 이론적 중요성은 과소평가되어서는 안된다. 왜냐하면 그것들이 올바른 이유가 발견되는 최대, 최소의 한계를 분명하게 지시해주기 때문이다. 단지 세가지 불확실한 이유들이 남는데, 가장 엄격한 의미에서 불확실하다. 왜냐하면 그 이유는, 부분적으로나 전체적으로,[10] 유사하지 않은 경우들이라는 금지된 영역과 중복되기 때문이다. 그러므로 유사한 경우와 유사하지 않은 경우 사이에 논리적 이유의 모든 가능한 아홉가지 위치들 중에서 둘은 올바르고, 둘은 올바른 것의 거꾸로, 즉 반대이고, 둘은 포함의 최대 한계와 최소 한계를 나타내고, 나머지 셋은 금지된 영역과 중복되며 불확실하다.

이것이 다음 페이지에 있는 디그나가의 목록에 제시되어 있다. 우리는 유사한 경우들에서의 이유의 현존을 S라는 기호로 표시한다. 그러면 세가지 경우들이 가능하다——모든 S에서의 이유의 현존, 비－S(＝부존)에서의 이유의 현존, 어떤 S에서의 이유의 현존, 유사하지 않은 경우들에서의 이유의 현존을 우리는 D라는 기호로 표시할 것이다. 그러면 세가지 경우들이 가능하다.：모든 D에서의 이유의 현존, 비－D(＝부존)에서의 이유의 현존. 어떤 D에서의 이유

8) *asādhāraṇa-hetv-ābhāsa＝avyāpaka-anaikāntika.*

9) *sādhāraṇa-anaikāhtika＝ati-vyāpaka.*

10) *asiddha-vyatirckin.*

의 현존. 첫번째 세트의 세 위치들의 각각을 두번째 세트의 세위치들의 각각과 교대로 결합하여, 우리는, 더도 덜도 아니고, 유사한 경우와 유사하지 않은 경우 사이에 총 9개의 결합을 갖는다.

논리적 오류

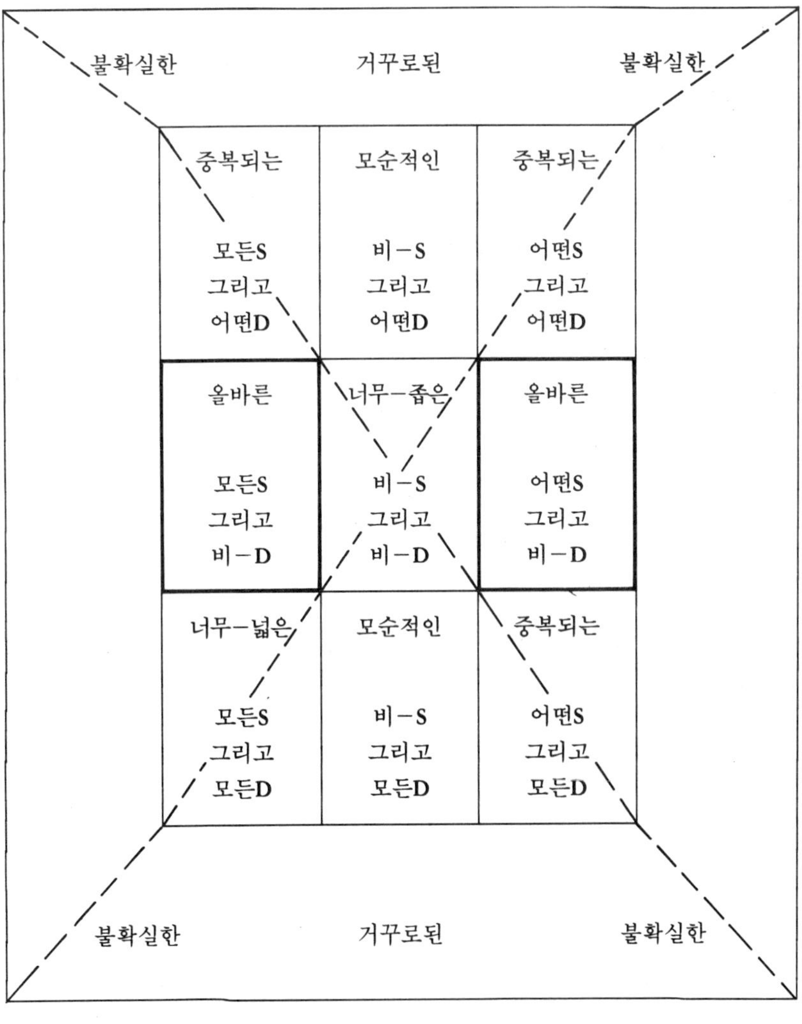

이 목록에서 《모든 S》라는 항목은 세번 발견된다(1, 4, 7에서).
이 목록에서 《비 S》라는 항목은 세번 발견된다(2, 5, 8에서).
이 목록에서 《어떤 S》라는 항목은 세번 발견된다(3, 6, 9에서).
이 목록에서 《모든 D》라는 항목은 세번 발견된다(1, 2, 3에서).
이 목록에서 《비 D》라는 항목은 세번 발견된다(4, 5, 6에서).
이 목록에서 《어떤 D》라는 항목은 세번 발견된다(7, 8, 9에서).

18항목들이 9가지 결합으로 정리되었다. 두가지 결합(4와 6)은 이유와 결과가 확고하게 자리잡고 올바른 노선을 따라 정확하게 움직이고 있음을 나타낸다. 다른 모든 결합들은 올바른 노선으로부터 이탈하였다. 둘(2와 8)은 최대의 이탈을 포함한다. 이탈은 치명적이며, 그것은 거꾸로 된 이유이다. 둘(1과 5)은 이론적으로 흥미가 있는데, 이유의 중복 역량의 한계를 보여준다. 나머지 셋(3, 7, 9)에서 중복 역량은 보통이다. 두 경우들에서만 동반이 옳으며, 일곱경우들에서는 동반이 논파되고 불변의 동반은 없다. 이 모든 일곱 경우들에서 오류는 대전제에 있을 것이다. 만일 이유가 너무-넓거나 너무-좁거나, 또는 중복된다면 결론에 이르지 못하거나 《불확실할》 것이다. 만일 이유가 반대라면, 비록 명확하기는 하더라도 바람직하지 않은 의미에서 명확한 것이고, 올바른 것의 모순 대당부분을 나타낸다.

그러므로 모든 논리적 오류는 삼단논법 법전의 어떤 규칙에 상응하며, 모든 오류는 그 규칙의 위반에 불과하다는 결론이 된다.[11)]

동일한 수학적 방법이 삼단논법 법전의 첫번째 규칙에 대해서도 적용될 수 있다는 것은 분명하다. 이유는 〈주어〉에 전체적으로, 또

11) NB. and NBT., 80쪽, 9행 ; 번역, 220쪽.

는 부분적으로 현존할 수 있고, 전혀 현존하지 않을 수도 있다. 실재와 비실재의 이 세 가능성들을 일관성의 아홉 종류와 결합시키면 27종의 이유를 얻을 수 있는데, 그중에서 단지 네개가 올바른 이유들이다. 즉, 실재적이고 일관적이다. 그 이상의 교묘함을 도입한다면 이유들의 목록은 무한히(*ad infinitum*) 증가할 수 있다.[12] 디그나가의 모방자들의 일부는 그러한 쓸모없는 작업에 빠져들었지만, 그는 그것을 금지했다. 가장 유용한 원리도 무분별한 과정에 의해서 어리석음에(*ad absurdum*) 떨어질 수 있다. 디그나가에 의해 확립된 근본적 구분만이 중요하고 유용하다——하나의 이유는 1) 올바르거나, 즉 실재적이고 일관적이거나, 또는 2) 비실재적이거나, 또는 3) 거꾸로 되어 있거나, 또는 4) 불확실하다, 즉 비-동반적이고 비일관적이다.

요약해보자. 하나의 추론(삼단논법은 그것의 언어적 표현에 불과하다)은 세 개념들 사이의 복잡한 관계이다. 그것들중의 하나는 토대 또는 〈주어(S)〉이다. 그것은 다른 두 상호의존적인 개념들의 상부구조가 속해있는 궁극적 실재의 한 점을 나타내거나 또는 포함한다. 이 둘중에서 하나는 의존적 부분이고, 다른 하나는 그것이 필연적으로 의존하는 부분이다. 의존적 부분은 그것이 필연적으로 의존적이기 때문에, 그것이 의존하는 부분의 현존을 전달하는 힘을 갖는다. 후자는 그러므로 논리적 〈결과〉, 또는 논리적 〈술어〉 또는 〈대개념(P)〉이라고 불리운다. 더욱이 의존적 부분은 술어와 토대를 연결하기 위해서 토대 위에 현존해야 한다. 그러므로 P가 S와 연결되는 것은 이유, 또는 매개념(M)을 통해서이다. 이 세 개념들 사

12) Stasiak, fallacies and their classification according tu the Early Indian Logicians, art. In Rocznik Orientalistyczny, t. Ⅵ, 191~198쪽.

이에는 이중의 관계가 있다. M은 P에 보편적, 필연적, 논리적으로 의존한다 ; 그리고 M은 S 위에 전체적으로, 그리고 실재적으로 하나의 사실로서 현존한다. S 위의 M의 현존은 그 결과로서 S 위의 P의 현존을 수반한다. 우리 시대에 태벳과 몽고에서 사용되는 불교 삼단논법의 형식은 다음과 같다.

나의 S는 이러이러하다.
나의 P는 이러이러하다.
나의 M는 이러이러하다.

이것이 옳은가 그른가? 즉, S위의 M의 현존이 옳은가 그른가? 그리고 M의 P에의 의존이 옳은가 그른가? 만일 둘 다 옳다면 이유는 결정적이며 삼단논법은 전혀 문제가 없다.

만일 그것이 그르다면 무엇이 그른가? S위의 M의 현존이 그른가? 또는 M의 P에의 필연적 의존이 그른가? 첫번째 경우에 이유는 〈실재〉가 부족하고, 두번째 경우에 이유는 〈일관성〉이 부족하다.

그러므로 삼단논법의 타당성을 검증해보면 오직 세가지 대답이 가능하다. 수험생은 다음과 같이 대답할 것이다.

1. 이유는 옳다. 나는 그것을 받아들인다!
(*ḥdod=kāmam*)
2. 이유는 비실재적이다!
(*rtags-ma-hgrub=asiddho hetuḥ*)
3. 동반은 없다!
(*khyab-pa-ma-hbyuñ=vyāptir na bhavati*)

분류는 철저하다. 이 세가지 이외의 대답은 불가능하다. 논쟁자들은 자신들이 말하는 것을 이해하고, 그들이 사용하는 개념들은 애매하지 않아야 한다는 것이 자명한 조건이다.

오류는 충분히 분명하지 않은 개념들 밑에 숨을 수도 있다. 그것은 분석되어야 하고, 의심의 가능성을 넘어서 분명해져야 한다. 오류는 결코 바로 알아차릴 수 있는 조잡한 형태로는 나타나지 않는다. 바차스파티미쉬라는 인간의 마음이 자연스럽게 진리에로 향한다고 말한다. 오류가 분명하게 제시된다면 방황하지 않을 것이다. 교훈을 얻기 위해서 전혀 그른 명제들, 어처구니 없이 그르기 때문에 아무도 사용하지 않을 명제들을 가지고 연습해보는 것도 유용하다. 오류는 실제로 그 특징이 애매한 말에 의해 숨겨질 때에만 생기는 것이다. 말이 명백해지면 오류의 조잡한 형태가 드러난다. M과 S 사이에도, M과 P 사이에도 전혀 연결이 없는 오류, 즉 최대의(*nec plus ultra*) 오류는 다음과 같다―《모든 양들은 말들이다. 왜냐하면 그것들이 암소들이기 때문이다》. 그러한 삼단논법은 아무에게도 떠오르지 않는다. 왜냐하면 바차스파티가 말한대로 인간의 마음은 진리에로 향하기 때문이다. 그러나 실재도 없고 동반도 없으며, M과 S 사이, M과 P 사이에 어떠한 연결도 없는 유명한 논증들이 숨겨진 형태로 산출되어 왔다.

다음의 예들은 1) 두 관계들이 옳거나, 또는 2) 이유가 실재를 결하고 있거나, 또는 3) 동반이 없는 경우들을 조잡한 형태로 예시해 줄 것이다.

1. 논술의 주어(S)는 항아리이다.[13] 논리적 술어(P)는 《비-영구적 존재》이다. 이유(M)――《왜냐하면 그것이 존재하기 때문이다》.

13) 디그나가의 예는 《소리》이다.

우리는 다음과 같은 삼단논법을 갖는다.

> 존재하는 것은 무엇이나 비-영구적 존재이다.
>
> 항아리는 존재한다.
>
> 그것은 비-영구적 전재이다.
>
> 답-옳다!

2. 논술의 주어(S)는 항아리이다. 논리적 술어(P)는《비-존재》이다. 이유(M)——《왜냐하면 그것이 존재하지 않기 때문이다》. 우리는 다음과 같은 삼단논법을 갖는다.

> 존재하지 않는 것은 무엇이나 존재가 아니다.
> 항아리는 존재하지 않는다.
> 그것은 존재가 아니다.
> 답-이유가 비실재적이다. 잘못은 소전제에 있다. 항아리가 존재하기 때문이다.

3. 논술의 주어(S)는 항아리이다. 논리적 술어(P)는《영구적 존재》이다. 이유(M)——《왜냐하면 그것이 존재하기 때문이다》. 우리는 다음과 같은 삼단논법을 갖는다.

> 존재하는 것은 무엇이나〈영구적 존재〉이다.
> 항아리는 존재한다.
> 그것은〈영구적 존재〉이다.
> 답-동반이 없다! 대전제가 잘못되었다. 비-영구적 사물들이 있기 때문이다.

그러므로 도식적 형태로 환원시켜 본다면 S, M, P 사이의 관계는 다음과 같이 진술될 수 있다.

1. S에 대하여 P가 옳을 때, 답은 : 예!
2. S에 대하여 P가 옳지 않을 때, 질문이 제기된다 : 왜?
3. M(이유)이 S에 대하여 옳음에도 불구하고, P에 대하여 옳지 않을 때, 답은 : 동반이 없다!
4. M(이유)이 S에 대하여 옳지 않고, P에 대하여 옳을 때(또는 옳지 않을 때), 답은 : 이유가 비실재적이다!

이것은 단지 조잡한 도식이며, 예들은 다음에 주어질 것이다. 모든 오류는 이 조잡한 형식들 중의 하나로 환원될 수 있다.

2. 실재에 대한 오류(*asiddha-hetv-ābhāsa*)

〈실재에 대한 오류〉가 무엇인지는 이미 언급하였다. 〈이유〉와 〈결과〉의 불변의 연결이 어떤 의심도 없이 확립되지만, 〈주어〉에서의 〈이유〉의 현존이 부정되거나 또는 의심될 때 : 다시 말해서 〈이유의 첫번째 측면〉이 실현되지 않거나 삼단논법 법전의 첫번째 규칙이 위반될 때――그것은 〈비실재적 이유〉라는 논리적 오류가 된다고 우리는 말했다.

우리는 또한 유럽의 이론으로 표현하자면 이것이 소전제의 오류로 불릴 수 있다고 말했다. 〈소개념〉에서의 〈이유〉의 현존이 불가능하거나 의심스러울 때, 결론은 오류가 될 것이다. 그러한 오류의 가장 단순한 예는, 두 사실들 사이의 불변의 연결에 대한 조금의 의심도 없지만, 주어진 예에서 그것이 적용될 장소가 불확실할 때 나타날 것이다.

우리가 공작새의 울음 소리를 들었다고 가정해보자.[14] 이 울음 소리가 공작새의 현존의 표시라는 점은 의심의 여지가 없다. 그리고 공작새가 숨어있는 여러개의 동굴들이 우리 앞에 있지만, 우리는 어느 동굴에 숨어있는지 결정할 수 없다. 확실성을 요구하는 결론은 불가능하다. 그래서 사실상 다음과 같이 된다——

대전제, 공작새의 울음 소리가 있는 곳은 어디나 공작새가 있다.
소전제, 울음 소리는 (아마도) 저 동굴로부터 온다.
결론, 공작새는 (아마도) 저 동굴에 현존한다.

결론은 단지 그럴듯할 뿐으로 확실하지 않고, 이런 의미에서 그것은 오류이다. 그것은 〈비실재(Unreality)〉의 오류이다. 그것은 불확실성의 오류가 아니다. 우리는 후에 〈불확실한 이유〉라는 명칭이 다른 종류에 속한다는 것을 보게 될 것이다.

추론적 판단에 가로놓인 실재에 대한 의심이 〈이유〉를 〈비실재적〉으로 만들 뿐만 아니라, 더욱이 (*a fortioni*) 그 확립된 비실재성이 그것과 관련된 모든 이유를 〈비실재성〉의 오류로 전환시킨다. 예를 들어, 개별적인 영적 실체로서의 〈영혼〉은 불교도들에 의해 부정된다 ; 그것은 비실재적 대상이다. 따라서 어떠한 술어가 이유로서 그것에 연결되더라도 비실재적 이유가 될 것이다.

예를 들어, 바이쉐시카 학파는 개인의 〈영혼〉을 단독으로는 무의식이고 부동인 편재하는 실체로 생각한다 ; 편재하기 때문에 부동이다. 유쾌하고 불유쾌한 감정은, 〈영혼〉의 고유한 특성이기는 하지만, 편재하지 않는다. 그것들은 단지 육체 및 그 내부 기관의 현존과 일치하는 부분에만 나타난다. 내부 기관과 〈영혼〉 사이의 특별한 상호작용은 특별한 순간에, 편재하는 〈영혼〉의 한정된 부분에

14) NB. and NBT., 64쪽 17행 ; 번역 177쪽.

서, 유쾌하거나 불유쾌한 감정을 산출한다. 육체가 이동하면 감정도 따라서 동일한 개인의 부동적 〈영혼〉의 다른 부분에서 산출된다.

이 생각은 다음과 같은 삼단논법의 형식으로 나타낼 수 있다.[15)]

대전제, 그 특성이 어디에서나 감지되는 실체는 편재한다, 〈공간〉과 같이.
소전제, 〈영혼〉은 그 특성이 어디에서나 감지될 수 있는 실체이다.
결론, 〈영혼〉은 편재한다.

〈이유〉와 〈결과〉의 불변의 동반은 어떠한 의심도 없이 확립된다. 대전제는 옳다. 그러나 소전제는 그렇지 않다. 추리는 실재를 결하고 있는데, 왜냐하면 적용의 점, 두 상호의존적 개념들의 논리적 상부구조가 속해야 하는 실재의 점이 환상(fantom)이기 때문이다. 개별적인 편재적 실체로서의 〈영혼〉은 존재하지 않는다. 적어도 불교도들에게는 그러므로 추리는 비실재의 오류, 불교 삼단논법 법전의 첫번째 규칙에 대한 오류이다.

불교도들의 의견에 따르면, 개별적 실체로서의 〈영혼〉이 비-실재이고, 〈영혼〉과 연결된 모든 술어가 마찬가지로 비실재적이지만, 그럼에도 불구하고 그것은 〈영혼〉이 소개념, 결론의 〈주어〉의 위치를 차지할 때에만 《비실재적》이다. 왜냐하면 여기가 논리와 실재가 접촉하는 점이기 때문이다. 만일 실재의 점, 〈토대〉 또는 전체 추리에 가로놓인 실재가 부존한다면, 오류는 비실재의 오류가 될 것이다. 〈영혼〉이 소개념의 장소를 차지하지 않는 다른 삼단논법들은, 불교의 영혼-부정이라는 특별한 이론과 관련시키지 않고, 논리적 일관성이라는 관점으로 보게 될 것이다. 예를 들어, 《살아있는 육체는 〈영혼〉을 갖는다. 왜냐하면 그것이 동물적 기능들을 갖기 때

15) NB. and NBT., 63쪽 13행 ; 번역 178쪽.

문이다》라는 형식의 추론은, 다음에 보게될 것처럼, 그것의 실재성 또는 비실재성에 관한 두 편의 의견과는 전혀 상관없이 순수 논리학의 관점에서 분석될 것이다. 〈비실재〉의 오류는 소개념과 소전제의 실재성 또는 불확실성에 관한 오류이다.

모든 추론에서 뿐만 아니라 모든 공개 토론에서도 두 편에 의해 사용되는 용어들이 명확하고 동일한 의미를 가져야한다는 것은 당연하다. 만약 한편이 하나의 용어를 어떤 의미로 이해하고, 상대편이 그것을 다른 의미로 이해한다면, 그들 사이에는 더이상 성실한 논쟁이 없을 것이다. 그러나 한편이 하나의 용어를 상대편이 받아들일 수 없는 의미로 성실하게 사용할 때, 연역은 그 편에는 옳지만 반대편에는 받아들일 수 없고 비실재적인 것이 될 것이다. 예를 들어 자이나는 다음과 같이 논증한다.[16]

> 대전제, 외피 조직이 제거될 때 죽는 유기체는 감각력이 있는 존재이다.
> 소전제, 나무는 그러한 유기체이다.
> 결론, 나무는 감각력이 있는 존재이다.

자이나는 그의 관점에서 이 논증을 올바른 것으로 간주할 수 있다. 그는 죽음이 무엇이고 감각력이 있는 존재가 무엇인지에 대해서 자신의 견해를 가지고 있기 때문이다. 그러나 불교도에게 그 이유는 비실재적이다. 그는 죽음이 무엇이고 감각력이 있는 존재가 무엇인지에 대해서 다른 정의를 가지고 있기 때문이다. 그의 견해에 따르면 나무는 발견할 수 있는 실재적 점이 아니다. 오류는 그에게 비실재의 오류, 소전제의 오류가 될 것이다. 불교도는 또한 대전제, 즉 《외피 조직이 제거될 때 죽는 것은 무엇이나 감각력이 있는 존재

16) NB. and NBT., 62쪽 13행 ; 번역 173쪽.

이다》라는 규칙을 반대할 수도 있지만, 그것은 별개의 문제이다. 현재의 예에서 이 규칙은 부정되지도 않고 의심되지도 않는다. 그러나 그것이 옳다고 하더라도 그것을 나무에 적용하는 것은 불교도의 관점에서 볼 때 불가능한데, 죽음이라는 용어가 그에게는 다른 의미를 갖기 때문이다. 죽음은 그에게 의식적 삶이 그침을 의미하며, 이것은 실제로 나무에서는 발견되지 않는다.

《나무들은 잔다. 왜냐하면 밤에 잎을 닫기 때문이다》라는 자이나의 유사한 논증도[17] 비실재적인 것으로 부정될 것이다. 왜냐하면 모든 나무들이 밤새 잎을 닫는 것이 아니라, 단지 몇몇 특수한 종류의 나무들이 그렇게 하기 때문이다. 그것은 다시 소전제의 오류이다. 특칭 판단은 올바른 삼단논법에서 허용될 수 없다.《어떤 나무들은 밤에 잎을 닫는다》는 판단은 어떠한 명확한 결론으로도 이끌지 않는다.

그러나 그 반대도 또한 일어날 수 있다. 소전제가 그것을 인용한 철학자에게도 비실재적일 수 있는 것이다. 그것은 그가 반대편의 의견을 받아들이지 않음에도 불구하고 그것으로부터 자신의 이론에 유리한 어떤 것을 끌어내려고 인용할 때 일어날 수 있다. 낯설고 믿어지지 않는 이론을 이용하려는 이러한 방법은 디그나가에게 비난을 받았다.

예를 들어, 상키야 철학자는 기쁨과 고통의 모든 감정들이 그것들만으로는 무의식이라고(영혼만이 의식적이기 때문에) 주장한다. 그러나 〈영혼〉은 불변이고 단지 비출 수 있을 뿐이며, 어떠한 감정도 포함할 수 없다. 상키야 철학자에게 감정은 영원한 〈질료〉의 축폐선이며, 이런 의미에서 영원한데,[18] 그 재료가 영원한 〈질료〉이기

17) NB. and NBT., 19쪽 7행 ; 번역 54쪽.

때문이다. 그러나 그것들이 무의식이라는 것을 증명하기 위해서 그는 어떠한 지속적 실체의 존재도 부정하는 불교의 이론을 이용하려고 하였다. 감정은 어떤 지속하는 실체에 내속하지 않고 오고간다. 그래서 상키야는 다음과 같이 주장한다.——만일 감정이 비영구적이라면 자의식적일 수 없다. 〈영혼〉이라는 영원한 실체만이 의식적이기 때문이다. 반대편의 의견을 이용하려는 이 방법은 디그나가에게 비난을 받았다. 그것은 비실재의 오류인데, 왜냐하면 그 이유라는 것이 그로부터 지지를 받으려고 하는 철학자 자신에게조차 비실재적이기 때문이다.

비실재와 비일관성이 결합된 오류도 물론 가능하다. 그러나 그러한 경우에 그것은 보통 〈비실재적〉 종류에 속한다. 왜냐하면 이유의 실재성, 실재적 〈주어〉에서의 그것의 현존이 그것이 반드시 만족시켜야 하는 첫번째 조건이기 때문이다.[19]

3. 반대 이유의 오류

이것은 일관성 또는 동반의 오류이다. 이유, 또는 매개념은 당연한 결과가 아닌 거꾸로된 결과, 당연한 결과에 모순적으로 반대되는 부분과의 불변의 동반으로 나타난다. 디그나가의 체계적 목록에서 그것은 두번째와 여덟번째 위치를 차지한다. 그것의 중요성은 주로 논리적 이유가 초래할 수도 있는 비일관성의 최대치를 보여주는 이론적인 것이다. 실제로 그것은 드러나게 순수한 형태로는 거의

---

18) *kāraṇa-avasthāyām nityam.*

19) 디그나가는 네 **asiddhas**를 센다 : *ubhaya, anyatara, sandigdha* 그리고 *āśraya-(dharmi-) asiddhas.* 다르마키르티는 두번째와 네번째를 다시 나누어서 분명하게 여섯가지를 센다. **Nyāya-mukha, 14쪽.**

발생하지 않는다. 진리와 일관성으로 향하는《인간 마음의 자연스런 경향》은 그러한《이유》에 대해서 매우 강하게 반발할 것이다. 그러나 불확실한, 불분명한, 또는 불충분하게 소화된 용어 뒤에 숨겨져 있을 때, 이 오류는 일부 특별한 논증의 밑바닥에서 자주 발견되는 것이다. 위치 2번과 위치 8번의 사이의 차이는, 전자에서는 이유가 모든 비유사한 경우들에 현존하고, 후자에서는 이유가 금지된 영역의 단지 한 부분만을 감당한다는 점이다. 그것들의 공통적 특징은 이유가 필연적으로 현존해야 하는 모든 유사한 경우들에서의 이유의 전체적 부존이다. 그러한 숨겨진 반대의 이유는 철학자가, 분석해 보면 자신이 용인한 근본 원리에 반대된다는 것이 밝혀지는 논증을 할 때마다 발견된다. 반대 논증의 드러난 형태는 다음의 두 예들에서 발견된다.

1. (베다)의 소리는 영구적 실재이다.
   왜냐하면 그것은 원인에 의해 산출되기 때문이다.
   산출품인 것은 무엇이나 영구적 실재이다, 〈공간〉과 같이.

표현된 동반의 역이 진리이다. 그러므로 인용된 이유는 반대의 이유이다. 그것은 위치 2번을 점유하는데, 왜냐하면 그것이 모든 유사한 경우들, 즉〈공간〉 등과 같은 영구적 대상들에 부존하고 ; 그리고 모든 유사하지 않은 경우들, 즉 항아리등과 같은 비－영구적 대상들에 현존하기 때문이다.

2. (베다)의 소리는 영구적 실재이다.
   왜냐하면 그것은 의지대로 산출되기 때문이다.
   인간의 의지에 의해 산출되는 것은 무엇이나 영구적 실재이다.

이 이유도 마찬가지로 모두 유사한 경우들, 즉 영구적 대상들에 부존한다. 그러나 그것은 유사하지 않은 경우들이라는 금지된 전체 영역에 현존하지 않고; 오직 항아리등과 같은 일부 비－영구적 사물들에만 현존한다는 점에서 전자와 다르다. 그것은 번개등과 같은 비유사한 대상들인 다른 부분에는 부존한다.

숨겨진 반대 이유의 예는 다음과 같은 것이다.[20] 상키야철학자는 감각－기관이 누군가의 기관, 즉 〈영혼〉의 기관이라는 것을 입증하려고 한다. 〈영혼〉은 단순한 실체이고, 감각－기관들은 복합적 육체이다. 그래서 그는 〈복합은 단순을 위해서 존재한다. 그러므로 (*ergo*) 감각－기관들은 영혼을 위해서 존재한다〉는 일반 원리를 세운다. 이 논증의 진짜 특징은 누군가를 《위해서 존재한다》는 용어의 애매성에 의해 숨겨져 있다. 사실상, 누군가를 위해서 존재한다는 것은 직접적으로나 간접적으로 그에게 영향을 미친다는 것을 의미한다. 그리고 그에게 영향을 미친다는 것은 그에게 변화를 일으킨다는 것을 의미한다. 그러나 변화는 오직 복합적 실체에서만 일어날 수 있고, 단순한 실체는 변화할 수 없다.

그래서 감각－기관들이 〈영혼〉을 위해서 존재한다는 상키야의 논증을 〈영혼〉이 단순한, 복합적이 아닌, 불변의 실체라는 그의 근본 원리와 어긋나는 결과가 된다.

이 숨겨진 반대 이유라는 종류는 철학에서 자주 일어난다. 그것은 이미 니아야 학파의 금언집에서 특별한 오류로 입증되었다. 디그나가는 그것을 그의 반대 이유의 한 종류로 인정하지만, 다르마키르티는 그것을 특별한 종류로 간주하기를 거부한다.[21] 그는 그것이

20) NB. and NBT., 63쪽 13행 ; 번역 176쪽.
21) NB. and NBT., 73쪽 8행 ; 번역 203쪽 이하.

디그나가에 의해 확립된 두 종류의 반대 이유에 포함되고, 그의 〈바퀴〉의 2번과 8번의 위치를 차지한다고 주장한다.

4. 불확실한 이유의 오류

디그나가의 〈이유의 바퀴〉에서 최소의 포함을 지니고 있는 이유가 중앙을 차지하고 있다.[22] 이 이유는 유사한 경우에도 유사하지 않은 경우에도 현존하지 않는 것으로 확인된다. 그것은 주어와 동일연장이며, 따라서 결론을 내지 못한다. 그것은 전혀 이유가 아니다. 만일 우리가 베다의 소리가 들을 수 있기 때문에 영구적이라고 말한다면, 들을 수 있음이라는 이유는 주어인 소리에 배타적으로 현존할 것이며 ; 모든 유사하지 않은 경우뿐만 아니라 모든 유사한 경우에도 부존할 것이다. 그것은 너무-좁고, 따라서 결론을 내지 못한다. 그것이 그렇게 조잡하게 드러나는 순수한 방식으로 언급될 때에는, 그것의 입증은 분명 단순히 이론적 중요성만을 갖는다. 그러나 《반대의》 이유와 똑같이, 후에 보게될 것처럼, 그것이 충분히 분석되지 않고 불분명한 개념들이나 표현들 뒤에 숨겨져 있을 때에는 상당한 실제적 중요성을 가질 수 있다. 어떠한 경우에도 그것은 최소의 결정을 나타내며, 그 결정력은 제로와 같다.

중앙에 있는 이 오류의 위와 아래에 올바른 두 이유들이 자리잡고 있고 ; 오른쪽과 왼쪽에는 반대의 두 이유들이 ; 그리고 네 구석에는 《불확실한》 네 이유들이 자리잡고 있다. 다르모타라는 말한다.[23] 《확실성은 하나의 이슈이다. 결론을 내는 것이 삼단논법의 목적이

22) *asādhāraṇa.*

23) NB. and NBT., 65쪽 18행 ; 번역 180쪽.

다. 결론을 내지 못하는 것은 불확실하다. 결론도 결론의 부정도 확인할 수 없지만, 반대로, 유일한 결과가 의심스러울 때가 그러한 경우이다. 우리는 우리들로 하여금 결론과 그것의 부정 사이를 동요하도록 하는 이유를 불확실하다고 부른다》.

이 모든 불확실한 이유들의 공통적 특징은 대전제의 이환이 그릇되거나 의심스럽다는 점이다.[24] 그것은 삼단논법 법전의 세번째 규칙의 위반이다. 유사하지 않은 경우들에서의 이유의 전체적 부존은 논파되거나 의심스럽다. 삼단논법 법전의 세번째 규칙이 두번째 규칙의 다른 측면이기는 하지만, 그럼에도 불구하고 모든 불확실성의 오류에 직접 간여하는 것은 규칙의 바로 이 측면이다. 그러므로 〈일치〉의 삼단논법과 〈차이〉의 삼단논법, 〈반가언적 삼단논법〉의 긍정논법과 부정논법을 구분하는 임무가 바수반두와 디그나가에게 지워졌던 것처럼, 이 두 규칙들을 구분하는 것도 그들에게는 필연적이었다.

삼단논법 법전의 세번재 규칙에 대한 직접적 위반을 포함하는 네 종류의 불확실한 이유가 디그나가의 목록의 네 구석에 자리잡고 있다고 우리는 말했다. 왼쪽 위와 아래 구석에 자리잡고 있는 두가지는, 중복적 이유와 마찬가지로, 유사하지 않은 경우들이라는 금지된 전체 영역에 현존한다는 공통의 특징을 갖는다. 오른쪽 위와 아래구석에 자리잡고 있는 다른 두가지는 단지 금지된 영역의 한 부분과 중복하는 이유를 갖는다.

우리가 디그나가의 목록에 두 대각선을 긋는다면, 그것은 《너무-좁은》 이유가 차지하고 있는 중앙을 지나고, 그것과 네 《불확실한 이유들》이 있는 네 구석들을 결합할 것이다. 동시에 이 대각선은

24) *asiddha-vyatirekin, sandigdha-vyatirekin vā*

확실한 이유들로부터 불확실한 이유들을 구분해줄 것이다. 우리가 본대로, 확실한 네 이유들은 중앙의 위와 아래에 자리잡고 있는 확실하고 올바른 둘 ; 그리고 오른쪽과 왼쪽의 중앙에 자리잡고 있는 거꾸로 확실한 둘이다. 그것은 사실 《신비한 바퀴》이다.

이유의 목록의 왼쪽 위 구석에서 우리는 너무-넓은 오류를 발견한다. 이것은 결론을 내지 못하는 이유인데, 왜냐하면 그것이 모든 유사하지 않은 경우들 뿐만 아니라 모든 유사한 경우들에서도 현존하기 때문이다. 그것은 너무-좁은 이유와 같은 정도로 불확실하다. 만일 우리가 《베다의 소리는 영구적 실재이다. 왜냐하면 그것이 인식가능하기 때문이다》[25]라고 말한다면, 인식가능성이라는 이유는 〈공간〉과 같은 영구적 실재에서도 발견되고, 항아리등과 같은 비영구적 실재에서도 똑같이 발견된다. 그것은 너무-포괄적이기 때문에 결론을 내지 못한다. 그것은, 《너무-좁은》 이유가 중복되는 이유의 최소 한계를 보여주는 것처럼, 중복되는 이유의 최대 한계를 보여주기 때문에 이론적으로 상당히 중요하다. 그것은 조잡한 형태로는 실제로 거의 나타날 수 없다. 숨겨진 형태로 그것의 나타남은 가능할 뿐만 아니라, 유럽의 철학은 인식가능성이라는 논리적 표시로부터 심원하고 중요한 결론들을 끌어내는 것을 금지하고 있기도 하고, 논증의 조잡한 오류를 찾아내기 위해서 많은 세대들의 오랜 노력이 필요하였던 것이다.

목록의 왼쪽 아래 구석에 자리잡고 있는 두번째 불확실한 종류는 어떤 유사한 경우들에 현존하지만 유사하지 않은 영역과 중복되어 그것을 완전히 덮어버리는 이유에 의해 생긴다. 다르마키르티는 다음과 같은 예를 제시한다[26]——《말의 소리들은 의식적 노력에 의해

25) NB. and NBT.

산출되지 않는데, 왜냐하면 그것들이 비영구적이기 때문이다》. 비영구성이라는 이유는 인간의 생산물이 아닌 번개와 같은 유사한 경우들에 부분적으로 현존한다. 그것은, 또 인간의 생산물이 아닌 〈공간〉과 같은 다른 부분의 유사한 경우들에서는 부존한다. 다른 한편, 이 비영구성이라는 이유는, 세번째 삼단논법 규칙을 위반하여, 인간의 생산물이면서 비영구적인 항아리등과 같은 모든 유사하지 않은 경우들에 현존한다. 인간의 노력에 의한 생산물이 있는 어디에나 비영구성이라는 특징도 또한 현존한다. 이 오류는 반대 이유의 오류에 매우 가까우며, 조잡한 형태로는 거의 발생하지 않는다. 그러나 1) 《소리들》, 2) 《영구성》 또는 《불변의 존재》, 그리고 3) 《인과적 산출》 또는 변화하는 존재(《자발적 산출》이라는 하위 개념을 포함해서)라는 세 개념들의 올바른 상호 위치는 옳지 않은 모든 상호 위치들을 배제함으로써만 분명하게 정해진다. 그것들의 올바른 논리적 위치는 오직 차이에 의해서(*per differentiam*) 분명하고 명백하게 정해질 수 있다. 만일 논리적 이론이 이 경우에 무엇이 배제되는지를 분명하게 보여줄 수 있다면, 오직 그때에는 무엇이 포함되는지를 명백하게 보여줄 것이다. 만일 우리가 아리스토텔레스의 예, 《소크라테스는 죽는다. 왜냐하면 그는 사람이기 때문이다》의 세 개념들을 동일하게 바꾸어 놓는다면, 만일 우리가 잘못된 위치들을 배제하기 위해서 〈소크라테스〉, 〈죽는다〉, 〈사람〉 이라는 세 개념들을 가지고 모든 종류의 위치를 만들어 본다면, 우리는 《소크라테스는 사람이 아니다. 왜냐하면 그는 죽기 때문이다》라는 형식에서, 동일한 두번째 불확실한 이유의 오류를 발견할 것이다. 그러한 이유는 반대의 이유에 매우 가깝다. 죽음이라는 이유는 유사하지

26) NB. and NBT., 66쪽 8행 ; 이하 번역 182쪽.

않은 경우들의 전체 영역을 커버하는데, 왜냐하면 모든 사람들은 불사가 아니라 죽기 때문이다. 그러나 그것은 반대의 이유가 아니다. 왜냐하면 그것은 또한 유사한 경우들의 한 부분에도 현존하기 때문이다. 죽음은 인간에게 현존하는 것과 똑같이 비-인간적 존재들에게도 현존한다.

목록에서 오른쪽 위 구석에 자리잡고 있는 세번째 종류의 불확실한 이유는 유사한 경우들의 전체 영역에 현존하고, 유사하지 않은 경우들인 반대 영역과 부분적으로 중복된다. 이 오류는 올바른 이유에 가장 가깝다. 그것은 가장 자주 일어난다. 그것은 주로 부당한 이환의 결과이다. 노력에 의해 산출되는 모든 사물들이 노력에 의해 산출되는 것은 아니다. 연기는 항상 불에 의해 산출되지만 모든 죽는 존재들이 사람인 것은 아니다. 아리스토텔레스는 이 오류를 주목하였고, 거꾸로된 순서의 오류(*Fallacia Consequentis*)라고 명명하였다. 그것은 이유와 그것의 논리적 결과를 부당하게 환위한 것이다. 그것의 충분한 중요성과 의미는, 물론, 다른 아홉개의 위치들, 즉 이유의 모든 가능한 위치들 가운데서 그것의 위치가 목록에서 분명하게 보여질 때, 분명히 밝혀진다.

네번째 불확실한 이유의 오류는 디그나가의 목록의 오른쪽 아래를 차지하고 있는데, 이유가 유사하지 않은 경우들의 한 부분뿐만 아니라 유사한 경우들의 한 부분 둘 다에 부분적으로 현존한다. 디그나가는 다음과 같은 예를 제시한다[27]——《말의 소리들은 영구적 실재이다. 왜냐하면 그것들이 물체가 아니기 때문이다》. 물체는 한정된 차원의 물리적 실재이다. 유사한 영역에서, 영구적 실재들 중에서 우리는 물체이면서 영구적인 바이쉐시카 학파의 영구적 원자

27) NB. and NBT., 66쪽 12행 ; 번역 183쪽.

들을 발견한다. 그러나 우리는 또한 영구적이면서도 한정된 차원의 물체가 아닌 〈공간〉을 발견한다. 비-영구적인, 변화하는 실재들이라는 유사하지 않은 영역에서 우리는 물체인 항아리등을 발견하고; 그리고 우리는 물체가 아닌 운동을 발견한다. 원자로부터 유추하여 우리는 소리들이 불변이라고 결론을 내릴 수도 있고; 운동으로부터 유추하여 우리는 소리들이 변화한다고 결론을 내릴 수도 있다. 이유의 위치는 매우 불확실하고, 그 불확실성은 여기에서 최대이다.

최대의 비일관성은 반대의 이유에서 발견되고; 최대의 포함은 너무-넓은 오류에서 발견되고; 최소의 포함은 너무-좁은 오류에서 발견되고, 최대의 불확실성은 그것의 네번째 종류에서 발견된다. 가장 쉽고 가장 일상적인 오류는 세번째 종류에서 발견된다.

5. 이율배반적 오류

매개념의 아홉 위치들과는 별도로, 유사한 경우와 유사하지 않은 경우에 관하여 디그나가는, 그의 목록에 넣지는 않았지만, 그가 불확실한 종류로 분류한 특별한 오류를 언급한다. 목록은 철저하고 그 항목들은 서로 배타적이라고 가정된다. 그러나 그 보충적 이유는, 만일 목록에 삽입한다면, 동시에 두 위치들, 올바른 이유(4번 또는 6번) 그리고 거꾸로된 또는 반대의 이유(2번 또는 8번)의 위치를 차지할 것이다. 그것은 동시에 올바르고 거꾸로이므로 평형이다. 모든 불확실한 이유는 두 반대되는 가능성들 사이의 동요를 포함한다. 그러한 불확실성의 특징은 결정의 부존이고, 정신적 태도는 의심이다. 그러나 두 반대되는 해결들이 동등한 힘으로 주장될 때, 정신적 태도는 의심이 아니라 확실성이다. 동시에 두 확실성들이 있는데; 둘 다 고려해야 하지만 그것들은 모순율에 의해 서로 배제해야 한다. 〈보편〉의 실재에 대한 바이쉐시카의 이론과 그것의 비실재에 대한 반대의 이론이 이율배반의 예로 인용된다. 이미 불교의 초기 기록들에서 공식화된 〈시간〉과 〈공간〉의 유한성과 무한성에 대한 문제가 아마도 더 나은 예를 제공해줄 수 있을 것이다. 디그나가는 그러한 이율배반이 형이상학과 종교에서 널리 가능하다고 언급하고, 《이 세계에서는 직접 지각과 경전의 권위의 힘이 (때때로) 어떤 논증보다도 더 강하다》고 덧붙인다.[28] 이러한 제한에도 불구하고, 다르마키르티는 그의 〈스승〉이 초논리적 요소를 논리의 영역으로 끌어들였다고 비난하다. 그는 말한다. 《추론의 고유한 영역은 3중의 논리적 결합이다(즉, 주어에서의 이유의 필연적 현존, 유사한 경우들에서의 이유의 필연적 현존, 모든 유사하지 않은 경우들에서의 이유의 절대적 부존). 긍정적 사실들에 의해 입증되는 한 이 3중의 논리적 연결은……추론을 산출한다. 그러므로 우리는 그것을 추론의 영역이라고 부른다……참된 추론만이 우리의 주요문제이므로, 우리는 동시에 옳으면서 그른 이유를 다룰수는 없는 것이다……옳으면서 모순되는 이중의 이유는 실제적 사실들에서 입증되는 것은 아니다》.[29] 그는 계속한다. 추론이 오직 〈동일성〉, 〈인과관계〉, 〈부정〉의 세 법칙들에 기초하고 있기 때문에——《그러므로 실제적 모순이 있기 위해서는 한 성질이 그것이 포함되어 있는 개념너머 어딘가에 존재해야 한다. 부정도 또한 우리에 의해 확립된 것과는 다른 것이어야 한다》. 이 세 관계들은——그리고 다른 관계들은 없다——모순이나 이율배반의 여지를 주지 않는다. 《논증이 정당하게 준수된 실제적 사실들의 실제적 조건에 기초하고 있을

28) Nyāya-mukha, 35쪽(Tucci의 번역).
29) NBT., 80쪽 21행 ; 이하 ; 번역 221쪽.

때……이율배반의 여지는 없다》.[30] 어떤 교조적 신념들로부터 원리들을 빌어오며, 〈귀납〉에 의해 얻어진 원리들로부터 결론을 연역하지 않은 변증법적 삼단논법에서 그러한 오류들은 가능하다. 그러므로 이율배반적 논증은 실제적, 또는 논증적 삼단논법과 구별해야 한다.

6. 다르마키르티의 부가

이율배반적 이유에 대한 다르마키르티의 반대는 주목할만하다. 사실상 디그나가는 이런 종류의 오류를 강조한 것으로 보이지 않으며, 다르마키르티의 그것에 대한 평가와도 실질적으로 다르지 않다. 그러나 후자는 삼단논법 규칙들의 법전과 오류의 종류들 사이에 엄격한 일치를 주장할 이 기회를 붙들었다. 그는 다음과 같이 말하고 있다. 《오직 세 종류의 오류가 있다. 그것은 (비실재적인) (반대의), 그리고 (불확실한) 것이다. 그것들은 각각 단지 한 규칙 또는 규칙들의 한 쌍이 동시에 그르거나 불확실한 때 생긴다》. 다르모타라는 말한다. 《각각이란 각 오류가 상응하는 규칙에 관한 비실재성, 또는 의심에 내재하는 비실재성 또는 의심에 의해 결정된다는 것을 의미한다》.[31] 이 도식에서 벗어나는 이율배반적, 또는 평형적 오류는 거부된다.

그러나 논리학은 분명, 형이상학적, 종교적 문제들에 대해서 절대적으로 무관심하게 남아있을 수는 없는 것이다. 디그나가에 의해 남겨졌던 가장 온당한 입구를 단호하게 닫아버리고, 다르마키르티

30) 같은 책 ; 번역 222쪽.
31) NB. 80쪽 6행 ; 번역 220쪽.

는 일종의 뒷 문으로, 용인된 도식에 밀어넣을 수 있다고 그가 생각했던 두 부가적 오류들이라는 형태로 그것들을 재도입한다. 〈전지자〉, 대승적 신성 불타와 같은 종교적 문제와 〈영혼〉과 같은 형이상학적 문제가 다르마키르티에 의해 오류들의 최종적 도식에 부가 항목으로 받아들여졌다.

〈영혼〉의 문제는 다음과 같은 삼단논법으로 공식화된다.[32] 《살아있는 육체는 영혼을 갖는다. 왜냐하면 그것은 숨과 다른 동물적 기능들을 갖기 때문이다》. 이유가 비실재적인데, 왜냐하면 그것이 주어에서 발견되기 때문이다. 그러나 그것의 동반은 불확실하다. 실재론자들은 동반이 《순수하게 부정적인》 방식으로 증명된다고 주장한다. 동물적 기능들은 〈영혼〉을 갖지 않는 사물들에서는 확실히 부존하며, 그것들의 현존은 그것들이 현존하는 어디에서나 〈영혼〉의 현존을 차이에 의해서 (*per differntiam*) 입증하는 타당한 이유가 된다. 다르마키르티는 문제를 순수하게 논리적으로 다룬다. 그는 불교의 〈영혼〉 부정 교리에 호소하지 않는다.[33] 그러나 논리학에서 그는 어떠한 《순수하게 긍정적인》 또는 《순수하게 부정적인》 이유도 인정하지 않는다. 논증을 위해서 그는 유사한 경우들과 비유사한 경우들, 〈영혼〉을 갖는 대상들과 갖지 않는 대상들이 있다는 것, 그리고 이 특징이 살아있는 사물들과 살아있지 않은 사물들 사이의 어딘가에 현존한다는 것을 인정한다. 그러나 〈영혼〉이 현존하는 한 종류와 그것이 부존하는 다른 종류의 필연적 연결은 입증되지 않는다. 이것은 법전의 두번째와 세번째 규칙을 둘다 위반하는데, 왜

32) NB. 75쪽 20행 ; 번역 208쪽.

33) 슈리다라(Śridhara)는 다르마키르티의 논증을 인용하고 그것을 거부한다. N. Kandali, 204쪽 5행 참조. 그리고서 프라샤스타파다(prašatapda)가 무시하는 *kevala-vyatireki-hetu*를 바이쉐시카 체계에 도입한다.

냐하면 〈영혼〉이 어딘가에 존재한다고 인정하더라도 오직 유사한 경우들에서만의 이유의 현존과 모든 유사하지 않은 경우들에서의 이유의 필연적 부존이 불확실하기 때문이다. 그러므로 이유는 불확실하다. 그는 말한다. 《그러한 근거 위에서는 우리가 〈영혼〉과 살아있는 육체의 필연적 연결을 확인할 수도 없고, 그것을 부정할 수도 없다》.[34]

〈전지의 절대적 존재〉의 이론과 관련하여 다르마키르티는 디그나가의 이유 7번과 약간 다른 오류를 부가한다. 이유는 유사한 경우들에는 현존하지만, 유사하지 않은 경우들에서의 그것의 부존은 불확실하다.[35] 앞의 오류에서는 법전의 두번째와 세번째 규칙 둘다에 대해서 불확실성이 있었다. 지금의 오류에서는 두번째 규칙은 위반되지만, 세번째는 해결될 수 없는 문제를 포함하고 있다. 그 공식은 다음과 같은 것이다 : 《어떤 인간은 비-전지적이다. 왜냐하면 그가 언어 능력과 다른 (인간적 속성들)을 갖고 있기 때문이다》. 그 인간에서의 언어 능력의 현존은 확인된다. 첫번째 규칙은 실현된다. 이유는 《비실재적》이 아니다. 유사한 경우들, 즉 비-전지적 보통 사람들에 있어서의 그것의 현존도 또한 확인된다. 그러므로 두번째 규칙도 실현된다. 그러나 유사하지 않은 경우들에서의 그것의 부존, 즉 전지적 존재들에서의 언어 능력의 부존은 영원히 하나의 문제로 남는데, 왜냐하면 전지적 존재는 형이상학적이고 초논리적인 실재이기 때문이다. 우리는 확실성을 가지고 그가 전혀 존재하지 않는다고 주장할 수 없는데, 왜냐하면 부정 판단은 경험에 의존하기 때문이다. 경험하지 않은 사물을 부정하는 것은 소용없다. 부정은 어

34) NB. and NBT., 79쪽 23행 ; 번역 219쪽.
35) NB. and NBT., 66쪽 16쪽 이하 ; 번역 184쪽 이하.

떠한 의미도 결여하고 있는데, 그것은 뒤에 부정 판단에 관한 장에서 보게 될 것이다. 그렇게 법전의 세번째 규칙을 위반하므로 이유는 불확실하다. 예의 기원은 아마도 〈절대적 실재〉, 언표 불가능한 존재, 〈전지적 존재〉는, 상상에 의해 구성된 일반적이고 모호한 생각들만을 표현하기에 적합한 인간의 언어로 표현하지 않을 것이라는 생각에 기인하는 듯하다.[36] 그것은 다르마키르티가 다른 작품에서[37] 표현한 생각, 즉 우리는 전지자를 인식할 수도 표현할 수도없다는 생각과 일치한다. 〈절대적 진리〉 또는 〈궁극적 실재〉와 똑같이 〈전지적 존재〉는 언표불가능하고 인식불가능하다. 왜냐하면 긍정이건 부정이건 그것과 관련된 모든 술어가 문제성이 있고 불확실한 것으로 남아있을 것이기 때문이다. 예의 공식은 다르게 정리한 세 개념들의 순수하게 형식적인 조합게 기인할 것이다. 전의 예와 마찬가지로 이 예도 순수하게 부정적인 이유라는 니아야 이론에 반대되는 점을 포함하고 있다고 주장하는 것도 불가능하지는 않다. 모든 보통 사람은 비-전지적이므로 비-보통의 존재는 전지적 이어야 한다. 이 연역은 전지와 말이 모순적으로 반대되지 않으므로 거부된다. 이 속성들의 하나의 현존이 다른 것의 현존을 부정하는 결론을 정당화하지는 않는다.[38]

위에서 언급했던대로, 디그나가의 이율배반적 오류를 대신해서 다르마키르티가 도입한 이 두 새로운 종류의 《불확실한》 오류는 전자와 겨우 조금 다를 뿐이다. 그러한 모든 오류들은 형이상학적 대상들에 관련되어 있고, 바로 그렇기 때문에 문제가 있는 것이다. 그것들은 엄격하게 논리적이 아닌데, 왜냐하면 그것들이 우리들로

36) NK. 112쪽 24행 *upadešo……buddhādinām sarvajñatva-abhāva-sādhanam.*
37) 내가 러시아어로 번역한 『Santānāntara-siddhi』 49쪽의 결론 구절 참조.
38) NB. and NBT., 71쪽 1행 번역 198쪽.

하여금 논리의 영역을 넘어서도록 하기 때문이다.

7. 역 사

a) 변증법에 대한 편람

진리에 관한 학문인 논리학이, 인도에서 처음 시작되었을 때에는, 진리의 탐구보다는 오류의 분류에 더 많은 관심을 가졌다. 《응답자의 실패들에 대한 편람》[39]은 올바른 인식[40]의 방법에 관한 이론이 아직 정교화되지 않았던 시대에 확실히 대유행이었다. 니아야-학파의 금언집은 부록으로 그러한 편람을 포함하고 있는데, 그것은 확실히 처음에는 별개의 논문이었다.

아상가와 바수반두의 시대에 불교도들이 논리학 연구를 시작했을 때, 그들은 또한 니아야-금언집에 부록으로 붙은 편람과 실질적으로 다르지 않은 그러한 편람을 구성하였다. 이 편람은 응답자가 그의 반대자가 비판할만한 오류를 범해서 심판장이 그가 시합에서 졌다고 선언한 총 22개의 예들을 포함하고 있다. 정식 논쟁은 응답자,[41] 질문자 또는 반대자,[42] 그리고 의견을 말하고 질문을 하는 자격을 갖는 공정한 심판[43]의 출석을 필요로 한다. 《응답자의 실패자들에 대한 편람》은 확실히 심판을 위한 편람이었다. 그것의 구성은 논쟁 기술의 실제에서의 긴 경험의 결과였고, 전형적-예들의 체계와 논쟁을 조정하는 법칙들의 확립을 가져왔다. 실제로, 또는 고의

---

39) *nigraha-sthāna-šāstra.*

40) *pramāṇa.*

41) *pūrva-paksṣin.*

42) *uttara-pakṣin=prati-pakṣin =pratidvandvin.*

43) *madhyastha=prǎšnika=sabhya.*

적으로 응답자에게로 돌려지는 결점들은 다음과 같은 것들이다――

1) (부적절한 예에 의한) 자기 자신의 논제의 폐기,
2) (같은 논쟁 동안의) 다른 논제에로의 이동,
3) 모순적 논제,
4) 자기 자신의 논제의 포기,
5－6) 이유 또는 주제의 변화,
7－10) 의미없는, 알기 어려운, 조리없는 또는 부적당한 논증,
11－12) 표현의 불충분 또는 과잉,
13) 반복,
14) 침묵,
15) 무식의 고백,
16) (질문에 대한) 이해의 실패,
17) 패배가 불가피함을 알고 다른 일을 보아야 한다는 구실로 논쟁의 중지,
18) 비난에 대한(간접적) 승인,
19－20) 필요할 때 질문자를 꾸짖는 것을 소홀히 하고 필요하지 않을 때 꾸짖음,
21) 자기 자신의 원리들을 충실하게 지키지 않음,
22) 잘못된 논리적 이유들.

마지막 항목의 지위는 주목할만하다. 그것은 주요한 결점으로 보이지는 않지만, 그것의 운명은 다른 모든 것들을 구축하고 능가해 왔다. 더욱이 그것은 같은 니아야－금언집의 다른 부분에서도 반복되는데, 거기에서는 삼단논법 이론과 관련하여 다섯 종류의 잘못된 논리적 이유들이 확립된다.[44] 이것은 나아야－금언집이라는 이름으로 알려진 논문의 혼합적 기원에 대한 간접 증명이다. 그것의 구성은 확실히 인도 논리학의 발전에서 삼단논법에 대한 분명한 이론의

44) NS., I.2, 4.

중요성이 드러나기 시작하던 시기에 속한다. 초기의 주석가 바챠야나(Vātsyāyana)는 이미 삼단논법을 참된 논리, 논리 과학의 정점[45]이라고 규정하였다. 그는 긍정논법과 부정논법의 올바른 적용이 일급학자의 특징이라고 말한다.[46]

그럼에도 불구하고, 니아야-금언집에서, 변증법적 실패들에 관한 장들이 전통을 따라서 상세하게 다루어지고 있는 것에 비교하면, 추론과 삼단논법에 할애하고 있는 부분은 매우 적다. 바수반두는 〈응답자의 실패들〉에 대한 편람을 구성한 것으로 보인다. 그러나 디그나가는 상응하는 장을 완전히 빼버리기로 결심했다. 그것이 논박 삼단논법에서 공식화되어야 할 점들, 또는 전혀 논리학의 영역에 속하지 않는 전혀 무관한 것을 포함하고 있다고 생각했기 때문이다.[47] 그 장은 후기-디그나가 논리학에서는 완전히 사라졌다.

초기 문헌은 〈응답자의 실패들〉에 대한 이 장, 또는 별개의 편람을 가지고 있을 뿐만 아니라, 〈그릇된 논박들〉 또는 실재가 없는 논박과 유사한 〈논박들〉이라고 불리우는 〈반대자의 실패들〉에 대한 편람들 또는 장들을 가지고 있다. 그러한 논박들은 대부분 거짓 유사성에 기초한 반대-논증들이다. 예를 들어, 응답자가 《소리는 비-영구적이다. 왜냐하면 그것이 어떤 노력의 결과이기 때문이다. 항아리와 같이》라고 주장할 때, 반대자는 《소리는 영구적이다. 왜냐하면 그것이 한정된 차원의 물체가 아니기 때문이다. 한정되지 않은 [공간]과 같이. 한정된 차원의 물체가 아닌 것은 무엇이나 영구적이어햐 한다》라는 반대-논증으로 그에게 응수한다. 니아야-금언집은 총 24종류의 그러한 〈궤변적 논박들〉을 다룬 별개의 장을

45) *paramo nyāyaḥ*, NBh., 5쪽, 5행.
46) *paṇḍita-rūpa*, 같은 책 43쪽 7행.
47) N. mukha, 번역 71쪽.

포함하고 있다. 바수반두도 마찬가지로 숫자를 줄여서 그러한 편람을 구성하였다. 디그나가는 이 장을 전적으로 빼지는 않았지만, 전형적－예들의 숫자를 더 줄여서 14종류로 하였다. 그럼에도 불구하고 그는 이 주제에 그다지 중요성을 부여하지 않고, 그러한 반박의 종류들은 무한하며[48] 분류해서 요약할 수 없다고 말한다. 디그나가 이후의 논리학도 마찬가지로 이 장을 완전히 빼버린다. 틀린 논박들은 틀린 삼단논법들이며, 디그나가에 의해 확립되었던 철저한 체계의 논리적 오류들에 불과하다.

오류와 궤변의 가장 빈번한 근원이 되는 애매한 말은 〈응답자의 실패들〉에서도, 틀린 〈논박〉의 방법들에서도 언급되어 있지 않다. 그것은 다른 타입의 논쟁을 고찰하고 있는 다른 장에 속한다. 애매성의 세가지 근원들이 여기에서 언급되고 있다 ; 동음이의어(Homonymia)[49] 또는 다의적인 말들, 애매귀(Amphibolia) 또는 다의적인 명제들,[50] 그리고 은유[51] 애매한 말은 어떻게 해서든지 승리하려는 부정직한 공격자들이 사용한다.

고대 그리이스에서와 똑같이 인도에서도 논쟁은 교훈적이고 논증적[52] 이거나 또는 변증법적이고 궤변적[53]이다. 공정한 심판들의 임석하에, 두 정직한 논쟁자들, 또는 선생과 학생 사이의 진실한(*bona fide*) 논쟁에서는 논제와 반대－논제를 오직 정직한 수단들, 즉 사실들과 가정들에 의해서 방어해야 한다.[54] 그러나 변증적, 또는 궤변적 논쟁에서는 반대자가 수단방법을 가리지 않고 승리를 얻으

48) N. mukha, 번역 71쪽.
49) *vāk-chala.*
50) *sāmānya-chala.*
51) *upacāra-chala.*
52) *vāda.*
53) *jalpa-vitaṇḍā.*

려는 목적만을 가지고 애매한 말, 거짓 논박들과 거짓 비난들[55]에 의지한다. 애매성, 궤변적 비난들과 궤변적 논박들이 진실한(*bona fide*) 논쟁자들에게도 허용되지만, 주요한 증명의 방법으로 허용되지는 않는다. 만일 그가 사실들과 훌륭한 가정들에 의해서 그 자신의 논제를 입증하는데 성공했는데도 불구하고 부정직한 공격자들이 그를 공격했다면 그는 같은 정열로 대답할 것을 허용 받았다 ; 사실상 정상적인 방법으로 그가 이미 입증했던 것을 증명하기 위해서가 아니라, 공격에 대항해서 진리를 방어하고 후자의 어리석음을 드러내기 위해서, 가시가 달린 작은 가지를 놓아서 씨앗들을 새로부터 보호하는 것처럼, 괘씸한 궤변가가 쓴 승리의 너울을 벗겨버리기 위해서 정직한 논쟁자는 가시돋친 궤변적 논증들을 사용하도록 허락을 받는다.

b) 중관학파의 논박 삼단논법

그러므로 디그나가 시대에 인도에서 유행하던 변증적 논쟁은, 비록 진리의 최종적, 절대적 입증을 위해서가 아니라 궤변적 공격자들에 대해서 진리를 검증하고 방어하기 위해서이기는 했지만, 애매성, 비실제적 비난들과 비실제적 논박들을 사용하는 것이 허용되었다. 변증 과정은 처음부터 본질적으로 투쟁적이다. 〈궤변자〉에 대항해서 궤변을 사용하는 것이 허용된다. 그러나 두 종류의 다른 궤변적 논쟁이 있다. 그것들의 공통적 특징은 논리에 대한 근본적 무시와 수단방법을 가리지 않고 승리를 얻으려는 열망이다. 그러나 그렇게 하면서 한 궤변가는 부정직한 수단들에 의해서 참된 논제와

---

54) *pramāṇa-tarka.*

55) *chala-jāti-nigrahasthāna.*

유사한 것을 방어하는 동시에, 참된 논제를 방어하려고 기도한다. 다른 궤변가는 어떤 참된 논제도 전혀 방어하지 않는다고 공개적으로 공언하고, 단순히 그것을 그에 반대하는 논증은 무엇이건 파괴하는데 사용한다. 그는 어느 정도 정직하다. 왜냐하면 그는 논리를 전혀 믿지 않기 때문이다. 그 때 궤변은 궤변이기를 멈추는데, 왜냐하면 그것의 가장 큰 특징, 즉 목적과 수단의 부정직성이 없기 때문이다. 변증법적 논의의 목적은 반대자에게 비일관성을 선고하는 것이다. 공격자는 방어자로 하여금 스스로 모순에 빠질 수 밖에 없도록 하면 점수를 얻는다. 한 부류의 철학자들에 의하면 이것은 항상 그렇게 될 수 있다. 인간의 마음은 항상 자신과 모순 관계에 있으며, 본질적으로 변증법적이다. 만일 논리와 객관적 실재의 일치를 믿는 실재론적 철학자가 이런 종류의 부정적 과정에 호소한다면, 그는 자신에 불충실한 것이고, 그의 방법은 부정직한 트집잡기이다. 그러나 불교도들에게는 실재는 논리와는 전혀 다른 것이다. 어떤 파의 불교도들에게는 진리는 논리의 부정이다. 이 사람들의 확신에 따르자면 진리는 모든 논리의 파괴로부터 출현한다. 이 진리는 신비의 세계이다. 그것은 논리적 〈나머지의 방법〉[56]에 의해서 논리를 파괴한 나머지로 인식된다. 그것은 초논리적이다. 중관학파는 이 방법과 손을 잡았다. 챤드라키르티는 다음과 같은 방식으로 다루고 있다.[57]

《응답자가 그의 논제를 증명하기 위해 진술하는 논증의 바로 그 노선에 반대자가 결국 일치해야 한다는 것은 사실상 일반적 규칙이다. 그러나 (중관파의 경우는 매우 다르다). 그는 그의 반대자를

56) *parišesyat,* Tatp., 226쪽.
57) Nrivāna, 95쪽.

납득시키기 위하여 어떤 주장도 그 정당함을 입증하지 않는다. 그는 (그 자신이 확신하고 있는) 진실한 (*bona fide*) 이유와 예를 가지고 있지 않다. 그는 자신의 (반대) 논제를 진술하고, 그것이 반대자의 논증과 평행으로 달리고 그것을 파괴하는 한에서만 증명하려고 시도한다. 그래서 그는 증명할 수 없는 주장들을 가져오는 것이다. 그는 심지어 자기 자신과도 충돌한다. 그는 확실히 (이 상상된 논제에 대해서) 반대자를 입증할 수 없다는 증명보다 반대자에 대해서 더 웅변적인 논박이 있을 수 있을까? 더 이상의 논증을 할 어떤 필연성이 실제로 있는 것일까?》

이 학파에 따르면[58] 모든 삼단논법은 오류이다. 왜냐하면 그것이 동일한 힘을 갖는 《수반된 추론 또는 반대-삼단논법》[59]이라고 불리우는 모순적 삼단논법을 수반하기 때문이다. 그 학파는 이 특징으로 인해서 반대-삼단논법 학파(**Prāsangika**)라는 별명을 얻었다.

〈불교 일원론〉은 그러므로 〈극단적 실재론 학파(**Mādhyamika-Prāsangika**)〉에서, 논리적 근거 위에가 아니라 모든 논리의 완전한 파괴위에 수립되었다. 그러나 이 철저한 무시는 곧 같은 학파에서 다른 태도에 자리를 내주었다. 새로운 분파가 바비야(**Bhavya**)와 바바-비베카(**Bhāva-viveka**)에 의해 세워졌는데, 그들은 논리적 방법들로부터 완전히 탈피하는 것은 불가능하다고 주장했다. 심지어 당신이 모든 삼단논법들은 오류라고 입증하려고 할지라도, 올바른 삼단논법의 형식으로 된 훌륭한 논증을 통해서 그렇게 하여야 한다.[60] 〈반대-삼단논법〉 학파와 구별하여 새로운 학파를 〈독립 삼단논법〉

58) 29쪽에서 언급한 것처럼 후기 베단타 학파는 이 방법을 자신들의 것으로 삼았다. 스리하르샤(*Sriharṣa*)는 무뚝뚝하게 스스로를 바이탄디카(*vaitaṇḍika*) 라고 부르고, 중관파의 방법은 논리에 의해서 무너질 수 없다고 말한다.

59) *prasanga-anumāṇa.*

60) *svatantra-anumāṇa.*

[61] 학파라고 불렀다. 아상가가 처음으로, 한 보살(Bodhisattva)이 연구했던 주제들에, 〈일원론〉의 원리들을 버리지 않고, 변증법과 논리학을 도입했고,[62] 바수반두가 이어서 니아야 체계에 따라서 변증법을 연구하기 시작했다. 그래서 그는 디그나가와 다르마키르티에 의해 충분히 발전했던 개혁을 시작했던 것이다.

바수반두가 확립했던 논리적 오류들의 체계가 무엇인지에 대해서 우리는 정확하게는 알지 못한다. 그러나 삼단논법 규칙들의 법전이 그에 의해 확립되었으므로, 디그나가의 오류 체계가 이 법전과 엄격하게 일치하도록 확립되었으므로, 그리고 우리가 이미 바이쉐시카 학파에서 이 체계의 주요한 항목들을 발견했으므로, 우리는 바수반두의 체계가 아마도 디그나가의 그것과 같거나 또는 약간 다를 것이라고 추측할 수 있다.

디그나가의 체계는 바이쉐이카 학파와 니아야 학파의 가르침에 영향을 주었다. 우리는 이제 논리적 오류에 대한 그들의 교의에 미친 그 영향을 탐구해 보려고 한다.

c) 불교도들의 영향을 받은 바이쉐시카 체계

카나다의 금언집(The Aphorisms of Kaṇāda)은 논쟁이나 변증의 규칙들에 관심을 갖지 않는다. 그러나 그것은 추론의 정의,[63] 추론이 기초하고 있는 관계들의 목록,[64] 그리고 〈논리적 이유〉와 (〈주어〉와 〈논리적 결과〉와의)연결이 《잘 알려져야 한다》는 것,[65] 즉 명확하게

61) *svātantrika.*
62) 오버밀러(Obermiller)의 번역 『Uttaratantra of Maitreya-Asanga』 참조.
63) VS., Ⅸ.1, 1.
64) 같은 책.
65) 같은 책., Ⅲ.1, 13.

입증되지 않는다면, 그것은 비-이유[66] 또는 〈논리적 오류〉이다. 그것은 계속해서 오류인 이유들은 《비실재적이거나 또는 불확실하다》고 언급한다.[67] 카나다의 시대에 이 개념들의 정확한 함축이 무엇이었는지 우리는 말할 수 없다. 이용할 수 있는 옛 주석이 없기 때문이다. 그러나 우리는, 그 명칭들로 볼 때, 이 오류들이 디그나가의 주요한 두 종류의 오류, 즉 〈비실재적〉 오류와 〈불확실한〉 오류에 일치할 가능성이 크다고 추측할 수 있다. 다른 점들에서 뿐만 아니라 이 점에서도 바이쉐시카파는, 그들의 실재론에도 불구하고, 불교개혁의 선구자이었던 것으로 보인다.[68] 이 이유 또는 다른 몇몇 이유들이 프라샤스타파다(Prašastapāda)로 하여금, 물론 인식론적 토대 없이 디그나가의 삼단논법 이론을 완전히 강타한 카나다의 텍스트를 읽도록 했는지 아닌지 우리로서 결정하기는 어렵다.[69] 그

66) 같은 책., Ⅲ.1, 14.

67) 같은 책., Ⅲ.1, 15.

68) 더욱이 VS., Ⅱ.2, 22는 불확실성이 유사한(*tulya-jātiya*) 경우와 비유사한(*arthāntara-bhūta*) 경우 둘 다에서의 현존이라는 디그나가의 정의와 실질적으로 다르지 않은 불확실한 이유의 정의를 포함하고 있다. 프라샤스타파다(239쪽, 14행)는 이 경을 오류의 종류들과 연결지어 언급하고 있다.

69) 프라샤스타파다의 디그나가에 대한 의존은 나의 논문「Rapports entre la théorie bouddhigue de la connaissance et l'enseignement des autres écoles de philosophie de l'inde」(Muséon, v. 129쪽이하)에서 입증되었다. 그는 디그나가로부터 1) *anumāna*의 *svārtha*와 *parārtha*로의 분할, 2) *trirūpa-linga,* 3) 허용할 수 없는 4 논제들, 4) 오류인 예들, 5) 그가 *anadhyavasita*라는 혼합종류를 불가함으로써 네 종류로 재구성했던 오류의 세 종류들을 빌려왔다.——렌들(H. N. Randle, Ind. Logic, 31쪽) 교수는, 최소한 표현 형식만큼은 그가 택했던 《디그나가의 논리학은 바수반두를 통해서 프라샤스타파다로부터 나왔다》라는 견해(나는 그렇게 표현한 적이 없다)를 나에게 돌렸다. 나는 《경과 프라샤스타파다 사이에 바이쉐시카 학파의 발전이 없다》고 가정해본 적이 없다. 우리는 지금 *trairūpya* 이론이 이미 바수반두의 저술들에 포함되었다는 것을 알고 있다. 사실상 나는 불교도들, 특히 바치푸트리야(*Vātsiputriya*)학파와 바이쉐시카 학파 사이의 몇몇 유사성 뿐만 아니라 바

는 불교의 정확한 세 삼단논법 규칙 법전을 발표하고, 이 규칙들의 하나 또는 둘의 위반이 비실재적이거나 불확실하거나 반대인 《비-이유》를 산출한다고 언급함으로써 시작한다. 그는 이 교의가, 비록 오류들의 이중적 분할(비실재적인, 그리고 불확실한)이 불교의 도식과 부분적으로 유사할지라도, 카샤파(Kāšyapa), 카나다 자신에게 속한다고 무뚝뚝하게 주장한다.[70] 그래서 그는 이 이중적 분할에, 디그나가의 《반대의》 오류, 《이율배반적》 오류에 상응하는 다른 두 종류를 보충한다. 이 혁신도 마찬가지로 카나다에게 돌리기 위해서, 그는 금언집에 외과적 수술[71]을 가하여 실제로 발견된 둘 대신 네 종류를 인위적으로 구성한다. 그래서 그는 비실재적 이유와 불확실한 이유에 반대의 이유와 《무효》의 이유를 덧붙인다. 《반대의》 이유는 거꾸로된 이유이다. 그것은 그것이 입증하려고 하는 사실에 대해 모순적으로 반대되는 사실을 증명한다. 그것은 최대의 오류이

수반두와 르라샤스타파다 사이의 몇몇 유사성도 지적하였다. 우리는 여기에서 초기의 상호 영향과 차용의 가능을 부정할 수는 없다. 그러나 발전된 *trairūpya* 이론은 특별히 불교적이다. 그것의 목적은 〈실재론자들〉이 부정하는 필연적인, 분리할 수 없는 연결을 확립하는 것이다. 논리적 필연성(*niš caya*)과 선험적 실재(*paramārtha-sat*)의 관계도 포함된다. 실재론자들은 이것을 완전히 이해하였다. 바챠스파티(NVTT., 127쪽)는 《논리학(*anumāna-annmeya-bhāva*)은 실재(*na sad-asad apekṣate*)로부터 떨어졌다》고 말한 디그나가를 인용함으로써 불교이론을 도입한다. 그것이 또한 웃됴타카라가 그렇게 격렬하게 *trairūpya*를 공격하는 이유이다. 그는 바쉐시카와 상키야 이론에 대해서는 거의 그렇게 격렬한 증오를 나타내지 않았다.

70) 프라샤스타가 경 Ⅲ.1, 14~15를 곡해하여 스스로를 정당화하면서, 그러므로 수트라카라(*sūtrakara*)가 카샤파와 동일한 오류의 체계(*etad eva āha*)를 가졌을 것이라고 204쪽에서 말하고 있는 것은 놀라운 일이다. 그러나 그는 *trairūpya*를 어떤 경과 연결시키는 것을 전혀 좋아하지 않는다. *trairūpya*가 전적으로 카샤파로부터 나왔다는 입장이지만, 그의 오류의 체계는 또한, 변경이 가해졌다고 하더라도, 경들에서도 발견할 수 있다. 이 신비스런 카샤파는 누구인가? 결국 디그나가나 바수반두가 아닐까?

다. 예를 들어 《이것은 말이 아니다. 왜냐하면 그것이 뿔을 가지고 있기 때문이다》라고 하는 대신, 《이것은 말이다. 왜냐햐면 그것이 뿔을 가지고 있기 때문이다》라고 하는 것이다. '무효의' 이유는 혼혈이다. 그것은 우선 디그나가의 《너무-좁은》 오류, 즉 《소리는 비-영구적(또는 영구적)이다. 왜냐하면 그것은 들을 수 있기 때문이다》라는 타잎의 오류이다. 우리가 본대로 이 이유는, 연역하는 힘이 극한 또는 제로로서, 디그나가의 목록에서 중앙의 위치(5번)를 차지하고 있다.[72] 프라샤스타파다는 디그나가가 《불확실한》 종류에 소속시킨 이율배반적 이유[73]를 모든 이유들 중에서 가장 어리석은 이 형태와 동일시한다. 프라샤스타파다는 말한다.[74] 《(동등한 힘의) 두 이유들이 서로 모순될 때, 의심이 일어나고 이유는 불확실하다고 주장하는 일부 철학자들이 있다(확실히 디그나가를 겨냥하고 있다)》. 그러나 우리는 그러한 이유가 《너무-좁은》[75] 이유와 똑같이 《무효》[76]라는 것을 증명할 것이다. 프라샤스파다는 분명히

71) 문법 학자들에게 대유행인 이 수술은 전문적으로 *yoga-vibhāga*라고 부른다 ; 그것은 인위적으로 두 경들을 하나로 합치거나 하나를 둘로 나누어서 새로운 의미를 창출한다. **VS., Ⅲ.1, 14**를 다음경과 합쳐서 *anapadeśa*(=**ahetu**)가 **aprasiddha**이거나 또는 *asan*이거나 또는 *sndigdha*라는 의미가 창출된다. ***Prśāst.,* 204**쪽 **26**행 참조. *aprasiddha*를 *viruddha*라는 의미로 해석함으로써 우리는 디그나가의 **3**중의 분할을 갖는다. 그러나 **238**쪽 **9**행 이하에서 프라샤스타는 디그나가의 *asādhāraṇa*와 *viruddha-avyabhicāri*를 포함하는 네번째 종류를 부가하고, 그것을 *anadhyavasita*라고 부른다. 이 용어를 우리는 《무효의》로 번역할 수 있는데, 왜냐하면 *adhyvasāya*는 판단을 의미하고, *anadhyavasita*는 《비-판단》이기 때문이다. 이 점에 대해서는 **Jacobi, Ind. Logik, 481**쪽 **Keith, Ind. Logik, 133, 139**쪽 **Faddegon, Vaišes.** 참조.

72) 디그나가 그것을 포함시켜야만 했던 이유에 대해서는 **Nyāya-mukha**, 번역 **332**쪽 참조.

73) 같은 책, **31, 53, 60**쪽.

74) **239**쪽.

75) *asādhārana.*

76) *anadhyavasita.*

두 이유들이 상호 파괴적일 때, 그것들은 단독으로 고려한다면 이유들일 수 있지만[77] 그것들이 한 주어에서 결합한다면 《비-이유들》이라고 생각했다. 그 결합은 주어에서만 발견되기 때문이다. 이 결합에 맞는 유사한 경우도 없고, 비유사한 경우도 없다.[78] 이 억지이고 인위적인 해석을 프라샤스타파다는 그것과 전혀 관련이 없는 카나다의 한 금언에 가하였다. 디그나가가 이율배반적 추리에 할당한 영역은 신비적, 종교적 문제들이다. 그것들은 초논리적이고 항상 불확실하다. 두 모순적 이유들은 동등한 힘을 가지고 있고, 결정은 불가능하다. 그러나 프라샤스타파다에게 종교에 대한 반대는 진리에 대한 반대를 의미한다. 그러므로 그는 디그나가의 이율배반적 이유를 둘로 나눈다. 그는 하나를 《반대의》 종류에, 다른 하나를 《무효의》 종류에 관련시킨다. 종교의 영역에서 기존의 교리와 모순되는 논증은 오류이다. 그것은 논박되며, 《반대의》 종류, 최대의 오류를 포함하는 종류에 속한다. 그러나 세속적 형이상학에서 충돌하는 두 논증들이 동등한 힘을 가질 때, 그것들은 추리를 무효화하며, 《너무-좁은》 종류와 같이, '무효의' 종류에 속해야 한다.[79]

---

77) 그러나 혼혈을 만들기 위해 이 전혀 다른 두 이유들을 같은 부대에 던져넣은 실제적 근거는 다른 것이다. 79) 참조.

78) VS., Ⅲ.1, 14. Prašastap., 239쪽 13행.

79) Nyāya-mukha, 번역, 31-34쪽을 참조해보면 디그나가의 일부 반대자들이 여섯 *anaikāntika's*에서 *asādhāraṇa*(그것은 〈바퀴〉에 있다)와 *viruddha-avyabhicārin*(그것은 바퀴에 없고, 동시에 2번과 4번의 위치를 차지해야 한다)을 배제하여, 목록의 네 구석에 자리잡은 네 항목(1, 3, 7, 9번)으로 숫자를 줄인 것이 확실하다. 그래서 그들은 *asādhārana*와 *viruddha-avyabhicārin*을 〈비-이유들로서, 결론을 내지 못하는 이유들조차 아닌 것으로서 같은 부대에 던져넣었다. 이것이 정확하게 프라샤스타파다가 그것들을 둘 다 《무효의(*anadhyavasita*)》 종류에 속하게 하면서 했던 일이다. 그것은 디그나가가 이 논쟁에서 프라샤스파다나 그의 선행자들의 일부에 대항한다는 것을 의미하는가? 우선 그 논쟁은 이 저자들이 동시대인이라는 파데곤(Faddegon)

바이쉐시카의 오류체계에 미친 디그나가의 영향을 보여주는 목록

바이쉐시카경	디그나가	프라샤스타파다	바사르바즈냐
1. asat 비존재적인	1. asiddha 비실재적인	1. asiddha	1. asiddha
2. sandigdha	2. anaikāntika 불확실한 〔asādhāraṇa(너무－좁은)과 viruddha-avyabhicārin(반대의－확실한) 포함〕	2. sandigdha 〔asādhāraṇa와 viruddha-avyabhicārin (배제)〕	2. anaikantika (asādhārana와 viravyabhic)
	3. viruddha 반대의	3. viruddha	3. viruddha
		4. anadhyavasita 무효인 〔=asādhāraṇa+viruddha-avyuabhicārin)	4. anaddhyavasita (=asādhāraṇa)
			5. sat-pratipakṣa 평형의 (viruddha-avyabhicārin)
	4. pakṣābhāsa	5. pakṣābhāsa	6. bādhita (=pakṣābhāsa)

과 나의 가설에 대한 확증이 될 것이다. 나의 독일어 번역 『Erkenntnisstheorie u. Logik』(München, 1920)의 부록 참조. 터치는(『*Buddhist Logic before Dignāga*』 483쪽) 프라샤스타파다가 디그나가의 일부선행자들로부터 빌려왔다고 생각하지만, 그러나 그는 그의 견해를 바꾸었던 것으로 보인다. Nyāya-mukha, 번역, 31, 58쪽 참조. *asādhāraṇa*와 *viruddha-avyabhicārin* 같은 전혀 다른 두 항목들의 결합은 Nyāya-mukha, 31쪽 이하에 언급되어 있는 논쟁이 선행하지 않는다면 거의 이해할 수 없을 것이다.

그래서 바이쉐시카 체계의 두번째 입법자인 프라샤스타파다는 디그나가의 형식 논리학의 일부 원리들을 그것에 흡수시킴으로써 그 논리학을 변형시켰다. 오류로서 그는 1) 오류인 네 논제들, 그리고 오류인 이유들의 3중 도식(그러나 그는 4중 분할로 재구성했다)을 빌려왔다. 통일된 니아야-바이쉐시카 체계에서 오류인 논제들이 빠지고, 오류인 이유들의 체계와 5중 분할로 변화했음을 우리는 보게 될 것이다.

앞쪽의 목록은 디그나가의 프라사스타파다에 대한 영향과 후자의 바사르바즈냐(Bhāsarvajña)에 대한 영향을 예시해준다.

d) 디그나가의 영향을 받은 니아야 체계

니아야 학파의 불교도들에 대한 태도는 바이쉐시카 학파의 태도와 전혀 다르다. 실질적으로 이 두 실재론 학파들은 같은 일을 하고 있는데, 즉 허락없이 빌려오는 것이다. 그러나 바이쉐시카파는 과묵하고 공손하며, 니아야파는 반대로 떠들썩하고 입버릇이 사납다. 웃됴타카라는 〈논리적 표시의 세 측면들〉이라는 디그나가의 이론을 거부한다. 그는 그것의 내용뿐만 아니라 어법도 격렬하게 공격한다. 그는 그 이론이 바보에 의해 형성된 것처럼 보인다고 말한다. 그에 따르면, 논리적 표시가 항상 세측면들만을 갖는 것은 전혀 아니다. 어떤 타당한 결론들은 부정이 부존하는 긍정적 예들만으로부터 끌어내어질 수 있다. 다른 결론들은 오직 긍정이 결핍된 부정적 예들만을 필요로 한다. 이것은 항상 긍정적이고 부정적인 예들을 갖는 디그나가의 이유(그것은 양측이 서로 상호 함축하기 때문에 항상 그러하다)에, 하나는 단순히 긍정적 예들을 갖고 다른 하나는 단순히 부정적 예들을 갖는, 다른 두 종류를 보충했다는 것을 의미한다. 니아야파는 논리적 이유들을 순수하게 긍정적인, 순수하게 부정적인, 그리고 혼합적인, 즉 긍정적－부정적인 것으로 나누는데, 그 창시자는 사실 웃됴타카라이다. 그의 격렬한 공격은 그래서 순수하게－긍정적인, 그리고 순수하게－부정적인 이유들을 부가하여 디그나가의 도식을 암묵적으로 받아들이는 결과를 가져왔다.

그러나 웃됴타카라라는 저자는 논리적 오류의 문제에 직면했을 때, 다시 디그나가의 분류 원리를 거부하는 쇼를 보여준다. 그렇지만 실제로는 비밀리에, 그리고 부가를 해서 그것을 자기 자신의 체계에 도입한다.[80)]

바차야나는 고타마(Gotama)의 금언집에서 확립된 오류인 이유들의 5중 분화－불확실한,[81)] 반대의,[82)] 비증명의,[83)] 비결정의,[84)] 그리고 때를 놓친[85)]——에 대해 언급한다. 이 다섯 항목들중에서 처음의

80) 유사한 것들과 비유사한 것들 사이의 디그나가의 9위치들에 웃됴타카라는 1) 비유사한 것들이 전혀 없는 다섯 위치들, 2) 유사한 것들이 전혀 없는 세 위치들, 3) 주어가 존재하는 사물들 전체를 포괄하기 때문에 (*sarvamanityam kṛtakatvāt*라는 패턴에서 처럼, 주어가 존재하는 모든 것을 포괄하고, 유사한 것들도 비유사한 것들도 없다) 유사한 것들도 비유사한 것들도 부존하는 한 위치를 부가한다. 이것이 16종류의 동반을 이룬다. 그것을 세종류의 소전제(주어에서 전체적으로, 주어에서 부분적으로, 주어에서 부존)와 곱하면 우리는 48종류를 갖게 될 것이다. 이제 이 48종류의 각각에서 이유는 진리(*siddha*)이거나 비진리(*asiddha*), 적절하거나(*samartha*) 부적절할(*asamartha*) 것이다. 48종류에서 처음의 두 세트의 16종류를 취하고, 거기에다가 4를 더하면 64+64=128의 숫자가 된다. 그리고 거기에다가 무자격의 이유들을 가진 원래의 48종류를 더하면 우리는 176이라는 숫자를 얻을 것이다. 그러나 그것은 단지 작업의 시작일 뿐이다. 그 이상의 구분을 도입해서 우리는 2032개의 이유들이라는 최종의 숫자에 도달한다.

81) *savyabhicāra*(NS., Ⅰ.2, 5)는 그 명칭의 의미와 내용에 있어서 *anaikāntika*와 같다. 그것은 동반의 오류이다(*vyāptir na bhavati*).

82) *viruddha*(VS., Ⅰ.2, 5)는 자기 자신의 원리들과 모순되는 이유이다. 그것은 디그나가의 *iṣṭavighātakṛt*에 일치하며, 다르마키르티가 언급한대로 *viruddha*의 특수한 경우이다. NB., 73쪽, 10 ; 번역 203쪽 참조.

83) 고타마와 바챠야나에 의하면, *sadhya-sama*(NS., Ⅰ.2, 8)는 선결문제요구의

둘은 확실히 디그나가의 불확실한 종류와 반대의 종류에 일치한다. 그러나 나머지 세 종류는, 바챠야나의 해석에 의하면, 오류의 전체 영역과 중복된다. 왜냐하면 모든 오류가 다소간 비증명이고, 비결정이고, 때를-놓친 것이기 때문이다. 웃됴타카라는 무엇을 위해서 5중의 분할을 도입했는가라고 묻고, 목적은 논리적 오류들을 철저하게 분류하는 것이라고 대답한다. 그는 계속해서 《그러나 (인간에게) 통용되는 얼마나 많은 종류의 옳고 그른 이유들이 있는 것일까?》라고 묻고, 다음과 같이 대답한다. 《시간, 개별적 특성, 그리고 (각 종류의) 목적이라는 환경들에 의해 조건지워진 종류들은 무한하다; 그러나 연역된 사실들과의 연결에 있어서 옳고 그른 이유의 종류들(즉, 이유와 결과의 순수하게 논리적인 연결의 종류들)은, 체계화 할 때, 일반적으로 말해서, 일백칠십육개이다》. 그리고 새로운 자격을 부여하여 새로운 종류들을 셈한다고 하더라도, 우리는 가능한 이유들의 2032종류라는 숫자에 쉽게 도달할 것이라고 웃됴타카라는 말한다.[86)]

오류(*petitio principii*)이다. 그러나 웃됴타카라는 그것을 디그나가의 *asiddha*로 변경하는데, 왜냐하면, 그에 따르면, 그것이 *āsraya-asiddha*를 포함하기 때문이다. 디그나가에 의하면 고타마의 경은 예가 *probandum*과 다르지 않은 추론에 속한다(Tātp., 238쪽 27행). 그러나 우리는 그것에 반대하고, 그것을 3중의 *asiddha-āsraya, prajñāpaniya*(=*sādhya*) *asiddha, anyathā-siddha*로 변경한다. 후기니아야에서 그것은 대강 디그나가의 *asiddha*에 일치한다.

84) *prakaraṇa-sama*(NS., Ⅰ.2, 7)은 sat-pratipakṣa, 《평형의》, 또는 《이율배반적》 이유로 변경된다.

85) *kalātyaya-apadiṣṭa*(NS., Ⅰ.2, 9); 그것의 의미는 바챠야나의 시대에는 매우 다르게 이해되었다(54쪽 11행 참조), 바차스파티미쉬라는 《때를-놓친》이란, 그것이 《우리의 호기심에 영향을 끼칠 수 있는 순간》(*saṃšaya-Kālama-tipatitaḥ*)을 넘어서기 때문에, 고려할 가치조차 없는 이유를 의미한다고 설명하였다. 그러므로 그것은 디그나가의 허용할 수 없는 논제들과 동일하고, 후에 통합된 니아야-바이쉐시카에서 동일한 종류들을 포함한다.

그렇다면 이 우스꽝스러운 과장의 목적은 무엇인가? 웃됴타카라는 모든 훌륭한 원리가 과정에 의해서 어리석음에(*ad absurdum*) 떨어질 수 있다는 것을 잘 알고 있었다. 그의 목적은 디그나가를 과장하고, 뛰어난 영리함을 드러내어 순진한 독자에게 허세를 부리는 것이었다. 디그나가는 수학적 원리에 따라서 이유의 아홉 위치들을 확립하였다.《나는 거의 2032개의 위치들을 세울 뻔하였다!》. 그러나 그는 이 숫자가 중요하지 않으며, 근본적 숫자의 단순한 수식에 불과하다고 고백한다. 반대로,중요한 것은 순수하게 논리적인 오류들은 고정된 숫자로 존재해야 하며 체계적 목록으로 정리될 수 있어야 한다는 원리이다. 이 근본적 생각은 웃됴타카라가 디그나가로부터 빌려온 것이고, 176 또는 2032의 격은 디그나가의 9항목들을 인위적으로 파생시키고, 확대, 과장한 형식이다. 웃됴타카라는 다음과 같은 점들을 인정한다. 1) 순수하게 논리적인 오류는 매개념이 비유사한 경우들이라는 금지된 영역과 중복됨으로써 생긴다-중복이 완전할 때, 이유는 반대가 된다-2) 유사한 경우들과 비유사한 경우들에서 매개념의 가능한 위치들은 수학적으로 계산할 수 있다-그리고 3) 오류들의 숫자들은 그러므로 이 유사하고 비유사한 예들 사이에 이유의 위치를 결정하는 삼단논법 규칙들의 숫자와 일치하여야 한다. 불교의 체계에서 이 규칙들은 셋이고, 오류의 종류들도 또한 셋이다. 웃됴타카라도 다섯 종류의 오류들의 숫자를 마음대로 바꾼 것은 아니다. 이 숫자가 고타마와 바챠야나의 권위에 의해 신성시되었기 때문이다. 그러나 그는 그것들에 대한 해석을 완전히 바꾸었고, 이 새로운 해석에 따라서 셋 대신 다섯 숫자의

---

86) 웃됴타카라의 체계에 대한 슈타시악(S. Stasiak) 교수의 매우 재미있는 언급에 대해서는 그의 논문《Fallacies and their classification according to the Eearly Hindu Logicians》 in Rocznik Orientalistyczny, t. Ⅵ, 191쪽 이하 참조.

규칙들을 구성하였다. 명령들의 숫자와 금지들의 숫자 사이의 균형은 지켜졌다. 다섯 규칙들은 다음과 같다.

1) 주어에서의 현존
2) 유사한 경우들에서의 현존
3) 유사하지 않은 경우들로부터의 부존
4) 비-이율배반적
5) 〔처음부터〕 논박되지 않는

처음의 세 규칙들은 불교의 법전과 일치하며, 네번째는 디그나가의 《이율배반적》 이유에 따라서 구성된 것이고, 다섯번째는, 논제들로서는 빠지고 모든 오류는 이유의 오류라는 새로운 원리에 따라 오류들로서 도입된, 그의 오류적 논제들을 대체한다. 상응하는 다섯 종류의 오류적 이유들은 1) 불확실한(디그나가의 '불확실한'과 일치, 2) 반대의(디그나가의 '반대의'와 일치), 3) 비실재적인(디그나가의 '비실재적인'과 일치), 4) 이율배반적(디그나가의 '이율배반적인'과 일치), 5) 《논박되는》(디그나가의 불가능한 네 논제들과 일치).

다음의 목록은 니아야 학파에서의 오류 체계의 발전을 예시해준다. 바사르바즈냐의 차용어들이 프라샤스파다의 차용어들을 전제로 하고 있다는 점이 주목될 것이다.

8. 유럽의 유사한 이론들

아마도 유럽의 논리학에서 논리적 오류들에 관한 장만큼 가망없이 혼란스런 영역은 없을 것이다. 대다수의 근대 저자들의 견해는

니아야의 오류 체계에 미친 디그나가의 영향을 보여주는 목록

니아야경과 바시야	디그나가	웃됴타카라	바사르바즈냐	강게샤
1. savyabhicāra 불확실한	1. anaikāntika 불확실한	1. savyabhicāra	1. anaikantika	1. savyabhicāra
2. viruddha 반대의	2. viruddha	2. viruddha	2. viruddha	2. viruddha
3. prakaraṇa-sama 비결정의	— —	— —	— —	— —
4. sādhya-sama 비증명의	—	—	—	—
5. Kālātita	3. asiddha 비실재적인	3. sadhya-sama (=asiddha)	3. asiddha	3. sādhya-sama (=asiddha)
	4. asādhāraṇa 너무좁은 (anaikāntika에 포함)		4. anadhyavasita 무효인 (Prašastapāda 참조)	
	5. viruddha--avyabhicārin 반대의-확실한 (anaikāntika에 포함)	4. prakaraṇa--sama	5. sat-pratipakša 평형의	4. sat-pratipakṣa
	6. pakṣābhāsa 평형의	5. kālātita	6. bādhita	5. bādhita

진리가 오류 없이 그 기준을 가질 수 있다고 보는 것처럼 보인다. 오류의 근원과 종류는, 그들에 의하면, 삶 자체만큼 무한하고, 어떠한 일관된 체계로 요약할 수 없다. 그러므로 그들은 논리적 오류들에 관한 장을 아주 빼버리기로 결심했다. 지그바르트(Sigwart)도,

에르트만(B. Erdmann)도, 슈페(Schuppe)도, 분트(Wandt)도, 브래들리(Bradley)도, 보상께(Bosanguet)도 이 주요한 문제를 고찰하려고 애쓰지 않았다. 아리스토텔레스식 분류는 일부의 근대 저작들에 살아남았다. 그것의 원리는 비논리적이라고 선언되고 그의 셈은 실질적으로 증가되지 않았다.[87] 훠틀리 대주교(Archbishop Whatley)는 더 논리적인 정리로 그것을 개선하려고 최선을 다했지만 다음과 같이 고백하게 된다. 《각종 오류를 어떤 종류에 소속시킬 것인가 하는 것뿐만 아니라, 심지어 어떤 개별적 오류를 어떤 종류에 소속시킬 것인가 하는 것조차도 때로는 의심스럽고 임의적 선택의 문제임에 틀림없다》. 아니, 아리스토텔레스 자신도 〈오류들〉을 열세개의 다른 항목들로 구별해서 분류한 이후에, 계속해서 그것들이 모두 그중의 하나인 〈논점 일탈의 오류(Ignoratio Elenchi)〉—훌륭한 〈논박(Elenchus)〉의 조건들에 대한 오해, 또는 무시—로 환원될 수 있음을 보여준다. 〈논박〉이란 바로 어떤 주어진 명제에 대해서 내놓은 반대—삼단논법이다[88] 어떤 것이건, 모든 오류는 타당한 〈논박〉, 또는 타당한 〈삼단논법〉을 구성하는 법전들, 또는 조건들을 어기거나, 그것들을 만족시키는데 실패한다. 타당한 반대—삼단논법의 규칙들은 타당한 삼단논법의 규칙들과 똑같다. 그러한 고백의 자연스런 결과는 규칙의 종류들 만큼 많은 오류의 종류들이 있어야 한다는 것을 인정하는 것이 되었을 것이다. 이것은 우리가 본대로 인도의 견해이다. 명제들이 아니라 세 개념들, 그리고 우선 매개념, 또는 〈이유〉에 주의를 기울이고 있기 때문에, 논리적 오류는 〈논리적 이유〉의 세 법칙들의 단지 하나나, 또는 동시에 그것들의 한 쌍에 대한 위반으로 정의된다. 삼단논법 법전의 규칙

87) Bain, 앞의 책, I, 278.
88) Grote, 앞의 책, 390쪽.

에 대한 위반이 아닌 다른 모든 오류들은 무한할 수 있지만, 그것들은 엄격한 의미에서의 논리적 오류들이 아니다. 다르모타라는 사실 법전의 각 규칙들을 다루면서 그것에 의해 배제되는 상응하는 오류들을 주의깊게 지적하고 있다.[89] 논리적 오류들에 관한 장을 시작하면서 그는 말한다.[90] 《만일 어떤 사람이 하나의 진술을 (삼단논법 규칙들의 법전,) 즉 〈논리적 이유의 세 측면들〉에 입각해서 말로 공식화하려고 원한다면, 그는 정확하게 그렇게 해야하며, 정확성은 (각 규칙의) 부정적 반대부분이 마찬가지로 언급될 때 얻어진다. 우리가 배제된 것을 알 때, 우리는 받아들여진 것에 대한 더 나은 지식을 얻게 된다》. 삼단논법은 〈논리적 이유〉의 세 규칙들에 입각해서 하나의 사실을 말로 표현한 것이다. 만일 규칙들의 단지 하나나 또는 그것들 중의 둘이 결합하여 위반된다면, 그것은 논리적 오류가 될 것이다. 《오류》는 실재를 갖지 않는 《삼단논법의 유사물이다》, 《그것은 세 규칙들의 어떤 것을 위반하는 실수이다》.

아리스토텔레스가 이 단순하고 확실한 견해를 지키는데 실패한 이유는 그의 목적에 의해 쉽게 설명된다. 때때로 논리적 오류들에 대한 탐구라고 주장되는 그의 논문은 실제로는 궤변들의 발견과 그것들에 대한 적절한 논박에 바쳐진 것이다. 궤변은 거의 추리의 오류에 기초하고 있지 않다. 궤변의 근원들은 다종다양하다. 그것들은 논리적일 수도 있지만 또는 심리적이거나 언어적일 수도 있다. 아리스토텔레스의 궤변들에 대한 논문은, 논리적 오류들, 또는 〈이유〉의 오류들이 단지 가능한 모든 실패들[91]의 한 부분, 그리고 비교적 작은 부분으로 언급되어 있는 《반대자의 실패들》[92] 그리고

89) NBT., 19쪽 6행, 19쪽 8행, 19쪽 10행 등 번역 53, 54쪽등.

90) NBT., 61쪽 18쪽 이하 ; 번역 171쪽.

91) *nigraha-shāna-sāstra.*

《응답자의 실패들》에 대한 인도의 논문들에 상응한다.

아리스토텔레스의 논문의 제목은 〈궤변적 논박들〉이다. 궤변적 논박은, 진리를 밝히기 위해서 응답자에게 질문을 제기하는 〈소크라테스식 논박〉의 반대부분이다. 반대로 궤변적 논박은 혼동을 야기시키기 위해서 질문을 제기한다. 그것은 《보통 사람들을 강요하고, 그것을 실제적인 것으로 받아들이도록 유도하는, 논박의 기만적 유사물이다》.[93] 이것은 논박의 유사물(*dūṣaṇa-ābhāsa*)로 설명되는 자티 (*jāti*)라는 산스크리트 용어와 정확하게 일치한다. 우리는 24종류의 그러한 논박들이 니아야 금언집에서 셈해지고, 14종류가 디그나가에 의해 받아들여졌음을 살펴보았다. 그러나 정확한 일치는 단지 제목에만 있다. 인도의 《명백한 논박》은 실제로는 〈논박(Elenchus)〉, 즉 반대－삼단논법을 나타낸다. 오류적 반대－삼단논법은 거짓 유사함에 기초한 삼단논법이고, 좁은 의미의 〈논점 일탈의 오류〉와 일치한다. 그러나 아리스토텔레스의 언어적 오류들(*Fallacia in Dicione*)은 찰라(*chala*), 즉 애매한 말이라고 불리우는 인도의 범주와 일치한다. 그것들은 전혀 다르게, 애매성에 기초한 오류들로 다루어진다. 아리스토텔레스가 센 6종류의 그러한 오류들이 논리적 오류들이 아니라는 것은 그것들을 외국어로 번역해보자마자 오류들로 나타나지 않는다는 사실에서 분명하게 드러난다. 아리스토텔레스 자신의 견해 속에서 그것들은 언어적인, 즉 언어에 (*in Dictione*) 기초한 것이다. 나머지 7종류들을 그는 비－언어적(*extra Dictione*) 이라고 특징지운다. 그러나 그중에 단지 셋이 용어의 엄격한 의미에서 논리적이고,[94] 나머지는 심리적이거나 감각적이다.

---

92) *jāti-šātra.*

93) Grote, 앞의 책, 376쪽.

훼틀리 대주교는 오류들을 논리적인 것과 비-논리적인 것으로 나눈다. 그러나 이상하게도 그의 논리적 종류는, 반-논리적(semi-logical)이라는 제목 아래, 〈애매어의 오류(igquivocation)〉, 〈애매귀의 오류(Amphivolia)〉 등과 같은 아리스토텔레스의 모든 언어적 오류들을 포함하고 있다. 그의 비-논리적 종류들에 관해서 말하자면, 제목으로 볼 때 그것들이 논리적이 아니라는 것은 분명하다. 훼틀리는 선결문제요구의 오류(*Petitio Principii*)와 논점일탈의 오류(*Ignoratio Elenchi*)의 모든 경우들을 그것에 소속시킨다. 이것들은 사실상 논리적 오류들이 아니다. 즉, 그것들은 대개념이나 소개념과 관련한 매개념의 위치의 실패들이 아니다. 그것들은 분명하게 결정된 세 개념들을 갖는 실패들이다. 선결문제요구의 오류에서는 전혀 대개념이 없는데, 왜냐하면 그것이 매개념과 일치하기 때문이다. 논점일탈의 오류에서는 매개념이 고정되어 있지 않다.

그러나 우리가 훼틀리의 분할을, 오류들은 불확실한 것과 비실재적인 것이라는 주요한 두 종류로 나눌 수 있다는 의미로 이해한다면, 거기에는 진리의 씨앗이 있다. 첫번째 것만이 엄격하게 논리적이고, 대전제에서의 실패에 속할 것이다. 두번째는 감각적이거나 반-논리적(semi-logical)이고, 소전제에 대한 실패에 속할 것이다. 그것은 바이쉐시카경들에 나타나고,[95] 디그나가 체계의 기초가 되는 원리와 거의 같다. 그것은 인간 마음의 일상적인 실수들과 궤변가들의 목적적 트집잡기 사이에 확실한 선을 긋는다는 큰 장점을 갖고 있다. 확실히 고대 그리이스와 고대 인도에 널리 퍼져있던 조건들에는, 그것들이 두 나라에서 직업적 논쟁자의 번영을 가져왔다는

94) *Fallacia Accidentsis, Fallacia Conseguentis, Fallacia a dicto secundum quid ad dictum simplictier.*

95) VS., Ⅲ.1, 15——*asan sandigdhaś ca.*

점에서, 어떤 유사성이 있다. 두 나라에서 공개토론은 대유행이었고, 공공 생활의 이 특징이 한 부류의 직업적 논쟁자들을 탄생시켰는데, 그들은 금전상의 이익을 위해서,[96] 파렴치한 궤변에 속아넘어가는 인간 마음의 자연적 경향성을 이용했다. 바차스파티미쉬라는 인간의 마음이 진리로 향하는 자연스런 경향을 갖는다고 말한다.[97] 그러나 동시에 실수도 그 안에 가득하다.[98] 거짓 학문이[99] 이익, 명예, 또는 명성을 위해서 궤변을 가르치려고 할 때,[100] 논리학은 좋지 않은 운명에 처하게 된다고 웃됴타카라는 말한다.[101] 정직한 논쟁은 교훈적이어야 한다.[102] 그것은 궤변적이고 투쟁적이어서는 안된다.[103] 그것은 응답자가 납득할 때까지 계속되어야 한다.[104] 이러한 조건들 아래에 있는 논리적 오류는 의도적 궤변이 아니고, 논리적 진리의 자연스런 짝이다.[105] 그러므로 우리는 인간의 지성에 부수되는 실제의 논리적 오류와 궤변론자, 직업적 논쟁자들이 놓는 단순한 올가미를 구별해야 한다. 아리스토텔레스의 주요한 목적은 궤변론자를 폭로하는 것이었다. 그러므로 참된 논리적 오류들은 그의 셈에서 매우 작은 부분을 차지한다.

유럽의 논리학은 이 점에서 아리스토텔레스의 굴레를 벗어나지 못했기 때문에, 엄격하게 논리적인 오류 체계를 확립하는데 실패했

96) NV., 15쪽 2행——*lābha-pūjā-khyāti-kāma.*
97) NK., 151쪽 15행——*buddher bhūtārtha-pakṣapātah.*
98) NV., 21, 21——*puruṣa-dharma eva bhrāntir iti*=*errare est humanum.*
99) *paṇḍita-vyañjana,* NVTT., 29쪽 7행.
100) *tirtha-pratirūpakaḥ pravādaḥ,* NV., 15쪽 2행.
101) NV., 15쪽 2행——*nyāya-viplavo'sau.*
102) 같은 책, 21쪽 18행——*vādasya šisyādi-visayatvāt.*
103) 같은 책——*na šisyādibhiḥ saha apratibhādi-dešanā kāryā.*
104) *yāvad asau bodhito bhavati,* 같은 책.
105) *pramāṇa-pratirūpakatvad dhetv-ābhāsānām avirodhaḥ,* 같은 책.

다.

반대로, 우리가 본대로, 디그나가는 그의 삼단논법 규칙들의 법전에 엄격하게 일치하는 〈논리적 오류들〉의 체계를 확립했고, 따라서 그것들을 애매한 말과 심리적 결점들에 기초한 모든 궤변들로부터 분명하게 구별했다.

다르마키르티는 같은 방향으로 더 나아간다. 우리가 본대로, 그는 디그나가의 **이율배반적 오류**를 반대한다. 왜냐하면, 그의 의견으로는, 그러한 오류는 논리적 사유의 자연스런 흐름에서는 불가능하기 때문이다.[106] 사유는 규칙들의 법전에 의해 규정된 바른 길로부터 벗어날 수 있지만, 벗어나면서 벗어나지 않을 수는 없다. 즉, 동시에 옳으면서 그를 수는 없는 것이다. 이 특수한 경우에 대한 다르마키르티의 논증은 매우 교훈적이다. 그것은 그의 삼단논법의 이론, 또는, 같은 말이지만, 〈이유〉의 이론을 완전히 폭로한다. 사실 〈이유〉란 무엇인가? 그것은 주어에서의 전체적인 현존, 유사한 것들만에서의 현존, 비유사한 것들에서의 항상적인 부존이다. 이 규칙들은 두 방향들, 즉 〈주어〉와 〈술어〉와의 필연적 연결을 확립한다. 단지 한 규칙, 또는 그것들중의 둘이 결합적으로 인간 사유의 자연스런 흐름에서 의도적으로 위반될 수 있지만, 그것들 중의 아무것도 동시에 위반되고 위반되지 않을 수는 없다. 삼단논법의 내용은 무엇인가? 그것은 〈동일성〉이나 〈인과관계〉, 또는 〈부정〉의 예이다.[107] 다른 필연적, 보편적 연결은 없다. 인간의 지성은 실수로 실제적 연결을 잘못 나타낼 수 있지만, 자연스런 흐름 속에서 그것을 동시에 바르게, 그리고 틀리게 나타낼 수는 없다. 그러므로 실제적으로 이율배반적 오류는 있을 수 없다.

106) NB., Ⅲ.112-113 ; 번역 220쪽 이하.

아리스토텔레스와 인도의 〈오류〉의 종류들 사이의 일치를 상세히 살펴보는 일이 남아 있다. 그러나 우선 우리는 타당한 아리스토텔레스식 삼단논법이 디그나가에 의해 오류로 간주되는 경우들을 살펴보아야 한다. 예를 들어, 《소크라테스는 가난하다. 소크라테스는 현명하다. 그러므로 (*ergo*) 어떤 가난한 사람들은 현명하다》라는 삼단논법은 3격의 타당한 삼단논법이 될 것이다. 세 명제들, 세 개념들이 있고, 매개념이 두 전제들에서 주연되어 있다. 그러나 디그나가에게 《어떤 가난한 사람들은 현명하다》는 판단은 전혀 추론적 판단이 아니다. 그렇게 될 수 있는 모든 것은 지각적 판단, 관찰의 판단이다. 추론이란 무엇인가? 그것은 한 개념의 다른 개념에의 필연적, 보편적 의존이고, 이 두 개념들의 (결합적으로) 한 장소에의 필연적 공존이다. 이제 만일 삼단논법이 《현명한 사람은 누구나 항상 가난하다. 소크라테스는 현명하다. 그는 필연적으로 가난함에 틀림없다》라는 형식을 갖는다면——이것은 형식에 있어서 실재적, 즉 필연적 연역이 될 것이다. 그러나 그러한 형식으로 진술하면, 오류는 명백해진다. 비록 소전제가 옳지만——현명함은 소크라테스에게 현존한다——이 근거위에서 우리는 소크라테스가 필연적으로 가난한지 아닌지 결정할 수 없는데, 왜냐하면 불변의 동반이 없기 때문이다. 《현명함》 이라는 이유는 디그나가 목록의 9번 위치에 있다. 그것은 일부 유사한 예들——가난한 사람들——에도 현존하고, 일부 유사하지 않은 예들——부유한 사람들——에도 현존한다. 이유는 불확실하고, 그 근거 위에서 어떠한 결론도 가능하지 않다. 가난함이 때때로 현명함과 공존할 수 있다는 것은 전혀 중요하지 않은 사실이다. 왜냐하면 《때때로》 가난함은 그것의 모순적으로

107) 같은 책, 번역 222쪽.

반대되는 부유함을 제외하고는 모든 것과 공존할 수 있기 때문이다. 특칭 판단들은 표준 삼단논법에 존재하지 않는다.

바인(A. Bain) 교수[108] 또한——약간 다른 근거 위에서——《소크라테스는 가난하다. 소크라테스는 현명하다. 그러므로(*ergo*) 어떤 가난한 사람들은 현명하다》와 같은 예들을 살펴보면, 그것들을 삼단논법으로부터 추방해야할 좋은 이유를 발견할 수 있다고 생각한다. 여기에는 《추리의 진행》은 없고, 《동등한 명제적 형식들 또는 즉각적 추론》이 있다. 다르모타라는 《뚱뚱한 데바다타(Devadatta)는 낮에는 먹지 않는다. 그러므로(*ergo*) 그는 밤에 먹는다》라는 인도의 표준적 예[109]에 관하여 동일한 견해를 표현한다.[110] 그것들은 동등한 명제들이고, 의미의 변화는 없다. 만일 의미가 두 개념들 사이의 보편적, 필연적 연결과 그것의 한 주어진 예에의 적용을 확립한다면, 오직 그 때에는 삼단논법의 항목 아래 들 수 있을 것이다.

다른 한편, 아리스토텔레스에 의해 논리적 오류로 셈해졌던 일부 오류들(*extra Dictione*)을 디그나가는 오류적 이유들의 영역에 속하지 않는 것으로서 빼버린다. 왜냐하면, 그것들이 소개념과 관련해서도 대개념과 관련해서도 매개념의 올바른 위치에 영향을 주지 않기 때문이다. 선결문제요구의 오류(*petitio principii*)가 그러하다. 그것을 조잡한 형식으로 환원하고, 영구적, 비-영구적 소리들의 문제라는 전형적 예에 적용시켜 본다면, 이 오류는 《소리들은 비-영구적이다. 왜냐하면 그것들이 비-영구적이기 때문이다》라는 형식으로 나

108) Logic. Ⅰ.159 ; Keynes, 앞의 책 299쪽 참조.

109) 미맘사파는 그것을 함축(*arthāpatti*)에 의한 증명으로 간주한다 ; 프라샤스타파다(*223*쪽)는 그것을 추론으로 간주하고, 불교도들은 동등한 명제로 간주한다.

110) NBT., 43쪽 12행 ; 번역 115쪽.

타날 것이다. 불교도들에 따르면, 여기에는 전혀 이유가 없다.[111] 따라서 응답자는 질문으로 대답을 해야 한다 : 왜 ? 나에게 이유를 제시하라 ! 소리가 비-영구적이기 때문에 비-영구적이라고 말하는 것은 단순하게 《소리는 비-영구적이다》라고 말하는 것과 같다. 그것은 숨겨져 있어서 찾기 어려울 때에도 실제로 오류이다. 그렇게 자주 인도의 논리학자들이 그것을 언급하지만,[112] 그것은, 이론적으로, 이유의 모든 위치들의 엄격하게 논리적인 체계에서 위치를 차지하고 있지 않은데, 왜냐하면 그 안에 전혀 이유가 없기 때문이다. 심지어 오류의 절대적 최소를 나타내는, 《소리는 비-영구적이다. 왜냐하면 그것이 들을 수 있기 때문이다》라는 너무-좁은 이유도 하나의 이유이다. 그것은 《들을 수 있는 것은 무엇이나 비-영구적이다》라는 대전제의 존재를 가정한다. 그러나 선결문제요구의 오류에서 대전제는 《비-영구적인 것은 무엇이나 비-영구적이다》라는 형식으로 환원될 수 있고, 그것은 이유의 전적인 부존과 《나에게 이유를 제시하라 ! 》는 자연스런 반박을 의미한다.

엄격하게 논리적인 것은 단지 아리스토텔레스의 오류들의 세가지이다. : 1) 우연의 오류(*Fallacia Accidentis*), 2) 단순화한 표현에 의한 진술의 오류(*Fallacia a dicto secundum quid ad dictum simpliciter*), 3) 거꾸로된 순서의 오류(*Fallacia consequentis*).

그것들은 모두 전칭 긍정의 잘못된 환위에 기인한다는 공통의 특징을 갖는다. 불교도들이 말한대로 이환은 성립되지 않는다.[113]

---

111) 그러한 것이 아리스토텔레스의 정의이다 : 전제가 결론과 동일하다. 그러나 독일의 소책자 『**Antibarbarus Logicus**』는 다음과 같의 정의한다——이유가 거짓이거나 논증을 필요로 한다(*die Beweisgründe sind entweder falsch oder bedürfen eines Beweises*).

112) *sādhya-sama, siddha-sadhana.*

113) *asiddha-vyatireka.*

그것은 대전제의 오류이다.[114] 이유의 술어에의 보편적, 필연적 의존이 없다. 그래서 술어가 그러한 이유로부터 연역될 수 없는 결과가 된다. 그것들은 디그나가가 〈불확실한 종류〉와 〈반대의 종류〉에 소속시킨 모든 이유들이다.

이 오류들과 디그나가의 상응하는 종류들의 관계는 다음과 같다.

1. 우연의 오류(*Fallacia Accidentis*). 아리스토텔레스는 다음과 같은 예를 제시한다. 《코리스쿠스(Koriscus)는 사람이 아니다. 왜냐하면 그는 사람인 소크라테스가 아니기 때문이다》. 또는 《이것은 코리스쿠스가 아니다. 왜냐하면 그는 사람이고, 반면에 사람은 코리스쿠스가 아니기 때문이다》. 이 두 경우들은 《비실재적》 이유로 분류할 수 없는데, 이유가 주어에 현존하기 때문이다. 그러나 이유의 술어와의 불변의 동반은 확립되지 않는다. 이 삼단논법을 제공받은 응답자는 : 《동반이 없다!》고 대답해야 한다. 오류는 대전제에 있다. 첫번째 예에서 코리스쿠스는 주어이고, 비-사람은 술어이고, 비-소크라테스는 이유이다. 《비-소크라테스인 누구나 비-사람이다》라는 동반이 불확실하다. 비-사람들(유사한) 중에도, 또한 사람들(비유사한) 중에도 비-소크라테스들이 있다. 이유는 9번 위치에 있고, 일부 비유사한 것들 뿐만 아니라 유사한 것들에도 현존한다. 결론이 가능하지 않다. 두번째 예에서 주어는 《이것》이고, 술어는

114) 또는 다른 말로 하면 그것들은 〈부주연된 매개념의 오류(Fallacy of Undistributed Middle)〉에 상응하는데, 왜냐하면 《매개념에서의 〈주연〉 또는 〈보편량(Universal Quantity)〉은 그것의 완전한 일치에 본질적이기 때문이다》 (Bain, 앞의 책, I.163).
이 형식으로 진술되면, 그것은 단일한, 또는 보편적인 논리적 오류를 나타낸다. 일부의 유럽 논리학자들이, 아리스토텔레스가 이 유일하게 진짜인 논리적 오류를 완전히 빼먹었다고 뒤집어 씌운 것은 흥미있다(Bain, 같은 책, 278쪽 참조).

《비－사람》이고, 이유는 코리스쿠스이다. 여기에도 또한 동반이 없다. 함축된 동반은 《코리스쿠스인 것은 무엇이나(이 이름 아래 결합된 모든 사실들) 비－사람이다》라는 것이다. 그 반대가 진리이고, 이유는 술어와 양립할 수 없다. 그것은 거꾸로된 이유이고, 따라서 《반대의》 종류에 포함시켜야 한다 ; 그것의 위치는 8번에 있어서, 코리스쿠스는 비－사람들(유사한)에는 현존하지 않고 어떤 사람(비유사한)에서는 항상 현존한다.

아리스토텔레스는 이 전혀 유사하지 않은 오류들을 뽑아서 맨앞에 놓았다. 왜냐하면 우연(코리스쿠스는 소크라테스가 아니다)으로부터 일반법칙(코리스쿠스는 사람이 아니다)을 논증하는 속임수가 궤변론자들 사이에 대유행이었기 때문이다.

2. 두번째 오류(*extra Dictione*)는 거의 첫번째와 구별할 수 없다. 아리스토텔레스의 예는 이렇다. 《에디오피아인은 이가 희고 피부가 검다. 그러므로 그는 동시에 검고 검지－않다》. 《피부가 검고 이가 희다》는 이유는 2번 위치에 있고, 〈반대의〉 종류에 속한다. 그것은 유사한 경우들〈전체적으로 검고 비－검은〉에서는 결코 발견되지 않으며, 모든 비유사한 경우들(부분적으로 검고 부분적으로 비－검은)에서는 항상 현존한다.

3. 거꾸로된 순서의 오류(*Fallacia conseguentis*)는 가장 일상적인 오류인데, 이유가 비유사한 영역과 약간 중복된다. 그것은 올바른 이유에 가장 가깝고, 그것의 궤변적 가치는 그다지 크지 않다. 대전제는 전칭 긍정의 잘못된 환위를 나타낸다. 이유는, 유사한 경우들의 전체 영역에 현존하고, 더우기 일부 비유사한 경우들에도 현존할 때, 7번 위치에 있거나 ; 또는 부분적으로 양쪽에, 즉 유사한 영역의

일부분과 비유사한 영역의 일부분에 현존할 때, 9번 위치에 있다. 예는 이렇다. 《이 사람은 도둑이다. 왜냐하면 그는 밤에 나다니기 때문이다》. 위치는 9번이다 ; 왜냐하면 밤에 나다니는 사람들은 부분적으로 양 쪽에, 도둑인 부분과 비-도둑인 부분에 다 있기 때문이다.

4. 논점일탈(*Ignoratio Elenchi*) 또는 틀린 답의 오류, 거짓 원인(*Non-Causa pro Causa*)[115] 또는 실제로 본질적이 아닌 전제로부터 결론을 끌어내는 오류, 그리고 하나로 된 복합질문(*Plurium Interrogationum ut Unius*)의 오류는 엄격하게 논리적인 오류들이 아니고 오해에 기초하고 있다.

비록 모든 오류들이 오해에 기초하고 있고, 아리스토텔레스가 말한대로 모두가 다소간 논점 일탈이지만, 그럼에도 불구하고 엄격하게 논리적인 것들은 1) 유사한 예와 비유사한 예 사이의 〈매개념〉의 잘못된 위치에 의해서거나(대전제의 오류이다), 2) 또는 〈결론의 주어〉와 관련하여 〈매개념〉의 잘못된 위치에 의해서(이것은 소전제의 오류이다) 생기는 것들이다. 그러므로 삼단논법의 엄격한 논리적 가치를 평가하기 위해서는 그것의 세 개념들을 추출하고, 1) M과 S, 2) M과 P의 관계를 조사해보아야 한다. 논점을 벗어나는 대답의 오류, 비본질적 전제 제시의 오류, 질문의 복합성의 오류는, 세 개념들이 애매하지 않은 표현으로 제시될 때, 생길 수 없다. 이 오류들은 실제 생활에서 매우 자주 발생하지만, 그것들은 논리적이 아니라 심리적이다. 그러므로 쉽게 잘못 이끌 수 있는 명제들로 삼

---

115) 이것은 매우 자주 일어나는 실수인 *anyathā-siddha*에 상응할 것이지만, 논리적이라기 보다는 심리적이다.

단논법을 구성하지 말고, 그것들을 애매함없이 표현하는 S, M, P, 세 개념들을 추출해서 삼단논법을 구성하는 것이 바람직한 것이다. 이것이 티벳과 몽고의 학파들이 채택했던 방법이다. 그렇게하면 M과 S, M과 P의 관계가 명백해진다. 그 때, 응답자의 대답은 단지 《예!》이거나 《이유가 비실재적이다!》, 또는 《동반이 없다!》일 수 있다. 후자는 두 반대의, 또는 거꾸로의 이유들(위치 2번과 8번), 네 불확실한 이유들(위치 1, 3, 7, 9번), 그리고 한 너무-좁은 이유(위치 5번)로 나누어질 수 있다. 목록에서 동시에 두 위치들을 차지하는(4 또는 6번과 결합한 2 또는 8번) 이율배반적 이유가 추가될 수 있다. 다른 위치는 불가능하다. 디그나가의 목록은 철저하며, 오류의 문제에 질서와 체계적 통합을 가져왔다. 오류가 소속되어야 하는 종류에 관한 어떤 의심도 있을 수 없다.

응답자는 거짓된 반박-삼단논법이 그에게 제시되었을 때, 《어떤 전제들에서, 어떤 방식으로 삼단논법의 거짓 모양이 나타나게 되었는지》[116] 살펴보아야 한다고 아리스토텔레스가 언급했을 때, 그는 디그나가의 해결에 매우 가까이 접근한 것이다. 아리스토텔레스가 이 원리를 지키고, 모든 언어적, 심리적 원인들을 무시해버렸더라면, 그는 아마도 디그나가의 체계와 같은 체계에 도달했을 것이다.

116) Grote, 앞의 책, 406쪽.

제 4 부
부　정
(Negation)

제 1 장
부정판단
(THE NEGATIVE JUDGEMENT)

1. 부정의 본질

불교도들은 모든 인식을 외적 실재의 어떤 점에 대한 직접적 또는 간접적 인식이라고 생각했는데, 그들이 논리학에 대해서 가지고 있는 관심은 형식적인 것이 아니라 인식론적인 것이기 때문에, 그들에게 있어서 부정이란 문제는 특수한 어려움을 포함하고 있다. 따라서 그것은 매우 주의깊게 취급되고 있다. 실로, 부정이란 무엇인가? 그것은 직접적 또는 간접적 인식, 즉 지각 또는 추론 하에서 취급되어야 할 것인가? 첫눈에 그것은 인식이 아닌 것, 즉 인식의 취소인 것처럼 보인다; 또는 그것이 적어도 인식이라고 한다면, 그것은 비실재, 말하자면 무에 대한 인식임에 틀림없을 것이다. 그럼에도 불구하고 그것은 존재하고 있으며 일종의 인식 그리고 무가 아니라 어떤 것에 대한 인식인 것처럼 보인다. 실재론적 학파들이 제출한 해결방법은 이미 위에서 언급했으며, 부수적으로 그때 존재에 대한 우리들의 관념에 대한 불교적 분석을 고찰하였다. 그들에게 있어서 부정이란 인식의 특수한 양식 또는 존재의 양식인 것이다.

불교도들의 입장은 매우 상이하다. 우리가 보아온대로 그들에게 있어서 존재란 찰나점이라고 하는 궁극적 실재를 가리키는 것이며 그것의 인식은 상응하는 순수감각이다. 비-존재하거나 부존하는 사물은 상상이며, 그것은 직접적으로 어떠한 감각도 산출할 수 없지만 ; 감각을 산출하는 실재적인 사물은 지성에 의해서 그 존재가 이와같이 부정되는 다른 사물의 부존을 의미하는 것으로 해석된다. 따라서 부정이란, 순수감각이 항상 그러한 것처럼,[1] 정신의 직접적 또는 본래적 태도가 결코 아니다. 그것은 항상 부정적인 측면에서 주어진 감각을 해석하는 기억적 표상을 불러들이는 오성의 작용이다. 만약 우리가 《여기에는 항아리가 없다》, 또는 《항아리는 부존한다》라는 유형의 인식을 가진다면, 그 직접적 인식 또는 시각은 부존하는 항아리가 아니라, 빈공간에 의해서 산출되는 것이다. 부존하는 항아리는 기억에 의해서 이끌어져 나오고 지성에 의해 구성되는 표상인데, 그것은 감관들에 의해서 지각된 것이 아니다. 불교의 견해가 나무랄데 없이 보이는 한 실재론자들은 그것과 싸우는데 매우 큰 어려움을 갖게 된다. 그러나 그들의 극단적 실재론은 그것을 거부해야할 필요성을 그들에게 강요하고 있다. 그들은 부존이라는 것의 순수한 관념성을 인정할 수 없었다. 따라서 그들은 부존사물은 어떻든 빈 공간과 실제로 연관되어 있다고 생각한다.[2] 실재와 관념, 감각과 상상 사이에 견고하고 확고한 관계를 확립한 불교도들은 부정의 관념성을 가정하는데 있어서 실재와 비실재 사이에서 동요할 필요가 없었다. 그들은 감관을 통해서 부존하는 사물의 직접적인 지각을 부인하는데 아무런 어려움도 없었다. 그러나 《항아리는 없다》라는 형식의 부정판단은 《이것은 항아리이다》라는 판단과 마찬가지로 지각판단으로 분류되어야 할 것인지 또는 추론적 판단의 부문에 속해야 하는 것인지 하는 문제가 남아 있었는데, 거

1) 순수감각은 ***Vidhi***=*bgrubs-byed*, 순수긍정.

2) *svarūpa-sambandha*=*Vĭsesana-vĭsesya-bhāva*에 의해서 연관됨.

기에서 부존사물은 가시적 표시를 근거로 인식되는 것이다 ; 왜냐하면, 우리가 보아온대로, 추론은 본질적으로 시야 속에 없는 어떤 것에 대한 인식이기 때문이다. 그러나 지각판단과 추론 사이의 경계선은 그렇게 날카롭지는 않은데, 왜냐하면 순수감각과는 구별되는 모든 지각은 막대한 양의 기억적 요소들과 오성의 종합을 포함하고 있기때문이다. 다른 한편으로 모든 추론은 오성의 독자적 작용, 순수감각을 기초로 하여 정립된 독자적 개념[3]으로 여겨질 수도 있다. 따라서 그것은 가시적 및 비가시적 부분, 비구성적 및 구성적 부분, 비상상적 및 상상적 부분을 가지게 될 것이다. 《언덕 위에는 불이 있다. 왜냐하면 연기가 보이기 때문이다》라는 추론은 그 기초가 감각인 연기—불이라는 종합적으로 구성된 심상으로 간주될 수 있다. 원칙적으로는 어떠한 차이점도 없고, 정도의 차이가 있을 뿐인데 ; 상상이라고 하는 것은 추론에 있어서 주된 것이다. 《항아리는 없다. 왜냐하면 아무것도 지각되지 않기 때문이다》라고 하는 부정판단에서, 상상은 역시 주된 것이다. 따라서 부정은, 또한 가시적 및 비가시적 부분, 상상적 및 비상상적 부분을 포함하고 있는 독자적 개념으로 간주될 수도 있지만, 추론적 인식의 부문에 속하는 것이 틀림없다.

따라서 부정은 주로 상상이다. 부정은 부존사물에 대한 실제적인 지각에 근거하고 있다(부존은 현존한다)고 주장하는 실재론자들에 대해 특히 반대하는 불교도들은 부정은 현존하는 사물의 부정적 지각에 기초를 두고 있다(현존이 부존한다)고 주장한다. 부존사물에 대한 지각은 불가능하며, 그것은 모순이다. 만약 그것이 지각이고, 그 사물이 현존한다고 한다면, 그것이 부존할리 없다. 그런데

3) *ekam vijñānam anumānam*, NK., 125쪽을 참고하라.

어떻게 그것이 현존하는가? 그것은 상상 속에 현존하는 것이며 그것은 지각에 필요한 모든 조건들이 충족되었다는 것을 의미한다. 그것이 현존한다고 하면 그것은 반드시 지각될 것이지만; 그것이 부존하므로 그것은 지각된 것이 아니라 단지 상상된 것일 뿐이며, 상상 속에서 지각된 것이다. 〈지그바르트〉[4]는 보통의 실재론적 관점에서 볼때《여기에는 불이 없다》또는《그 불은 타오르지 않는다》라고 하는 명제는 모순을 포함하고 있다는 사실에 우리들의 주의를 환기시키고 있다. 그것이 타오르지 않는다면, 어떻게 불이라고 할 수 있는가? 난로 속을 쳐다보고 기대했던 불을 보지 못한 사람은 불이 없다고 말할 것인데, 그것은 실제로 기대했던 불이 없다고 하는 것을 의미하는 것이다. 따라서 부정이라고 하는 것은 상상된 불, 즉 그것의 상상된 가시성을 향하고 있는 것이다. 〈다르모타라〉[5]는 다음과 같이 설명하고 있다.《말하자면 항아리라고 하는 대상이 부존할 때, 그것이 지각될 수 있다고 하는 것은 어떻게 가능한가? 비록 그것이 부존하지만, 그것의 지각가능성은 상상된 것이므로 지각될 수 있다고 말한다! 우리는 그것을 다음과 같은 방식으로 생각해 볼 수 있다: "만일 그것이 이 지점에 현존한다고 한다면, 그것은 틀림없이 지각될 것이다."》

이러한 경우에 비록 부존한다고 해도 대상은 전제로부터 (*ex hypothesi*) 가시적인 것이다. 그러면 그렇게 상상될 수 있는 대상이란 무엇인가? 그것은 〈그 빈 공간이 지각된〉 대상이며, 따라서 지각에 필요한 모든 조건들이 충족될 것이다. 모든 조건들이 충족되었다고 언제 결정할 수 있는가? 그것은 우리가 실제로 동일한 인식활동

4) Logik³, I.168.
5) NBT., 33쪽 8행 이하 ; 번역, 62쪽.

속에 포함되어 있는 다른 대상을 지각할 때이다(우리가 부정의 상대, 즉 부정된 대상이 현존하는 것으로 상상되는 빈 공간을 지각할 때이다). 우리는 "동일한 인식활동 속에 포함되어 있는" 동일한 감관—기능에 쉽게 따르는 두개의 상호연관된 대상들을 눈 또는 다른 기관의 주의를 동시에 받을 수 있는 대상이라고 부른다. 실로 두개의 그러한 대상들이 우리 앞에 존재할 때, 우리는 그 중 하나에 우리의 지각을 제한할 수 없는데, 왜냐하면 지각의 가능성에 대해서 말하자면 그것들 사이에는 아무런 차이점도 없기 때문이다.

따라서 만일 우리가 정말로 그 중 하나만을 지각한다고 한다면, 우리는 자연스럽게, 〈다른 것이 현존한다면, 그것은 역시 지각될 수 있는데, 왜냐하면 필요한 조건들의 총체가 충족되었기 때문〉이라고 생각할 수 있다. 그러므로 상상된 지각성이 그 대상에 부여된 것이다. 그러한 대상의 비인식이 부정이라고 불리우지만, 그것은 가언적인 가시성에 대한 부정이다. 따라서 항아리가 부존하는 바로 그 지점과 그 위에 집중되어 있는 그 인식은 둘다 가능한 가시성의 부정으로 이해될 수 있는데, 왜냐하면 그것들이 부정판단의 진정한 근원이기 때문이다.

부정은 부존사물임은 물론 그것에 대한 인식이며 ; 또는 바로 그 토대이며 상응하는 지각이다. 인식으로서의 모든 인식은 실재에 대한 인식인데, 다르모타라[6]는 계속해서 다음과 같이 말하고 있다. 《따라서 인식으로서의 부정은 지식의 단순한 부존이 아니고, 그것은 긍정적인 실재 및 그것에 대한 단정적인 인식이다. 단순하고 무조건적인 인식의 부존은 그것 자체가 어떠한 주장도 전혀 포함하고 있지 않으므로, 아무런 지식도 전할 수 없다.

6) NBT., 22쪽 17행 이하 ; 번역, 63쪽.

그러나 그 본질이 가정된 지각성의 부정인 부정에 관해서 말할때, 이러한 말들은 반드시 대상이 부존하고 있는 빈 공간의 현존과 동일한 공간에 대한 인식을 의미하는 것으로 간주될 수 있으며 ; 그것이 대상이 필연적으로 지각될 수 있는 공간인 한, 그것(대상)이 현존한다면, 그것의 빈공간이 지각되는 것과 꼭 마찬가지로 지각되는 것이다.》

따라서 부정은 논리학적으로는 물론 존재론적으로 취급된다. 그것은 빈지점의 현존 및 그것의 인식이라는 사실을 의미하는 것이다.

2. 부정은 하나의 추론이다.

지금까지 부정이 〈모든 인식은 실재에 대한 인식〉이라는 일반법칙에 예외가 아니라는 것이 밝혀졌다. 첫눈에 부정으로 인식될 수 있는 것처럼 보이는 비실재 또는 비존재는 상상된 비실재로서의 그 자체를 드러내고 있다. 실재, 존재, 사물이 동의어라는 것을 잊어서는 안된다 ; 그것들은 비실재의 다른 이름들인 관념, 비존재, 심상 또는 개념에 모순적으로 대립되는 것이다. 그러나 예를 들면 실재와 관계가 없는 관념인 《천상의 꽃》과 같은 잘못된 관념이 있으며 ; 예를 들면 감각에 나타나는 대로의 궁극적 실재의 어떤 찰나점과 관계가 있는 실재의 꽃과 같이 실재와 관계가 있는 모순되지 않거나 믿을 수 있는 관념이 있다. 부정은 후자와 같은 종류의 비실재이다. 그것은 하나의 관념, 상상이지만, 믿을 수 있는 관념이고, 생산적 상상력이며 우리들의 합목적적인 활동들을 이끌 수 있는 지식의 근원이다.

그러나 만약 부정이 정신적 구성에 따르는 실재의 한 점에 대한 인식에 불과하다면, 그것은 원칙적으로 지각과 다른것이 아닌데,

그것은 또한 지각된 사물의 표상에 즉각적으로 따르는 감각이다. 그것은 그 표시만이 지각되는 부존사물의 인식이 아니다. 그것은 표시를 통한 인식, 즉《어떤 것의 표시》로 된것이 아니며, 말하자면 그것은 추론이 아니고, 알려진 것에서 알려지지 않은 것을 포함하는 사유의 어떤 운동도 포함하고 있지 않는가? 그리고 이 두가지, 곧 직접적인 것과 간접적인 것 이외에는 지식의 다른 근원이 없으므로, 그것은 원칙적으로 지각과 다른 것이 아니며, 지각과 동등한 것이다. 실재론자들이 주장하는 긍정적 및 부정적 지각, 긍정적 및 부정적 지각판단이 있겠는가? 실제로, 부정이 빈공간과 그것의 인식의 현존과 같은 실제적 의미를 가지고 있지 않다면,《여기에는 항아리가 없다. 왜냐하면 아무것도 보이지 않으므로》라는 추론은《여기에는 항아리가 없다. 왜냐하면 아무것도 없기 때문이다》또는《여기에서 나는 어떤 항아리도 지각하지 않는다. 왜냐하면 나는 그것을 지각하지 않기 때문이다》라는 것 이외의 다른 의미를 가지고 있지 않다. 다르모타라[7]는 다음과 같이 말한다.《부존하는 항아리는 현존한다고 불리워지는데, 왜냐하면 그것은 존재할 것으로 예상되는 공간, 부존하는 항아리의 상대이며 동일한 인식활동 속에서 그것과 연관되어 있지만 비어있는 공간에 현존하는 것, 지각성의 모든 일반적 조건 속에서 인식되는 것으로 상상되기 때문이다……. 따라서[8] 우리가 부정 또는 지각의 말소라고 부르는 것은 그것과 연관되어 있는 대상의 긍정적인 존재와 그 대상의 인식에 불과한 것이다》. 말하자면[9]《현존하는 항아리의 비존재라고 불리우는 것(즉, 부존하는 항아리라고 하는 것)은 바로 실재의 긍정적인 지각이다》[10]

---

7) NBT., 28쪽 18행 이하 ; 번역, 80쪽.
8) 같은 책, 28쪽 20행.
9) 같은 책, 28쪽 22행.

다르마키르티[11]는 《만일 그것이 실재적인 것이라고 한다면, 부정은 불가능하다》고 말한다. 말하자면, 부존 또는 비존재가, 실재론적 학파들이 생각하는 것처럼, 하나의 실재라고 한다면, 부정적 인식은 가능할 수 없고, 따라서 그것은 인식의 부존, 절대적 공백이 될 것이다. 그러나 그것은 《천상의 꽃》과 같이 상상된 것이 아니라, 존재하고 있는 대상에 대한 실제적인 지각을 기초로 상상된 것이다. 이것이 바로 그것이 일종의 믿을만한 지식이고 성공적인 합목적적 활동을 위한 근거인 이유이다.

비존재의 문제에 관한 불교도들과 실재론자들의 상호비난은 실재에 대한 불교의 견해를 고찰할 때 이미 언급되었다. 실재론자들은 불교도들의 아무것도 아니고 무인 비존재를 비난하고 있는데, 왜냐하면 그것은 그 자체로서는 아무것도 아니고, 그것의 토대로부터 떨어져 있는 어떤 것도 아니며, 다른 개체도 아니며, 그것은 그것의 긍정적인 짝 속에 포함되어 있기 때문이다. 반대로 불교도들은 실재론자들이 실재적인 비존재,[12] 실체화된 비존재, 물질적인 비존재,[13] 제각기 구체화된 존재,[14] 말하자면 고귀한 비존재[15]를 가정하고 있다고 비난하고 있는데, 그것은, 비판적으로 검토해 보면, 단지 상상으로서만 그 자체를 드러내는 것이다. 그러나 긍정적인 지각을 기초로 하여 상상된 비실재적인 비존재는 원칙적인 단순한 지각과 다른 것이 아닌데, 그것은 오성을 통해서 구성된 심상이 뒤따르는 감각으로 구성되어 있다. 그것은 다른 사실로부터 연역된[16]것이 아

10) *artha-jñāna eva*, 같은책.
11) NB., 27쪽 17행.
12) *Vāstavo' bhāvah.*
13) *Vigravahān abhāvaḥ.*
14) *bhinna-mūtir abhāvah.*
15) *āyusmān abhāvah.*

니고, 궁극적 사실 그 자체이며,[17] 그것은 추론이 아니다. 가정적인 대상을 지각하지 못하는 사실은 매개념으로 재분류될 수 없는데, 그것으로부터 부존은 연역될 수 있다. 왜냐하면 그것의 부존은 빈 공간 위에 있는 그것의 상상된 현존 이상의 것도 이하의 것도 아니기 때문이다. 그러나 디그나가와 다르마키르티가 감관지각을 지각의 과정속에 있는 순수하게 감각적인 요소들로 정의하고 부정으로서의 부정은 전혀 감각이 아니다라고 말하고 있기 때문에 그들은 〈오성의 구성적 기능의 일부가 현저한〉 지식의 근원으로서의 추론의 영역에 부정을 속하게 하고 있다는 것이다.

게다가, 말하자면 항아리라는 대상의 부존이 추론된 것이 아니라 지각된 것이라고 한다면, 빈 공간에 대한 그러한 지각의 실제적인 귀추는 그 대상에 대한 직접적 감관지각과는 매우 다른 것인데, 이것이 우리들이 부정을 간접적인 인식의 부문에 속하게 하는 것을 정당화시켜주고 있다. 다르모타라는[18] 다음과 같이 말한다. 《항아리의 부존은 실제로 연역된 것이 아니며, 그 부정의 실제적 결론이 보다 더 많이 연역된 것이다》. 이러한 결론은 무엇인가? 그것들은, 그것들이 모두 서술된 유형의 부정적 지각에 근거하고 있을 때, 부정명제들과 각각의 합목적적 활동은 물론 그것의 성공적인 결과이다.[19]

그러나 또 하나의 부정, 즉 상상된 현존의 부정적 인식이 아니라, 부존, 비상상적 또는 상상될 수 없는 현존에 대한 부정적 인식인

---

16) *Sādhya.*

17) *Siddha*, NBT., 29쪽 9행 ; 번역 84쪽 주4를 참조하라 ; TSP., 479. 22와 481. 2를 참조하라.

18) NBT., 29쪽 10행 ; 번역 83쪽.

19) NBT., 29쪽 22행 ; 번역 84쪽.

부정이 있다. 그것은 올바른 지식의 근원이 아니고, 성공적인 합목적적 행동으로 통하지도 않는다. 부존에 대한 그러한 부정적 인식에 관한 흥미있는 상세한 기술들이 뒤에 고찰될 것이다.

우리들로 하여금 부정을 추론의 영역에 속하게 하는 이유들에 관해서, 다르모타라[20]는 다음과 같은 방식으로 자신의 의견을 피력하고 있다. "항아리가 없다"라는 판단은 빈공간에 대한 감관지각, 지각에 의해서 〈산출된다〉고 말하지 않았는가? 그리고 이제 우리는 이 판단을 이 지각으로부터 〈추론에 의해서 연역된〉 실제적인 결론들 속으로 포함시킨다. (그렇다! 우리는 그것을 거부하지 않는다!) 빈 공간은 감관-지각에 의해 인식되고 "여기에 항아리가 없다"라는 부정판단은 대상을 우리의 감관들에 현존하게 하는 기능인 직접적 지각 기능에 의해 산출되는 판단이므로, 빈공간에 대한 지각에 즉각적으로 뒤따르는 부정판단은 하나의 지각판단이라고 하는 것은 정말로 옳은 것이다. 실제로, 앞에서 설명했던 것을 따르자면, 부정판단은 감관지각에 의해서 직접적으로 산출된 것인데, 왜냐하면 한정된 지각(순수 감각을 넘어서 있는)은 바로 우리들 앞에 있는 빈 공간의 존재에 관해서 판단을 산출하는 능력을 가지고 있기 때문이다. 그러나 부정의 온당한 기능은 다음과 같은 단계에 있다. 대상들은 지각되지 않을 수도 있지만, 이것은 단지 의심을 일으킬뿐이며 (그것들 중 어떤 것이 현존하는가 하는 질문들이 생긴다), 이러한 의심이 제거되지 않는 한, 부정은 실제적인 중요성을 가지지 않고, 그것은 우리들의 합목적적인 행동들을 지도할 수 없다. 그 때 상상이 끼어들게 되고 따라서 부정적 연역으로서의 부정은 비존재라는 관념에 실제적인 중요성을 부여하게 된다.[21] 주어진

20) 같은책, 30쪽 10행 ; 번역 84쪽.

장소에 현존하는 것으로 생각되는 하나의 대상이 실제로 지각되지 않으므로, 나는 "그것은 거기에 없다"라고 판단한다. 따라서 〈상상된 현존〉에 대한 이러한 부정은 비존재라고 하는 편리한 개념에 생명을 부여하는 추론이라고 할 수 있는데, 그것은 새롭게 이 개념 자체를 창조하지는 못한다. 그러므로 부정판단은 의심되는 상상으로부터 하나의 추론을 통해서 그것의 실제적인 중요성을 부여받게 되는 것이다. 하지만 그것은 사실상 감관지각에 의해서 산출되는 것이며 추론이라는 연역적인 과정을 통해서 삶 속에서 적용될 뿐인데, 그것의 논리적 근거는 부정의 경험이라는 사실에 있다. 따라서 부정적 추론은 우리가 삶 속에서 비존재라는 관념을 적용할 때 우리의 발걸음을 인도하는 것이다》.

3. 부정적 삼단논법의 격. 단순부정의 격.

지금까지 부정의 본질과 기능이 확립되었다. 그것의 본질은 항상 어떤 가언적인 지각성으로 축소된다. 외부세계에 부정이라고 하는 것은 없으며 ; 부정은 결코 실재에 대한 직접 인식이 아니다. 그러나 간접적으로 부정에 상당하는 외부의 실재가 있는데, 그것은 그것의 토대라고 하는 실재이다. 이 토대와 그것의 인식은 또한 부정의 본질로서 특정지워질 수도 있다. 이러한 그것의 특징으로 인해서, 부정은 상상의 영역에 속하게 되지만 《의미와 타당성》을 갖게 되는 것이다. 그것은 간접적으로 타당한 지식의 근원, 추론적 유형의 지식, 토대를 부정과 연관시키는 매개념의 역할을 하는 가언적 지각

21) 부정은 두번째 판단, 즉 재판단이라고 하는 빈델반트의 이론과 비교해 보자 ; 유럽의 몇몇 유사한 이론들의 부분을 참조하라.

성이라고 하는 사실이다. 따라서 가언적 지각성을 부정하는 것은 부정의 본질 또는 일반적 형식, 즉 그것의 모든 특수한 경우에 현존하는 형식이다. 삼단논법적인 형식을 만나게 될때, 우리는 모든 추론에서와 마찬가지로 일치법과 차이법 사이에서 선택을 하게 된다. 따라서 우리는 부정된 사실과의 일치를 통해서 표현되는 부정과 부정된 사실과의 불일치를 통해서 표현되는 부정을 가지게 될 것이다 ; 즉, 긍정적으로 표현된 부정과 부정적으로 표현된 부정. 부정을 표현하는 부정적인 방법은 하나의 긍정으로부터 그것을 연역하는 것으로 귀착될 것인데, 왜냐하면 모든 이중부정은 항상 긍정으로 귀착되기 때문이다. 이 삼단논법들의 그러한 형식은 곧 설명될 것이다. 그것들은 단지 형식적 다양성, 형식화 또는 표현상의 차이일 뿐이다. 우리는 아직 부정이 겨냥하고 있는 대상들이 무엇인지는 말하지 않았다.

부정은 하나의 사물 또는 관계를 겨냥할 수도 있다. 우리가 보아온대로 사물들은 다섯가지의 범주들로 세분된다 ; 관계들은 다만 두가지, 곧 존재의 필연적 동일성과 존재의 필연적 연속이다 ; 후자는 또한 인과관계라고도 불리워진다. 사물의 다섯가지 범주들—말하자면 개체, 부류, 질, 운동 그리고 실체—은 단순부정의 내용이라고 할 수 있다. 그것들은 부정으로서의 부정의 분류를 위한 아무런 근거도 산출하지 못한다. 그러나 상호의존의 관계라고 할 수 있는 관계들은 달리 의존적 부분의, 그것이 의존하고 있는 것에 대한 관계 그리고 역으로 (*vice versa*) 독립자의 의존자에 대한 관계 ; 원인의 결과에 대한 관계, 역으로 결과의 원인에 대한 관계 ; 포함자의 피포함자에 대한 관계와 피포함자의 포함항(inclusive term)에 대한 관계로 간주될 수 있다. 게다가 그것들은 교차할 수 있으며, 우리들은 한 사물의 다른 사물과의 관계와 같은 예들을 가질 수 있는데 그 때 후자는, 말하자면, 전자의 원인에 관하여 포함항이라고 할 수 있다. 하나 또는 다른 하나를 부정할 때, 우리의 부정은 인과+동일성이라는 이중관계에 근거하게 될 것이다.

가능한 모든 조합들을 고려해 본다면, 우리들은 11가지 격의 부정삼단 논법을 가지게 될 것이다. 오직 전칭판단들만이 삼단논법의 구성요소로 인정될 뿐이다. 특칭판단들은 전혀 논리적 결론이 아닌 것 또는 논리적 오류들로 간주되고 있다.

11가지의 부정적 격들에는 다음과 같은 것들이 있다. 첫째——단순부정. 이 격은 모든 부정적 지각판단에 포함되어 있다. 그러나 그것은 지각판단아 아닌데, 왜냐하면 인식된 대상은 비가시적이기 때문이다. 그것은 비지각이라고 할 수 있는 그것의 표시를 통하여 인식된다. 연역된 부분은 그것이 연역되어 나온 부분과 크게 다른 것이 아니고, 비지각과 비현존(또는 부존)은 실제적으로 동일한 것이므로, 연역된 부분은 부정판단의 결과로서 일어나는 특별한 종류의 〈행위〉 속에 있다고 생각된다. 모든 인식은 일반적으로 행동을 위한 준비에 지나지 않는 것이다. 부정의 격들은 그 자체만으로 구별되는 것이 아니며, 그것들의 본질은 항상 동일한 것이고, 그것은 가언적 가시성의 말소이다. 그러나 부정이 이르고 있는 결과들은 상이하며 ; 부정의 공식들은 그것들에 따라서 구별된다. 단순부정의 결과는 상응하는 종류의 행위이다. 물론 긍정적 부정판단도 대상의 지각이라는 사실로부터 지각된 대상의 현존에 대한 추론으로 간주될 수 있으며, 그때 연역된 결과는 또한 상응하는 종류의 행위가 될 것이다. 그러나 차이점은 구체적 심상의 직접적인 생생함 속에 있는데, 그것은 지각의 특징이며 추론이 다루어야만 하는 부존사물의 모호한 심상과 구별되는 것이다. 그것은 다른 본질, 즉 다른 기능을 가지고 있으며 그것의 격들은 긍정삼단논법의 격들로부터 분리해서 다루어져야 할 것이다.

위에서 언급한대로, 단순부정은 일치법은 물론 차이법에 따른 공식으로 표현될 수 있다. 첫번째 것은 다음과 같다——

대전제. 상상할 수 있는 대상에 대한 비지각의 뒤에는 각각의 부정적인 형태가 온다.
예. 천상의 꽃에 대한 비지각(뒤에 그것을 따르는 행동이 있을 수 없는)과 마찬가지로.
소전제. 이 장소에서 우리는 항아리를 지각하지 못하는데, 그것은 표상될 수 있는 것이다.
결 론. 이 장소에서 우리는 그것을 볼 수 없을 것이다.

여기에서 소개념은 《이 장소에》라는 개념으로 나타나고 있다. 그것은 전체 추리 아래에 놓여있는 실재의 토대이다. 대개념은 《우리는 여기에서 그것을 볼 수 없을 것이다》라는 각각의 부정적인 행위의 개념으로 나타나고 있다. 매개념은 연역된 대상의 가언적 현존의 폐기 속에 있다. 대전제는 그것들의 동반을 가리키는 것이다. 실로 베르그송은 그것을 다음과 같이 설명하고 있다.《폐기로부터 부정으로. 그것은 더욱더 일반적인 작용인데, 거기에는 다만 하나의 단계가 있을 뿐이다!》 다르모다타라는 다음과 같이 말한다.《이것은 표상될 수 있는 대상이 지각된 것이 아니고, 이러한 사정이 그것에 관한 부정적인 합목적적 행동을 위한 기회를 제공한다는 의미이다》.[22] 비지각은 포함된[23] 부분, 의존적 부분, 즉 이유이다. 부정 또는 부정적 행위는 포함하는[24] 부분, 더욱더 일반적인 작용, 전자가

22) NBT., 44쪽 1행 ; 번역 117쪽.
23) *Vyāpya.*
24) *Vyāpaka.*

의존하고 있는 부분,[25] 필연적 결과[26]이다.

논리적 이유는 필연적으로 그것의 결과와 연관되어 있다는 언급은 불변의 동반에 대한 언급이다. 이것은 삼단논법의 규칙의 목록에 따른 것인데, 즉 이유와 그것의 필연적 결과(또는 그것의 주어와 술어) 사이의 불변의 동반은 1) 주어에 대한 술어의 필연적인 현존(결코 부존이 아님)과 2) 술어의 영역 속에 결코 그것을 넘어서지 않고 배타적으로 존재하는 주어의 현존 속에 있다.[27]

예는 개별적 보기들을 가리키고 있는데, 동반을 표현하고 있는 그것의 일반명제는 귀납에 의한 일반화이다. 모든 상상된 대상, 상상 속에서만 현존하는 것으로 존재하는 대상은 실제로, 말하자면 객관세계에 존재하지 않는 대상의 예이다. 일반법칙을 증명하고 있는 사실들에 대한 언급에 의해서, 동반은 완전히 확립되는 것이다.

일반법칙을 확립한 후에, 삼단논법의 과정은 《이 장소에서 우리는 어떤 표상할 수 있는 항아리도 지각하지 못한다》라는 소전제 속에 있는 특수한 예에 대한 그것의 적용을 나타내는 것으로 나아간다. 존재하지 않는 항아리가 필요한 모든 지각성의 조건 속에서 가언적으로 표상 또는 상상에 의해서 자리잡고 있는 방식은 《항아리가 이 지점에 현존하다고 하면, 나는 반드시 그것을 지각할 것이지만, 아무것도 지각할 수 없으니, 그것은 현존하지 않는다》라는 형식의 가언판단 속에 있다.

따라서 모든 부정적 경험은 함축적으로 일반법칙을 포함하고 있는 특수한 사실로 간주될 수 있다는 것이며 ; 비-존재는 오직 다른 상황 아래에서 우리들이 지각하지 못하는 그러한 대상들이라는 것

---

25) *pratibandha-vīsaya.*

26) *nīścita-anubandha.*

27) NBT., 44쪽 4행 이하 ; 번역 118쪽.

이다. 다른 한편으로, 우리들이 지각하지 못하고 가언적으로 지각가능성의 조건들에 자리잡게 할 수 없는 대상들, 즉 그 본질상 상상할 수 없는 대상들은 부정될 수 없는데, 왜냐하면 부정이란 바로 상상의 폐기일 따름이기 때문이다.

동일한 격의 단순부정이 차이법에 따라 표현될 수 있다. 따라서 우리는 부정의 부정적 표현, 부정된 부정, 말하자면 결과로서 부정이 뒤를 잇는 긍정적 일반명제를 갖게 될 것이다. 그것의 공식은 다음과 같다——

대전제. 시야 안에 현존하는 사물은, 다른 모든 지각가능성의 조건들이 충족될 때 반드시 지각된다.
예. 푸른 헝겊 조각 등등 처럼.
소전제. 모든 지각가능성의 조건들이 충족되었음에도, 항아리는 여기에서 지각되지 않는다.
결 론. 여기에 항아리는 없다.

부정의 본질이라는 문제를 연구하기 위해서 우리는 여기에서 차이법의 도움을 받아야 한다. 하나를 제외하고 모든 상황을 공통적으로 가지고 있는 두가지의 예를 비교해 보자. 연구 중에 있는 현상, 즉 부정이 일어나고 있으므로 우리가 《이것은 여기에 없다》라고 언명할 수 있는 예와 그 현상, 즉 부정이 없으므로 그것은 여기에 있기 때문에 우리가 《이것은 여기에 없다》라고 언명할 수 없는 예——이러한 두가지 예가 공통적으로 모든 상황을 가지고 있다면, 즉 하나(필요한 모든 지각가능성의 조건에 처해 있는, 가언적으로 가시적인 대상에 대한 비지각)를 제외하고[28], 지각가능성의 모든 조건들이 충족되었다고 한다면 ; 전자의 예에서만 일어나고 후자에서는 일어나지 않는 그 하나의 조건이 부정이라는 현상의 원인 또는 필수적인 부분일 것이다. 따라서 부정의 본질은 가언적 가시성의 폐기에 있다는 것이 입증된다. 우리가 보아온대로 동일한 결과가 일치법에 의해서 이루어질 수 있다. 예를 들어 상상된 항아리는 주어진 장소에 없다. 왜냐하면 만일 그것이 현존한다면 그것은 지각될 것이기 때문이다. 또 예를 들면 천상의 꽃, 토끼머리의 뿔, 불임여성의 아들 등등은순전히 상상된 것이기 때문에 부존한다고 분명하게 선언될 대상들이다. 이러한 예들이 첫번째 것과 일치하는 상황만이 부존사물의 상상된 현존이다. 그 상황은 부정의 원인 또는 필수적인 부분이다. 따라서 부정의 본질은 가언적 현존의 폐기에 있다. 차이법은 여기에서 결과의 폐기에 따라서 원인 또한 폐기된다고 말한다. 그것은 부정논법으로 표현되는 반가언삼단논법이다.

사실 대전제는 다음과 같이 언급한다.——

대상이 현존한다면, 그것의 지각에 어떤 방해가 없다고 생각할 때, 그것은

28) *pratyayāntara*=다른 상황들, *pratyayāntara-sākalyam*=한가지를 제외한 다른 모든 상황들, *sākalyam*=*sannidhiḥ*=공통의 소유 또는 현존, **NBT.**, 22. 23-23.1를 참조하라. 비지각은 부정의 원인으로 성격지워질 수 없는데, 왜냐하면 비존재와 그것의 인식 역시 이 용어로서 이해되기 때문이다. **NBT.**, 28쪽 22행-*artha-jñāna eva pratyakṣasya ghaṭasya abhāva usyate*를 참조하라. 부정은 부정된 지각 속에 포함되어 있다. 부정된 지각과 일반적 부정의 관계는 분석적이다. 전자는 개념상 후자의 한 부분이고, 내포에 있어서 그것을 포함하고 있다. 따라서 비지각에서 비존재로 나아가는 추론적 단계는 허용될 수 있는 것인데, 왜냐하면 전자는 필연적으로 후자의 한 부분이기 때문이다. 바인이 두번째 법전(Canon)의 진술에서 귀납법은 《원인의 필수불가결한 부분》이라는 말을 포기해야 한다고 한 것에 주목하는 것은 흥미로운데, 그것은 밀의 명백한 진술에 포함되어 있는 것이다. 밀이라면 이렇게 말했을 것이다 : 《두가지의 예가 다른 상황만이 현상의 결과이기도 하고 필수불가결한 부분이기도 하다》. 그러면 그의 언급은 불교의 견해와 동일선상의 것이 된 것인데, 그것에 따르자면 동일성(=모순율)과 인과에 근거하고 있는 대상들 사이에는 두 종류의 관계만이 있다 ; 매 하나의 경우의 내용은 유사한 그리고 비유사한 경우로부터 귀납법에 의해 두 경우에 확립되는 것이다.

지각된다. 그러나 주어진 장소에서 그것이 지각되지 않는다. 따라서 그것은 부존한다(현존하지 않는다).

필수적인 조건들의 총계가 충족될 때, 지각할 수 있는 존재의 뒤에 변함없이 지각이 온다고 전칭명제는 표현한다. 존재는 비존재의 부정이고, 인식은 비인식의 부정이다. 따라서 우리는 여기에서 일치법(여기에서 비지각은 비존재와 동반하는 것으로 나타난다)에 따라서 표현된 전칭전제의 이환을 갖게 된다. 주어의 부정은 술어가 되고 술어의 부정은 주어가 된다. 따라서 결과의 부정은 변함없이 이유의 부정과 동반하는데, 왜냐하면 전자의 부정은 후자에 의존하고 있기때문이라고 전칭명제는 표현한다. 비존재가 부정되면, 즉 존재가 긍정되면, 지각(비지각이 아님)은, 진행과정속에 어떠한 방해도 없을 때 반드시 뒤를 잇는다. 결과(즉, 비존재)의 부존은 반드시 이유(즉 비지각)의 부존을 포함하고 있다. 그런데 이유가 현존하고 있다. 따라서 그것의 결과 또한 현존한다. 말하자면, 필요한 모든 조건들이 충족되었음에도 불구하고 대상이 지각되지 않는다면, 그것은 현존하지 않는 것이고, 그것은 주어진 장소에 존재하지 않는다는 것이다. 이유의 부정은 항상 피포함[29] 항인 결과의 부정이 부속되는 포함항[30]을 나타낸다. 차이법이 적용될 때. 항상, 여기에서 가언적 가시성에 대한 비지각인 연역된 결과의 폐기에 따라서 이유의 폐기는 반드시 포함된다고 하는 것이 설명되어야만 한다.

---

29) *Vyāpya.*
30) *Vyāpaka.*

4. 여타의 10가지 격들.

여타의 10가지 격들의 부정삼단논법은 《상상된 가시성의 부정을 직접적으로 표현하지는 않지만, 그 밖의 다른 것의 긍정 또는 부정을 표현하는 것이며, 이것은 반드시 가언적 가시성의 단순부정으로 환원된다》.[31] 따라서 그것들은 간접적이지만 단순부정의 변장한 공식들에 불과하다.

11가지 격들의 차례는 점점 더 복잡해지는 연역법에 따라서 명백히 결정되고 있다. 그것은 단순부정의 격으로 시작해서 부정된 사실의 원인과 양립할 수 없는 결과의 긍정이라는 격으로 끝나게 된다. 열가지 격들은 두가지 주요한 부문들로 나누어 질 수 있다. 첫번째 부문은 모든 공식들을 포함하고 있는데, 그것은 모순된 것의 긍정으로부터 부정을 연역해내는데 있다. 그것은 일곱가지의 격들, 즉 4—8과 10—11번째의 격들을 포함하고 있다. 다른 부문은 세가지 격들, 곧 2, 3과 9번의 격들을 포함하고 있는데, 그것은 1) 다른 부정과 2) 부정된 사실과 인과적으로 연관되어 있는 것에 대한 부정, 또는 3) 피포함항의 부정이 논리적으로 뒤따르는 포함항의 부정으로부터 부정을 연역해낸다.

두번째 격은 결과의 부정에 있다고 할 수 있는데, 그것으로부터 그 원인에 대한 부정이 필연적으로 뒤따르고 있다. 예를 들면——

대전제. 연기가 없는 곳은 어디에서나, 그곳에는 그것의 유효한 원인도 없다.
소전제. 여기에는 연기가 없다.
결 론. 여기에는 그것의 유효한 원인이라고는 없다.

31) NBT., 37쪽 7행 ; 번역, 100쪽.

《그곳에는》이라고 하는 단어가 가리키고 있는 장소는 소개념과 일치한다. 연기를 발생하게 하는 유효한 원인이 현존한다고 하는 사실은 대개념과 일치하며 《연기가 없다》라고 하는 것은 매개념과 일치한다. 우리가 《비-연기》라고 하는 개념을 긍정적인 것으로 여긴다면, 그 삼단논법은 〈켈라렌트(Celarent)식〉이 될 것이다. 그렇지 않으면 그것은 세가지 부정명제들로 이루어진 것이 될 것이며 대전제가 이중부정을 포함하고 있으므로 긍정이고, 따라서 격은 〈카메스트레스(Camestres)식〉이 될 것이라고 인정하는 것 말고는 아리스토텔레스의 법칙을 지킬 수 없다.

원인의 현존으로부터 결과의 필연성을 추론하는 것은 불교논리학에서 틀림없는 것으로 생각되지 않고 있는데, 왜냐하면 원인이 항상 결과를 산출하는 것은 아니기 때문이다. 마지막 순간에 이르러 어떤 예기치 못한 사실이 방해할 수도 있고 예상된 결과가 일어나지 않을 수도 있다. 따라서 우리가 불교의 인과론을 고찰할때 본것과 마찬가지로 오직 마지막 순간만이 진정한 원인, 정말로 유효한 순간, 즉 궁극적 실재라고 할 수 있다. 그러므로 부존하는 결과로부터 부존하는 원인을 추론함에 있어서 원인은 유효한 원인, 즉 결과에 선행하는 마지막 순간을 가리키는 것이다.

이러한 추론의 격은 원인이 비가시적일 경우에 의존하고 있다. 그것의 가정된 가언적 가시성은 부정된다.

다음으로 세번째 격도 하나의 사실이 다른 사실의 부정에서 연역될 때, 그것들 사이의 연관이 인과관계에 기초하고 있지 않은 경우이다. 그것은 실체의 동일성에 기초하고 있는 것이다. 그것은 피포함항의 부정이 논리적으로 뒤따르고 있는 포함항의 부정 속에 있다. 예를 들면——

대전제. 나무가 전혀 없는 곳은 어디에서나, 그곳에는 당연히 아쇼카 나무도 없다.
소전제. 그곳에는 나무가 전혀 없다.
결 론. 그곳에는 아쇼카 나무도 없다.

소개념은 《그곳에는》이라는 개념, 대개념은 《아쇼카 나무는 없다》라는 개념, 매개념은 《나무가 없다》라는 개념으로 표현되고 있다. 앞의 경우와 꼭 마찬가지로 그 형태는 세가지의 부정명제로 이루어져 있고〈켈라렌트식〉 또는 〈카메스트레스식〉이 될 수도 있다. 여기에서 포함항의 부존은 단순부정으로 규명되고 있다. 피포함항의 부존은 동일률에 근거하는 것이다.

이것과 다음의 격들에 있어서 실재론학파들은 두가지 사실 또는 개념들 사이의 불변의 연관을 확립하는데 만족했다. 그들은 연관의 특징을 조사하지도 않았고 그 두 개념 사이에 존재하고 있는 연관이 어떤 종류의 것인지 그리고 그것은 무슨 법칙에 근거하고 있는지도 말하지 않았다. 불교의 모든 격의 부정삼단논법은 〈켈라렌트식〉과 같은 격에 속하게 되었는데, 그 중 어떤 것들은 아마도 〈카메스트레스식〉에 속할 것이다. 그러나 불교도의 이론은 사실들과 개념들 사이에는 오직 두가지 종류의 연관이 있을 뿐인데, 하나는 모순율에 근거하는 것이고 다른 하나는 인과론에 근거한다는 원리로부터 출발한 것이며, 이러한 견해에서 삼단논법으로 추론하는 것은 11가지의 다른 조합을 보여줄 수 있었는데, 그것은 형식상으로는 모두 〈켈라렌트식〉이었지만 상이한 형태의 부정추리라고 할 수 있다. 이러한 구분은 《삼단논법 격들의 거짓된 미묘함》을 나타낸다고 비난받을 수는 없고 인식의 두가지 기본법칙들에 대한 관계에 근거한 격들의 분류라고 할 수 있다.

네번째 격은 양립할 수 없는 사실의 긍정인데, 거기에서 상대편의 부정이 뒤를 잇는다. 예를 들면——

대전제. 유효한 불이 있는 곳은 어디에서나, 그곳에는 차가움이 있을 수 없다.
소전제. 그곳에는 유효한 불이 있다.
결 론. 그곳에는 차가움이 있을 수 없다.

이 격은 〈켈라렌트식〉에 있는 것으로 모순율에 의거한 동일성으로 연관된 사실들과 관련된다. 차가움의 모순대당인 열은 직접적으로 느껴지지 않고, 열을 배제한 불이 지각되거나 그 밖의 다른 격을 생각해 볼 수 있을 것이다. 이 격은 불은 시각적으로 직접 지각되지만 불과 관찰자의 거리때문에 열이 느껴지지 않는 경우에 적용된다. 따라서 상상된 차가운 감각은 부정되는 것이다.

다음으로 다섯번째 격은 모순관계에 부가해서 인과관계를 도입함으로써 네번째 격을 변형시킨 것이다. 그것은 양립할 수 없는 결과의 긍정이다. 예를 들면——

대전제. 연기가 있는 곳은 어디에서나, 그곳에는 차가움이 없다.
소전제. 그곳에는 연기가 없다.
결 론. 그곳에는 차가움이 없다.

연기는 충분하게 힘이 있는 불의 현존을 암시하는 것을 의미한다. 이 격은 불과 차가운 감각이 모두 직접적으로 경험되지 않는 경우에 의거하고 있다. 차가움이 직접 느껴질때, 그것의 단순부정은 첫번째의 부정격에 따라서 사용될 것이다. 불이 직접적으로 지각될 경우에는 네번째 격의 부정, 즉 양립할 수 없는 것의 부정이 사용되어야 한다. 그러나 두가지가 다 감관의 영역을 벗어나 있을 때, 이 격, 즉 〈양립할 수 없는 결과의 긍정〉이라는 격이 적용되는 것이다.

다음으로 여섯번째 격의 부정은 양립할 수 없는 종속어의 긍정이다. 그것은 더욱 복잡하지만, 하나가 다른 것의 부분인 두가지 사실의 분석적 연관에 근거하고 있는 것이다. 예를 들면——

대전제. 불연속적인 원인에 의지하고 있는 것은 연속적이지 않다.
소전제. 경험적 사물의 소멸은 특수한 원인에 의지한다.
결　론. 그것은 연속적이지 않다.

이것은 불교의 순간적 존재의 이론 또는 끊임없는 소멸의 이론에 반대하는 실재론자들의 추론이다. 불교도들은 모든 사물의 파괴는 어떤 선천적인 것(a priori)인데, 왜냐하면 그것이 존재의 바로 그 본질이기 때문이라고 주장한다. 존재와 파괴는 동일성에 의해서 연관된 것이고 ; 실제적으로 존재하고 기원을 갖는 것은 무엇이나 당연히 끊임없이 소멸한다. 실재론자들은 모든 파괴는 그 원인을 가지고 있는데, 예를 들면 항아리는 시간때문에 파괴되는 것이 아니라, 망치로 때림으로서 파괴된다고 하는 사실로 항소하고 있다. 이러한 우연적인 인과는 무인과의 모순 대당 부분이며 무인과는 부단성 또는 영원성에 종속된 것이다. 따라서 영원성은 영원성과 양립할 수 없는 종속적 특징을 지적함으로써 부정된다. 인과, 무인과와 영원성이라는 관념들의 연관은 모순율과 동일률에 근거하고 있는 것이다.

따라서 우리는 추상적 관념들로 된 이러한 예 속에서 가언적 가시성의 부정이라는 원리가 여기에서 항상 모든 부정의 본질이라고 주장될 수 있는가하는 문제를 다루어야만 한다. 다르모타라는 다음과 같이 말한다.[32] 《술어 또는 부단성이라고 하는 대개념의 실재를 부정할 때, 사실 다음과 같은 방식으로 주장하지 않을 수 없다 ; 우리들 앞의 사실이 영구적이라고 한다면, 우리는 그것의 영구적인 본질을 다소나마 경험해야 할 것이다 ; 그러나 영구적인 본질이 결코 경험되지 않으므로, 그것은 영구적인 것이 아니다》. 따라서 우리가 영구성(또는 영원성)을 부정할때, 이 부정은 모든 조건의 지각성 속에 가언적으로 위치하고 있는 것을 가리키고 있다는 것이다. 보이지 않는 것으로 생각되는 귀신의 현존을 부정할때 조차, 그것을 잠시동안 지각될 수 있는 것으로 상상한 이후에만 그렇게 할 수 있는 것이다. 그렇게 해야만 우리는 《이것은 항아리다》, 《그것은 귀신이 아니다》라고 하는 판단에 도달할 수 있다. 불교도의 판단론과 감각—개념이라는 쌍으로 그것을 검증하는 데에서, 전적으로 추상 적인 관념은 결코 없으며 모든 추상적 관념은 다소나마 감각과 결합된 것이 아니라면 일종의 《천상의 꽃》과 같은 것이라고 하는 것이 곧바로 드러난다.

일곱번째 격의 부정은 다시 간접적 부정이며 인과에 근거한 것이다. 그것은 결과와 양립할 수 없는 것의 긍정이다.

예를 들면——

대전제. 유효한 불이 있는 곳은 어디에서나, 그곳에는 차가움의 유효한 원인도 없다.
소전제. 그러나 여기에는 유효한 불이 있다.
결　론. 따라서 여기에는 차가움을 산출하는 유효한 원인은 없다.

차가움을 산출하는 것으로 알려진 그러한 요소들의 현존을 직접적으로 지각할 가능성이 없을때, 우리들은 그것의 현존을 상상하고

32) NBT., 33쪽 6행 ; 번역, 94쪽.

나서 직접적으로 지각된 불의 광채까지의 거리에 주목함으로써 그 생각을 물리치게 된다. 차가움 그 자체도, 그것의 원인도 직접적으로 지각될 수 없을때 이 형태를 이용해야 한다. 차가움이 감지될 수 있을때, 우리들은 두번째 격, 즉《차가움이 없으므로, 여기에는 차가움을 산출하는 원인도 없다》고 하는 결과를 부정하는 격을 적용할 것이다. 그리고 그것의 원인이 감각에 순응할때, 단순부정, 즉《여기에는 차가움의 원인이 없다, 왜냐하면 우리들은 그것을 느끼지 못하기 때문이다》라고 하는 첫번째 격이 이용될 것이다. 여기에서 연역은 한쪽으로는 인과율에 그리고 또 한쪽으로는 모순율에 근거하고 있는 것이다. 불의 현존은 모순율에 의해서 차가움의 부존과 연관되어 있는 것이다. 차가움의 원인의 부존은 인과율에 의해서 불의 부존과 연관되어 있다.

다음으로 여덟번째 격의 부정삼단논법은 다시 동일률과 모순율에 주로 근거하고 있는데, 그것은 포함사실과 양립할 수 없는 것의 긍정이다. 예를 들면——

대전제. 이름과 결합된 것은 감각의 자극에 의해서 산출된 단순한 반영이 아니다.
예. 신, 물질등의 관념과 마찬가지로.
소전제. 우리들의 관념 속에 있는 어떤 것도 이름과 결합되어 있다.
결 론. 그것은 단순한 반영[33]이 아니다.

여기에서 부정되고 있는 것은 대상으로부터 생기는 감각적 자극에 의해서 산출되는 사실이다. 이러한 특징은 이름을 갖는 것이 가능하지 못한 사실에 종속되어 있는 것이며, 이것은 이름을 갖는 것이

33) Tātp., 88쪽 17행 이하.

가능한 사실과 모순적으로 반대되는 것이다. 따라서 후자가 확립되면, 그것은 말로 표현할 수 있는 관념들이 단순한 반영이 될 가능성을 배제한다.

이 경우에도, 말로 표현할 수 있는 관념들은 단순한 반영이라는 것을 부정하기 위해서, 우리들은 그러한 관념을 산출하는 단순한 반영을 애써서 상상해야만 하고 그리고나서 범주의 부정으로 상상의 발전을 방지해야만 한다. 말로 표현할 수 있는 생각이라고 할 수 있는 관념들의 상호연관과 상호의존은 구성된 개념과 말로 표현할 수 있는 반영과 마찬가지로 동일률과 모순율에 기초하고 있다. 그것은 존재의 동일성에 의한 부정연역법이다. 부정된 사실의 가언적 지각가능성은 여섯번째 격으로 생각되어야 한다.

아홉번째 격의 부정은 주로 인과의 원리에 근거하고 있다. 그것은 원인의 부정이다. 예를 들면——

대전제. 불이 없는 곳은 어디에서나, 그곳에는 연기도 없다.
소전제. 여기에 불은 없다.
결　론. 여기에 연기는 없다.

이 격은 원인의 결과가 직접적으로 지각될 수 없을때 해당된다. 그것의 현존이 시야 안에 놓여있는 장소를 근거로 상상될때, 우리는 단순부정의 격을 사용할 것이다.

이 동일한 대전제가 차이법에 따라서 표현된 긍정삼단논법을 위해서 사용될 수 있다. 따라서 그것은 인도의 귀납적—연역적 삼단논법의 평범한 형식을 의미한다고 할 수 있을 것인데, 거기에서 귀납법은 차이법에 근거하고 있는 것이며 그것은 반가언삼단논법의 부정논법을 의미한다. 따라서 우리는 바로 다음과 같은 것을 볼 수 있다.——

대전제. 불이 없는 곳은 어디에서나, 연기도 없다.
소전제. 그런데 여기에는 연기가 없다.
결 론. 여기에는 불이 없다.

열번째 격의 부정삼단논법은 다시 이중연관에 근거하고 있다. 즉 하나는 인과에 근거 하는 것이고 다른 하나는 모순율에 근거하는 것이다.

그것은 부정된 사실의 원인과 양립할 수 없는 것이 긍정이다. 예를 들면——

대전제. 유효한 불이 있는 곳은 어디에서나, 차가움때문에 떨림이 없다.
소전제. 여기에 그러한 불이 있다.
결 론. 여기에는 아무런 떨림도 없다.

이 격은 차가움이 존재하고 있기는 하지만 직접적으로 감지될 수 없고 떨림 등과 같은 그것의 징후도 직접 지각될 수 없는 경우에 해당된다. 따라서 그것들은 상상된 것이고 그러한 생각은 온화함을 지적함으로써 차단된다. 차가움과 떨림의 연관은 인과율에 근거한 것이다. 차가움과 차갑지 않음 또는 불의 연관은 모순율에 근거하고 있는 것이다.

마지막으로, 열한번째 격의 부정삼단논법은 보다 깊은 인과관계로 더욱더 복잡하다. 그것은 부정된 사실의 원인과 양립할 수 없는 것에 의해서 산출된 결과의 긍정이다. 예를 들면——

대전제. 연기가 있는 곳은 어디에서나, 떨림이 없다.
소전제. 여기에 연기가 있다.
결 론. 여기에 떨림 등은 없다.

떨림이 직접 관찰될 수 있는 경우에 우리는 그것을 단순부정으로 부정할 것이다. 그것의 원인, 곧 차가운 감각이 직접 느껴질 수 있을 때, 우리는 그것의 부정을 위해서 아홉번째 격, 즉 원인의 비지각을 적용할 것이다. 불을 지각할 수 있는 경우에는 우리의 열번째 격의 부정삼단논법, 즉 원인과 양립할 수 없는 것의 긍정을 적용한다. 그러나 세가지 모두가 직접적으로 지각되지 않을 때, 우리는 연역된 사실의 현존을 상상하고 나서 부정삼단논법으로 그것을 거부하는데, 거기에는 그것의 원인과 양립할 수 없는 것에 의해서 산출된 결과의 긍정이 있다. 따라서 이 격도 본질적으로 반박당한 생각에 지나지 않는 것이다. 따라서 첫번째 격은 그 자체 속에 나머지 열가지 격들을 실질적으로 포함하고 있는 것이다. 다른 격은 불가능하다. 예를 들면, 양립할 수 없는 피포함항의 긍정이라는 격은 타당한 것이 될 수 없을 것이며, 그것은 단지 특수한 판단만을 산출할 수 있을 것이고 우리가 보아온대로 모든 특수한 판단들은 인도 논리학에서 타당한 추리의 영역에서 제외되고 있다.

5. 부정의 중요성

우리들은 불교논리학자들의 부정에 대한 세밀한 분석을 주시해왔다. 가능한 모든 연역적 부정은 물론 단순부정도 검토되었다. 그것이 동일한 원리에 근거하고 있는 이상 그것은 차단된 생각이지 실재를 인식하는 직접적인 방법이 아니다. 그러한 것으로서의 부정은 우리들의 행동을 이끄는데 다소 중요성을 가지고 있으며, 간접적인 《의미》와 타당성을 가지고 있지만, 그것은 필수적인 것이 아니라 전혀 불필요한 것처럼 보인다. 본질적으로 실재의 인식인 우리의 지식과 그 전 영역의 반이 왜 단지 차단된 생각에 불과한 것에 관계하고 있는가?[34] 실재와 그것의 인식 간의 관계는 인과적인 것이므로—긍정적 지식은 실재의 산물이다—, 부정적 지식은 실재의 부존의 산물임에 틀림없다고 생각하는 것은 당연한 것이다. 인도와 서양의 많은 철학파들이 그러한 견해를 가지고 있다. 그러나 이것은 오류이다. 실재는 존재와 비존재로 이루어진 것이 아니다. 실재는 항상 존재라고 할 수 있다. 왜 우리의 지식의 절반은 그것이 분명히 실재에 대한 직접적인 인식이라고 할 수 있을때, 연상들을 거부하는데 급급한 것일까? 이 질문의 대답은 다음과 같다. 실재는 실재와 비실재로 이루어진 것이 아니고, 지식은 지식과 비지식으로 이루어진 것이 아니지만, 모든 지각은 〈단순히 무지각, 말하자면 절대적으로 보이지 않는 것의 무지각이 아니고, 동일한 대상에 대한 무지각, 즉 그 자체의 가언적 가시성의 부존을 뒤따르는 지각〉 속에 있다. 결코 무지각의 간격에 의해서 중단되지 않는 지각은 지각이라고 할 수 없다. 지각은 항상 중단된 지각, 곧 동일한 대상의 무지각의 간격에 의해서 분리된 지각이다. 따라서 무지각은 결코 감관지각의 한계를 벗어날 수 없다. 부정은 무지각에 불과한 것이고 무지각은 항상 가능한 지각을 가리키는데, 그것은 우리들의 지식을 감각적 경험의 경계 속에 가두고 있음에 틀림없다.

다르모타라는 이 문제를 다음과 같이 답하고 있다.[35] 《다양한 모든 부정은 지각가능성의 조건 속에 있을 수 있는 그러한 대상들—따라서 그것은 센시빌리아(sensibilia)[36]—을 가리키고 있는 것인데, 이 까닭으로 모든 부정은 실질적으로 가언적 지각가능성의 단순부

34) Sigwart, 앞의 책, I, 171를 참조하라 : 《우리가 실재의 세계를 인식하기 위해서 왜 이러한 주관적 방식을 필요로 하는가를 아는 것이 중요하다》.

35) NBT., 38쪽 6행 ; 번역, 102쪽.

36) *dṛśya.*

정에 지나지 않는 것이다》. 게다가 다양한 다른 모든 부정은 모순율 또는 인과율에 근거하고 있다. 그러나 이 두 법칙은 가능한 경험의 영역을 넘어서지 못한다. 어떤 것이 개념의 확립된 외연과 내포, 혹은 사물의 원인 또는 결과와 모순된다면 우리는 그것을 부정판단이라고 부른다.[37] 그는 또 말한다. 《우리가 사실들의 (확립된) 대소대당과의 모순 또는 그것들의 (확립된) 인과관계와의 모순을 인식할 경우, 우리는 그것들 중에서 〈지각이 선행하는 무지각〉은 물론 하나의 지각을 갖게 된다는 것을 필연적으로 알 수 밖에 없다. 그런데 (교대로) 지각되기도 하고 지각되지 않기도 하는 대상들은 틀림없이 지각될 수 있다. 따라서 모순율에 근거하고 있는 모든 격들, 예를 들면 네번째 격, 즉 양립할 수 없는 사실의 긍정이라는 격 속에서 ; 그리고 인과율에 근거하고 있는 모든 격, 예를 들면 아홉번째 격, 즉 원인의 부정이라는 격 속에서 ; 이 모든 격 속에서 사실들을 모순되게 하는 부정(원인 또는 결과의 부정)은 지각할 수 있는 경험만을 가리키는 것으로 이해되어야만 하는 것이다》.

6. 단지 경험영역 속에만 있는 모순과 인과

따라서 다양한 모든 **부정**은 지각할 수 있는 사실들을 근거로 삼을때만 가능한 것이라고 하는 것이 확립되었다. 다른 한편으로 이 다양한 모든 것은, 관계들에 대한 우리들의 모든 지식이 근거하고 있는 두가지 기본법칙, 즉 동일율과 인과율에 근거하고 있다는 것도 확립되었다. 따라서 이 두 기본법칙이 행해지고 있는 영역은 경험임에 틀림없다. 그 영역을 넘어서, 즉 절대의 영역에서는 부정과

37) 같은책, 38쪽 11행 ; 번역 103쪽.

모순을 위한 여지가 있을 수 없다 ; 왜냐하면 그 영역에는 비 존재도 있을 수 없고, 다만 순수하고 절대적인 비상대적 존재만이 있을 뿐이며, 따라서 어떤 모순도 인과도 있을 수 없기 때문이다. 다르마키르티는 다음과 같이 말한다.[38] 《그러므로 두가지 기본법칙들은 경험적인 것 이외의 대상들에 영향을 미치지 않는다》. 다르모타라는 다음과 같이 이 문장을 설명하고 있다.[39] : 《번갈아 지각되거나 지각되지 않는 것과는 다른 대상들은 형이상학적 대상들이라고 할 수 있는데, 그것들은 결코 지각되지 않는다. 어떤 것에 대한 그것들의 모순과 인과관계를 생각하는 것은 불가능하다. 그러므로 그것들이 무엇과 모순되는지 그리고 무엇과 인과관계를 맺고 있는지를 규명하는 것은 불가능하다. 이러한 이유로 (원인 또는 결과는 물론) 모순적인 사실들은 그것들의 긍정과 부정이 순환적인 것임이 판명된 이후에야 부정되는 것이 적절하다》. 어떤 다른 모순 또는 인과의 불가능성이 그렇게 확립되었으므로, 양립할 수 없는 사실들은 그것들이 센시빌리아(sensibilia), 즉 지각 및 무지각 모두에 열려있는 것일때만 부정될 수 있다는 것이다. 실로[40] 모순이라고 하는 것은 한 개념의 현존을 근거로 우리가 다른 것의 부존을 명백히 깨달을 때 실현되는 것이다. 인과관계는 결과의 부존을 근거로 다른 사실과 그것의 원인 역시 부존할때 확립된다. 개념들의 대소대당은 포함항의 부존을 근거로, 피포함항이 필연적으로 부존할 때 확립되는 것으로 간주된다. 실로 우리는 우리들의 개념의 외연과 내포가 부정에 근거하고 있다는 사실에 민감해야만 한다. 나무와 아쇼카라는 개념의 비교외연은 우리가 어떤 장소에 나무가 없다면, 확실히 아쇼카도

38) NB., 38쪽 19행 ; 번역, 104쪽.
39) NBT., 38쪽 20행 ; 번역, 104쪽.
40) 같은책, 39쪽 2행 ; 번역, 106쪽.

없다는 것을 알 때 확정되는 것이다. 그리고 어떤 것이 부존한다는 지식은 항상 그것의 상상된 현존을 물리침으로써 산출되는 것이다. 따라서 모순, 인과 또는 상이한 외연의 몇가지 예를 기억한다면, 몇가지 부정적 경험을 기억해야만 할 필요가 있다. 센시빌리아(sensibilia)의 부정은 비존재라고 하는 개념의 기초인데, 그것은 모순, 인과 및 대소대당의 법칙이라고 하는 우리들의 지식 아래 놓여있는 것이다. 《만일 우리가 몇가지 상응하는 부정적 경험을 기억하지 못한다면, 우리는 모순과 다른관계들을 기억하지 못할 것이고, 따라서 그 경우에 한 사실의 비존재는 양립할 수 없는 사실의 현존, 또는 그 원인 등의 부정의 결과로 일어나지 않을 것이다. 우리가 처음으로 모순성 또는 인과관계를 알게되었을 때 가졌던 부정적 경험은 반드시 우리들의 기억 속에 있어야만 하는 것이므로 부정의 인식은 항상 상상된 지각성에 대한 현존 또는 이전의 부인에 근거하고 있다는 것이 분명하다》.[41]

7. 초감각적 대상들의 부정

불교의 부정론은 판단론의 직접적인 결과이다. 우리가 보아온대로 판단의 기본적인 형식은 지각판단 또는—동일한—《이것은 항아리다》라는 식의 명명판단이다. 그러한 판단은 객관적 실재를 가리키는 모든 개념 속에 포함되어 있는 것이고 이러한 의미로 개념과 판단은 바꾸어 쓸 수 있는 용어들이 된다.[42] 따라서 부정은 시도된 〈지각〉판단을 물리치는데 있으며 이러한 이유로 모든 부정은 센시

41) NBT., 39쪽 9행 ; 번역, 106쪽.

42) *Vikalpa = adhyavasāya.*

빌리아(sensibilia), 즉 현존하는 것으로 생각될 수 있는 대상들의 부정이다. 우리가 보아온대로, 보이지 않는 귀신의 현존의 부정은 바로 그것의 〈현존〉, 즉 그것의 눈에 보이는 형태의 부정일 뿐이다. 그러나 바이쉐시카와 상키야와 같은 실재론자와 합리주의자들은 초감각적 대상,[43] 그 본질상 보이지 않는 대상, 결코 감관 앞에 드러나지 않는 대상(non-sensibilia)을 언급하고 있다. 그러한 대상들의 부정 또는 무지각은 《지각할 수 없는 것의 무지각》이다. 상상된 센시빌리아(sensibilia)의 무지각은 올바른 지식[44]의 근원이라고 할 수 있는데, 왜냐하면 그것이 성공적인 행동으로 통하기 때문이다. 그러나 감관에 현존하는 것으로 생각될 수 없는 대상들의 무지각 또는 부정은 지식의 근원이라고 할 수 없는데, 왜냐하면 그것은 성공적이고 합목적적인 행동으로 통할 수 없기 때문이다. 다르마키르티는[45] 부정의 본질과 기능은 무엇인가 하고 묻고 있다. 그리고 다음과 같이 대답한다. 그것의 본질은 《지식의 직접적·간접적 방법을 배제하는데》 있고 그것의 기능은 의심스러운 판단—말하자면, 그것은 판단이 아니다—의 기능과 동일하다. 형이상학적 대상들에 관해서는 직접적이든 간접적이든 어떠한 지식도 없으며, 다만 문제 즉 물음이 있을 뿐이다. 형이상학적 대상들은 대상이 아니고, 형이상학적 개념들은 개념이 아니며, 형이상학적 판단은 판단이 아니다. 의심스러운 판단은 형용모순(contradictio in abjecto)이다. 하나의 문제는 물음이며 우리가 보아온대로 판단은 대답, 곧 판결이다.

〈다르모타라〉[46]는 다음과 같이 설명하고 있다. 《하나의 대상은

---

43) *adrsya* – *anupalabdhi.*

44) *pramāṇa.*

45) NB., 39쪽 19행 ; 번역, 107쪽.

46) NBT., 39쪽 21행 ; 번역, 107쪽.

다음의 세가지 면, 즉 시간, 공간과 본질에 있어서 접근하기 어려울 수 있다》. 이것은 형이상학적 대상이 시간, 공간과 지각할 수 있는 실재를 초월해 있다는 것을 의미한다. 《그러한 대상들에 대한 부정은 의심스러운 추론의 근원이다. 그러면, 그러한 추론의 본질은 무엇인가? 그것은 직접적이거나 간접적인 지식 모두를 부인하는 것이다. 이것은 그것이 전혀 지식이라고 할 수 없는데, 왜냐하면 지식의 본질은 인식과 그 대상간의 단정적인 관계이기 때문이라는 것을 의미하고 있다》.

지식은 인식될 수 있는 것과 인식 그리고 대상과 그것의 인식 또는 실재와 논리간의 관계이다. 따라서 《만약 인식이 인식되는 것의 존재를 입증한다고 하면, 인식의 부존은 인식되는 대상이 부존한다고 하는 증거라고 생각하는 것은 당연한 것일까?》하는 문제[47]가 생긴다.

다르마키르티[48]는 다음과 같은 방식으로 이 물음에 답하고 있다. 《인식의 수단이 전혀 없을 때, 대상의 비존재는 성립될 수 없다》. 이것은 하나의 대상이 긍정적인 방법으로도 부정적인 방법으로도 인식될 수 없을때를 의미하는 것이다. 형이상학적 실재는 긍정된 것도 부정된 것도 아니며, 그것은 항상 문제가 되고 있는 것이다.

다르모타라는 다음과 같이 설명한다.[49] 《원인이 부존할 때, 결과는 일어나지 않는다; 그리고 보다 큰 외연의 사실이 부존할 때, 그것의 종속적 사실, 곧 그것 아래에서 이해되는 보다 작은 외연의 사실 역시 부존한다》. 오직 두가지의 필연적인 상호의존관계가 있을 뿐인데, 그것은 바로 인과관계와 공내속(Coinherence)이다. 만약 지

47) NBT., 40쪽 1행 ; 번역, 107쪽.
48) NB., 40쪽 2행 ; 번역, 107쪽.
49) NBT., 40쪽 4행 ; 번역, 107쪽.

식이 반드시 실재와 연관되어 있는 것이라고 한다면, 그것은 어떤 종류의 관계인가? 그것은 인과인가 아니면 관계의 동일성인가? 지식이 실재의 원인이라면 또는 그것이 종속적인 부분으로서 실재를 포함하고 있다면, 지식의 부존은 상응하는 실재가 부존한다고 하는 것을 입증할 것이다. 그러나 지식은 전자도 후자도 아니다. 따라서 그것의 부존은 아무것도 입증하지 못한다. 실재와 인식간의 관계는 바로 인과적인 것이며, 실재가 인식을 산출하는 것이다. 원인의 이종(heterogeneity)은 인과관계의 불가능성을 입증하지 못한다. 의존적 기인의 원리에 따르자면, 그것은 인과의 상호의존을 막을 수 없다. 모든 실재적인 사물이 그것의 원인의 결과이므로, 우리들은 결과를 가질 때 원인의 실재를 항상 논리적으로 추론할 수 있는 것이다. 그러므로 지식으로부터 그 대상의 존재를 입증하지만 그 역(*vice versa*)은 성립하지 않는다. 한 사물에 대한 지식의 부존은 그것의 비존재를 입증하지 못한다. 〈다르모타라〉[50)]는 다음과 같이 말한다 : 《올바른 지식의 존재는 실재적인 대상의 존재를 입증하지만, 지식의 부존은 상응하는 대상의 비존재를 입증할 수 없다》.

결과의 부존이 다르마키르티의 두번째 격의 부정삼단논법에 따라서 원인의 부존을 입증할 수 있다는 것은 사실이다. 결과의 부정은 예를 들면 연기의 부존을 근거로 그것의 원인, 즉 불을 부정할때 가능하다. 다르모타라는 다음과 같이 설명한다.[51)] 《사실 원인이 필연적으로 그 결과를 산출하는 것은 아니므로, 우리가 결과의 부존을 볼 때, 우리는 그 원인의 부존을 추론할 수 있을 뿐인데, 그것의 유효성은 손상되지 않지만, 다른 것들은 그렇지 않다》. 그렇다면

50) NBT., 40쪽 8행 ; 번역, 108쪽.
51) NBR., 31쪽 10행 ; 번역, 88쪽.

이 원인들은 무엇인가?《유효성이 (반드시) 그대로 남아있는 원인은 (선행하는 빽빽한 순간들의 사슬 중의) 궁극적 순간에 존재하는 원인인데, 왜냐하면 선행하는 다른 순간들이 그 유효성 속에 나타날 가능성이 결코 배제될 수 없기 때문이다》. 정신적 현상으로서의 부정이 어떠한 경우에도 외적 실재 속에서 원인을 가져야만 한다고 주장한다면, 이것은 그 부정 조차도 어떤 것, 즉 실재의 불명확한 순간에 대한 긍정적 인식이라는 의미에서만 올바른 것이 될 것이다.

이러한 생각들은 매우 중요한 것이며, 그것들은 종교로서의 불교의 핵심을 찌르는 것이다. 전지자와 불타의 존재는 문제가 되고 있다. 그는 결정적으로 형이상학적 실재이며, 바로 규정된 원리들에 따르자면 그에 관해서는 어떤 것도 긍정되거나 부정될 수 없다. 만일 그가 존재 그 자체 내지 궁극적 존재와 동일시 된다면, 물론 그는 부정될 수 없다. 존재는 비존재가 될 수 없는 것이다. 그러나 이러한 종류의 존재에 관해서는 부정 또는 긍정의 방법으로도 아무것도 인식될 수 없다.

8. 인도에서의 발전

불교의 부정론과 그것을 뒷받침했던 추론들의 독창성은 인도 논리학의 영역에서 하나의 혁명이 되지 않을 수 없었고, 모든 학파들로 하여금 물론 포기될 수 없는 그들의 기본원리들에 새로운 이론을 가능한한 조화시키기 위하여 그 주제에 관한 자신들의 견해를 재고하게끔 만들었다. 그 중 어떤 것들은 불교의 이론을 거의 전부 받아들였고, 어떤 것은 그것을 부분적으로 받아들였으며, 다른 것들은 다시 그것을 완강하게 반대했다. 사실 불교도들은 다음과 같이 주장했다. 1) 실재란 존재와 비존재 속에 분할되어 있는 것이 아니며, 그것은 존재로만 구성된 것이다. 2) 그럼에도 불구하고 특수한 종류의 비존재는 합목적적인 행동을 이끌어낼 수 있는 인식의 한 방법으로서의 객관적 타당성을 가지고 있다. 3) 부정은 실재를 인식하는 직접적인 방법이 아니고, 우회적인 방법이며 따라서 추론 속에 포함되어 있는 것이다. 4) 이 추론 속에 있는 논리적 추리는 《무지각》, 말하자면, 거부된 가언적 감관지각이다. 이 모든 네가지 관점으로부터 니아야 학파는 마지막 두가지 것만을 받아들였지만 그것을 재해석함으로써 그것의 모든 가치를 박탈했다. 〈바챠야나(Vátsyáyana)[52]는 비존재는 가언판단이라는 방법으로 인식된다는 것을 인정했다. 대상이 존재한다면, 그것은 인식되는 것이고, 그것이 존재하지 않는다면, 인식되지 않는다. 왜냐하면 만일 그것이 존재한다면 인식될 것이기 때문이다. 그러나 이것은 실재란 존재와 비존재로 이루어진 것이며, 양자는 감관지각에 의해서 지각된다라는 그의 근본적인 견해와 상충하는 것은 아니다. 가언판단—그것에 의해서 대상의 부존이 인식된다—은 감관을 통한 특수한 종류의 직접지각으로 해석되고 비존재는 일종의 존재의 부가된 조건으로 해석된다. 부존하는 항아리와 그것이 부존하고 있는 장소 사이에는 《한정대 피한정》[53] 이라는 관계가 있으며 ; 이 관계는 결합도 내속도 아니지만, 《단순한 관계》[54]는 객관적으로 실재하며, 감관을 통해서 인식되는 것이다. 따라서 감관과 부존하는 대상 사이에는 실제적인 상호작용이[55] 있고 ; 부존은 하나의 실재라고 할 수 있다.

---

52) NB., 2쪽 5행.

53) *Višesya-Višeṣaṇa-bhāva.*

54) *Svabhāva-sambandha.*

55) *Sannikarṣa.*

바이쉐시카 학파는 실재론에 있어서 그들의 경쟁상대라고 할 수 있는 니아야 학파와는 크게 빗나갔다. 그들은 비존재는 존재가 아니며, 비존재라고 불리우는 존재의 범주는 없다는 것을 인정했다.[56] 따라서 그것은 감관에 의해서 인식되는 것은 아니지만,[57] 추론으로 인식될 수 있다[58] ; 예를 들면, 결과가 산출되지 않았을 때 그것의 원인이 부존한다고 추론하는 것은 충분한 근거가 있다. 그들은 이 추론이 가능한 지각을 거부하는데 있다는 것을 인정했다.[59] 그러나 그들은 부존하는 대상과 그것의 지각된 빈공간 사이에 존재하는 《한정자 대 피한정자》라고 하는 관계가 실재한다고 계속해서 주장했다. 부존사물의 지각은 그들에게 있어서 독립적인 것이 아니라, 의존적인 인식이다.[60] 이러한 이유로 바이쉐시카 학파는 니아야 학파와 다소 화해할 수 있었고 후자의 견해는 그 학파들이 융합되었을때 공통의 줄기 속으로 편입되었다.

미맘사학파는 부정이라는 문제와 기타의 것들 때문에 두개의 부속학파로 갈라졌다. 《불교도의 친구》 프라브하카라[61]는 불교의 이론을 완전히 받아들였다. 그는 비존재는 결코 개별적인 실재가 아니며, 부정은 지식의 개별적인 근원이 아니라고 주장했다. 빈공간은 외적 실재이고, 부존하는 대상은 상상이다. 빈공간은 감관에 의해서 지각되는 것이고, 부존하는 대상은 그것의 상상된 현존을 거부하는

---

56) N. kandali, 226쪽 21행을 참조하라. 거기에서 *Nyāya-vārtika-kāra*는 승인을 얻은채 인용되고 있지만, 부존에 대한 직접지각은 거부되고 있다.

57) 같은책, 225쪽 16행, 23행.

58) *Prašast*, 225쪽 14행.

59) 그들은 *yogya-anupalambhaḥ pratipādakaḥ*를 인정하지만 *bhūtalasyaiva abhāva-sya pratyakṣatā*은 인정하지 않는다. N. Kandali 226쪽을 참조하라.

60) 같은책, 226쪽 23행.

61) *bauddha-bandhuḥ Prabhākaraḥ*, 야코비의 축하기념논문집에 있는 나의 논문을 참조하라.

부정판단으로 부정되는 것이다.[62] 그러나 그 학파의 근간이라고 할 수있는 쿠마릴라—브핫타(Kumārila-bhaṭṭa)의 제자들은 옛날의 권위자였던 샤바라스바민(Šabarasvámin)의 학문에 충실했는데, 그는《인식의 수단이 없다고 하는 것은 (대상이) 존재하지 않는다는 증거이다》[63]라고 선언했었다. 그들은 존재하지 않는 사물은 상상된 것이라고 하는 불교의 이론을 거부했다. 그들은 비존재를 외적 실재로서 인정했을 뿐만 아니라, 비존재의 이중적 실재, 즉 객관적인 것과 주관적인 것을 인정했다. 그들은 그러한 견해가 샤바라(Š abara)의 말로 그들에게 강조되었다고 생각했다. 객관적 비존재는 대상의 실제적 부존—그것의 산출 전 또는 그것의 파괴된 후의—또는 서로의 비존재, 일명 다른 것에 관해서 한 대상의《다름》, 또는 절대적 비존재이다. 네가지 종류의 비존재는 객관적 실재이다. 주관적 비존재는 인식의 모든 수단들의 비존재 또는 무효성이다. 그때는 지각도 추론도 그리고 지식의 어떤 다른 근원도 사용될 수 없다. 지식의 근원의 이러한 부존은 바로 인식의 새로운 근원이 된다. 따라서 대상의 실제적인 지식의 모든 근원들이 실제적인 부존으로 인식되는 것이다.[64] 비존재(abháva)는 대상의 비존재와 상응하는 지식의 근원의 비존재 둘다를 가리키는 말이다. 이 학파는 부존하는 대상은 상상된 것이라는 것을 부정함으로써 불교도와〈프라브하카라〉의 견해에 반대했다. 그들은 비존재가 감관을 통해서 직접적으로 지각될 수 있다는 것을 부정함으로써 니아야 학파에 반대했다. 그들은 그것이 추론에 의해서 인식될 수 있다는 것을 부정함으로써 바이쉐시카 학파에 반대했다. 그들은 비존재는 바로 추

62) Sāst. Dip 326쪽 이하.

63) *abhāvopi prāmāṇyābhavo nastity asya arthasya asannikṛṣṭasya.*

64) *Šlokavārt(abhāva)*, 473쪽 이하 ; Š D., 322쪽 이하.

론에 종속된 것이 아니라 그것과 동일한 지식의 특수하고도 근본적인 근원이라고 주장했다.[65)]

따라서 우리는 여기에서 한 논리학설의 이중영향, 즉 긍정적인 것과 부정적인 예를 보게 된다. 한 학파는 새로운 사상의 영향에 따르고, 그 자체의 이론을 포기했으며 새롭고도 이질적인 것으로 그것을 대신했다. 다른 학파는 새로운 것을 거부했고 오래된 신념을 강화했으며 그것을 크게 다른—하지만 논리적으로 연역된—결론으로 발전시켰다.

스콜라적 베단타학파는 지식의 특수한 근원으로서의 부정은 지각, 추론과 다른 근원들과 동등한 것이라고 인정했다. 그들의 부정론은 불교도로부터 차용한 것이다. 부정이 올바른 지식의 근원이라고 주장하는 것은 그것이 단언적이며, 필요한 단언을 포함하고 있는 것이고, 이러한 의미로 그것은 부정이 아니라 긍정, 즉 궁극적 실재의 긍정이라고 주장하는 것과 동일하다. 사실 스콜라적 베단타학파에 따르자면 올바른 지식의 모든 근원은 브라마(brahma), 유일한 실재와 유일무이한 것에 대한 인식이다. 감관지각이 《이것은 항아리이다》라는 판단 속의 《이것》이라는 요소 속에 있는 순수실재에 대한 인식인 것과 마찬가지로, 부정도 《이것은 항아리가 아니다》 또는 《이것은 빈공간이다》라는 판단 속에 있는 《이것》이라는 요소에 대한 올바른 인식이다. 이러한 판단들 속에 있는 《이것》은 선험적인 《이것임(Thisness)》이다. 불교논리학의 물자체는 스콜라적 베단타 학파 속에서 영원한 브라마(Brahma)[66)]라고 하는 궁극적 실재와 동일한 것이다.

---

65) 브핫타－미맘사의 부정이론은 N. kandali, 227쪽 5행이하에서 비판받고 있다.

66) Vedānta-Paribhāṣā, Nyāyamakaranda 등의 여러곳을 참조하라.

9. 유럽의 몇몇 유사한 이론들

a) 지그바르트의 이론

부정의 문제는 인도에서 다르마키르티(그리고 부분적으로 디그나가)에 의해서 해결된 것과 마찬가지로 유럽에서는 지그바르트에 의해서 해결되었다. 따라서 7세기의 인도와 19세기의 독일이라는 각자의 활동영역에서 이 두 논리학자의 입장에는 어떤 유사성이 있다고 할 수 있다. 부정에 관한 인도인의 견해의 역사가 다르마키르티 이전의 상황과 그의 개혁 그리고 다른 학파들 속에서의 그것의 영향을 고찰해야만 하는 것과 꼭 마찬가지로, 우리는 유럽쪽에서 지그바르트 이전의 상황과 그의 개혁 그리고 현대에서의 그것에 대한 반응을 고찰해 보아야만 한다.

아리스토텔레스는 부정을 긍정과 동일한 수준에서 처리하는데 아무런 어려움도 갖지 않았다. 그에게서 양자는 인식의 독립적이고, 똑같이 근본적이며 동등한 양식이었다. 그러나 그는 그의 범주 속에 부정도 비존재도 포함시키지 않았고 따라서 존재하지 않는 존재를 가정할 필요가 없었다. 그런데 부정이 긍정처럼 근본적인 것이 아니라고 하는 사실은 매우 명백해서, 그의 주의에서 완전히 벗어날 수 없었다. 《존재가 비존재에 선행하는 것과 마찬가지로, 긍정은 부정에 선행한다》고 그는 말한다.[67] 이러한 소견은 하나의 명제 또는 판단을 정의함에 있어서 그가 부정을 긍정과 동일한 수준에 나란히 놓는 것을 막지는 못했다. 이러한 태도는 중세와 근대에서 지그바르트의 시대 모두를 통해서 유럽 논리학 속에 충실하게 보존되었다. 칸트는 이 경우에 전통적인 논리학에서 이탈하지는 않았지

67) Anal. Post., I 25, 86b 33, B. Erdmann, Logik³, 495쪽 주 4를 참조하라.

만, 그의 매우 계몽적인 언급 중의 하나에서 나타나고 있는 것처럼,[68] 장래의 이론은 그의 마음에 존재하고 있었다. 그러나 그는 그것에 그렇게 중요성을 부가하지는 않았고 그의 손에서 발전하지 못했다. 아리스토텔레스에게 있어서 긍정과 부정은 존재와 비존재의 논리적 짝이며, 칸트에게 있어서 긍정 및 부정판단은 실재와 부정의 범주가 연역되는 형식이다. 그것들은 순전히 현상으로 된 세계의 두가지 동등한 국면들을 의미하는 것이다.

지그바르트는 아리스토텔레스와 판단을 긍정이나 부정 그리고 정의 속에 포함되어 있는 구분으로 특징지우는데 있어서 그를 따랐던 모든 논리학자들은 모든 판단들이 철저하게 구분되어, 일반판단이 주어의 술어를 긍정하거나 부정함으로써 가능할 뿐인 한에서만 올바르지만, 그들이 이 두가지 인식의 양식을 서로 똑같이 근본적이고 독립적인 것으로 동등시 한 것은 잘못이라고 말하면서 시작한다.[69] 《부정은 항상 시도된 종합과 대립된 것이며, 주어와 술어를 연결시키기 위하여 내부에서 일어나거나 외부에서 들어온 하나의 암시[70]를 전제하고 있다》. 따라서 《부정은 부정판단에서 거부된 시도가 그것에 선행할 때만 의미를 갖는다》. 긍정판단은 선행하는 부정을 필요로 하지 않으며, 반면에 그것은 모든 부정의 필요조건이고, 시도된 긍정이 사유 속에서 그것에 선행해야만 한다.[71]

68) 그는 CPR., 508쪽(2-nd ed. 709쪽)에서 다음과 같이 말하고 있다. 《부정판단의 본래의 목적은 오류를 방지하는 것이다. 따라서 부정명제는 오류가 일어날 수 없고, 어떠한 의심도 거의 사실일 수 없는 경우에 잘못된 인식을 방지하기 위해서 의도된 것이지만, 그것은 공허한 것이고, 어떤 목적이나 소리에도 대답하지 않으므로 종종 불합리한 것이다. ; 알렉산더는 군대가 없었다면 어떤 나라도 정복할 수 없었을 것이라는 어떤 교장의 잘 알려진 말처럼》.

69) 앞의 책, I.155.

70) *Zumuthung*=*āropa*.

정말로 그러한 것, 즉《부정은 시도된 긍정적 주장과 직면할 때만 의미를 갖는다는 것이 바로 분명해지고, 그때 우리는 오직 제한된 숫자의 긍정술어들이 하나의 주어에 속할 수 있는 반면에, 부정될 수 있는 술어의 숫자는 무한하다는 것을 고찰한다》.[72] 그러나 실제로 부정되는 것은 그 현존이 당연히 예상되는 것들 뿐이다. 《난로 속에는 불이 없다》 또는 《천둥이 치지 않는다》[73]라는 판단은 존재하지 않는 사물에 관한 판단이다. 어떻게 존재하지 않는 사물에 대한 판단이 가능한가? 오직 상상 속에서만—상상된 부존사물이라는 방식으로. 부정판단은 가언적으로 현존하는 것으로 상상되는 부존사물과 연관되어 있다. 따라서 예상되고 쉽게 상상될 수 있는 사물의 부정은 자연스럽다. 그러나 부정된 대상의 현존이 결코 예상될 수 없다면 부정은 엉터리가 된다. 만일 어떤 사람이 《난로 속에는 불이 없다》고 말하는 대신 《난로 속에는 코끼리가 없다》라고 말한다면, 불과 코끼리는 둘다 똑같이 부존하지만, 두번째 판단은 예상된 것이 아니기 때문에 이상하게 보일 것이다.

지그바르트의 말을 다르마키르티의 이론과 비교해본다면, 현저한 유사성을 발견하지 않을 수 없다. 우리가 보아온대로 불교철학자들

---

71) 지그바르트 이론의 주목할만한 예시는 밀의 Logic[8], I, 44쪽에 보인다. 결성명사(privative)를 취급하면서, 그는 이러한 명사들은 《동시에 긍정적이기도 부정적이기도하다》라고 말한다. 〈눈먼(blind)〉 같은 말은 막대기나 돌—그것들이 보는 것(seeing)이 아님에도 불구하고—에 적용될 수 없다. 그것들은 하나의 질의 부존과 그것의 현존이 《자연스럽게 예상될 수도 있다》는 사실을 암시하고 있다. 따라서 우리는 시를 제외하고선, 돌이 눈멀었다라고는 결코 말할 수 없을 것이다. 그리고 보지도 말하지도 못하는 돌의 예는 지그바르트(Sigwart, I, 172, Bradley[2], I, 119)와 다른 사람들에 의해서 되풀이되고 있다.

72) 같은책, I. 156.

73) 같은책, I. 168.

은 모든 인식을 직접적인 것과 간접적인 것으로 구분하는 것으로 시작한다. 부정은 간접적인 부문, 즉 그들이 추론적 인식[74]이라고 부르는 것에 속한다. 가장 단순한 경우의 부정, 즉《여기에는 항아리가 없다》라는 형식의 판단 조차도 지각의 다양성이 아니라, 간접인식, 즉 추론적 무지각으로 간주된다. 그러한 판단의 완전한 의미는 다음과 같다.《보통의 지각가능성의 모든 조건이 갖추어져 있으므로, 항아리가 이 지점에 현존한다면, 그것은 지각될 것이다 ; 그러나 그것은 실제로 지각되지 않고 있다. 따라서 그것이 부존한다고 결론을 내려야만 한다》.[75] 따라서 무지각의 단순판단은 완전한 반가언삼단논법이 된다.《부존사물이 주어진 지점에서 어떻게 인식되는가》라고 다르마키르티는 묻고,[76] 매우 당연한 대답을 하고 있다 :《그것은 상상된 것이다》; 곧 다음과 같은 형식의 가언판단으로 상상된 것이다 ;《항아리가 이 지점에 현존한다면, 그것은 지각될 것이다. 그러나 그것이 지각되지 않으므로, 우리는 그것의 현존을 부정할 수 있다.》 무지각이라고 하는 사실은 항아리의 부존이 연역되는 매개념이다. 부정판단, 그 가장 단순한 것, 즉 무지각의 판단 조차도 하나의 추론이다. 다르마키르티가 그것을 추론이라고 부르는 반면, 지그바르트는 부정판단이라고 말하는 것은 중요하지 않은데, 왜냐하면 여기에서 추론은 간접인식을 의미하기 때문이다라고 한다. 부정은 간접인식이고 가언적 긍정을 거부하는데 있다.

그러므로 부정의 의미의 발견과 그 명백한 공식화는 인도에서는 다르마키르티 그리고 유럽에서는 지그바르트의 공이 되어야만 하는 것이다. 주요한 논리적 문제의 이러한 일치하는 해결은 비교철학사

74) *anumāna*＝*anumāna-vikalpa.*
75) NBT., 49쪽 17행 ; 번역, 138쪽.
76) NBT., 22쪽 8행 ; 번역, 62쪽.

에서 현저한 사실로 간주되어야 한다.

두 철학자들은 다소 비슷한 방식으로 이러한 발견을 했던 것처럼 보인다. 지그바르트는 부정판단의 독립적 지위를 아리스토텔레스의 특별한 언급과 일치하여 긍정명제 속에서의 종합과 대조되는 주체와 객체의 분리로 정의함으로써 지키려하는 것은 불가능하다고 선언한다. 그는 다음과 같이 말하고 있다.[77] 《한 판단의 술어는 결코 존재가 아니고, 그것은 결코 주어로부터 정말로 분리되어 있는 개별적 존재로 간주될 수 없다》. 《이러한 분리는 우리들의 판단이 가리키고 있는 실재 속에는 존재하지 않는다》.[78] 《사물은 그것의 질과 함께 존재할 뿐이고 질은 사물과 함께 존재할 뿐이다. 양자는 분리될 수 없는 통일체를 구성하고 있다》. 《가장 단순한 것, 즉 지각판단[79]을 거론해보면, 표상과 감각의 일치는 완전히 내적 관계이고 우리는 한 판단의 요소들의 연관이 유사한 객관적 요소들의 결합에 상응하는 것이라고 주장할 수 없다》.[80] 우리가 알기에도 이것은 바로 인도인의 견해인데, 그것에 따르자면 참된 판단은 표상과 감각을 결합시키는 지각적인 것이고, 그것은 항상 존재인 주어와 결코 존재일 수 없는 술어 간의 종합이라고 하는 관계로 환원된다.

술어가 긍정이건 부정이건 간에 언제나 주관의 구성이라고 한다면, 긍정과 부정 사이의 차이는 동일한 존재의 직접적 그리고 간접적 성격묘사의 차이로 환원된다. 아리스토텔레스는 참된 존재, 이

77) 같은책, I. 170.

78) 같은책, I. 104. 유럽의 모든 논리학자들과 마찬가지로, 지그바르트는 마음 속에 인도인들이 분석적(*svabhāva-anumāna*)이라고 부르는 그러한 판단을 가졌는데, 인과관계에 근거하고 있는 추론적 판단에 있어서 주어와 술어는 두가지 다른 실재를 가리키고 있기 때문이다.

79) Benennungsurtheil.

80) 같은책.

어떤 것(Hoc-Aliquid)을 모든 술어의 공통주어로 가정했을때 올바른 관점을 시사한 것이었고 비존재의 범주를 가정할 필요가 없었다.

b) 부정된 연사(Denied Copula)와 부정술어

부정에 대한 일반적 견해에 있어서의 일치의 결과로서, 부정적 불변화사의 적절한 소재에 관한 질문의 대답에는 한층 더한 일치가 보인다. 판단은 주어, 술어, 그리고 연사로 구성되어 있으므로, 부정이 연사와 함께 있는지 아니면 술어와 함께 있는지를 물어보는 것은 당연하다. 분명히 그것은 주어 속에는 있을 수 없다. 판단의 인식론적 형식에 있어서의 주어는 참된 특수자, 곧 존재 그 자체이며 비존재가 될 수 없는 《이것》이라는 요소이다. 그러나 술어는 언제나 긍정도 부정도 될 수 있는 보편자이다. 《이것은 저것이다 (this is that)》라는 형태에 있어서, 연사는 부정도 될 수 있으며, 우리는 《이것은 저것이 아니다 (this is not that)》라는 유형을 갖게 될 것이다 ; 또한 술어가 부정될 수도 있으며, 그때 우리는 《이것은 저것 아닌 것이다 (this is non-that)》를 갖게 될 것이다. 지그바르트는 부정은 항상 연사에 영향을 미친다고 주장한다. 연사가 부정되는 것이지, 술어가 부정되는 것은 아니다. 부정하는 연사(denying copula)는 있을 수 없는데, 왜냐하면 부정하는 연사는 형용모순(*Contradictio in adjecto*) 이기때문이라고 그는 말한다. 그러므로 오직 부정된 연사(denied copula)만이 있을 수 있다. 이 견해에 따르자면 부정술어를 가진 판단은 긍정이 될 것인데, 왜냐하면 연사는 부정되지 않을 것 이기 때문이다. 이것은 아리스토텔레스[81]의 견해이기도 하다. 그에게 있어서는 비-인간, 비-정의라고 하는 술어들은 부

81) Grote, 앞의 책, 122쪽을 참조하라.

정(不定)임에도 불구하고 긍정인 것이고, 〈정의가 아니다〉라는 판단은 부정이지만, 〈비-정의이다〉라는 판단은 긍정이다. 그것은 또한 바로 칸트의 견해이기도 하다. 그는 이러한 부정 또는 비한정 술어를 《제한자(limiting)》라고 불렀고 상응하는 판단을 부정(不定)판단이라고 칭했다. 분트(Wundt)[82]는 지그바르트의 견해를 매우 강력하게 반대했다. 그에게 있어서 부정술어를 가진 판단은 부정판단의 주된 부문이고, 그가 《분리—판단(Seperation-judgement)》이라고 부르는 부정연사를 가진 판단은 별로 중요한 것이 아니다. 에르트만(Erdmann)[83]은 약간의 동요 후에 부정술어를 가진 판단은 《그럼에도 불구하고》 부정이라고 판결하고, 브래들리(Bradley)[84]도 그렇게 한다.

그러면 지그바르트의 견해에 직면한 불교논리학의 입장은 무엇이고 그것이 일으켰던 논쟁은 어떠한 것인가?

다르마키르티에 따르면 부정은 어떤 현존하는 것에 대한 시도된 긍정의 정반대이고, 따라서 연사가 존재나 현존을 의미한다면, 연사와 정반대가 되는 것이다. 부정술어를 가진 판단은 《그럼에도 불구하고》 긍정일 것이다. 예를 들면 아리스토텔레스의 보기, 즉 《인간적이 아닌 것은 정의가 아니다(*non est justus non homo*)》, 또는 인도적 보기, 즉 《모든 사물은 비—영구적이 아니다(*all things are not im-permanent*)》처럼 연사가 부정이라면, 그것은 부정이 될 수도

82) NB., 2쪽 5행.
83) Logik³, 500쪽.
84) Priniciples of Logic, 116쪽. 그는 부정의 근거는 언제나 주어와 술어 사이의 다소 공공연하거나 잠복해 있는 대립이며, 부정술어는 대립하는 술어라고 생각한다.

있다. 그러나 비-인간적인 것은 비-정의이다(*est non justus non-homo*)와 모든 사물을 비영구적이다(*all things are impermanent*)라는 판단은 긍정이 될 것이다. 이러한 면에서 지그바르크와 다르마키르티는 완전한 일치를 보이고 있다.

다른 면에서는 불일치가 보인다. 인도의 이론은 지각판단에 그 근거를 가지고 있다. 따라서 부정판단은 무지각, 즉 주어진 장소에 현존할 것으로 기대되는 사물의 무지각이라고 하는 판단이다. 다르마키르티와 다르모타라는 부정판단의 가능한 모든 예들을 비교하고 그 각각의 것을 상상된 가시성의 무지각으로 환원한다. 무엇보다도 먼저, 제안된 현존을 거부하는 근거는 직접적인 감관지각, 즉 부정된 대상이 현존할 것으로 기대되는 빈공간에 대한 지각이다. 이것은 단순 또는 직접부정이다.[85] 그러나 간접적인 또는 연역된 부정이 있다. 우리는 추론을 통해서 직접적인 지각이 접근할 수 없는 장소에 있어서의 한 사물의 부존을 규명할 수 있다. 그리고 그것은 두 가지 방법으로 가능하다. 곧 우리의 부정의 대상이 주어진 지점에 현존한다고 해도,[86] 우리는 거기에 반드시 현존해 있을 어떤 것을 지각하는데 실패할 수도 있고, 또 우리는 그것과 양립할 수 없는 어떤 것의 현존을 긍정적 감관지각으로 지각할 수도 있다.[87] 그러나 그 근거가 반드시 연관되어 있는 사물의 부존이거나 또는 양립할 수 없는 사물이든지 간에, 즉 그것이 결성이든지 대당이든지 간에 그 어떠한 경우에도 가언적 가시성의 무지각이라고 하는 예로 환원될

85) NBT., 38쪽 5행.
86) *svabhāvānupalabdhi*.
87) Sigwart, 앞의 책, I, 172쪽을 참조하라—《술어가 없거나… 또는 주어가 술어와 모순된다》.
88) Bradley, Logic², 117쪽을 참조하라.

수 있을 것이다. 따라서 부정은 항상 연사에 영향을 미치며 그것의 근거는 직접지각이기도 하고 필연적 접속(Conjunction)의 법칙이기도 한데, 그것은 모순율, 동일률 그리고 인과율 세가지인 것이다. 동일률과 인과율이라고 하는 긍정적 법칙들의 상호작용에 의해서 산출된 부정의 형태들이 무엇인지는 앞에서 지적되었으므로, [89] 여기에서 다시 반복할 필요는 없다.

그러나 부정판단의 부정이 연사에 영향을 미친다고 하는 것이 사실이라고 해도, 존재동사(verb substantive)—연사를 표현하는—는 두가지 기능을 가지고 있음을 잊어서는 안된다: 1) 존재를 표현하는 것과 2) 서술에서 연사로 복무하는 것. 이것과 완전히 일치해서, 부정 또는 부정된 연사도 두가지 기능을 갖는다: 1) 비존재를 표현하는 것과 2) 연관을 부정하는 것, 말하자면, 분리를 표현하는 것. 지그바르트가 말한대로, 분리시키는 연사(seperating copula)가 형용모순(*Contradictio in adjecto*)인 것은 사실이지만, 그때 연사는 이름만 연사일 뿐이고, 그것은 비일치라는 의미에 있어서의 분리의 표시일 것이다. 그리고 그러한 분리는 두가지 개념 사이에서 볼 수 있을 뿐이므로, 하나의 판단은 언제나 두가지 개념들을 가진 판단이거나 추론적 판단, 곧 대전제이다. 그것은 더이상 지각판단이 아

89) Sigwart, 앞의 책. I, 179쪽 이하는 다소의 표상(또는 개념)이 왜 그것들의 본성상 양립할 수 없는 것이고 다른 것들은 그러하지 않는가를 설명하면서, 하나의 법칙 또는 법칙들을 모색하고 있는 것처럼 보인다; 그는 부정의 토대를 갖기를 원한다. 그는 양립할 수 없음을 우리들의 표상과 그것들의 관계의 내용의 실제적인 본성에 《주어진》것이라고 말한다; 이 연구에서 그를 따르던 브래들리는 119쪽에서, 주관적인 《질들의 정신적 반발》, 즉 물리적 불가입성으로부터의 은유에 불과한 정신적 불가입성으로 설명하고 있다. 인도인들의 견해에 따르면, 우리는 양립할 수 없음은 항상 직접적 또는 간접적으로 모순율에 기초를 두고 있음을 알게 될 것이다. 다른 설명은 필요없다.

닐것이다. 그러나, 그때 지각판단의 대용어는 추론의 소전제에 있게 될 것이다. 예를 들면──

> 대전제. 나무가 전혀 없는 곳은 어디에서나, 심사파도 있을 수 없다.
> 소전제. 여기에는 나무가 전혀 없다(＝지각！)
> 결　론. 여기에는 심사파가 없다.

결론은《나무들이 현존해있고 그것들의 지각가능성을 방해하는 어떤 것도 우리들을 방해하지 않는다면, 우리는 그것들을 보게 될 것이다》는 조건부로 취해진 것임에 틀림없다. 따라서 모든 경우에 있어서 부정은 가언적 가시적 대상의 무지각으로 환원된다. 추상적 개념들이 있다는 것은 거부될 수 없고, 그것들은 가시적 또는 비가시적으로 취급될 수 없는데, 왜냐하면 불교의 견해에 의하면, 모든 개념은 동시에 지각판단이어야만 하기 때문이다 ; 그것은 실재를 가리켜야만 하고, 그렇지 않으면 그것은 인식의 영역 바깥에 놓일 것이다.

위에서 설명한 것에서 보이는 것처럼, 무지각의 판단들 속에 있는 존재동사는 연사 또는 접속사(conjuction)의 의미도, 부정연사 또는 분리의 의미도 가지고 있지 않으므로, 부정판단에는 연사가 전혀 없다고 주장할 수도 있다 ; 그것은 여기에서 다른 의미로, 즉 존재의 의미로 사용되고 있다. 그러므로 그것은 부정적인 질의 서술 또는 두가지 질 사이의 분리를 의미하는 것이 아니다. 하나의 부정적인 질은 구별짓는 질일 뿐이고, 모든 질은 구별하는 것이며, 그러한 의미에서 구별되지 않고 부정되지 않는 것은 하나도 없다. 부정술어에 관한 불교의 이론은 나중에 토론될 것이고, 부정의 문제와 분리될 수 없는 다른 중요한 문제들도 마찬가지로 그렇게 될 것이다.

그것들은 모순율과의 연관속에서 취급될 것이고 그것들의 인도적 양상은 유럽의 것과 비교될 것이다.[90]

c) 판단과 재판단(Re-judgment)

프랑스의 베르그송, 영국의 브래들리와 보상께(Bosanquet)와 같은 많은 철학자들은 지그바르트의 이론을 크게 받아들였고, 분트 같은 사람은 그것을 거부했으며, 에르트만 같은 사람은 중요한 수정을 통해서 그것을 인정했다. 여기에서 빈델반트(Windelband)의 태도를 언급하는 것은 아마도 가치있는 일일 것인데, 왜냐하면 그것의 인도적 유사점은 그 문제자체를 조명하기에 안성맞춤이기 때문이다. 이 이론에 따르면[91] 모든 판단은 이중적이다 ; 그것은 인식과 재인식(Beurtheilung)으로 구성되어 있다. 후자는 전자에 대한 판단이다(ein Urtheil über ein Urtheil). 긍정과 부정은 동등하게 정립되어 있다. 그러나 그 둘은 재판단의 부문에 속한다. 그것들은 판단이 아니다. 판단은 처음에 어떠한 결정도 포함하지 않고, 그것은 긍정도 부정도 아니다. 따라서 지그바르트의 이론이 독특한 특징으로서의 부정판단에 속하는 것으로 생각하고 있는 간접적 그리고 주관적 특성

90) 따라서 인도의 철학자들이 존재동사의 이중적 기능을 철저하게 알고 있었다는 것은 명백하다. 티벳이나 몽고민족은 그 두가지 기능을 결코 혼동할 수 없었는데, 왜냐하면 그들의 언어가 그것들의 표현에 알맞은 두가지 매우 다른 단어들을 제공해주었기 때문이라는 것은 신기한 일이다. 티벳어의 yod와 med라는 동사는 결코 yin과 min으로 혼동될 수 없는데, 전자의 쌍은 각각 현존의 부존을 의미하고, 후자의 쌍은 연결과 분리를 의미한다. 그러나 유럽에서는 두가지 의미가 항상 혼동되고 있다. 그 구별을 명백하고도 날카롭게 기술한 최초의 사람은 프랑스의 철학자, Laromiguière이고, Hobbes, James Mill 과 J. S. Mill과 같은 사람들의 통찰력은 완전히 그 혼동을 명백히하고 설명하는데 소용되었다. Grote, 앞의 책, 387쪽을 참조하라.

91) W, Windelband, Beiträge zur Lehre vom negativem Urtheil. Tübingen, 1921.

은 빈델반트에 의해서 긍정으로 확장되고 이러한 인식의 근본적인 다양성은 또 다시 이차적이고 간접적인 것으로 정리된다. 로체(Lotze)는 두번째 단계—그것은 첫번째 것의 타당성 또는 부당성에 대한 결정을 포함하고 있다—를 이차적 《부사유(Nebengedanke)》라고 부른다. 에르트만은 《재판단(Beurtheilung)》이라는 용어를 유지하지만, 브렌타노(Brentano)와 버그만(Bergman)은 첫번째 단계를 단순한 표상(表象)이라 부르고 두번째 단계를 위해서는 판단이라는 용어를 남겨두기를 좋아한다. 그들에 따르면 첫번째 단계는 아직 긍정도 부정도 아니므로 전혀 판단이 아니다. 참된 판단은 두번째 단계에 포함되어 있는데, 그것은 빈델반트에 의해 재판단이라고 명명되지만,[92] 그들에 따르자면 참된 판단이다. 후자의 견해는 상상된 긍정을 물리치는 간접적 인식으로서의 부정판단이라고 하는 다르마키르티의 견해에 조금도 해를 끼치지 않으면서 전적으로 그의 견해와 일치되는 것이다.

우리는 위에서[93] 인식에 있어서의 두가지 단계 사이의 차이에 관한 그의 매우 독특한 언급을 인용한 바 있는데, 그것은 인간 마음의 상이한 두가지 기능에 상응하는 것이다. 《(단순한) 감각은 아무도 확신시키지 못한다 ; 만일 그것이 어떤 것을 인식한다면, 그것은 판단으로서가 아니라 단순반사를 통해서 그렇게 하는 것이다(*na niš cayena, kiṃtarhi, tat-pratibĥāsena*). 그것이 잇따르는 판단 또는 (결정)을 산출할 수 있는 한에서만(*yatrāṃše*), 그것은 인식의 (참된) 근원으로서의 (지위)를 유지한다》라고 그는 말한다. 잇따르는 판단은 실제로 인식에 있어서 두번째 단계이지만, 그때 첫번째 단계는 아무런

92) 위 116쪽에서 언급된 jñāṇasya tat-prāmānyasya ca svatastvam paratastvam에 관한 인도의 이론을 참조하라.

93) 위 369쪽을 참조하라.

판단도 전혀 포함하지 않고 있다. 그러나 이러한 근본적인 차이는 판단들을 긍정과 부정으로 나누는 것과 아무런 관계도 없다. 모든 판단은 단순반사 또는 단순표상에 관한 두번째 단계이다 ; 그러나 모든 부정판단은 시도된 긍정에 관한 2차단계인데, 후자는 전자에 의해서 차단된다. 빈델반트의 이론은 우리가 그것을 지각판단, 즉 유일한 참된 판단에 적용할 때, 분명히 지지받을 수 없는 것처럼 보인다. 실로 이 이론에 기초할때 《이것은 항아리이다》라는 판단은 그 자체속에 긍정도 부정도 포함하지 못할 것이다. 그러나 재판단 또는 두번째 판단이 오게 되는데, 그것은 우리에게 《여기에 항아리가 있다는 것은 참이다》 또는 《여기에 항아리가 있다는 것은 거짓이다》고 말한다. 분명히 이것은 무한의 후퇴(infinite regress)로 통하는 것이고, 동시에 그것은 지그바르트와 다르마키르티의 이론을 매우 잘 입증해 준다. 빈델반트는 그 문제가 판단에 대한 올바른 정의를 뒤돌아 보게 하는 것이고 〈슈페(Schuppe)〉와 다른이들의 견해를 고려해본다면, 재판단은 이미 판단 속에 포함되어 있는 것일 것인데, 왜냐하면 이 견해—그것은 우리가 보아온대로 인도의 견해이기도 하다—에 따르면, 개념과 판단 사이에는 차이점이라고는 전혀 없기 때문이라는 것을 인정하고 있다.[94] 《모든 개념의 긍정 속에 이미 포함되어 있는 존재는 판단의 정당화된 형식일 뿐만 아니라, 그것은 일반적인 모든 판단의 가장 순수하고도 단순한, 기본적인 유형이다.》 우리가 보아온대로, 인도의 이론도 역시 그러하다. 《개념과 판단 사이의 전통적인 구별은 이러한 상황 하에서는 임무에 적합한 것처럼 보이지 않는데, 그것은 주로 논리학,[95] 말하자면 사유형식의

94) 같은책, 181쪽.
95) 같은책, 182쪽.

규범체계를 확립하는 일에 할당된다. 구별은 논리적이 아니라 문법적인 것이다… 모든 판단을 그것을 통한 사유인 복합표상을 위한 존재로 해석하는 것 이외에 남아있는 것은 아무것도 없다》. 그러나 인도인들에 의하면 참된 판단은 존재적인 것이 아니라 지각적인 것이다. 따라서 존재, 즉 긍정은 술어가 아니라 필수적인 주어로서 모든 판단 속에 포함되어 있는 것이다. 참된 판단이 《이것은 항아리이다》라는 간단한 유형 속에 포함되어 있는 종합, 동일화, 대상화 그리고 결정 속에 있다면, 우리는 인도의 이론을 갖게 될 것이다.

반델반트 역시 인도의 판단이론에 다른 주요한 대목, 즉 그것 속에 나타나 있는 추론적 판단과 관계의 범주들에 관계있는 대목에 크게 접근하고 있다.[96] 《"장미는 하나의 꽃이다" 라는 판단 속에서 이해되고 있는 존재는 "번개는 천둥을 산출한다"라는 판단 속에 포함되어 있는 존재와는 매우 다른 것이다》라고 그는 말한다. 이 두가지 예를 《심사파는 하나의 나무이다》와 《연기는 불에 의해서 산출된다》는 다르마키드티식의 말로 고쳐본다면, 여기에서 빈델반트가 모든 관계들을 동일성과 인과에 근거하고 있는 것들로 근본적이고도 철저하게 구분하려 하고 있다는 것을 알게 될 것이다. 《심사파는 하나의 나무이다》라는 명제 속에는 두가지 개념이 들어있으므로, 그것 속에도 역시 《이것은 심사파이다》와 《이것은 나무이다》라고 하는 두가지 지각판단이 포함되어 있는 것이다. 칸트의 《학식있는 사람은 무식하지 않다(a learned man is not unlearned)》라는 예에 관해서 지그바르트[97]는 유사한 견해를 피력하고 있는데, 거기에서 그도 《X는 학식이 있다》와 《X는 무식하다》라는 두가지

---

96) 같은책, 183－184쪽을 참조하라.
97) 앞의 책, I, 196.

지각판단을 구별하고 있다.[98)]

98) 이와 관련하여 아마도 우리는 과감히 빈델반트의 《재판단》이라고 하는 다소 이상한 이론의 근저에 있는 것을 설명해 볼 수도 있을 것이다. 보통 모든 판단의 유형으로서 간주되는 두가지 개념을 가진 판단은 실로 종합의 실재를 주장하는 어떤 요소도 포함하지 못한다. 예를 들면, 《장미는 하나의 꽃이다》라는 판단은 동반 또는 대전제의 판단인데, 그것은 다만 두개념의 일관성 또는 일치를 단언할 뿐이다. 실로 그것들의 실재는 두번째 단계, 즉 소전제 《이것은 장미이다》와 따라서 꽃에서 확인된다. 이 소전제는 대전제에서 제시된 종합의 실재성, 또는 진실성에 관한 일종의 재판단처럼 보인다. 대전제에 관한 추론과 판단 사이의 혼동은 소전제 속에 포함되어 있는 재판단에 관한 혼동으로 이어졌다. 재판단의 근저에서 우리는 소전제와 유사한 기능을 보게 된다. 그것이 바로 빈델반트의 이론이 지각 또는 참된 판단에 적용될때 매우 이상하게 보이는 이유이다. 《이것은 항아리이다》라고 말한 후에 《이것이 항아리라는 것은 참이다》라는 재판단속에서 그것을 되풀이할 필요는 없다.

제 2 장
모 순 율
(THE LAW OF CONTRADICTION)

1. 모순의 기원

우리가 보아온대로,[1] 불교논리학에서 이해되고 있는 모든 판단과 개념의 기원은 다양하고도 명확하지 않은 직관을 관통한[2] 행동과 그 다양한 것들 중의 한 점, 즉 그 나머지가 두가지의 대개 다른 부분들로 분할되어 있을 하나의 점에 매달려[3] 있다. 한 쪽으로 우리는 비교적 제한된 숫자의 유사한 사물들을 가질 것이고, 다른 한 쪽으로는 제한되지 않은, 또는 덜 제한된 숫자의 다른 것들을 가질 것이다. 유사한 것들은 다른 것들과는 《다를》 것이고 다른 것들은 유사한 것들과는 다를 것이다 ; 두 부분은 서로 어떤 중간적인 요소도 갖지 않은, 각기 다른 것의 부존을 나타낸다.[4] 따라서 모든 의식적 사유 또는 인식은 하나의 이분(dichotomy)을 의미한다. 의식의 적극적인 부분, 즉 인식에 있어서의 그것의 자발성은 이분이라는 행동으로 시작된다. 우리의 지성의 눈이 빛나기 시작하자마자, 우리의 사유는 이미 모순에 직면하게 된다. 《이것은 푸른색이다》라는 판단을 내적으로 산출할 수 있도록, 우리의 사유가 활동을 멈추고 외부의 한 점에

1) 위 325쪽 이하를 참조하라.
2) *vitarka.*
3) *vicāra.*
4) *tṛtiya-prakāra-abhāva.*

고정되는 순간, 바로 그때 우리는 논의영역(the universe of discourse)을 두가지의 다른 부분, 즉 제한된 부분인 푸름과 덜 제한된 부분인 비-푸름으로 분리시킨다. 푸름에 대한 정확한 사유는 비-푸름에 대한 정확한 배제에 지나지 않는 것이다 ; 그것은 경계가 되는 한 점을 고정하는 것인데, 그것은 푸름 그자체를 가지고 있지 않지만, 그것에 대하여 우리는 한 쪽으로는 푸름과 다른 한쪽으로는 비-푸름을 가지게 될 것이다. 바로 그렇게 《불》과 같은 대상을 인식할때, 우리는 동시에 《여기에 있는 이것은 불이다》와 《저기에 있는 저것은 불이 아니다》라고 생각하는데, 거기에는 중간적인 것은 아무것도 없다. 그 두 부분이 단지 상대적일 뿐이라는 것은 이중부정은 긍정과 같은 것이라는 사실로부터 명백해지는 것이다 ; 비-불이 아닌 것은 불인데, 왜냐하면 불은 비-불이 아니기 때문이다. 그 두 부분이 동일한 결정가능성 속에서 다소 균형을 유지하고 있을때, 예를 들면, 뜨거움과 차가움, 빛과 어둠, 영속성과 일시성, 비일시성과 일시성처럼, 어떤 부분이 긍정으로 표현되고 또 어떤 부분이 부정으로 표현될 것인가는 중립적인 것이 된다. 그러나 대부분의 경우에 있어서 유사한 부분은 쌍의 한 부분인데, 우리는 다른 것 보다는 그것에 더 유의해서 그것을 긍정적으로 표현할 것이고, 따라서 상관부분은 부정적으로 표현된다. 그러므로 적극적으로 생각한다는 것, 곧 구성적으로 생각한다는 것은 이분적으로 생각한다는 것을 의미한다. 《구성》[5]과 《이분》[6]이라는 용어는 사유에 적용될 때, 동의어이고 순전히 수동적인 부분, 즉 순수감각을 제외하고는 의식의 모든 행동을 포괄하는 것이다. 개념, 심상, 표상, 판단과 추

5) *kalpanā*=*ekikaraṇa.*

6) *vikalpa*=*dvaidhikaraṇa.*

론은 사유구성이나 생산적 상상력과 마찬가지로 이분 하에 포함될 것이다. 그것은 순수감각에 대립되는 것일 것이다.

그렇다면 모순율이라고 하는 것은 모든 인식은 이분적이고 상대적이라는 것의 표현에 불과한 것이다. 우리는 하나의 사물을 그것이 아닌 것과 대립시킴으로써만 적극적으로 인식하거나 결정할 수 있다.

쌍의 부정적인 부분은 긍정적인 부분의 부정, 또는 비존재로 구성되어 있고, 역으로 이 부정은 그저 《다른》 것, 또는 그것에 대립되는 것으로 이루어져 있다. 따라서 비존재는 일반적 개념이고 ; 다름과 모순은 그것에 종속된 것이다. 《다름 그리고 반대는 유사한 것의 비존재가 구현되지 않는 한 표현될 수 없다. 그러므로 다름과 반대는 유사한 것의 부정을 나타내는 것으로 실현되는데, 왜냐하면 그러한 것이 이러한 다름과 반대의 의미이기 때문이다. 부정은 직접적으로 유사한 것의 부존으로 간주되고, 다름과 반대는 간접적으로 유사한 것의 부존으로 간주된다》라고 다르모타라[7]는 말한다. 불에 관해서 다른 부분은 1) 불의 단순한 부존, 2) 불 이외의 것의 현존, 그리고 3) 불과 양립할 수 없고 그것과 적극적으로 반대되는 것의 현존을 포괄할 것이다. 다름과 양립할 수 없음은 단순한 부존이라는 관념을 전제로 하는 것이다. 양립할 수 없음 또는 반대는 두 종류로 된 것이다. 그것은 뜨거움과 차가움처럼 충돌없이는 공존할 수 없는 두 사물의 유효하고도 공격적인 (aggressive) 모순이다 ; 또는 그것은 두 사물의 단순한 반대인데, 거기에서 하나는 푸름과 비-푸름처럼 다른 하나의 완전한 부정이다. 이것이 바로 모순인데, 그것은 논리적이고, 반면(反面, Antiphasis)이다.[8]

7) NBT., 21쪽 6행 ; 번역 59쪽.

8) *lākṣaṇiko virodhaḥ*.

2. 논리적 모순

실재적이거나 다만 상상된 것일 뿐이거나 간에, 우주의 모든 것은 《다름》의 법칙에 지배되는 것이고, 그 법칙에 따르면 그것은 있는 그대로의 그것인데, 말하자면 그것은 우주의 다른 모든 것들과 다른 것이거나 분리된 것이다. 이 법칙은 동일률이라고도 불리워질 수 있는데, 왜냐하면 그것이 대상은 있는 그대로의 대상이고, 그 자체와 동일하다는 것을 결정하기 때문이다. 그러나 불교도들에 의하면 실재사물과 일치하는 것은 전혀 없다. 하나의 사물은 상이한 순간 또는 장소에서 동일한 것이 아니다. 시간과 장소의 모든 변동은 사물을 《다른》 사물로 만든다. 《만일 푸른색이 도처에 충만한 실재라고 한다면》, 즉 어디에서나 그 자체와 동일한 실재라고 한다면, 《동일화를 위해 할당될 수 있는 한계라고 하는 것이 없을 것인데, 왜냐하면 유사성은 어디에서나 발견될 것이고, "모든 것"은 "전체"가 될 것이며, 우주는 유일무이한 것[9](One-without-the second)이 될 것이기 때문이다》라고 샨티라크쉬타는 말한다. 따라서 우주에 있는 모든 것은 분리된 것이고,[10] 모든 것은 엄밀하게 그것만으로 실재적인 것이며, 모든 궁극적 실재는 물자체이다. 동일성은 식별할 수 없는 것들의 동일성을 의미하는 것이고, 사물들은 우리들이 그것들의 차이점을 분간하지 못할때만 동일하거나 유사한 것이다.[11] 그 법칙-이것에 따르면 두가지 사물은 《하나가 될 수 없다》[12]-은 모

9) TS., 493쪽 3-4행, TSP., 493쪽 19행 이하.

10) *Sarvam pṛthak.*

11) *bhedāgrahāt.*

12) *niṣiddha-ekatva,* NBT., 70쪽 19행 ; 번역 197쪽.

순율이다. 불교철학에서 궁극적 실재는 찰나점의 실재이고 ; 참된 또는 궁극적 인과는 찰나점의 유효성이며 ; 바로 그렇게 궁극적 부동(不同)은 물자체들의 부동이다.

그러나 이러한 관념적 모순율은 우리들 삶의 실제적인 요구에는 소용없는 것인데, 그것은 우리가 개념을 형성하고 우리들의 합목적적 행동을 지도하는데 도움이 될 수 없다. 다르모타라[13]는 《한쌍의 대상은 다른 것의 부정인 그 하나를 서로 불가피하게 포함하고 있다》라고 말하고 계속해서 다음과 같이 말하고 있다 : 《그런데 우리가 여타의 것들 속에서 존재하지 않는 것으로 생각할 수 있는 것은 무엇인가 ? 다른 것. 예를 들면, (궁극적 실재)의 찰나점인 사실처럼 무제한적이 아닌것》. 모든 존재하는 대상들, 푸른 헝겊 조각과 다른(색을 가진 것들)의 바로 그 본질은 (궁극적인 순수실재와 관련되는) 찰나점들로 구성되어 있으므로, 이 사실은 한계를 갖지 않는다. (단순한) 찰나점들과 대조할때, (한정된) 어떤 것도 이해될 수 없다.》 여기에서 불교도들은 그들의 부정론에 의해서 부정(不定) 판단, 또는 무제한적 개념의 불명확함으로부터 벗어난다. 《실로 왜 이 비존재는 무제한적 이어야만 하는가 ? 》라고 다르모타라는 묻는다. 그것이 거부된 대상의 명확한 모습을 갖는한, 그것의 현존은 상상되고, 그것은 무제한적이 아니다. 그것은 하나의 상상된, 구체적 경우의 비존재이고 따라서 우리가 부정판단 속에서 명확한 장소에서의 명확한 사물의 부존을 명백히 인식할때, 우리는 그것을 무제한적 비존재의 모습이 아니라, 명확한 형식-이 형식이 실재적으로 다만 상상된 것으로 경험되건 아니건 간에-으로 인식한다.

다르마키르티는 모순율을 실재적이건 상상된 것이든 간에 각각의

13) 같은책.

사물의 특징으로 정의하는데, 그것에 따르면 모든 것은 두 부분으로 된 한 쌍 속에 그 자체를 나타내고, 그 중에서 하나는 다른 하나의 완전한 부정이다. 《그 본질이 예를 들면 존재와 비존재처럼 완전한 상호배제 속에 놓여있는 한 쌍 속에 모순[14]이 있다》라고 그는 말한다. 완전한[15] 상호배제는 중간적인 어떤 것도 갖지않는 상호배제를 의미하는 것이다. 존재론적인 관점에서 볼때 상호대립은 존재와 비존재라고 불리워질 것이고, 논리학적 관점에서 그것은 하나의 동일한 사물의 긍정과 부정이라 불리워질 것이다. 역동적으로 볼때, 그것은 상호반발로 특징지워질 수 있고, 정적으로 볼때, 그것은 명제와 대당이 될 것이다 ; 하나의 관계로서 그것은 대칭관계 또는 상호관계, 곧 하나의 사실이 다른 것과, 역으로(vice versa) 후자가 전자에 대해 동일한 방식으로 관련되어있는 관계이다. 그것은 서로의 교호작용일 뿐만 아니라, 완전한 교호작용이다. 샨티라크쉬타는 한 부분에는 다른 부분에 있는 것의 조그만 것도 없다라고 말한다.[16] 따라서 이 법칙은 배중률 또는 제3부분을 배제하는 법칙[17] 이라고도 불리워질 수 있는데, 왜냐하면 그 각각의 전체가 분할되어 있는 두 부분 만이 있기 때문이다. 한 부분이 다른 부분의 부정인 것과 동일한 정도로 후자는 전자의 부정이므로, 그것은 이중부정의 법칙이라고도 불리워질 수 있다. A가 비-A와 그리고 동일하게 비-A가 A와 연관되어 있을때, 비-A의 부정은 A와 같다는 것은 명백하다. 푸름 속에 비-푸름에 대한 그것의 대당 이외의 것이 없다고 한다면, 비-푸름의 대당은 푸름 그자체 이외의 것이 아닐 것이라는 것은 명백하다. 모

14) NB., 69쪽 20행 ; 번역 192(《완전한》이 덧붙여져야 한다.)
15) *Pari-hāra = pari-tyāga = atyanta-tyāga = tṛtiya-prakāra-abhāva.*
16) TSP., 1쪽 6행, 486쪽 20행 참조하라.
17) *Tṛtya-prakāra-abhāva,* TSP., 390쪽.

든 사물들은 상대적이므로, 찰나점의 궁극적 실재를 제외한 모든 사물은 그 자신의 부정의 짝에 지나지 않는 것이다. 인도의 실재론자들이 모든 사물은 존재와 비존재로 구성되어 있다고 주장한 것은 아마도 옳은 것이었지만, 존재와 비존재 양자를 실체화하고 이것들이 진정한 실재의 요소—이것만이 절대적이고 비상대적이다—에 근거하고 있는 정신적 상부구조일 뿐이라는 것을 망각한 것은 틀린 것이었다. 그 상부구조들은 이분법에 근거하고 있는 우리들의 생산적 상상력의 작용에 의해서 세워진 것이다. 반대되는 견해, 말하자면, 모든 사물은,《짧음과 길음처럼》상대적이고 따라서 비실재적인 것인데, 짧음은 김의 부정 그 이상도 이하도 아니며 그 역도 마찬가지라고 주장한 중관학파와 베단타 학파는 부분적으로 옳았다. 그러나 그들이 모든 상대적 사유구성의 밑에 놓여있는 찰나점들의 실재를 부정한 것은 틀린 것이다. 사우트란티가—유가행 학파의 비판적 이론만이 상상된 현상계는 선험적 실재의 토대에 근거한 우리들의 생산적 구상력에 의해서 구성된 것이라고 주장함으로써 양극단의 결함을 피해가고 있다.

3. 역동적 반대

완전한 상호배제 또는 상호반발의 특징은 다만 은유적으로 한 쌍의 모순되는 부분들에 속하는 것이라고 생각할 수 있다. 그것들은 하나가 다른 것이 차지하고 있는 영역을 침식하지 않고, 서로의 존재를 해치지 않는 밀접한 접촉 속에서 평화롭게 공존할 수 있다. 그것은 논리적인 것이지, 실재적 상호반발은 아니다.

그러나 논리적인 것에 덧붙여서 더 실재적인 또는 역동적인 다양한 모순이 있다. 정반대되는 부분들은 논리적으로 다른 것의 부정인 것일 뿐만 아니라, 그것들은 게다가 다른 것의 전투적인 적대자인 것이다. 정확하게 말하면 그것은 전혀 반면(Antiphasis)으로서의 논리적 모순의 경우가 아니고 ; 그것은 호전적(Contrapugnating) 인과관계라고 불리울 수 있다. 그러한 경우들에 있어서 반대되는 부분들 양자는 그것들 상호간의 명제 밖으로 서로를 내쫓으려고 서로 노력한다. 빛과 어둠은 다른 것의 완전한 부정인 것이고, 그 역도 마찬가지이다. 이러한 점에서 그것들 사이에는 모순이라고 하는 논리적 연관이 있다. 빛은 어둠의 완전한 부정이고 어둠은 빛의 완전한 부정에 지나지 않는다. 그러나 그것들은 푸름과 비-푸름처럼 밀접한 접촉 속에서 평화롭게 공존할 수 없다. 그것들 사이에는 끊임없는 교전상태가 있는데, 하나는 다른 하나의 영역을 차지하고자 끊임없이 노력할 것이다. 다르마키르티는 이러한 종류의 모순에 관하여 다음과 같은 정의를 내리고 있다.[18] 《하나의 현상이 그것의 원인들의 총계에 의해서 산출되고 (따라서)지속되지만, (갑자기) 다른 현상의 접근에 의하여 사라진다면, 이 두가지 현상 사이에는 예를 들면, 차가움과 뜨거움처럼 (실재적인) 반대가 있게 된다.》 이러한 정의 속에서 우리의 주목을 끄는 것은 무엇보다도 우선 《반대되는 현상의 원인들의 총계》라는 말이다. 차가움-그것은 어떤 경우에 변함없이 뜨거움에 앞선다-은 그 뜨거움의 원인 또는 원인들 중의 하나인가? 빛-그것은 어떤 경우에 변함없이 어둠의 뒤를 바싹 뒤따른다-은 그 어둠의 결과인가? 변함없이 앞서는 밤은 변함없이 뒤따르는 낮을 산출하는 원인 또는 원인들 중의 하나인가? 이러한 것들이 언제나 철학자들을 당황하게하는 문제들이다. 불교도의 대답은 긍정 쪽이다. 우리들은 불교도의 인과론을 검토한 적이 있다. 이 이론에 따르면, 진정한

18) NBT., 68쪽 3행 ; 번역, 187쪽.

실재의 모든 점은 앞선 요소들의 총계에 대한 기능적 의존 속에서 일어나는 것으로, 그 모든 것은 그것의 원인들이다. 이 총계－긍정적인 것들의 정렬 뿐만 아니라, 부정적인 것들도 포함한－속에서, 그러한 것들은 뒤따르는 현상이 나타나는 것을 막지 못한다.[19] 한 현상의 원인들의 총계 속에서 하나의 단절이 일어나고 그것의 나타남을 막지 못하는 요소들 중의 하나가 생략된다면, 그 현상은 사라지고 그 원인들의 총계 속에 있는 단절은 뒤따르는 현상의 원인, 또는 원인들 중의 하나가 된다. 이러한 의미에서 뒤따르는 빛은 앞선 어둠에 의해서 산출되는 것이고, 그것은 앞선 어둠의 존재를 유지하는 원인들의 결핍에 의해서 산출되는 것이다. 이러한 경우들에 있어서 앞선 부분은 뒤따르는 부분을 산출하는 원인, 또는 원인들 중의 하나이다. 한 부분이 다른 것의 반대가 된다면, 동시에 그것은 《무언가를 하는 것》이고,[20] 간접적으로 그것의 산출에 가담하는 것이다.

모순은 유효하고 완전한 양립할 수 없는 모든 경우에 있는 것은 아니다. 빛은 비－빛의 완전한 모순이다. 빛과 비－빛 사이에 중간적인 것은 아무것도 없다. 배중률이 완전히 적용되는 것이다. 그러나 실재적인 현상으로 간주되는 빛과 어둠 사이에는 항상 중간에 있는 그 무엇인가가 있다. 변화가 전적으로 갑작스럽다 할지라도, 즉 빛이 절대적 어둠이 지배하기 이전 순간의 바로 그 장소[21]에서

19) 위 212쪽을 참조하라.

20) *kiṃcit-kara*, NBT., 68쪽 9행을 참조하라 ; TSP., 157쪽 7행을 참조하라－*akiṃcit-karo virodhī*. 그 의미는 주어진 찰나점은 원인으로서 유효하지만, 반대 또는 모순으로서 유효한 것은 아닌데, 왜냐하면 모순은 지성에 의해서 구성된 것이기 때문이라는 것이다.

21) NBT., 68쪽 19행 이하 ; 번역, 189쪽.

갑자기 나타난다고 할지라도, 적어도 미광(twilight)이라고 하는 중간적인 순간이 있다. 그럼에도 불구하고 변화－그것이 가능한 한 빨리 산출된다고 해도－는 적어도 세가지 순간을 필요로 한다：어둠의 궁극적 순간, 빛의 처음 순간, 발생할 변화에 대한 그것들 사이의 적어도 한 순간.

반대가 시간에 관해서 완전하지 않다면, 그것은 공간에 관해서도 완전하지 않다. 빛이 커다란 방에서 산출될때, 어둠은 그것의 일부분, 즉 등불에 가장 가까운 곳에서만 완전히 소멸될 뿐이다.[22] 나머지 부분에는 미광(twilight) 또는 어둠이 있다. 빛은 그것을 산출하는 유효한 힘이 그렇게 할 수 있는 한에서만 산출되는 것이다.

이것은 빛과 비－빛 사이의 논리적 반대의 경우에는 전적으로 다르다. 이 반대는 완전하고, 빛과 비－빛 사이에는 미광이라는 것은 없고, 미광은 비－빛 속에 포함된다. 이 반대는 공간의 경우에도 해를 입지 않는다. 빛은 어디에서나 그리고 언제나 비－빛의 거부이다. 빛과 비－빛의 반대관계는 논리적 필연성으로 특징지워지는데, 그것은 실재적 현상으로서의 빛과 어둠 사이의 관계에 관한 경우는 아니다.

그것은 중립적 감정에 관계있는 논쟁의 의미이기도 하다. 소승은 쾌락과 고통 사이에 중간에 있는 중립적 감정이 있다고 주장한다. 그러나 논리학자들은 중립적 감정은 쾌락이 아니므로, 고통의 범주에 속하는 것으로 간주되어야만 하는데,[23] 왜냐하면 쾌락과 비쾌락, 바람직한 것과 바람직하지 않은 것이라고 하는 두가지의 서로 배타적인 부분들만 있기 때문이라고 대답한다. 실재론자들은 중립적

22) 같은책, 68쪽 16행；번역 189쪽.

23) Tātp., 65쪽 1행 이하.

인 감정이 쾌락이 아니므로, 고통을 지시하는 것이어야만 한다면, 그것은 마찬가지로 쾌락을 지시할 수도 있는데 왜냐하면 그것은 고통이 아니기 때문이라고 반대한다. 그 논쟁은 쾌락과 고통 사이에는 두가지 반대가 있는데, 하나는 중간항을 가지지 않는 논리적인 것이고, 다른 하나는 과도기적인 부분을 갖는 실재적인 것이라는 사실을 지적함으로써 풀린다. 그런데 이러한 종류의 모순의 관계가 인과관계의 한 경우로 축소된다면, 그것을 모순이라고 부르는 것은 오칭(misnomer)이 아닌가, 그것은 인과관계가 전혀 아니지 않는가? 이것은 초기 바이쉐시카 학파의 견해이었던 것처럼 보이는데, 그들은《살인자 대 피살자》[24]의 관계, 즉 이크뉴몬(ichneumon)과 뱀의 자연적인 타협할 수 없는 적대처럼, 두 사물 간의 자연적 반감과 같은 유효한 반대로서 이해되는 모순관계의 특성을 밝혔다. 불교도들은 《멈추는 것과 멈춰진 것》[25] 사이의 관계로서의 유효한 반대관계라는 특징에 반대하지 않았지만, 멈추는 것과 멈춰진 것은《지속》[26]이라는 조건부에서였다. 따라서 모순에 관한 그 다양한 정의－그것은 유효한 반대에 있다－는 사라지는 현상은 〈지속〉을 가져야만 한다는 특징을 포함하는 것이다. 이것은 무용화되는 현상에 똑같이 적용되는데, 그것 또한 지속을 가져야만 한다. 의존적 기인이라는 의미에서의 인과관계는 사라지는 현상 사이에서 인정되는데, 그것은 지속과 무용화 하는 것 또는 반대되는 현상을 갖고, 그것 역시 약간 동안 지속된다. 그것은 실재적 인과관계가 아니라 은유적 인과관계인데, 왜냐하면 우리가 보아온대로, 실재적 인과관계는 유효한 찰나점들 사이에 존재하는 것일 뿐이기 때문이다. 어둠이라고

24) *ghātya-ghātaka-bhāva,* VS., III. I. 11을 참조하라.

25) *nivartya-nivartaka-bhāva.*

26) *bhavataḥ=prabandhena vartamānasya.* NBT., 69쪽 9행.

불리우는 연속의 마지막 순간은 의존적 기인이라는 의미에서 빛이라고 불리우는 연속의 첫번째 순간의 원인이다. 그러나 빛과 어둠은 단순한 순간에 지나지 않는 것이 아니라, 그것들은 약간의 순간 동안 지속될때만 현재의 그것, 즉 빛과 어둠이라고 하는 현상이 되는 것이다. 그러므로 이것은 유효한 반대와 실재적인 인과관계 사이의 차이이다 : 실재의 존재와 마찬가지로 실재적인 인과관계는 단 한 순간에만 속하는 것이며, 반면에 유효한 반대는 한 집합의 순간들과 다른 집합 사이에 있는 것이다 ; 그것은 집합들이 우리의 지성에 의해서 구성된 것과 마찬가지로 구성된 것이다. 다른 말로 하자면, 유효한 반대의 관계는 궁극적 사실이 아니고, 그것은 물자체가 아니라, 구성된 현상에 속하는 것이다. 모순이라고 하는 논리적 법칙이 물자체에는 적용되지 않는다는 것은 이미 지적되었고, 게다가 그것은 논리로서의 그것의 특징으로부터 분명한 것인데, 왜냐하면 논리는 사유이고, 사유는 상상이지 궁극적 실재가 아니기 때문이다.

다르모타라[27]의 말에서 유효한 반대의 관계가 실재적인 것인지 아니면 단순히 논리적인 것인지 그리고 그것은 선험적인 실재인지 아니면 현상일 뿐인지에 관한 문제에 대해서 불교논리학자들 사이에 논쟁이 있었다는 것이 나타난다. 이 문제는 두가지 종류의 인과관계, 즉 찰나점들 사이에서 인정되는 선험적이고 실재적인 것과 현상들 사이에서 인정되는 은유적인 범주가 있는 것과 꼭 마찬가지로, 두가지 종류의 유효한 반대가 있다는 의미로 다르모타라에 의해서 해결됐다. 그러나 찰나점들 사이에서 인정되는 것은 단순히 인과이고, 인과는 모순이 아니다. 카말라쉴라는 그점을 다음과 같이 설명하고 있다[28] :《다른 실재들에 관해서 생략된 원인들인 약간의

27) NBT., 69쪽 11행 이하 ; 번역, 192쪽.

실재들이 있다. 그것들은 그러한 찰나점들(그러한 실재들을 구성하고 있는)의 활동이 점차적으로 보다 낮고 약한 것이 된다는 것을 가져온다. 예를 들면, 차가움에 관해서 불. 그러나 다른 실재들은 그렇지 않고, 그것들은 예를 들면, (불에 의해서 산출된) 연기에 관한 불처럼 감소의 원인들이 아니다. 그런데, 언급한 상대물들, 즉 감소를 산출하는 실재와 이 감소 사이에 (순전한) 인과관계가 있다고 하지만 ; 시각이 무지라고 하는 어둠에 의해서 희미하게 되는 공통의 인간의 속성은 여기에서 모순관계를 잘못되게 가정하는 것이다(그것은 반대이다). 이 반대는 다양한 형식으로 나타나는데, 예를 들면 차가움은 불의 반대이고, 등불의 불꽃은 바람의 반대이며, 어둠은 빛의 반대, 등이다. 그러나 궁극적 실재에는 (물자체)로서의 실재들 사이의 반대라고 하는 관계는 없다……. 그것이 스승(다르마키르티)께서 다음과 같이 설명한 까닭이다.[29] 〈하나의 사실이 그것의 원인들의 총계가 손상되지 않는한 지속을 가지고, 다음에 그것이 다른 사실(그것에 반대되는 것)이 나타나자마자 감소할때 ; (뜨거움과 차가움에 대한 감각과 마찬가지로) 양자는 (역동적으로) 반대가 된다고 하는 것이 뒤따른다.〉(스승께서는 다음과 같이 말씀하셨다)〈그것들의 반대가 뒤따른다〉. 그 의미는 그것은 (우리의 지성에 의해서) 구성된 것이지, 궁극적 실재가 아니라는 것이다.》

28) TSP., 156쪽 27행 이하.

29) NBT., 68쪽 3행 ; 번역, 187쪽을 참조하라.

4. 다름의 법칙

다름의 법칙은 모순율에 의존하고 있는 하나의 의존적 법칙이다. 실로 푸름과 비-푸름은 모순인데, 왜냐하면 그것들은 서로 다른 것의 완전한 부정인 것을 나타내기 때문이다. 그런데 푸른색과 노란색도 모순인데, 왜냐하면 노란색은 비-푸름의 한 부분이기 때문이다. 따라서 그것들은 다만 부분적으로 모순일 뿐이다. 즉 그것들은 서로에 대해서 《다른것》에 지나지 않는다. 그러므로 푸름과 비-푸름은 직접적으로 모순이고, 푸른색과 노란색은 간접적으로 모순인데, 왜냐하면 노란색은 반드시 비-푸름이고, 《그것은 비-푸름을 벗어날 수 없기 때문이다.》[30] 가언적인 상상을 통한 항아리의 현존과 그 제안을 거부한 이후의 《이 장소에는 항아리가 없다》라는 부정판단에서 우리가 도달했던 것처럼, 우리는 노란색 헝겊 위에서 푸른색의 현존을 가언적으로 가정하고 그 상상된 현존을 물리친 이후에 푸른색은 노란색이 아니라고 결정할 수 있다. 이것은 특히 두가지 거의 구별할 수 없는 색깔들을 비교할때 명백해 진다. 그것들은 대비되어야만하고 하나를 다른 것 위에 상상해 보고나서 차이점이 구별되면 다른 것이라고, 또는 차이점이 구별되지 않으면 같은 것이라고 선언되어야 한다. 언제나 차이가 있다고 하면, 그것은 지극히 작은 것일 것이다. 동일성은 차이의 한계일 뿐이고, 그것은 《구별할 수 없는 것의 동일성》이다. 하나의 대상이 그 본질상 보일 수 없다면, 그것의 본질이 결코 보일 수 없다면, 그것은 《다른것》이라고 선언될 수 있다. 즉 그것의 현존은 주어진 장소의 가

30) NBT., 70쪽 3행.

시적 현존을 그것에 돌린 이후에야 부정될 수 있다. 어둠 속에서 우리들 앞에 직립해있는 기다란 대상이 서있는 것을 볼 때, 우리는 그것이 기둥인지 사람인지를 결정할 수 없고, 우리는 한 순간 동안이라도 부정된 대상의 현존을 상상한 이후에만 하나의 결정에 도달한다. 그리고 나서 우리는 내적으로《이것은 기둥이고, 사람은 아니다》라는 판단을 말한다. 이 점에 관해서 우리는 이미 다르모타라를 인용했었다. 그는《긍정과 부정(또는 현존과 부존)은 직접적인 모순이지만, 한쌍의 대상들의 두 구성요소는 그것들이 서로 필연적으로 다른 것의 부정인 것을 포함하고 있는한 모순(또는 서로의 배제)이다》라고 주장한다.《그러면 부정이 반드시 (그 쌍의) 다른 부분에 포함되어 있는 대상은 무엇인가? 그것은 명확한(표상할 수 있는) 모습을 가진 대상이지, 예를 들면 순간성처럼 불명확한(또는 무제한적)인 것은 아니다. 왜냐하면 (우리가 보아온대로) 순간성은 모든 실재사물, 모든 궁극적 실재의 바로 그 본질－하나의 푸른색 헝겊 또는 어떤 다른 대상(실재적인 대상)의 근저에 놓여있는－이기 때문이다. 따라서 (일반적 존재로서의 무제한적 사물과 같은 것의) 배제로 표현할 수 없는 어떠한 것도 인식될 수 없다》. 다르모타라는 하나의 사물을 일반적 존재로서의 모든 것을 포괄하는 그러한 특징과 대조할때 명확하지 않은 것은 그 어떤 것도 인식될 수 없다고 말하려 한다. 인식은 하나의 명확한 사물을 무제한적인 것이 아니라, 다른 명확한 사물과 대조하는 것이다. 다르모타라[31]는 계속해서《그러나 그때 부정(또는 비존재)는 그 자체가 (전적으로) 불명확한 것이 아닌가?》라고 묻고있다.(즉 비－A는 무제한적인가?) 그리고 다음과 같이 대답한다 :《왜 그것은 반드시 불명확해야만

31) NBT., 70쪽 3행.

하는가? (왜 비-A는 일정한 틀이 없어야 하는가?) (우리가 이해하고 있는대로) 부정은 상상된 현존의 부정이고, 그것은 그것이 (명확한) 실재대상이라는 명확한 형식으로 제한되는한 명확한 모습을 갖는 상상된 부존이기 때문이다》. 따라서 다르모타라는 무제한적 존재로서와 마찬가지로, 무제한적 부정으로서는 어떤것도 실제로 인식될 수 없다고 주장한다. 지식의 본질은 제한이고, 모순율은 사유의 근본적인 법칙인데, 그것은 우리들의 사유는 서로가 서로의 완전한 부정을 의미하는 두가지 상상된 부분, 즉 모든 경우의 존재에 있어서 이분법에 의하지 않고서는 작용할 수 없다고 말한다. 《유효한 반대》의 법칙과 《다름》의 법칙은 의존적 법칙이고, 모순율의 직접적인 귀결이다.

5. 모순율과 다름의 법칙에 관한 다른 공식들

불교도들이 그들의 존재론에 있어서 모순율과 다름의 법칙을 파악하는 방식의 커다란 중요성은 이미 간단히 말한 바 있다. 그것은 순간적 존재의 이론을 확립함에 있어서 그들의 주요한 논의 중의 하나이다. 그들의 적대자들, 곧 바라문 계열의 학파들과의 끊임없는 논쟁에서, 불교도들은 거의 모든 단계에서 그들의 모순율에 호소하고 있다. 그것은 일반적으로 모순술어[32]의 법칙으로 불리워지는데, 그 이름 하에서 그것의 다른 모든 양상들, 즉 유효한 반대,[33] 논리적 반면(**Antiphasis**),[34] 다름의 법칙,[35] 동일률,[36] 배중률[37] 과 같은 것

32) *viruddha-dharma-saṃsarga*(또는 *adhyāsā*)=*lākṣaṇika-virodha.*

33) *saha-anavasthāna-virodha*=*nivartya-nivartaka-bhāva.*

34) *Paraspara-parihāra.*

35) *anyatva*(=*niṣiddha-ekatva*)-*virodha.*

들이 공통적으로 이해된다. 그것은 대개 조건명제로 표현된다.《차가움과 뜨거움처럼 모순되는 질들로 에워싸인 것은 다양하다.》[38] 처음에 자명한 이치로 보이는 이 명제의 진정한 의미는 두가지 사물은 다른 사물이라는 것이 아니라, 하나의 사물, 또는 하나의 개체를 의미한다고 생각되는 것이 두가지의 모순되는 질을 가지고 있다면, 그것은 실제로 하나의 사물이 아니라, 두개의 사물이라는 것이다. 이것은 우리에게 하나의 사물은 한번에 두가지 모순되는 질을 가질 수 없다는 공식을 가져다 준다. 만약 우리가 동일한 질의 현존과 부존이라는 말 대신에 《두가지 모순되는 질》이라는 말을 사용한다면, 우리는《동일한 것이 한번에 동일한 것과 동일한 점에 속하면서 속하지 않는[39]것은 불가능하다》라는 아리스토텔레스의 공식을 갖게 될 것이다.그러나 이것의 의미는 불교도들이 그들의 공식에 부여하고 있는 의미와는 상당히 다른 것이다. 아리스토텔레스에 따르면, 동일한 것은 상이한 시간과 점에서 동일한 것에 속하고 속하지 않을 수 있다. 또는 동일한 것은 상이한 시간에 두가지 모순된 질을 가질 수 있다 ; 사물은 하나의 순간에 차가울수 있고 다른 순간에는 뜨겁게 될 수 있다.[40] 불교도들에 의하면 하나의 사물은 결코 두가지 모순된 질을 가질 수 없다. 그것이 그것들을 가지고 있는 것처럼 보인다 할지라도, 그것은 실제로 동일한 사물이 아니

36) *ekātmakatva-virodha.*

37) *tṛtiya-prakāra-abhāva.*

38) SDS., 24쪽을 참조하라.

39) ύπάρχει.

40) 우리는 헤라클레이투스의 단편에서 동일한 예들을 보게 되지만 이것은 뜨거움과 차가움은 공존하거나 또는 똑같은 것으로 함축되어 있다는 것을 의미한다(또는 의미하는 것으로 추정된다). 그것은 모순율에 반하는 보기로 덧붙여진 것이다.

고, 두가지 전혀 상이한 사물, 즉 차가운 것과 뜨거운 것이 있는 것이다. 불교도들의 입장은 그 밖의 다른 것이 될 수 없다. 하나의 사물이 영구적인 물질과 그것의 변화하는 질들로 이루어져 있을 때, 질들은 변화할 수 있고 그 사물은 동일하게 남아있을 것이다. 그러나 물질이라고 하는 것은 전혀 없고 사물은 단지 지나가는 질들로 이루어졌다면, 그 질의 모든 변화는 그 사물의 변화가 될 것이다. 우리는 단지 《다름》이라고 하는 것은 모순 속에 포함되어 있다는 것을 모순율의 분석에서 보았다. 노란색이 푸른색과 단지 다르고 모순되는 것이 아니라고 한다해도, 그것은 모순적인 것인데, 왜냐하면 노란색은 비-푸름 속에 포함되어 있는 것이고 모든 비-푸름은 푸름에 모순되는 것이기 때문이다. 따라서 모순적인 질들을 가진다는 것은 단순히 다르다는 것을 의미하는 것이다. 따라서 다른 것 속에 있는 하나를 포함하지 않는 두가지 다른 질들을 가지고 있는 사물은 하나의 사물이 아니고, 두가지 분리된 사물을 의미하는 것이다. 또 하나의 약간 다른 공식은 다음과 같다 : 《모순적인 질을 가진 결합으로부터 사물은 다른 것이 된다》.[41] 즉, 하나의 사물은 양립할 수 없는 질들과 결합될 때, 그것의 동일성을 잃거나 다른 사물이 된다. 그러면 양립할 수 없는 질들은 무엇인가? 그것들은 시간, 공간 그리고 본질(지각할 수 있는 질 등)이다. 하나의 사물이 하나의 시간에 존재한다고 하면 그것이 다른 시간 또는 순간에 존재한다고 가정하는 것은 모순이다. 하나의 사물이 하나의 장소에 존재한다고 하면, 다른 장소 또는 점에 있는 그것의 존재를 가정하는 것은 모순이다. 사물이 하나의 내용 또는 본질을 갖고 있다면, 그것이 상이한 내용을 갖고있는 《다른》 대상과 동일한 것이라고

41) NBT., 4쪽 2행 이하 ; 번역, 8쪽.

생각하는 것은 모순이다. 푸른색 그 자체인 것은 결코 비－푸름이 될 수 없으며, 수천의 숙련공들도 푸름 그 자체를 비－푸름으로 변화시킬 수 없다. 물론, 이것은 한 사물의 색깔이 일상생활에서 바뀔 수 없다는 것을 의미하는 것은 아니고, 푸름 그 자체가 비－푸름이 될 수없다는 것을 의미하는 것이다. 푸름의 동일성은 그것만으로 존재하는 것이 아니라, 그것은 비－푸름에 대한 그것의 모순이라는 토대 위에서 구성되어있는 것이다. 모순율은 푸름의 실재를 파괴하고 동시에 그것은 비－푸름에 대한 그것의 반대라는 토대 위에 관념을 구성한다.

모순율의 또 하나의 공식 또는 거증(擧證)이 다음의 논의로부터 나온다.[42] 《치워진 것》[43]은 무엇이나 또한 《드러난 것》[44]임에 틀림없고 그것은 치워진 그만큼 정확하게 드러나는 것이다. 예를 들면, 하나의 루비는 그것이 치워지자마자, 즉 비－루비, 황옥에 반대되자마자, 드러나고, 즉 분명히 나타나고, 그것은 치워진 그만큼 정확하게 드러나는 것이다. 루비에 대한 표상, 또는 개념의 내용들은 정확하게 그것이 비－루비에 반대되는 만큼 ; 정확하게 비－루비에 포함되어 있는 속성에 의지하여 명확하게 될 것이다. 그러나 이 법칙은 루비의 시간및 공간적 조건들을 가리키기도 한다. 왜냐하면 루비는 단지 어떤 시간, 공간 그리고 감각자료라고하는 조건들로 이루어져 있는 것이기 때문이다. 루비의 시간은 다른 모든 시간들 －주어진 시간을 제외한 다른 모든 순간들－의 배제에 의해서 결정될 것이다. 그것의 공간적 조건도 마찬가지이다. 따라서 그것은 궁극적 실재의 한 찰나점, 즉 이 어떤 것(*Hoc Aliquid*)으로 축소될

---

42) NBT., 69쪽 22행 이하와 Tātp., 92쪽 15행 이하.

43) *paricchinna*＝*rnam-par-chad-pa.*

44) *vyavacchinna*＝*yons-su-chad-pa.*

것인데, 그것은 아무런 지속도 갖지 않을 것이고 나타나자마자 사라질 것이다. 그러므로 불교의 모순율은 어느 정도 루비의 실재를 보증하는 것인데, 그것은 물자체로서의 실재적 동일성을 파괴하는 대가를 치루고 나서야, 하나의 현상으로서의 그 관념적 동일성을 보증하는 것이다. 그러나 예를들면 푸른색과 연꽃, 더 정확히 말해서 주어진 점의 《푸름임(bluness)》과 《연꽃임(lotusness)》처럼, 서로 《다르지만》, 모순이 아닌 조건과 개념들이 있다. 그것들은 양립할 수 없는 것이 아니고, 동일한 사물에 있어서의 그것들의 공현존(compresence)은 모순이 아니다. 불교도들의 용어에 의하면 그것들은 동일한 것이다. 이 부분에 관한 불교의 교의는 결과적으로 검토될 것이다.

6. 다른 인도학파들의 모순에 관한 견해

모순술어의 법칙[45]이라는 이름으로, 인도에서의 모순율은 특히 불교적인 법칙이었다. 다른 학파들이 사유의 근본적인 법칙들 중에서 이 《가장 잘 알려지고 설득력있는 것》을 부정하거나 무시한 것은 아니지만, 그들은 불교도들이 그 문제에 달라붙기 전까지는 설명을 필요로 하지않는 자명한 것으로 생각했던 것처럼 보인다.

바이쉐시카 체계의 잠언들은 서로 반대라는 끈으로 연결되어 있는 실재사실들 사이에 있는 실재적 관계로서의 모순이라는 교의를 포함하고 있다.[46] 그것은 분명히 다양한 인과관계로 간주되는 실재적 또는 역동적 반대이다. 그 체계의 정말로 논리학적인 부분에서

45) *viruddha-dharma-saṃsarga.*
46) V.S., III, 1. 10－12.

조차 논리적 모순에 관한 언급은 없다. 우리가 보아온대로, 모순의 논리적인 이유는 그 체계 속에서는 불교도의 영향에 의해서 특수한 논리적 오류로서 도입된 것이었다.[47] 반대로 니야야 체계의 잠언들은 실재사실들 사이에 있는 하나의 관계로서의 모순을 무시하지만, 모순되게 하는 이유라고 불리우는 논리적 오류에 관한 교의가 포함되어 있다.[48] 그러한 이유는 대응자의 명제를 파괴하는 이유이다. 그것은 두가지 판단의 모순, 즉 다른 것이 긍정하는 것을 부정하는 것이다.

상키야 체계도 실재사실들 사이에 있는 다양한 관계 속에서 모순, 또는 반대의 관계를 포함하고 있는데,[49] 그것은 이 점에서 바이쉐시카 체계와 동일한 수준에 있는 것이었다. 우리는 상키야가 내속이라는 범주에 반대하는 싸움 속에서 불교도들의 동맹자였으므로,[50] 모순의 조건 이론에서 어느정도 공유하는 것이 있었을 것이라고 기대할 것이지만, 그들의 남아있는 기록 속에서 그러한 논리학적 이론의 흔적을 찾아볼 수 없다.

우리가 보아온대로,[51] 불교도들에게 있어서 모순율은 순간적 존재의 이론을 위한 주요한 논의들 중의 하나를 산출하는 것이다. 하나의 실재가 양립할 수 없는, 곧 서로 배제적인 시간의 순간들과 서로 배제적인 공간의 점들을 포함하고 있다면, 그것은 단 하나의 찰나점으로 축소된다. 이 논의에 대한 대답으로서 니야야 학파는 모순율에 대한 자기들 나름대로의 정의를 내리고 있다.[52] 그것은

47) 위 522쪽을 참조하라.
48) NS., 1. 2. 6.
49) Tātp., *131*쪽 *27*행.
50) Tātp., *131*쪽 *15*행.
51) 위 174쪽 이하를 참조하라.
52) *Jayanta,* 60쪽을 참조하라.

다음과 같다 : 두가지 사물이 동시에 그리고 동일한 장소에서 결코 공존할 수 없다고 하는 것이 모순의 의미이다. 그것은 원칙적으로 《하나이면서 동일한 특징이 동시에 동일한 사물에 속하면서 속하지 않을 수는 없다》, 또 《동일한 장소에 사물이 동시에 존재하면서 존재하지 않을 수는 없다》라는 공식과 다른 것이 아니다. 실재론자들에게 있어서, 존재와 비존재는 대상들로서 똑같이 실재하는 것이므로, 동일한 공간과 시간에서의 그것들의 동시적 현존은 불가능하다. 이 공식은 두개의 상이한 물체가 동시에 동일한 장소를 점유하는 것은 불가능하다라는 원리에 근거하고 있는 것이다. 따라서 모순의 논리적 원리는 물질의 불가입성이라는 물리에 토대를 두고 있는 것이다. 다르모타라는 이것은 역동적 모순율－그것은 바로 모순율의 의존적 부분, 즉 비교적 제한된 적용범위만을 갖는 부분이다－에 있어서조차 올바른 공식이 될 수 없다고 말한다.[53] 모든 원자들은 동일한 장소를 점유할 수 없다, 즉 하나는 다른 것이 동시에 존재하고 있는 장소를 점유할 수 없다는 공통의 특징을 가지고 있다고 그는 말한다.[54] 그러나 이것으로 충분하지는 않다. 유효한 대립은 이것, 즉 한정된 장소에 있는 한 사물의 《지속》은 방해받거나, 다른 사물의 지속에 의해서 유효하게 대립되는데, 그것은 그것의 위치 밖으로 전자를 격퇴하고 그 장소를 점유하려고 한다는 것에 있다.

분명히 매우 이른 시기에 〈자이나교도들〉은 모순율에 관하여 다른 입장을 취했다. 그들은 단호하게 모순율을 부정한다. 불교와 상키야 학파의 창시자들 사이에 전투가 절정에 달했을 때, 후자는 《모든 것은 영원하다》, 왜냐하면 물질은 영원하기 때문이다라고 주

53) NBT., 69쪽 5행 이하를 참조하라.
54) 같은책.

장했고, 전자는 물질은 하나의 허구이기때문에, 《모든 것은 비영구적이다》라고 대답했다. 자이나교도들은 《모든 것은 영원하기도 하고 비영구적이기도 하다》라고 주장함으로써 양쪽에 반대했다. 이 이론에 따르면 주어의 속성을 전적으로 긍정할 수도 전적으로 부정할 수도 없다. 긍정과 부정 양자는 허위다. 진정한 관계는 긍정과 부정 사이에 있는 중도적인 것이었다. 그리이스의 〈아낙사고라스〉의 교설처럼, 이 부정은 모순율에 대해서라기 보다는 배중율에 보다 더 촛점을 맞추고 있는 것처럼 보인다. 그러나 보편과 특수의 문제에서 자이나교도들은 모순율에 직접 도전하는 태도를 택했다.[55] 그들은 구체적 대상은 특수화된 보편이고, 동시에 보편자이면서 특수자라고 주장했다. 그것은 또한 초기 불교부파의 하나인 〈독자부〉의 입장이기도 하다. 그들은 소승의 원리에 반대했는데, 그것은 영혼을 부정하고 인격의 오직 분리된 요소들의 존재, 즉 약속되어 있는 나타남이라고 하는 인과법칙들에 의해서 배타적으로 결합되어 있는 요소들을 주장했다. 그들은 그러한 요소들로 구성되어 있는 인격은 참된 중도적인 것이라고 주장했는데, 그것은 동시에 존재하면서 존재하지 않는 것을 주장한 것이었다.[56] 일원론적 미맘사 학파와 베단타 학파의 모순율에 대한 무시는 다음에 언급될 것이다. 이 장에서 설명된 것으로부터 모순율은 경험의 영역을 넘어서, 즉 물자체의 영역에 까지 힘을 미치지는 못한다는 것은 이미 분명한 것이다. 다르모타라는 실재적이든 비실재적이든 간에 모든 대상들은 모순율에 지배되고 있다고 말하지만,[57] 이와 관련해서 역동적 반대의 조건적 실재를 언급하고 있다. 차가움과 뜨거움은 두 개의 찰나점을 〈지시

55) TS.와 TSP., 555쪽 5행 이하 : Šlokav., Šūnyav., 219를 참조하라.
56) AK., IX와 Soul Theory of the Buddhists를 참조하라.
57) NBT., 70쪽 22행을 참조하라.

하는〉 것이기 때문에 모두 실재적인 것들이지만, 그것들이 두 개의 찰나점 그 자체인 것은 아니다. 이러한 종류의 반대는 다만《지속》을 가지고 있는 대상들에만 영향을 미치므로, 물자체로 확장될 수 없는데, 그것은 지속을 갖지않는 대상이다. 절대적 실재 속에는 모순이 있을 수 없는데, 왜냐하면 여기에서 모순되는 부분들은 하나로 합치되기 때문이다.

7. 유럽의 몇몇 유사한 이론들

지그바르트는 동일성, 반대와 모순이라는 용어에 대한 그의 절망을 표현하고 있다.《이러한 용어들은 철학에서는 쓸모없는 것이 되었는데, 언어의 바빌로니아적 혼동이 그것들의 적용에 군림하고 있기 때문이다》라고 그는 말한다.[58] 우리가 본대로, 실용적인 영국인 케인즈(J.N. Keynes)는《부정을 설명하려는 어떠한 시도도 분명해지기는 커녕 애매해지기 쉬우므로》, 부정이라는 주제에 손대지 말라고 충고하고 있다.[59] 그러나 이러한 희망적이지 못한 사정은 인도의 견해와 비교해 보려는 시도 속에서, 즉 그러한 대조가 그 주제를 애매하게 만들 것이라기 보다는 분명하게 할 수도 있을 것이라는 기대에 있어서, 우리를 단념하게 만드는게 아니라, 도리어 고무한다.

a) 배중률

동일율, 모순율, 배중율이라고 하는 근대 유럽논리학의 사유에

58) Logik[3], I, 167－168쪽 ; I, 108쪽을 참조하라.

59) Formal Logic[4], 120쪽.

60) *viruddha-dharma-saṃsarga＝virodha.*

관한 세가지 기본적인 법칙들에 대하여, 우리가 인도쪽에서 대응하는 것으로 볼 수 있는 것은 다만《모순술어를 결합시키는》원리라고 불리우는 모순의 법칙 하나일 뿐이다.[60] 이러한 사정은 원리(*arxh*), 즉 인간의 모든 사유 중에서《가장 설득력있고 가장 잘 알려진》원리로서 모순율만을 선정하고 있는 아리스토텔레스의 견해와 일치하는 것이다.[61] 그에게 있어서 다른 두 법칙은 그것의 결과 또는 국면들에 지나지 않는 것이다. 실로 모순율이라고 하는 것은 배중율일 뿐인데, 모순(*antifasiz*)은 바로 두가지의 모순적인 반대자들 사이에 아무 것도 없다는 사실에 의해서 순전한 반대와는 구별되는 특징을 갖는다. 다르마키르티[62]는《모순은 완전한 상호배제이다》라고 말한다.[63]《완전한》배제는 바로 중간에 있는 모든 것의 배제이다. 아리스토텔레스도 똑같이 말하고 있다 :《모순의 반대되는 부분들의 중간에는 아무 것도 없다.》[64] 우리가 보아온대로, 모든 인식은 다른 사물들과 구별되고 같은 사물들 사이에 놓여있는 실재의 한 점에 대한 인식이다. 같은 것들은 동일율에 의해서 결합된 것이고, 그것들은 모순의 원리에 의해서 다른 것들과 구별되며 배중율에 의해서《완전히》구별된다.[65] 그러나 이 세가지가 상이한 원리인 것은 아니다. 배중율은 그것의 세가지 적용 중의 하나인 기본적인 원리이다. 우리가《이것은 푸르다.》[66]라는 판단으로 푸른 헝겊 조각을 인식할 때, 우리는 생산적 상상력의 본원적인 기능에 따라 논의영역

---

61) Sigwart, 앞의 책, I, 191을 참조하라.

62) NBT., 69쪽 21행 ; 번역, 193쪽.

63) *paraspara-pari-hāra*＝*pari-tyāga*, 같은책 ; pari＝완전한.

64) Metaph. I, 7, 1057 a 33-τῶν δ'dωτιχειμένων ἀντισάσεωύ μεν ούχ έσμ μεταζύ.

65) *tṛt̄iya-prakāra-abhāva*＝*sapakṣa-vipaksābhyām tṛtiya-abhāva.*

66) *Prāgbhavīya-vikalpa-vāsanā.*

에서 두 부분, 즉 푸름과 비-푸름을 구성한다. 푸름에 속하지 않는 모든 것은 반드시 비-푸름 속에 있을 것이다. 제3의 가능성은 없으며, 중간에는 아무것도 없다. 그것이 모순 대당의 본질이다.[67]

b) 이중부정의 법칙

다르마키르티의 정의로부터 또 하나의 매우 중요한 결론이 나온다. 모순은《완전한》배제일 뿐만 아니라,《상호》배제이다. 말하자면, A와 비-A는 각각 상호배제한다. 그것들 사이에는 그것만으로 부정인 것이 없는 것과 꼭 마찬가지로, 그것만으로 긍정인 것은 없으며, 그것들의 부정은 상호적인 것이다. 비-A가 A를 배제하는 것과 똑같은 정도로 A는 비-A를 배제한다. A가 비-A를 배제한다는 것은 다른 말로 하자면 A가 A의 배제를 배제한다, 왜냐하면 비-A는 A의 배제에 불과한 것이기 때문이라는 것을 의미하는 것이다. A가 비-A를 배제한다는 것은 A 그 자체가 A의 배제의 배제임, 즉 A=-(-A)를 나타내고 있음을 의미하는 것이다. 그리고 역으로(vice versa), A가 비-A의 배제를 나타내는 것과 똑같은 정도로 비-A는 A의 배제를 나타내는데, 그것은 다음과 같다 : A=-(-A)와 마찬가지로 (-A)=-A. 이것이 유명한 이중부정의 원리인데, 그것은 보다 적절하게 상호부정의 원리라고 불려야 하며, 상호부정은 라이프니츠-칸트적 공식에 따라 표현된 모순의 원리에 지나지 않는 것이다.

---

67) 아리스토텔레스가 그것에 부여한 이름, 즉 反面(Antiphasis)은 존재론적이기보다는 그것의 논리적 성격을 가리키는 말이다. 그것은《반대진술(Counter-speaking)》이지《반-존재(Counter-existence)》는 아니다. 그러나 그로테(앞의 책, 579쪽)는 모순율과 배중율은 둘 다 아리스토텔레스에게서 존재론은 물론 논리학적 의미를 가지고 있다고 생각한다.

배중율이 분리된 원리가 아니고, 그것이 모순율 그 자체인 것처럼, 이중부정의 원리도 또한 바로 모순율 그 자체에 지나지 않는다. 1) 《완전한》 그리고 2) 《상호》 부정으로서의 법칙에 관한 다르마키르티의 정의는 간단히 모순율은 1) 배중율과 2) 이중부정의 법칙이다라고 말한다.

상호부정의 법칙은 다음과 같은 형식으로도 말해질 수 있다. A=−(−A)인 것처럼, 바로 그렇게 (−A)가 A의 실제적인 공동단위로 생각된다면, −(−(−A))와 같아질 것이다. 그러면 그것은 3중부정의 법칙이 될 것이다. 〈산티라크쉬타〉는 《사람이 요리하지 않는 것을 그만둔다》라는 말은 그가 요리를 한다라는 것을 의미한다고 말한다.[68] 세번째 부정에 의해서(즉, 그가 요리하지 않는 것이 아닌 것이 아니다−he does not not-not-cook) 단념은 다시 나타난다. 네번째 부정에 의해서(즉, 그가 요리하지 않는 것이 아닌 것이 아닌 것은 아니다−he does not not-not-not cook) 이 단념은 취소되고 그는 요리한다 고 하는 것이 다시 재정립되는 것이다. 따라서 부정은 모든 긍정명제 속에 포함되어 있는 것이다. 실로 이중부정의 법칙은 계속해서 3중, 4중부정의 법칙이라고 불리울 수 있다. 중요한 사실은 모든 명제는 동시에 본래 부정적이라는 것이다. 세계의 영혼은 부정성(Negativity)이라고 헤겔은 말하고 있는데 그의 언명은 불교의 이론에서 약간의 부분적 지지를 얻고 있다.

그러나 지그바르트는 올바르게 《부정의 취소는 바로 긍정 그 자체이기 때문에, 바로 이 까닭으로 긍정과 부정 사이의 중간에는 아무것도 없다》는 것을 이해하고 있다.[69] 따라서 그는 이중부정의 법

68) TS., 354쪽 6행.
69) 같은책, I. 200.

칙을 배중율과 동일시한다. 그는 또한 배중의 원리와 이중부정의 원리 이 양자는 모순율과 함께 다만 부정의 본질과 의미를 분명히 하는데 복무할 뿐이라고 올바르게 말하고 있다.[70] 유일한 가장 일반적인 사유의 법칙이 있는데, 그것은 부정의 법칙이다. 아리스토텔레스는 적절하게 그것을 《모든 법칙들의 법칙》[71]이라고 부르고 있다. 불교논리학자들에 따르면, 이것은 인간의 사유가 변증법적이라는 것을 의미하는 것이다. 다음 장들 중의 하나가 불교의 변증법적 방법에 관한 설명과 고찰에 할애될 것이므로, 우리는 현재 모순율에 관한 진술과 유럽의 몇몇 유사한 이론과 불가분의 관계에 있는 이 짧은 지적에 우리의 설명을 제한하는 것이 좋을 것이다.

c) 동일율

이 법칙은 보통 《A는 A이다》 또는 《존재하는 것은 존재한다》라는 형식으로 진술되고 모든 논리적 긍정의 원리로서 주어진다. 그것의 결과인, 《A는 비A가 아니다》라는 형식으로 된 모순율이 모든 부정의 원리로서 여겨지는 것처럼 말이다. 그러한 공식들의 타당성이 문제가 되어왔다.

그 법칙은 때때로 진술의 차이에도 불구하고 의미의 동일성을 나타내는 것으로 이해된다. 그때 불교도들은 그것을 반대할 것인데, 왜냐하면 그들에게 있어서 언어적 차이는 논리학의 영역이 아니기 때문이다. 다르모타라는 《뚱뚱이 데바다타는 낮에는 아무것도 먹지 않는다》와 《그는 밤에 먹는다》는 두 명제가 동일한 사실을 표현하

70) 같은책, I. 202.

71) 부정의 법칙은 모순율과 같은 것이다. 그것은 첫번째 공리이다. 불행하게도 철학의 체계들만큼이나 그것의 궁극적 가치를 이해하는 많은 방법들이 있다. Metaph., 「,3. 1005 b.—'αρχὴ τῶν ἄλλων ἀξομχτων.

기 위해서 사용된 것이라면, 그것들은 아무런 추론도 포함하지 않는 것이고, 다른 언어로 동일한 사실을 포함하고 있는 것이라고 말한다.[72] 그것들은 논리학에서 고찰되어서는 안되는 것인데, 왜냐하면 논리학은 상이한 말들의 의미에 관한 것이 아니라, 인과를 통한 두 개의 상이한 사실들 또는 동일한 관계를 통한 두가지 개념들의 필연적 연관에 관한 것이기 때문이다. 따라서 동일율은 사물들의 어떤 지속이 상당해야만 하는 우리의 인식의 불변의 법칙을 의미하는 것이다. 〈바차스파티(Vacaspati)〉는 그것을 〈신성화된 재인식(Consecrated Recognition)〉[73]이라고 부르고 있는데, 그것은 나는《이것은 내가 전에 보았던 것과 같은 수정이다》또는《이 사람은 내가 다른 곳에서 본 데바다타와 같은 사람이다》라고 주장할 수 있다는 것을 의미하는 것이다. 그러한 불변성이 없다면 인식도 지성적 발언도 합목적적 행동도 전혀 가능할 수 없다. 불교도 자신들은 인식을 모순되지 않은 경험[74]－불변 또는 지속적인 경험을 의미하고 재인식 없이는 불가능한－ 이라고 정의한다. 그러나 언제나 운동하고, 변화하는 실재 속에는 불변과 동일성의 어떤 흔적도 없다. 불변과 동일성은 논리적인 것이고, 우리들의 머리 속에 있는 것이지, 객관세계에 있는 것은 아니다. 따라서 우리는 동일율 대신에 불교 속에서 동일적 구성의 법칙(law of Identical Construction)[75] 또는 동일적 객관화의 법칙(law of Identical Objectivization)을 갖는다. 동일한 사물들이라고 하는 것은 투사된 심상들이다.[76]

---

72) NBT., 43쪽 12행 ; 위 534쪽 주를 참조하라.

73) *pratyabhijñā bhagavati,* NK., 125쪽 8행을 참조하라.

74) *avisaṃvādakam samyag-jñānam,* NBT., 3쪽을 참조하라.

75) *ekatva-adhyavasāya＝kalpanā,* II권 406, 409쪽을 참조하라.

76) *alika-bāhyatva,* II권, 411쪽을 참조하라.

그러나 불교도들이 궁극적 실재에는 실재적인 동일성이라고 하는 것이 전혀 없다고 주장한다면, 그들은 똑같이 힘주어서 논리학에서는 변화라고 하는 것은 절대적으로 없다라고 주장하는 것이다. 형식들, 즉 실재 위에 놓여있는 일반적 본질들의 본성은 결코 변하지 않고 영원한 것이다. 세계 속에는 실재를 변화시킬 수 있고 그것을 비실재로 바꿀 수 있는 힘은 없다. 전능한 신 인드라(Indra) 자신도 사물들의 본질,[77] 즉 그것들의 실제적인 본성을 바꿀 수는 없다. 인식의 전 드라마는 플라톤의 체계에서와 마찬가지로, 절대적으로 변화하지 않는 형식과 항상 변화하는 실재 사이의 모순이라는 불교 철학 속에 놓여있다.

지그바르트는 다소 상이한 동일율을 제안하고 있다. 그것은 그의 판단론과 직접적으로 연관된 것이고 여기에서 고찰되어야만 하는데, 왜냐하면 그것은 불교논리학자들의 판단론 그리고 그들의 동일율과 흥미있는 대조는 물론 재미있는 일치의 특색을 보여주고 있기 때문이다.

지그바르트에 따르면 하나의 판단 속에는 주어와 술어 사이에 결합의 원리 그리고 이러한 결합에 객관적 실재와 불변성을 부여하는 원리인 동일율이라고 하는 것이 있어야만 한다.[78] 그것은 일치와 객관화의 법칙이다. 판단의 요소들 사이의 연관은 상응하는 실재의 객관적 요소들 사이에 있는 것과 동일한 것이라고 주장하는 실재론은 결단코 거부되어야만 한다고 그는 말한다. 실재는 결코 논리학과 일치하는, 즉 똑같고 동일한 것이 아니다. 주어와 술어는 객관적 실재 속에서 결합되어 있는 유기적 전체이다.[79] 오성은 그

77) NK., 124쪽 13행을 참조하라.

78) Sigwart, Logik³, I. 105이하 ; J.N.Keynes, 앞의 책, 451쪽 이하 ; Bradley, 앞의 책, 142쪽을 참조하라.

것들을 하나의 판단 속에서 재결합시키기 위해서 분리시킨다. 이성적 구별(distinctio rationis)에 상응하는 사실적 구별(distinctio realis)은 없다.[80]

그렇게 구성된 술어는 항상 하나의 보편인 반면에, 주어는 항상 유일한 것이다. 《보편은 나의 머리 속에서만 존재할 뿐인 반면에, 유일한 것은 오직 객관적 실재 속에서만 존재하는 것이다.》[81] 게다가, 외부의 대상들이 적어도 존재하는가 안하는가 하는 것은 논리학이 직접 연관되어있지 않은 형이상학적 문제이다.[82] 《이것은 눈(雪)이다》라는 판단은 주어와 술어의 통일 뿐만 아니라 상이한 사람들과 상이한 시점에 대하여 상이한 시간에 있는 《눈》이라고 하는 대상의 불변성이라는 의미에서의 그것들의 객관적 실재를 내포하고 있다. 판단의 구성적 기능은 우리가 실재론자들과 함께 독립적 실재는 우리의 표상 뒤에 놓여있다고 생각하건, 관념론자들과 함께 이러한 실재는 우리의 표상의 불변성이라는 단순한 사실로 축소된다고 주장하건 절대적으로 같은 것이다. 우리가 보아온대로 이것은 정확히 불교논리학자들의 견해이다. 그들은 판단은 이 양 경우에 있어서, 즉 우리가 외계를 인정하든지 안하든지간에, 여전히 정신적 구성이라고 하는 것을 인정하고 있다.[83] 따라서 불변성의 법칙은 동일율이라고 불리울 수 있다. 이 법칙은 모든 인식, 발언과 합목적적 행동의 필요조건이다. 그러나 지그바르트는 그러한 법칙에 동

79) 같은책. I. 104 – *Ungeschiedene Einheit* ; TSP., 157쪽 5행을 참조하라. – *Sarvā tmanā utpadyate.*

80) 같은책, I. 105.

81) 같은책, I. 107, 주석.

82) 같은책, I. 105 ; 디그나가의 말 *anumāna-anymeya-bhāvo na sad-asad apekṣate,* Tātp., 127쪽을 참조하라.

83) 위 112쪽을 참조하라.

일성이라는 이름을 붙이는 것에 반대하고 있는데, (의미없는 동어반복을 제외하고) 주어와 술어의 동일성은 결코 완전한 것이 아니기 때문이다. 몇몇의 논리학자들이 제안한 《부분적 동일성》이라고 하는 용어는 모순인데, 왜냐하면 부분적 동일성은 비동일성을 의미하기 때문이다. 따라서 그는 그것을 일치법[84] 또는 《병존(Unipositing)》의 법칙[85]이라고 부르기를 더욱 좋아한다. 우리가 보아온대로, 불교도들의 견해이기도 한, 판단을 객관화시키는 기능으로 보는 것과 관련해서, 지그바르트의 두마디를 주목해야만 하는데, 그것들은 인도의 견해와 매우 유사한 것이기 때문이다. 그는 일반적인 술어는 직관에서의 특수의 생생함과 비교해볼때, 항상 모호한 것이라고 말한다.[86] 그것은 주어의 구체적인 통일의 한 부분만을 가리킬 뿐이다. 또한 그는 동일성은 결코 그저 관찰의 반복에 의해서 산출되지 않고, 《그것은 두가지 또는 그 이상의 일시적으로 분리된 표상들의 사이에 있는 내용의 차이에 대한 부정에 의해서 산출된다》고 말한다.[87] 이러한 생각, 말하자면 동일성은 차이의 부정으로 축소되고 더이상 들어가지 않는다, 즉 그것은 결코 실제적 긍정이 아니다[88] 라는 생각은 우리가 뒤에서 보게될 것처럼 불교의 보통명사론(theory of general names)의 토대이다. 따라서 동일율 또는 일치법은 주어의 구체적이고도 생생한 실재와 술어의 모호하고도 일반적인

---

84) *Übereinstimmung.*

85) *In-eins-setzung.*

86) Sigwart, 앞의 책, III ; NK., 263쪽 12행—*na vikalpānubandhasya spaṣṭārtha-pratibhāsatā*를 참조하라 ; TSP., 553쪽 9행을 참조하라.

87) 같은책, I. 42 ; 이것이 *abheda-graha*라고 하는 실재론적 원리와 대조되는 *bheda-agrara*라고 하는 인도의 원리이다, Tātp., 56쪽을 참조하라.

88) 실제의 긍정은 오직 감각적인 것, 즉 실재이다. *vastu=vidhi=pratyakṣa=vidhi-svarūpa,* 위 301쪽을 참조하라.

관념성 사이의 결합이라는 사실을 설명하기 위해서가 아니라 적어도 고정시키기 위해서 가정된 것이다.

우리는 불교도들이 이 사실을 동형화의 법칙(law of Conformity)[89] 이라는 이름으로 부르고 불교의 모든 판단론이 이 법칙에 기초를 두고 있다는 것을 보았다.

불교도들이 동일율이라고 부르는 것은 본질적으로 다른 것이다. 동형화의 법칙은 모든 지각판단, 즉 하나의 술어를 갖는 판단에만 적용되는 것이다. 동일율은 두가지 개념을 갖는 명확한 종류의 판단, 말하자면 분석판단에 적용되는 것이다. 하나의 개념을 갖는 판단과 두가지 개념을 갖는 판단, 즉 불변성의 판단 사이의 구별의 커다란 중요성은 여기에서 고려되어야만 한다. 그러한 판단에서 주어와 술어 양자는 일반적이고도 모호하다. 주어의 구체적인 생생함은 부존한다. 그것들은 두개의 술어를 갖는 판단이라고 불리워질 수 있다. 그러나 지그바르트는 일치법이라고 하는 같은 이름 아래, 예를 들면, 《이것은 눈이다》와 같은 지각판단 속에 있는 주어와 술어의 연관 그리고 예를 들면, 《그 눈은 하얗다》와 같은 두가지 개념을 결합시키고 있는 판단 속에 있는 그것들의 연관을 배치하고 있다. 인도인의 관점에서 보면 이러한 것들은 매우 상이한 형식의 판단이고 그 근저에는 상당히 다른 원리들이 놓여있는 것이다. 두가지 개념을 결합시키는 판단은 그것들 사이에 있는 불변성의 판단이지, 그것들의 객관적 실재의 판단은 아니다. 객관적 실재는 다른 판단, 즉 다음과 같은《이것은 눈이다, 그것은 하얗다》 또는《이것은 하얀 눈이다》라고 하는 판단 속에 있는 것이다. 실재의 주어는《이것》이라는 요소 속에 포함되어 있다. 불변성,《눈》과《흼》을 연결시

89) *Sārūpya*, 위 340쪽을 참조하라.

키는 가능성은 실로 이 개념들의 객관적 관계의 동일성에 의존하고 있는 것이다. 이것이 실재의 동일율이지만, 그것은 우리들 판단의 한 부분에만, 말하자면 분석판단에만 관계된 것이다 ; 인도인의 해석에 의하면, 그것은 보다 적절하게 동일한 관계의 판단이라고 불리워야 한다.

지그바르트는 우리들의 모든 판단의 다른 반쪽을 포함시키기 위해서 그의 일치-동일성의 법칙을 확대하고 있다. 그는 다음과 같이 말한다[90]-《이 실재의 동일성은 상이한 시간에 있는 대상들의 차이를 배제하지 않는다.》《전에 잎으로 덮여있던 같은 나무가 지금은 잎이 없다.》《내가 청년으로 알고있던 동일한 사람이 이제 늙었다.》 이것은 불교철학에서 전적으로 다른 것이다. 이러한 판단들은 동일한 판단이 아니고, 분석적인 것도 아니다.[91] 그것들은 종합적 또는 인과적인 것이다. 그것들의 논리적 의미는《잎이 없는 나무가 있는 곳은 어디에나 전에 녹색의 나무가 있었다》,《이 나무가 잎이 없다고 한다면, 그것은 전에 녹색의 나무였다, 늙은 사람이 있으면 언제나, 그 늙은이가 생겨난 젊은이가 전에 있었다》. 하나의 대상이 상이한 시간에 동일할 수 있다면, 한계는 어디에 있는 것인가? 말라버린 나무가 이전의 어린 나무와 같은 것이라면, 어린 나무는 싹과 같은 것이고, 싹은 씨와 같은 것이며, 씨는 그것의 요소 등등과 같은 것이다. 우리는 곧장 (물질적) 원인과 결과 사이의 상키야적 동일성의 이론에 빠질 것이다.[92] 이것은 불교도들이 시초부터 가장 단호한 전쟁을 선포했던 법칙이다. 불교도들은 그들의 모순율, 말하자면《상호배제적인 속성들은 다른 사물들에 속하는 것이다》[93]라

90) 앞의 책, I. 109쪽.
91) *tādātmya-vat.*
92) *sat-kārya-vāda.*
93) *yad viruddha-dharma-saṃsṛṣṭam tan nānā.*

는 법칙으로 상키야의 동일율에 반대했다. 존재의 모든 순간에 있는 모든 대상은 다른 대상이다. 여기에서의 불변성은 논리적인 것이고, 그것은 차이를 무시하는 것이며, 그것은 실재의 불변성이 아니라 우리들의 생산적 상상력의 구성이다. 《일치》라고 하는 용어가 분석적 대전제 속에 있는 두 개념의 관계와 원인과 결과의 비동일적 객관적 관계 양자를 포함하기 위해서 사용된다면 잘못된 것이다. 분석적 대전제 속의 일치는 동일성에 기초를 두고있는 것이고, 종합적 전제 속에서 그것은 인과관계에 기초를 두고있는 것이다. 따라서 우리는 다음과 같은 것들을 구별해야만 한다. 1) 원인과 결과 사이의 동일성인 상키야의 동일율, 2) 실재의 하나이면서 동일한 점을 가리키는 개념들 사이의 동일성인 불교의 동일율, 3) 유일한 주어를 일반적 술어와 연결시키는 불교의 동형화의 법칙, 그리고 4) 지그바르트의 일치법, 그것은 분명히 지각판단과 동반판단 사이의 불충분한 구별에 기인한 이 모든 관계들을 혼동한 것이다.

동일율에 대한 다소 유사한 해석이 W.해밀톤(Hamilton)경의 논리학에서 보인다. 《A는 A이다》라는 법칙의 전통적인 설명에 따르기는 하지만, 그는 그것을 전체 개념과 내포 상의 부분들 사이에 있는 동일성의 주장을 의미하는 것으로 표현하고 있다. 이것은 심사파와 나무의 동일성을 우리에게 상기시키는데, 나무라는 개념은 심사파라는 개념의 속성, 또는 한 부분이기 때문이다. W.해밀톤 경은 이러한 동일성의 원리를 《모든 논리적 긍정의 원리》라고 표현한다. 그러나 J.S. 밀은 그것은 분석판단의 경우에서만 긍정의 성질에 대한 올바른 설명으로 인정될 수 있다고 정확하게 말하고 있다.[94] 그리고 나서 그는 계속해서 따라서 우리는 《관계들의 종류 만큼의

94) An Examination of Sir. W. Hamilton's philosophy(6판), 484쪽.

기본적인 원리들》을 가질 수 밖에 없을 것이라고 말한다.[95]

이 마지막 언급은 반어적이다. 밀씨는 관계들의 다양성은 무한하고 하나의 체계속으로 정리될 수 없다고 생각하고 있는 것이 분명하다. 그러나 불교도들은 매우 성실히 밀의 제안을 반복할 것이다. 그들은 관계를 필연적 의존으로 이해하고 두 종류의 기본적인 관계만을 인정할 뿐이다. 그들은 《관계들의 종류 만큼의 기본적인 원리들》을 갖는 필연성에 방해받을 수 없는데, 왜냐하면 관계들은 무한한 것이 아니고, 두가지 뿐이기 때문이다. 이 두 종류의 관계는 동일 또는 비동일의 원리에 근거한 것이다. 두번째 것은 바로 인과의 원리이다.[96]

d) 두가지 유럽논리학

엄격한 의미에 있어서의 모순율로 돌아가서, 우리는 유럽에는 두개의 논리학이 있는데, 그 하나는 모순율에 근거한 것이고, 다른 하나는 모순율의 무시에 근거한 것이라는 것을 말해야만 한다. 첫째는 무모순의 논리학, 즉 모순을 피하고 경계하는 논리학이다. 그것은 아리스토텔레스에 의해서 창시되고 그로부터 근대 유럽에 계승되었다. 그것은 칸트에 의해서 인식론으로까지 크게 확장되었고 지금도 계속해서 막대한 영향력을 가지고 있다.

다른 논리학은 모순의 논리학인데, 그것에 따르면 실재는 순전히

95) 같은책, 482쪽.

96) 밀의 분석판단의 영역은 불교도의 것보다 몹시 협소하다는 것에 주목해야만 한다. 그는 《종합판단에서 서술된 속성은 한 부분으로서가 아니라, 그 개념을 구성하는 속성들의 동아리를 동반하는 공통주어 속에 존재하는 것으로서의 사유이다》라고 말한다(같은 책, 484쪽). 그러나 《주어속에》 존재한다는 것은 바로 그것의 한 부분이라는 것이며, 공통의 객관적 관계를 갖는다는 말이다.

반대로 이루어져 있는데, 왜냐하면 모든 사물들은 반대에서 발생하고 상응하는 사유는 모순에 불과한 것이기 때문이다. 첫째 또는 실재의 논리학의 관점에서 볼 때, 이 두번째 논리학은 비논리학이라고 불려져야만 하는 것이다. 그것은 아리스텔레스 이전의 고대 그리이스에 존재했는데, 그에게 치명적인 타격을 받았다. 그러나 그것은 유럽의 중세에 N. 쿠자노(Cusano)의 손에 의해서 재발견되었고 지난 세기의 상반기에 헤겔의 체계 속에서 완전한 절정에 도달했다. 그 세기의 후반기에 비난받고 포기된 이후에, 요즘 그것은 적어도 몇몇의 철학써클 속에서 재생하려는 경향을 보여주고 있다. 헤겔은 그의 《대논리학》에서 일부러 인도인들을 가리키고[97] 그의 모순의 논리학을 지지하기 위해서 인도의 이론들을 인용하고 있다. 그는 소위 《공(空)》이라고 하는 불교교의를 인용하고 있다. 물론 그의 지식은 간접적이고 부족한 것이지만, 그는 이 공이라고 하는 것이 단순한 부정이 아니고, 순수한 궁극적 실재, 존재가 비존재와 동일하게 되는 실재의 적극적인 원리라는 것을 정확하게 알아맞췄다. 헤겔은 분명히 자기들 자신의 소중한 생각들을 더 이전의 것들로 소급시키는 많은 철학자들의 자연스런 경향에 의해서 인도되었다. 그러나 그의 짐작은 중관 체계에 대한 우리의 현재의 지식에 의해서 정당화되는 것이다. 우리는 그 체계에 특수한 저술[98]을 할애했으므로 여기에서 그것의 결과들을 반복할 필요는 없다.

e) 헤라클레이투스

불교의 끊임없는 변화의 이론과 에베소인 헤라클레이투스의 존

97) Wissenschaft der Logik, I, 68쪽(G.Lassón판).

98) The Conception of Baddhist Nirvāṇa(Leningrad 1928), 53쪽을 참조하라.

재론 간의 현저한 유사점은 이미 지적되었다. 보다 놀라운 것은 이 유사한 존재론이 모순율에 관하여서는 반대되는 결과에 이르렀다고 하는 사실이다. 헤라클레이투스는 무뚝뚝하게 이 법칙을 부정했던 반면에, 불교도들은 우리가 보아온대로,[99] 그들의 순간적 실재의 이론을 확립하는 강력한 논의로서 그것에 호소했다. 실로, 불교도들처럼 헤라클레이투스는 궁극적 실재는 흘러가는 실재라고 주장했다. 그 안에는 고정성이라고 하는 것은 전혀 없다. 그것은 주어진 지점에서 결코 같지 않은 흘러가는 강 또는 《운율있게》 나타나고 《운율있게》 사라지는 번쩍이는 불에 비유할 수 있다.[100] 그것의 번쩍임은 《운율있게》 나타나는데, 왜냐하면 실재의 흘러가는 번쩍임을 통제하는 《조화》, 이성, 로고스, 일반법칙이 있기 때문이다. 그러한 한 이 이론은 불교도의 것과 다르지 않다. 조화라고 하는 일반법칙 하의 끊임없는 변화로서의 실재라는 개념은 의존적 기인의 여섯가지 규범(dharmata)에 따라 나타나는 순간적 요소(dharma)라는 소승적 개념과 매우 밀접하게 상응하는 것이다. 그러나 자연철학자인 헤라클레이투스는 실재의 변화하는 번쩍임이 녹아들어 있는 충만한 근본물질(ὕλη)의 존재를 믿었다는 커다란 차이점이 있다. 따라서 그의 끊임없는 변화의 이론은 불교라기보다는 보다 더 상키야류의 것과 유사하다. 그의 단편들 속에는 실체를 부정하는 어떤 흔적도, 실재의 절대적 찰나점이라고 하는 이론의 명백한 흔적도 없다.[101] 그의 《운율있는》 번쩍임은 아마도 약간의 지속을 갖는 실재의 작은 양일 것이다. 이것은 그의 인과론으로부터 분명한 것이다. 그는 《흘러가는》 실재는 끊임없이 《반대자로 되어간다(ἐναντι

99) 위 174쪽 이하를 참조하라.
100) ἁπτόμενον μέτρα χὰι ἀποσβεννύμενον μέτρα(Diels, 30).

δρομια)》 그리고 결과는 항상 원인의 반대라고 주장했다. 반대가 되기 위해서는 어느 정도의 명확성과 지속을 가져야만 한다는 것은 분명하다. 그것들은 불교도들의 것과 바로 같은 찰나점들일 수는 없다. 그것들은 명확한 특징을 가지고 있는 일시적인 번쩍임이다. 젖은 것은 마른 것이 되고, 뜨거운 것은 차가운 것이 되며, 빛은 어둠으로 변하고, 새것은 헌것이 되며, 삶은 죽음이 된다, 등등. 헤라클레이투스는 이러한 《반대자들(ἐνάντια)》은 그럼에도 불구하고 동일하다고 주장했다. 그가 제시한 대다수의 변화의 보기들이 간단한 인과관계로서 설명될 수 있고, 때때로 설명되어졌는데, 그가 원인과 결과는 모순이 아니라 반대라는 것과 동시에 그것들의 실재적 동일성을 주장했던 것은 확실한 것처럼 보인다. 이것도 그리이스 철학자와 상키야 사상 간의 현저한 유사성을 갖고있는 특징인데, 기본적인 상키야 원리들 중의 하나는 원인과 결과의 《동일성》, 즉 원인 속에서의 결과의 선재, 곧 그것들의 동시적 존재이다.[102] 물활론적 토대 위의 끊임없는 변화라고 하는 사상은 헤라클레이투스로 하여금 모순율의 무시 속에서 반대자들의 동일성을 주장하도록 만들었다. 반대자들의 항상 새로운 결합과 하나의 반대에서 다른 것으로의 영원한 변천을 그는 그것들의 공존과 동일성으로 해석했다. 아리스토텔레스는 헤라클레이투스의 방정식 속에 내재해 있는 논

101) 이 이론은 지속에 대한 헤라클레이투스의 부정 속에 포함되어 있고, 그것에 따르면 《있다(is)》와 《있지 않다(is not)》는 닮은 것이고 공동으로 참이지만, 다른 것의 배제에 대해서 따로따로 참인 것은 아니다. 따라서 존재의 각각 연속되는 순간은 서로 관계되어 있는 발생과 파괴를 포함하고 이것은 정확히 카말라쉴라가 말한 《모든 것은 그 자체의 파괴를 나타낸다》는 이론이다. 그러나 헤라클레이투스가 물질(ὕλη)을 부정한 증거는 없고 ; 그는 단지 지속만을 부정했을 뿐이다. G, Grote, Aristotle, 429쪽을 참조하라.

102) *Sat-Kārya-vāda*=*tādātmya-vāda.*

리적 오류를 밝혀냈다. 원인과 결과는 동일한 물질, 또는 동일한 물질적 원인의 현시이지만 동시에 존재하는 것은 아니다. 원인과 결과의 동일성은 시간이라는 요소를 무시함으로써만 확립될 수 있다. 헤라클레이투스의 모순율에 대한 무뚝뚝한 부정은 무엇보다도 우선 불교도들에게 있어서 실재의 본질적 부분인 것, 즉 찰나점, 곧 시간이라고 하는 계기를 무시하는 것에 근거하고 있는 것이다. 결과는 결코 원인과 동일한 순간에 속하는 것이 아니다. 모든 실재하는 사물은 그것이 원인인 한에서만 실재하는 것이고, 원인은 항상 결과에 앞서는 순간이다. 우리는 이러한 불교도들의 견해의 논리적 결론이 실재적인 지속의 절대적 부정과 모든 실재의 찰나점으로의 축소라고 하는 것을 보았다.

따라서 흘러가는 실재라고 하는 동일한 사상이 헤라클레이투스의 손에서는 모순율에 대한 부정으로 그리고 불교도들의 손에서는 그것의 확립으로 이어졌다.

헤라클레이투스가 원인과 결과 사이에서 발견한 반대는 다르마키르티가 확립한 첫번째 종류의 반대와 같은 것이다.[103] 그것은 뜨거움과 차가움 사이에 있는 것처럼, 역동적 또는 실재적 반대이다. 그것은 논리적 반대 또는 모순(*antiphasis*)과는 구별되는 것이다. 다르마키르티의 보기, 즉 뜨거움과 차가움 사이의 반대는 헤라클레이투스의 보기에서 보인다. 이러한 종류의 반대는 모든 실재사물이 아니라, 그것들 중의 몇몇의 것에만 존재하는 것이다. 우리는 인과관계의 한 경우로서 어둠이 빛으로 변하는 것을 다르마키르티가 어떻게 설명하고 있는가를 보았다. 〈카말라쉴라〉[104]는 반대 또는 모

103) NB., 68쪽 ; 번역 187쪽.

104) 위 613쪽에서 부분적으로 인용함 ; 여기에서 그 문장은 완전히 번역됨.

순(*virodha*)이라는 이름을 이러한 보기들에 적용하는 것은 전적으로 잘못된 것이라고 주장한다. 《예를 들면, 불이 차가움을 줄이는 원인인 것처럼, 다른 어떤 사물들 속에서 점진적인 단축의 원인이 되는 몇몇의 사물이 있다》라고 그는 말한다. 그러한 관계는 예를 들면 불과 연기 사이에서처럼 다른 쌍의 사물들 사이에는 존재하지 않는다. 첫번째 언급한 경우에는 바로 인과관계, 즉 현상의 단축을 산출하는 원인들이 있지만, 그럼에도 불구하고 오성이라는 기능이 무지라는 암흑에 의해서 흐려지는 공통의 인간성은 그것을 모순이라고 잘못여긴다. 따라서 사람들은 불을 차가움의 모순으로, 바람을 등불의 모순으로, 빛을 어둠의 모순이라고 생각하는 것이다. 그러나 궁극적 실재 속에서, 즉 궁극적으로 실재하는 사물들 사이에는 상호배제라고 하는 관계는 있을 수 없다. (궁극적으로) 존재하는 것은 결정적으로 한번 나타나고 그것의 본질상 결코 다른 실재로 변화할 수 없다. 만일 우리가 한 사물의 변화가 그 사물 자체와 다른 것인지 아니면 전자는 후자와 다른 것이 아닌지 하는 딜레머를 입증한다면, 이 양자의 경우에 하나의 실재는 다른 실재로 변화할 수 없다(하물며 그것은 비실재로 변화할 수도 없다). 실로 비존재하는 것은 실재적인 것이 아니므로 결코 그 밖의 다른 것으로 변화될 수 없는 것이다. 따라서 양 경우에 있어서(상대방이 실재이거나 비실재이거나 간에), (가정된) 모순은 실재적인 것일 수 없다. 이것이 스승(다르마키르티)께서 모순되는 실재들의 사이에 있는 반대를 논의할때 다음과 같은 방식으로 표현하신 이유다―《하나의 사실이 그것의 원인들의 총계가 손상되지 않는한 지속을 가지고 다음에 그것이 다른 사실이 나타나자마자 소멸할 때 ; 뜨거움과 차가움에 대한 감각과 마찬가지로, 그 둘은 양립할 수 없다(또는 유효하게 반대되는 것이다)는 것이 뒤따른다》. 스승께서는 양립할 수 없음(또는 유효한 반대)이 《뒤따른다》고 말하셨는데, 뒤따른다는 것은 그것이 우리들의 오성에 의해서 구성된 것이라는 것을 의미하는 것이고 ; 실재의 반대(찰나점들로서의 물자체들 사이에)가 있다는 의미는 아니다.

뜨거움과 차가움이 하나이면서 동일한 지속할 수 있는 실체의 변화하는 속성으로 생각될 때, 그것들은 인과적인 내적 연관으로 구성될 수 있는 것이고, 어느 정도까지는 시간이라는 조건을 무시함으로써 동일한 것이라고 선언될 수도 있지만, 실재가 순간적인 것으로 생각된다면 그 안에 실재적인 대립이라고는 있을 수 없다. 따라서 반대는 논리적인 것이고 모순율에 따른 오성에 의해서 구성된 개념들을 가리키는 것이다.[105]

f) 헤라클레이투스의 단편들 속에 있는 인과관계와 동일성

헤라클레이투스가 실제로 동일하다고 간주한 사물들의 《반대(ἐνάντια)》로서 그에 의해서 착상된 예들 중의 대다수는 인과관계의 예들이다. 새것과 헌것, 삶과 죽음, 뜨거운과 차가움은 동일한 물질 속에 있는 변화의 예들이다. 원인은 그것의 결과와 상관적인 것이며, 원인은 그 결과없이는 존재할 수 없다. 그것들은 상호의존적이다. 동일성이라는 관념이 모호하기 때문에, 상호의존은 쉽게 일종의 통일과 동일성으로 해석될 수 있다. 결과는 그것의 원인 《곁에(by)》 있는 것인데 ; 왜냐하면 그것은 어떤 원인없이는 존재할 수 없고 그것의 원인 《속에(in)》 존재하거나 선재한다고 말해진다. 철학사가들은 우리 시대 보다 몇세기 이전에 상키야 철학자와 유럽에서 19세기에 헤겔에 의해서 실행된 《곁(by)》에서 《속(in)》으로의 절대적으로 동일한 비약을 보게된다.[106] 이 비약은 그리이스에서 아

105) NBT., 70쪽 13행을 참조하라 ; 번역 196쪽.

리스토텔레스에 의해서 밝혀졌고 그로하여금 시간이라는 조건을 동일율의 공식 속으로 도입하게끔 만들었다. 그러나 결코 모든 헤라클 레이투스의 반대자들의 일치가 인과관계의 경우들인 것은 아니다. 그는 인과관계로 해석될 수 없는 다수의 동일한 반대를 인용하고 있다. 선과 악, 청결함과 더러움, 전체와 부분, 하나와 다수 등은 동일한 것이다. 이 모든 예들은 인과관계, 즉 시간에 있어서 서로를 필연적으로 뒤따르는 두 사물의 예가 아니라, 동일한 객관적 관계, 즉 상이한 관점에서 다르게 간주되는 동일한 것의 예이다. 집합으로서 통일인 하나의 사물은 부분들로 구성된 것으로 생각될 때 다수인 것이다. 동일한 사물이 한 관점에서는 선한 것이고 다른 관점에서는 악한 것이 될 것이다 : 청결함과 더러움, 쾌적함과 불쾌함, 운동과 휴지 등. 이러한 것들은 불교의 관점에서 볼 때 동일한 것으로 특징지워져야만 하는 경우들이다. 우리가 보아온대로, 동일성이라고 하는 것은 여기에서 객관적 관계의 동일성을 의미하는 것이다. 객관적 실재, 즉 사물은 하나이면서 같은 것이고, 동일한 것이다. 그것의 첨가된 특징은 그 관점에 따르자면 다른 것 또는 모

106) Phenomenology(Lasson판, 10쪽)의 서론에 있는 유명한 귀절을 참조하라. 거기에서 그는, 싹은 제거되고 꽃에 의해서 모순이 되는 것이며, 열매는 꽃이 그 식물의 왜곡된 실재라고 선언한다고 주장하고 있다. 그는 《이러한 형식들은 다를 뿐만 아니라, 그것들은 서로를 쫓아내고 서로 양립할 수 없다》고 말한다. 그러나 그것들은 유기적 전체의 불가분의 구성요소들이고, 그러한 의미로, 즉 한 식물이라는 동일한 개념 속에 포함되어 있는 것으로서 동일한 것이다. 인도인의 관점에서 볼 때 헤겔은 여기에서 다음과 같은 네가지 것을 혼동하고 있는 것이다. 1) 불과 연기 같은 단순한 인과관계, 2) 불과 차가움같은 유효한 모순의 관계, 3) 동시에 그리고 동일한 점에서의 차가움과 차갑지 않음의 모순, 4) 카말라쉴라가 설명하고 있는 대로, 《그 자체의 소멸》을 나타내는 사물속에서의 변천의 동일성, 즉 존재와 비존재는 하나로 합쳐져 있다. 이것은 서로 《곁에》있고 서로의 《속에》 있는 반대자들 사이의 무분별로 통한다.

순적인 것이기조차 하다. 헤라클레이투스의 단편들을 다르게 해석하고자 했던 바로 그 많은 역사학자, 철학자, 언어학자 중에서[107] 나는 두 동아리의 보기들 사이의 근본적인 차이점에 주의를 환기시킨 한 사람을 발견했다. 《이 단편들 속에는 두가지 구별되는 부문의 반대가 있는데, 그것은 헤라클레이투스의 마음 속에서는 혼동되고 있지만, 역사적으로 상이한 발전의 길로 이어졌다. 첫번째 것은 그것들 이 끊임없이 상호침투하는 것에서 일어나는 반대자들의 통일이다…… 그것들은 서로가 서로의 변형이므로 같은 것이다. 그런데 이제 우리는 이러한 추론이 적용되지 않는 다른 부문의 반대자들을 갖는다》라고 패트릭(G.T.W. Patrick) 은 말하고 있다. 그는 선과 악은 동일한 것이다 라고 말한다. 이것이 바로 상대성에 관한 프로타고라스적 교의로 발전된 반대자들의 동일성이다. 그것은 아리스토텔레스가 《같은 점에서》 (χατά τό αντό)라는 조건을 그의 법칙 속에 도입했던 두번째 부문의 반대자들의 동일성을 경계하는 것이다. 이 부문에 속하는 동일한 반대의 가장 그럴듯한 예는 하나

107) 그 해석이 모두 광범위하게 동요하고 있는 것은, 헬라클레이투스가 그 자신의 시대에서 조차 《애매하다》고 평가받는 철학자였고 그의 저술 중의 몇몇의 단편만이 우리에게 전해지고 있다는 것을 고려할 때, 전혀 놀랄 일이 아니다. 그럼에도 불구하고 그것은 밀(J.S.Mill)을 인용하면 다음과 같다. 《선배들의 견해에 관한 지식의 어떤 범위와 정확성도 한 사상가가 자기 자신의 마음 속에 존재하고 있는 관념들의 혼동을 소급함으로써 그 의미에 대해서 잘못 해석하는 것을 막을 수는 없다》. 유명한 라쌀르(F. Lassalle)는 이 단편들을 완전히 만개한 헤겔로 해석했고, 우리 시대에 너무나 힘이들고 꼼꼼한 어떤 저작 속에서 디니크(M.A. Dynnik, II na II ektnka 「ektuka 「epakπNTa Eфecckoro, Moscow, 1929)는 그것들을 완전히 만개한 마르크스(Karl Marx)로 해석했다. 마르크스 자신이 그러한 과장에 대해서 주장했던 것을 그는 엥겔스(F. Engels)에게 보내는 그의 편지 속에서 표현하고 있다. dadet I^r Febr. 1858(Briefwechsel, V. II, 242쪽).

108) G.T.W. Patrick, The fragmerts of two work of Heracleitus on Nature, Baltimore, 1889, 63쪽.

다수의 동일성인데, 이 동일성에 플라톤의 마음은 당황했고 그는 그것에 그의 가장 감명적인 면들(pages)을 할애했다. 양 부문은 항상 존재와 비존재의 동일성으로 축소되는 것으로 결합된다. 《같은 강에 들 어갈 때, 우리는 그 속에 동시에 들어가면서 들어가지 않고, 우리는 (그 속에) 존재하면서 존재하지 않는다》[109]라고 헤라클레이투스는 말한다. 반대자들의 동일성은 존재와 비존재의 동일성, 즉 헤겔의 가장 중요한 신조이다. 근대 논리학자들은 물론 아리스토텔레스는 동일한 사물이 《1) 동시에 그리고 2) 같은 점에서》 존재하면서 존재하지 않을 수는 없다고 주장함으로써 그것에 이의를 제기한다. 인도인의 관점에서 볼 때 여기에서 흥미있는 것은 우리가 모순율에 대한 헤라클레이투스의 부정이 근거하고 있는 사실들의 이중성은 물론 아리스토텔레스의 공식 속에서, 모든 추론 아니 모든 사유가 근거하고 있는 두가지 기본적인 관계의 차이점을 분명히 분간할 수 있다는 사실이다. 그것들은 인과관계 그리고 동일한 관계, 즉 상호의존의 두가지 필연적이고도 일반적인 관계인데, 그것은 또한 인도적 추론의 이론은 물론 인도의 범주표의 토대이다.

g) 엘레아 학파의 모순율

위에서 인용된[110] 카말라쉬라의 문장에서 우리는 인도철학에서 자주 보이는 논의, 즉 그리이스 철학에서 아리스토텔레스 이전에 크게 유행했던 것과 겉보기에 거의 같은 것처럼 보이는 논의를 만나게 된다. 그 논의는 《한 사물의 본질은 결코 변할 수 없다》는 것이다. 어떤 것이 그 본질상 하나의 실재라면, 그것은 결코 비실재로

109) Fragment 49ª by Diels.
110) 613쪽과 641쪽을 보라.

변할 수 없다. 비실재는 무이고,[111] 그것은 인과적으로 유효한 것도, 사고의 대상이 될 수 있는 것도, 가르칠 수 있는 것도 아니다. 한 사물의 본질은 바로 그것의 본질인데, 왜냐하면 그것은 시간과 상대성이라고 하는 조건에 지배되지 않기 때문이다. 어떤 것이 개체라면, 즉 그것이 하나라면, 그것은 바로 《전체적인 것》,[112] 즉 본질적이고 영원하며 무조건적인 것임에 틀림없는데, 그것은 《다수》, 즉 다수성이 될 수 없다. 세상에 있는 수백명의 공예가도 푸른색의 본질을 노란색으로[113] 또는 개체를 비개체로 바꿀 수 없다. 이 암묵적으로 인정받고 있는 원리는 왜 헤라클레이투스가 동일한 사물이 뜨거운 것과 뜨겁지 않은 것, 전체와 그것의 부분들, 단일성과 다수성 등이 될 수 있다는 것을 모순이라고 생각했는가하는 이유이다. 그리고 그것은 이 원리에 대항하는 아리스토텔레스가 왜 시간과 관계라는 조건들로 한 사물의 동일성을 제한하려는 필요성을 느꼈는가하는 이유이다 ; 하나의 사물은 동시에 그리고 같은 점에서 실재이면서 비실재일 수는 없다. 아리스토텔레스 이전에는 그문제는 풀 수 없는 것처럼 보였다. 파르메니데스는 비실재는 존재하지 않는다 라고 주장했고 상대적이고 변화하는 모든 사물들은 어떤 점에서 비존재를 포함하고 있으므로, 그는 움직이지 않는 전체만이 존재한다고 주장했다. 플라톤은 당황해서 일자이고 일자가 아니며, 다자이고 다자가 아니다(*Est unum, Non est unum, Est Multa, Non est Multa*)[114] 라는 모순적인 사지명제(tetralemma)의 해결책을 찾았는데, 왜냐하면 일자와 다자는 그에게 있어서 상대적일 수 없고 변화

111) TSP., 157쪽 7행을 참조하라—*asato avastutvān na kiṃcit kriyate.*
112) *Sarvātmanā,* 같은책.
113) Tātp., 339쪽 11행.
114) G, Grote, Plato, II, 302쪽 이하를 참조하라.

할 수 없는 절대형식이기 때문이다. 똑같은 이유로 그는 또한 운동으로부터 휴지로의 변천을 설명하는데 당혹했다. 그에게 있어서 운동과 휴지는 절대형식이고 세계의 어떤 공예가도 운동의 본질, 또는 형식을 비운동으로 바꿀 수 없으므로 ; 그 변천은 실재로부터 비실재로의 변천처럼 상상도 못할 것이 된다.

따라서 우리는 아리스토텔레스 이전의 그리이스 철학에서 아리스토텔레스의 것과는 전혀 다른 모순율을 보게된다. 최근에 이 문제를 상세히 제기하고 깊게 조사한 스벤드 라눌프(Svend Ranulf)씨는 두가지 상반되는 법칙을 말하고 있다. 아리스토텔레스 이전의 법칙은 《비실재는 결코 실재일 수 없는데 ; 그것은 어떤 점, 방식, 시간에서도, 어떤 조건과 관점에서 보아도 실재가 되지는 못한다》는 것이다. 아리스토텔레스도 《비실재는 존재하지 않는다》[115]고 말했을 것이지만, 이것은 그에게 있어서 《어떤 점, 시간, 조건 등의 아래에서 비실재인 것은 동일한 점, 시간과 조건 아래에서도 실재가 될 수 없다》 또는 그가 설명하고 있는 것처럼, 동일한 사물이 동시에, 즉 한번에 그리고 동일한 점에서 존재하면서 존재하지 않는다는 것은 불가능하다는 것을 의미할 것이다. 스벤드 라눌프씨는 《절대개념의 논리학(Logic of Absolute Concepts)》[117]은 유럽에 국한되어 있는 것은 아니다라는 가설을 말하고 있다.[116] 그는 《아마도 우리는 인도 철학에서 유럽보다 덜한 제한과 커다란 규모로 이러한 논리학이 성행하고 있는 것을 보게될 것》이라고 생각한다. 그런데, 불교도가 관련되어 있는한, 일원론을 확립하기 위해서 파르메니데스가 사용

---

115) Svend Rarulf, Der eleatische Satz vom Widerspruch(Kopenhagen, 1924), 160쪽.

116) 같은책, 207쪽.

117) 그가 부르는대로 하자면, *Die Logik der absoluten Vieldeutigkeit.*

하고, 영원한 형식을 지지하기 위해서 플라톤이 사용한 동일한 논의가 불교도들에 의해서 정반대의 목적을 위해서 사용되고 있다는 것은 매우 놀랄만 하다. 위에서 인용된 카말라쉴라의 문장은 그 논의상 순간적 존재의 이론을 지지하기 위해서 의도된 것이다. 우리는 불교의 논의가 나아간 방식을 보았다. 실재가 변화한다면, 즉 항상 그리고 필연적으로 변화한다면, 그것이 변화 그 자체라면, 존재한다는 것은 변화한다는 것을 의미하는 것이다. 만일 그것이 한순간이라도 변화하지 않는다면, 그것은 결코 변화하지 않을 것이다. 따라서 동일한 사물이 뜨겁고나서 차가워질 수는 없는 것이다. 뜨거운 것은 뜨거움의 본질을 가지고 있는 것이고, 그것은 《전체적으로》, 즉 영원히 뜨거운 것이다. 불교도들에게 있어서 그 결과는 뜨거움과 차가움은 두개의 상이한 사물이라는 것이다. 상이한 것이 동일한 것일 수는 없다. 《상이한 질을 가진 결합은 그 사물을 다른 것으로 만든다》[118)]－이것이 불교의 모순율이다.

h) 플라톤

불교의 체계와 플라톤의 체계를 비교할때 다음과 같은 점들이 우리의 주목을 끈다.

1) 양 체계는 지각적 세계의 흘러가는 실재와 그것의 형식 또는 개념의 불변의 고정성 사이에 관계된 것이다.

2) 따라서 모든 인식은 **x=A**[119)] 라는 유형의 판단으로 축소되는데, 거기에서 **A**는 결코 영원히 변치않는 어떤 것이고, －그것은 항

118) *Viruddha-dharma-saṃsargād anyad vastu,* **NBT.**, 4쪽 2행을 참조하라.
119) *Natorp, Platon's Ideenlehre, 151, 152, 390, 403, 408*쪽을 참조하라.

상 A이고 결코 비－A로[120] 변할 수 없는 것이다－반면에 x는 영원히 변하는 그 무엇이고, 그것은 결코 동일한 x일 수 없고, 항상 x로부터 비－x로 흘러가는 것이다.

3) 그러나 불교에서 두 세계 간의 관계는 플라톤의 것과는 정반대이다.플라톤에게 있어서 세계 또는 형식은 근본적인 것이고 영원히 변화하는 지각적 실재는 그것의 창백한 반영이다. 반대로, 불교 논리학자들에게 있어서 구체적 변화[121]의 밝고 생생함이 근본적인 세계인 반면, 안정된 개념은 그것의 모호하고도 일반적인 반영이다.

4) 따라서 플라톤에게 있어서 궁극적으로 실재하는 세계는 형식이라고 하는 지성적 세계이고, 변화의 지각적 세계는 그에게 있어서 궁극적으로 실재하지 않는 것이다. 반대로 불교도들에게 있어서 궁극적 실재는 그것의 부단한 변화 아래에 있는 단위로서, 그것은 감성적 찰나점이다. 다른 한편으로, 영속적인 개념의 세계는 그들에게 있어서 다만 상상 속에 있는 것일 뿐이다.

5) 양 체계는 실재에 대한 상이한 개념으로 출발한다. 플라톤에게 있어서 실재는 참, 즉 참으로 인식되는 것이다.[122] 동일성은 그것이 참이라면 또한 실재이다.[123] 불교도들에게 있어서 실재란 유효성이다.[124] 궁극적 실재는 극단적으로 다만 외부세계에 존재하는 구체적인 것과 특수한 대상일 뿐이다.[125] 관념들은 우리들의 머리 속에 있

---

120) 같은책, 155쪽.

121) *spaṣṭārthatā.*

122) Natorp, 앞의 책, 391쪽.

123) 인도에서는 니아야 학파가 이 입장을 공유하고 있다. (*yat prameyam tat sat*). 그것의 베일 아래 풍부한 형이상학적 실재들 그리고 무엇보다도 먼저, 실재적 시간과 실재적 공간이 비밀스럽게 실재들의 세계 속으로 도입되었다.

124) *yad artha-kriyā-kāri tat sat* ; *yā bhūtiḥ saiva kriyā.*

125) *bāhya＝artha-kriyā-kāri＝svalakṣaṇa＝paramārtha-sat.*

을 뿐이다. 실재는 비관념성[126]과 동일한 것이고, 관념성은 비실재와 같은 것이다. 참, 즉 참으로 인식되는 것[127]은 실재의 표시라기 보다는 궁극적 실재의 표시인데, 왜냐하면 궁극적 실재는 표현할 수 없고 인식할 수 없기 때문이다.[128]

6) 플라톤에게 있어서도 역시 감성적 특수자는 인식할 수 없는 것이고, 이것이 그가 그것의 궁극적 실재성을 비난하는 이유이다.[129]

7) 대다수의 플라톤의 대화 속에서 암묵적으로 인정되고 있는 모순율은 엘레아 학파의 것이다.[130] 실재는 결코 비실재가 아니다. 《그 자체》라는 관념은 언제나 《그 자체》, 《그것만으로》, 《그 자체와 같은 것》, 《영원히 존재하는 것》이다.[131] 그것은 모든 상대성을 넘어서 그 자체 속에 있다. 그러나 플라톤은 감성적 세계에 관하여 때때로 실로 아리스토텔레스적인 것과 동일한 형식의 법칙을 인용한다. 이 공식에 의하면, 실재는 《동시에》 그리고 《같은 점에서》라는 두가지 조건 아래에서만 비실재가 될 수 없다.[132]

8) 불교의 모순율은 엘레아 학파와는 정반대의 계를 갖는다. 엘레아 학파에게 있어서 무모순적인 것은 영원한 실재일 뿐인 것처럼, 불교도들에게 있어서 무모순적인 것은 감각적 찰나점일 뿐이다. 모든 지속, 연장, 한정, 개념은 《다름》, 즉 차이 또는 실재와 비실재를 동시에 포함하고 있으므로 반드시 모순을 포함하고 있는 것이다. 따라서 플라톤과 불교도들은 모순은 논리학이 실재에 적용될때 산

---

126) *paramārtha-sat*=*kalpanāpoḍha*=*pratyakṣa.*
127) *nĭścaya-ārūḍha*=*buddhy-ārūḍha*=*vikalpita.*
128) *anabhilāpya*=*jñānena aprāpya.*
129) S. Ranulf, 앞의 책, 150, 151, 152쪽을 참조하라.
130) 같은책, 147쪽 이하.
131) 같은책, 150쪽.
132) Natorp, 앞의 책, 154쪽 ; S. Ranulf, 앞의 책, 156쪽을 참조하라.

출되는 것이라고 하는 것에 동의한다.[133] 불교도들은 이러한 적용은 《절대적으로 다른 사물들 사이에 인공적인 유사점》을 구성함으로써 가능할 뿐이라고 말한다.[134] 감성적 실재 속에는 모순적인 조건의 부단한 혼동이 있고, 모순이 만연되어 있다. 동일한 사물이 큰 것과 작은 것, 선과 악 등과 같이 단일성과 다수성으로 나타난다. 그러나 플라톤에 따르면, 순수개념, 개념 《그자체》 속에는 아무런 모순도 없다.[135] 불교도들에 의하면, 《물자체》, 즉 순수감각과 존재론적으로 그것에 상응하는 찰나점 속에는 아무런 모순도 없다.[136]

이것과 관련해서 〈플라톤〉의 한 생각이 고려되어야만 하는데, 그것은 그것만으로는 이해가 어렵지만, 그것의 인도적 해결과 맞추어 볼때 다소 해명될 수 있다. 불교도들과 마찬가지로 플라톤은 운동하고 있는 대상은 휴지로 변할 수 없고, 휴지상태에 있는 대상도 운동으로 변할 수 없다고 생각한다.[137] 그러나 현재이든 과거이든 그

---

133) S. Ranulf, 앞의 책, 153쪽.

134) *atyanta-vilakṣaṇānām sālakṣanyam=sārūpyam.* 따라서 플라톤의 용어 παρονσια는 어느정도 산스크리어트 *Sārūpya*에 상응한다, S. Ranulf, 앞의 책, 180쪽을 참조하라.

135) Natorp, 앞의 책, 197쪽 ; S. Ranulf, 앞의 책, 158쪽.

136) 브래들리(앞의 책, 148쪽)는 이 점에서 분명히 칸트의 견해를 공유하고 있는데, 그것은 헤겔의 것과는 반대되고, 불교도의 것과는 다소 유사함을 가지고 있다. 따라서 그는 가공의 헤겔의 그에 대한 비난을 묘사하고 있다-《따라서, 모순에서 물자체라고 하는 이 가엾은 유령을 구하기 위해서, 전 세계의 현상, 즉 당신이 알거나 알수 있는 모든 것을 완전한 혼동 속에 빠지게 해야 한다》. 나는 브래들리가 불교의 물자체의 개념을 알고 있었다면 그의 견해가 무엇이었을지 궁금하다. 전 세계는 전혀 혼동 속에 빠진 것은 아니지만, 비변증법적인 찰나점이라고 하는 궁극적 실재와 덧붙여지고, 변증법적이며, 서로 모순적인 모든 상부구조들 사이에 구별이 있어야 한다. 그것은 바로 세계를 혼동으로부터 구하는 어디서나 현존하는 궁극적 실재이다.

137) 그의 Parmenides 속에 있음. G.Grote, Plato, II, 309쪽을 참조하라.

각각의 시간에, 그것은 운동하거나 휴지해 있는 것이 틀림없다 : 현재도 미래도 과거도 아닌 시간에서, 그것은 운동하거나 휴지해 있을 수 없다. 《따라서 현재도 과거도 미래도, 시간이라는 것은 변화의 이유가 될 수 없다. 그러므로 변화라고 하는 것은 무시간적인 것(ἐν χρόνω οὐδενι ουσα)》이다. 변화하는 것은 한번에 갑자기 변화한다 : 그것이 운동하지도 휴지해 있지도 않은 순간에. 《이 갑자기(ἐξάιφνηζ)란 시간의 흐름 속에서의 정지, 단절, 즉 탈시간적 조건인데, 거기에서 주어는, 그것의 새로운 속성을 가진채 다시 곧 소생하지만, 존재도 속성도 갖지 않는다 : 그것은 또한 전체적인 부정 또는 소멸의 순간인데, 그동안에 모든 속성을 가진 주어는 사라진다. 이 사이에 모든 술어들은 참으로 부정될 수 있고, 아무것도 참으로 긍정될 수 없다. 하나의 사물은 휴지해 있지도 운동하지도 않고 ; 닮은 것도 안닮은 것도 아니며 ; 그 자체와 동일한 것도 다른 것도 아니고 ; 일자도 다자도 아니다. 술어와 주어 모두 사라진다》. 카말라쉴라가 언급한 대로 《사물은 그 자체의 소멸이다.》 여기에서 플라톤은 보편과 영원한 형식을 위한 지지로서의 순간적 존재라는 불교사상과 매우 유사해지지 않는가? 그의 갑작스런 변화의 순간은 시간의 밖에, 즉 그것과 떨어져 있다. 이것은 그것이 어떤 지속도 갖지않고, 그것이 절대순간이라는 의미이다. 그것이 지속을 갖지않으므로, 그것은 순수한 질없는 존재이다. 그리고 그것은 동시에 비존재인데, 왜냐하면 그것은 그것이 나타나는 순간에 바로 사라지고, 다른 순간이 잇따르기 때문이다. 플라톤의 갑작스런 변화의 순간은 불교도들이 《다른 순간의 산출》이라고 부르는 것이지만,[138] 그것은 그것만으로서가 아니라, 이전 순간들의 결합된 연속과 연관되는 경우에만

138) *Vijātiya-kṣaṇa-utpāda.*

《다른》 것이다. 플라톤은 특수한 형식으로서의 시간의 객관적 실재를 인정한다. 불교도들에게는 이러한 시간은 존재하지 않는다. 각각의 순간은 변화의 순간이고, 따라서 변화는 존재의 영원한 형식이 된다. 플라톤이 눈에 잘 보이고 현저한 변화를 설명하는 것을 한 순간으로 인정하게 한 것은 영원히 계속되는 것이고, 그것은 순수 존재, 즉 안정된 심상들의 세계 밑에 있는 미묘한 변화이다. 이 절대적 변화의 순간은 아리스토텔레스의 모순율에 맞서는 것인데, 왜냐하면 그것은 동시에 창조와 소멸, 존재와 비존재를 포함하고있기 때문이다. 그로테(Grote)는 다음과 같이 정확하게 말하고 있다. 《이것은 라쌀르(Lassale)가 헤라클레이투스의 것이라고 생각하는 교의에 대한 하나의 설명으로서 나타난다 ; 부정성과 긍정성의 영원한 함의,—존재를 가진 비존재(*des Nichtseins mit dem Sein*) ; 각 특수자의 보편으로의 영원한 흡수 ; 그리고 반대되는 특수자로서의 영원한 재출현》.[139] 라쌀르는 헤라클레이투스에 대한 이러한 해석 속에서, 잘 알려진 바와 같이, 모순율의 부정을 헤라클레이투스의 반대자로 되어가는 것(ἐνατιοδρο μία)과 동일시했던 그의 스승, 헤겔의 뒤만을 좇았다.

따라서 우리는 인도철학 속에서 동일성과 비동일성, 변화없는 본질의 절대적 동일성과 변화하는 감각적 실재의 절대적 비동일성의 원리를 모두 보게 되는 것이다. 양자는 모두 순간적 존재의 이론을 위해 복무하고 있다. 첫번째 것은 엘레아 학파의 모순율과 유사한 것이고, 두번째 것은 불교의 모순율에 의해서 지지되는 것이다.

139) G, Grote, Plato, II, 309쪽 주석.

i) 칸트와 지그바르트

《모순이 없는》 실재적 반대와 《모순을 통한》 논리적 반대 사이의 분명한 구별—다르마키르는 이 구별을 힘주어 주장했다—은 부분적으로 동일한 논의와 예를 가지고 칸트의 젊은 시절의 《생활에서의 부정양의 적용》[140]이라는 논문 속에서 진술되고 있다. 그는 예를 들면 어둠과 비—어둠은 동일한 의미, 시간 그리고 주어 속에서 불가능한 것이라고 말한다. 두가지 다 《형이상학적으로는》 부정적인 것이지만, 논리학적으로 첫째 술어는 긍정이고, 둘째 술어는 부정이다. 그것들은 모순을 통해서 존재와 비존재로 연관되어 있다. 실재적인 모순 속에서 양 술어, 즉 어둠과 빛은 긍정이다. 하나는 다른 것에 모순적으로 반대될 수 없는데, 《왜냐하면 반대는 실재적인 것이 아니라 논리적인 것이기 때문이다.》 모순적 반대는 동시에 그리고 동일한 점에서의 존재와 비존재이다.

아리스토텔레스가 동시성 그리고 동일한 관계라는 조건들을 그의 모순율 공식속에 집어넣고 있는 것이 절대적으로 필요한 것이라는 것은 분명한 것이다. 그 법칙은 그것들 없이는 지켜질 수 없다. 예를 들면 같은 사람이 일생에 걸쳐서 다른 시간과 다른[141] 주어에 관해서 무식하면서 유식할 수는 있다. 그러나 그는 동시에 그리고 동일한 주어에 관해서는 유식하면서 무식할 수는 없는 것이다. 불교도들에게 있어서 이러한 조건들은 자명한 것인데, 왜냐하면 한 판단의 주어는 항상 찰나점, 즉 《이것》이라는 요소이기 때문이다. 《이 사람은 유식하다》, 《이 사람은 유식하지 않다》는 것은 동일한 찰나점을 가리킬 때 양립할 수 없는 것이다. 그러나 《이것은 심사파이다》,

140) *Versuch den Begriff der negativen Grössen in die Weltweissheit einzuführen*(1763), 25, 26(Kirchmann)쪽을 참조하라.

141) CPR., 125쪽.

《이것은 나무이다》는 것은 하나이면서 동일한 실재의 찰나점을 가리키는 것이 될 수 있다 ; 이들 술어 사이에는 양립할 수 없음이 있을 수 없는데, 왜냐하면 실체 또는 공내속(Coinherence)의 동일성이 있기 때문이다.

그러나 그러한 조건적 공식의 필요성은 그에 못지않는 칸트 같은 대가의 도전을 받아왔다. 그는 시간－조건은 어떤 실제적인 필요성도 없이 순전한 경망으로 아리스토텔레스에 의해서 도입된 것이라고 주장하기까지 한다 ; 《왜냐하면 순수하게 논리적인 모순의 원리는 시간에 의해서 그것의 적용이 제한되어서는 안되기 때문이다》라고 그는 말한다. 《순수하게 논리적인》 원리는 분명히 스벤드 라눌프씨가 절대개념의 논리학[142]으로 의도했던 것과 동일한 것을 의미하는 것이다.

그것은 그 법칙의 엘레아 학파적 공식으로의 회귀이다. 《A는 비－A가 아니다》라는 것은 논리적으로 파르메니데스의 《비－그것은 그것에 속하지 않는다(οὐχ ἔστι μὴ εἰναι)》에 이른다. 《무식한 사람이 유식하다고 말하고자 한다면, 동시에라는 조건을 덧붙여야만 하는데, 왜냐하면 어떤 때 무식한 사람이 다른 때는 매우 유식할 수도 있기 때문이다》라고 칸트는 말한다. 그러나 《무식한 사람은 결코 유식하지 않다》라고 말한다면, 그 명제는 분석적인 것인데, 왜냐하면 《무식》이라는 특질은 그 주어의 개념의 현 부분을 형성하고 있기 때문이고, 따라서 부정명제는 《동시에》라는 조건을 붙일 필요도 없이 모순의 원리로부터 곧장 분명해진다. 인도 논리학의 관점에서 볼 때 이 문제에서 중요한 것은 모순율 그 자체 뿐만 아니라, 불교도들에 의해서 이해되고 있는 판단론과 추론의 이론의 해명에 빛을

142) Logik der absoluten Vieldeutigkeit(＝Eindeutigkeit)der Begriffe.

던지고 있다는 것이다. 지그바르트는 칸트의 공식을 반박하고 그에 의해서 아리스토텔레스의 공식에 붙여진 혹평을 거부한다. 그는 칸트의 공식은 아리스토텔레스의 것과는 상당히 다른 것이라고 주장한다. 따라서 칸트의 비판은 《허공을 치는 것》이다. 칸트는 아리스토텔레스의 공식은 모순적인 두 술어에 적용되는 것이라고 매우 정확하게 말하고 있다. 그것들은 동시적으로 하나이면서 동일한 주어에 적용될 수는 없지만, 연속적으로 적용될 수는 있다. 따라서 그는 술어들 중의 하나를 주어로 바꿔서 《A는 비−A가 아니다》라는 두가지 개념을 가진 판단을 구성한다. 그러므로 그 판단은 분석적이고, 순수하게 논리적인 것이며, 그것은 시간의 영향을 받지 않고 절대조건 속에 있는 개념들을 가리키는 것이다. 아리스토텔레스의 마음 속에 있는 것은 상당히 다른 것이다. 그는 마음 속에 하나가 다른 것에 의해서 무효가 되는 두개의 판단을 가지고 있었다. 인도인의 관점에서 볼때 두가지 개념을 가진 판단은 동반의 판단이고, 따라서 그것은 추론판단 또는 추론, 즉 대전제이다. 실로 그것은 두가지 절대개념의 분석적 결합이다. 그러한 결합은 시간−조건에 의존하지 않는다. 그러나 시간이라는 조건은 개념들이 실재에 적용되자마자 다시 나타날 것이고, 그것은 항상 소전제와 결론에서 이루어지는 것이다. 따라서 우리는 바로 다음과 같은 공식을 갖게 될 것이다:

대전제. 유식한 사람은 무식하지 않다(A는 비−A가 아니다).
소전제. 여기에 있는 이 사람은 (특별한 주제에 있어서) 유식하다.
결 론. 그는 (동시에, 동일한 주제에 관해서) 무식하지 않다.

인도인의 견해에 의하면 엄격한 의미에 있어서의 판단은 항상 술어인 하나의 개념을 가진 판단이다. 이러한 의미에서 모든 개념은 술어이다. 주어는 항상 《이것》이라는 요소로 나타나고, 그것은 시간이라는 조건을 포함한다. 모순율은 모순적인 두가지 판단, 즉《이(여기, 지금) 사람은 유식하다》,《이(여기, 지금) 사람은 유식하지 않다》는 것에 적용된다.[143)]

지그바르트의 입장[144)]은 정확히 인도의 것과 일치한다. 그는 다음과 같이 묻는다 :《무식한 사람은 유식하다는 칸트의 보기는 왜 모순을 포함하고 있는가? 유식이라는 술어는, 그 자체 속에 그는 유식하지 않다라는 다른 판단을 조건없이 포함하고 있는 주어에 적용되기 때문이다》. 칸트의 보기는《x는 유식하다》와《x는 유식하지 않다》라는 두가지 판단으로 축소된다. 그것은 그 자체 속에 이 두 판단의 긍정을 포함하고 따라서 그것은 오직 모순을 포함하고 있을 뿐이다. x[145)]라고 하는 표시에 의한 주어의 지시에 이르기까지 지그바르트의 논의와 인도인의 것의 일치는 완전하다. 이것은 또한《모든 실재적이고 진정한 판단》은 부정(不定)적 주어를 갖는다는 일반적 견해와 일치하는 것이다. 예를 들면,《이 장미는 노랗다》라는 판단은《이것은 노랗다》라고 하는 지각적, 실재적 판단으로 축소된다.[146)] 참된 논리적 주어는 항상《이것》이라는 지시사에 의해서 표현되는 것이고 따라서 객관적 실재를 가리키는 모든 개념은 술어인 것이다. 인도인의 관점에서 볼 때 칸트가 아리스토텔레스의 공식은 두가지 술

143) 칸트는 여기에서 우연히 두가지 개념을 가진 판단, 즉 두가지 개념을 결합시키는 판단을 두 술어의 판단이라고 부른다. 그는《첫번째와 두번째 술어가 동시에 둘 다 적용되는 상태에서만 오해가 일어난다》고 말한다. (CPR., 125쪽을 참조하라).

144) Logik^3, I. 196.

145) *Kiṃcid idam.*

146) Logik^3 I, 142.

어에 적용된다고 주장한 것은 전적으로 옳은 것이지만, 그 술어들 중의 하나를 주어로 바꾼 것은 틀린 것이다.[147]

j) 아리스토텔레스의 모순공식과 다르마키르티의 관계들의 이론

이 모든 인도의 판단, 추론(동반), 관계 그리고 모순의 이론 사이에는 본질적이고도 당연한 연관이 있다 ; 우리가 주의깊게 아리스토텔레스의 모순공식을 살펴본다면 우리는 그 베일 뒤에서 나타나는 인도 이론의 유령을 보게 될 것이다. 실로 지그바르트는 《유식한 사람은 무식하지 않다》라는 명제가 두개의 판단, 즉 《x는 유식하다》와 《x는 무식하다》는 것을 포함하고 있다고 주장했을 때, 아마도 그가 생각했던 것보다 올바랐던 것이다. 왜냐하면, 칸트가 분명하게 보았던 것처럼, 하나의 판단은 하나의 일반적인 개념 하에 다양한 직관을 끌어놓는데 있기 때문이다. 따라서 그것은 항상 《x는

147) 아리스토텔레스의 반향이 없었던 모순율의 공식과 같은 중요한 문제에 칸트와 지그바르트 같은 유럽학문의 지도자들 사이의 논쟁은 이상하다. 내가 알기론, 그 이후의 논리학의 저술가들 중 그 누구도 그 논쟁에 끼어들어 지그바르트와 아리스토텔레스 또는 칸트의 편에 서려고 하지 않았다. 에르트만(B. Erdmann Logik, 511과 513쪽)은 한마디의 논의도 풀지않고 두 공식의 창시자들도 언급하지 않은채, 그것들 둘 다를 주장하고 그 문제가 칸트의 공식이 근본적인 것이고 아리스토텔레스의 것은 그것의 결과인 것처럼 서술하고 있다. 이것에 대한 반대가 케인즈(J.N.Keynes)의 견해인 것처럼 보인다(앞의 책, 455쪽). 브래들리의 언급(앞의 책, 146쪽. I.V.§13)은 아마도 지그바르트에 대한 대답으로 의도된 것이다. 밀(J.st. Mill)이 《타당한 추론은 ……부정개념이다》(Exam. of Hamilton's phil, ch XXI)라고 말했을 때, 그는 인도적 해결방법과 매우 유사해진다. 그러나 그의 논리학(II, 7, §5)에서 그는 모순율은 경험의 일반화라고 생각한다. 팬더(A. Pfänder, Logic, 343쪽)는 지그바르트의 공식을 받아들인 것처럼 보인다 ; 우리는 그가 순수논리(분석)로서의 칸트적인 것을 더 좋아할 것이라고 기대할 수도 있을 것이다. 그는 심리학적인 것으로서의 지그바르트의 부정의 이론(228쪽)을 거부하고 부정에 대하여 전혀 설명하지 않는다.

A이다》라는 형식으로 축소된다. 그것은 하나의 개념을 가진 판단이다. 두가지 개념을 결합하고 있는 판단은 분석 또는 종합의 원리에 따르면, 지그바르트가 올바르게 주장한 것처럼, 본질적으로 다른 것이다. 그것은 대전제, 즉 동반판단이다. 소전제는 그 본질상 지각판단을 나타내고 있다는 것은 바챠야나(Vātsyāyana)로 시작하는 인도 논리학자들에게 명백한 것이었다.[148] 인도인들이 했던 것처럼, 혼동을 피하기 위해서 지각판단–그것은 또한 존재판단 또는 실재판단–에 대해서 판단[149]이라는 이름을 지키고, 다른 판단에는 동반 또는 추론[150]이라는 이름을 부여하는 것이 아마도 더욱 나았을 것이다. 왜냐하면 그것은 실재가 아니라 일치에 대한 판단이기 때문이다. 이러한 점에서 대전제와 소전제의 커다란 차이점은, 논리적 오류의 장에서 설명되고 있는 것처럼, 대전제에 대한 오류는 불일치 또는 불확실성의 오류인 반면에, 소전제에 대한 오류는 논리적 이유의 비실재의 오류라는 사실 속에서 분명하게 나온다. 《눈은 하얗다》라는 판단은 두 개념의 동반을 주장하는 것이다. 《이것은 하얗다》라는 판단은 눈이라는 개념의 객관적 실재를 주장하는 것이다. 그것은 하나의 개념과 상응하는 실재 사이의 동형화판단(judgement of Conformity)이다. 그것은 또한 존재판단이다. 《눈은 존재한다》라는 문법적 의미에서가 아니다. 존재, 즉 실재적이고 구체적인 존재는 결코 논리적 술어[151]가 아니고, 그것은 모든 술어의 공통의 주어이다. 그러나 그러한 판단은 두 개념의 순전한 동반이 아니라, 눈

148) NBH., 5쪽 4행–*udāharaṇam pratyakṣam, upanaya upamānam.* 그리고 NV.는 다음과 같이 설명한다–*yathā pratyakṣe na vipratipadyate, evam udāharaṇe'piti*(*upanayaḥ*), 즉 소전제(***upanaya***)는 감각기관에 대한 관계를 포함하고 있다.

149) *adhyavasāya*=*vikalpa.*

150) *vyāpti.*

이라고 하는 대상의 객관적 실재를 주장하는 것이기 때문에 존재판단이다.

모순율의 이중공식은 판단의 이중성에 정확하게 상응하는 것이다. 지각 또는 존재판단에서 그것은 서로가 서로를 소멸시키는 두 판단 사이의 모순이다. 동반판단에서 그것은 모든 분석적 추론의 원리이고 칸트가 그렇게 원했던 것처럼 분석판단 그 자체이다. 아리스토텔레스와 칸트의 공식은 다른 것들에 적용되는 것이므로 다른 것이다.

판단의 이중성은 또한 실재동사의 이중적 의미와도 일치하는 것이다. 우리는 이미 이러한 이중의미, 즉 술어에 있어서 연사로서 복무하는 것과 존재를 표현하는 것을 언급한 적이 있다. 존재의 의미는 존재 또는 지각판단에서만 이 동사에 속한다는 것이 이제 분명하다. 다른 한편으로 그것은 두 개념의 동반을 표현하는 명제에 있어서는 연사로서 복무한다.

따라서 우리는 하나의 판단 또는 명제가 주어, 술어 그리고 연사로 이루어져 있다는 규칙에 이의를 제기해야만 한다. 이것은 분석적 동반의 성질에만 합당한 설명이다. 인과관계 속에 근거하고 있는 것들 속에선 언어적인 것을 제외하면, 연사라고 하는 것은 전혀 없

151) 혼동을 피하기 위해서 우리는 모든 술어의 공통주어인 존재 또는 실재(τὸ ὄν=*Hoc Aliquid*)는 물자체, 즉 표현할 순 없지만 구체적이고 생생한 감각의 순간에 상당하는 찰나점이라고 하는 것을 잊어서는 안된다. 완전하게 표현할 수 있는 또 하나의 존재, 즉 일반개념이 있다. 그것은 술어의 역할로 매우 잘 등장할 수 있다 ; 예를 들면 《나무가 존재한다》(또는 보다 정확히-이 나무임은 존재를 포함하고 있다), 《이것은 나무이고, 그것은 존재한다》. 그러한 존재의 추상적 개념은 Pram. Samuccaya, V.에서 인용되고 있다. 칸트가 희생되었던 비난, 말하자면 그가 존재하지 않는 물자체, 즉 그 자신의 원리상 존재하지 않고 존재할 수도 없는 사물을 발명해냈다고 하는 비난으로부터 디그나가를 보호하기 위해서 그것을 명심해야만 한다.

다. 물론 우리는 《연기는 불의 산물이다》라고 말할 수 있지만, 그 의미는 연기가 어떤 것이라는 것이 아니라 그것이 무언가에 의해서 산출된다는 것이다. 따라서 지각판단, 즉 엄격한 의미에 있어서의 판단 속에는 존재 또는 실재를 표현하는 말이 있어야 한다. 그것은 단순히 존재의 의미로 《이것이 있다(this is)》 또는 《거기에 있다(there is)》 또는 《있다(is)》라는 형식을 갖는다. 그것은 또한 부정판단 속에서 《거기에 없다》라는 형식으로 현존한다. 분석적 동반 속에는 동일성을 표현하는 말이 있어야만 하고 그것은 연사라는 의미로 실재동사이다. 끝으로 인과관계가 기초하고 있는 동반 속에는 산출을 표현하는 말이 있어야만 한다.

따라서 판단은 1) 존재 또는 2) 동일성(연사) 또는 3) 인과관계를 의미하는 주어, 술어 그리고 단어로 이루어져 있는 것이다. 아리스토텔레스의 모순공식－이것은 모든 법칙의 법칙－이 3중의 논리적 이유－이것은 불교논리학자들의 기본적인 교의－를 사실상 전제하고 있다는 것은 몹시 이상하다. 실로 아리스토텔레스가 그의 모순공식에 다르마키르티가 모든 논리적 사유의 밑에 놓여있는 것으로 입증한 필연적 의존(*niyata-pratibandha*)의 오직 두가지의 관계만을 도입함에 있어서 그는 그가 생각했던 것보다 올바랐다. 상이한 나라들의 철학자들에 의한 상이한 시대에서의 모순율에 대한 부정의 원천은 실로 무엇인가? 그것은 언제나, 두가지 다른 사실들, 또는 개념들과 그것들의 동일성의 필연적 상호의존 사이에 있는 구별의 결핍이다. 결과는 원인없이는 존재할 수 없고, 그것들은 필연적으로 상호의존적인 것이다. 경솔한 말 속에서, 반－시적인(semi-poetical) 상상의 비행 속에서, 우리는 그것들을 결합된 것, 그리고 동일한 것이라고 부를 수 있는 것이다. 그러면 우리는 존재와 비존재를 동시에 갖게 될 것이다. 그것은 헤겔의 가장 중요한 신조이다.

그러나 불교의 모순율은 이러한 결과와 상충되는 것이어서 《모든 것은 떨어져 있으며》, 실재적인 동일성은 전혀 없다고 말한다. 실재인한에 있어서 실재는 틀림없이 원인이고, 그것은 결과를 《가지지만》, 그것은 그 자체의 결과는 아닌 《것이다》. 다른 한편으로 두가지 다른 개념들이 객관적 실재의 동일한 점 위에－두가지 다른 관점에서 그것을 묘사할 때－ 덧붙여질 수 있다. 그때 개념들은 동일한 실재에 대한 공통의 관계로 결합된다. 그러는한 그것들은 동일한 것이다. 여기에서 불교의 동일율은 방해받지 않고 이러한 종류의 동일성을 지지한다. 그러나 동일성은 다만 공통의 실체일 뿐이고, 구성된 개념들은 다른 것이다.

인도철학에서는 물론 유럽철학에서의 두 논리학 사이의 논쟁은 실제로 이 두가지 필연적 관계에 대한 상이한 해석에 근거하고 있다. 그중 한 논리학－유럽에서는 헤라클레이투스에서 헤겔까지, 인도에서는 우파니샤드에서 중관학파와 베단타 학파까지－은 필연적으로 의존해있는 사물들은 다른 것 없이는 하나로 존재할 수 없고, 따라서 그것들은 서로 반대될 뿐만 아니라, 다른 것 속에 포함되어 있는 것으로서 동일한 것이라고 주장한다. 다른 논리학－유럽에서는 아리스토텔레스에서 지그바르트까지, 인도에서는 불교도들에서 니아야 학파까지－은 《반대되는 것은 동일한 것이 아니다》라고 대답한다.[152)]

모든 경험적으로 올바른 인식은 모순이 없는 인식이고 이 무모순적 지식이 근거하고 있는 두가지 커다란 원리만이 있을 뿐이다. 그것들은 〈인과〉와 〈관계의 동일성〉이다. 무모순적인 인식은 인과

152) 헤르바르트의 공식 《*Entgegensetztes ist nicht einerlei*》와 불교도들의 공식, 예를 들면 SDS., 24쪽에 있는 《*yad viruddham*(=*viruddha-dharma-saṃsṛṣṭam*) *tan nānā*》.

—상이한 시간으로 되어있는—에 대하여 모순이 없어야만 하는 것이고 ; 동일한 실재의 상이한 국면들로 되어있는 그것의 객관적 관계에 관해서도 모순이 없어야 한다. 따라서 모순율의 적절한 공식은 두가지 일반적인 관계들—그것의 무시가 경험적 인식을 손상시키고 그것을 모순적인 것으로 만든다—을 고려해야만 하는 것이다. 그러므로 아리스토텔레스는 비록 무의식적인 것이지만, 그의 모순공식에서 다르마키르티의 관계들의 이론의 올바름에 간접적이지만 매우 감명적인 지지를 표하고 있다. 실로 그의 법칙은, 다르마키르티에 의하면, 우리의 지성[153] 또는 논리적 사유를 함께 구성하는 세가지 원리 —모순, 인과관계와 동일성—에 관한 간접적이고 숨겨진 언급을 포함하고 있다. 우리는 이러한 우리의 삼중적인 지성을 통해서 실재를 간접적으로, 즉 추론적으로 인식하는 것이다. 이러한 삼중 장치가 없다면 우리는 감관들을 통해서 실재를 직접 인식할 수 있지만 ; 순수—인식은 그저 불명확한 감각에 지나지 않는 것이다.

우리는 유럽과 인도의 상이한 논리학에서 몇가지 모순율을 보게 된다 :

1) 두종류, 즉 파르메니데스의 것과 헤라클레이투스의 것 속에 있는 엘레아 학파의 법칙,

2) 변화를 환각으로 바꾸는 플라톤의 법칙,

3) 안정성을 환각으로 바꾸는 불교의 법칙,

4) 아리스토텔레스의 법칙. 그것은 또한 인도의 실재론자들의 법칙이기도 한데, 그것에 따르면 모든 것은 교대로 안정적이고 변화하는 것이다, 그리고 마지막으로

5) 운동하는 실재를 개념들의 중심으로 도입해서 실재와 논리간의 모든 차이를 삭제하는 헤겔의 법칙.

153) *trirūpasya lingasya trīṇi rupāṇi.*

제 3 장
보 편
(UNIVERSALS)

1. 행동의 유사성으로 대치된 사물들의 정적 보편성

보편에 대한 인도의 이론은 두개의 주요한 동아리, 즉 실재론적인 것과 관념론적인 것으로 나누어질 수 있다.[1] 실재론자들은 모든 보편은 그것이 현존하고 있는 모든 개별자들과 변함없이 연관되어 있는 분리된 단위로서 외부세계에 존재한다고 생각한다. 개념론자 그리고 유명론자로서 특징지워질 수 있는 관념론자들은 오직 개별자들만이 진정한 실재이고, 보편은 그저 심상, 개념, 이름들에 지나지 않는 것이라고 주장한다.[2]

실재론자들은 다시 분리된 실재로서의 〈내속〉[3]의 부가적 실재를 가정하는 자들과 그러한 실재의 실재성, 또는 필요성을 부정하는 자들로 나누어진다. 내속의 주장자들은 한층더 그것의 실재성은 지각되는 것이 아니라, 추론되는 것이라고 생각한 사람들로 나누어

---

1) 보편의 문제를 다루지 않은 인도의 철학 작품은 거의 없다. 불교의 이론을 가장 잘 나타낸 것들로는 쿠마릴라의 『Šlokavártika』의 〈*ākṛtivāda*〉장, TS.와 TSP.의 *sāmānya-vāda*와 *syād-vāda*에 관한 장, 그리고 모든 작품들에서의 *apoha-vāda*에 관한 것들이 있다. 2권 부록5 서론을 참조하라.

2) *saṃjñā-mātra = vastu-šūnya-vikalpa.*

3) *samavāya.*

진다. 〈바이쉐시카〉 학파는 추론된 내속을 가정하고, 〈니아야〉 학파는 지각된 것을 가정한다 ; 〈자이나 교도들〉과 〈미맘사〉 학파 그리고 〈상키야〉 학파는 어떤 내속도 전혀 생각하지 않고,[4] 불교도들은 보편의 실재성을 전적으로 부정한다. 불교논리학자들의 이론은 관념론,[5] 유명론,[6] 개념론(Conceptualism),[7] 동형화의 이론,[8] 역동적 이론,[9] 변증법적 이론[10]으로서 특징지워진다. 그것은 보편은 단지 주관적 관념이라고 주장하므로 관념론이다. 이러한 관념들은 심상 그리고 개념과 동일한 것이고 이름과 결합될 수 있으므로 그것은 유명론과 개념론이다. 그것은 하나의 심상과 외적 실재의 유효한 찰나점과의 상응을 주장하므로, 동형화의 이론이다. 그것은 실재는 심상들을 환기시킬 수 있는 힘들로 이루어져 있다고 주장하므로 역동적 이론이다. 그것은 모든 개념은 상대적이고 변증법적이라고 주장하므로 변증법적 이론이다.

동형화의 이론은 판단의 이론으로서 검토되었다. 이제 역동적 그리고 변증법적 이론이 검토될 것이다.

이 모든 이론들은 푸른 헝겊 조각의 존재와 인식에 대한 상이한 해석들로 설명될 수 있다. 〈니아야〉 학파에 있어서 그것은 세개의 단위로 이루어진 것이다 : 실, 《천－임(cloth-ness)》, 천임의 실 속에의 내속, 이 세가지 것은 모두 실재적인 외부의 분리된 단위들이고, 이 모든 세가지 것들은 시각에 지각될 수 있는 것들이다. 바이쉐시

4) Cp. TSP.,262쪽 22행을 참조하라.
5) *vijñāna-vāda.*
6) *vastu-šūnya-prajñapti-vāda.*
7) *vikalpa-vāsanā-vāda.*
8) *sārūpya-vāda.*
9) *šakti-vāda.*
10) *apoha-vāda.*

카 학파에 있어서 내속은 추론된 것이지, 지각된 것이 아니다. 그러나 실과 그것 속에 있는 《천-임》의 현존은 지각되는 것이다. 자이나 교도들, 상키야 그리고 미맘사 학파들에게는 내속이라는 것은 전혀 없는 것이고, 오직 두가지 단위-실과 《천-임》이 있을 뿐이다. 그것들은 내속이라고 하는 중개자없이 직접적으로 결합되어 있는 것이다. 여기에서 불교논리학자들에겐 천에 대한 심상을 산출하는 생산적 상상력을 자극하는 오직 한 점의 순수실재만이 있을 뿐이다. 이 마지막 이론은 두개의 전적으로 상이한 사물들 간의 상응 또는 동형화의 이론이다. 그것은 역동적 이론이다. 실제의 개별적 사물들은 실체가 아니라, 우리들의 의식 속에서 심상들을 불러일으킬 수 있는 힘들이다.

《사물들, 즉 인과적으로 기인하는 사물들은 (물자체이지만), (그 각각의 것) 속에 혼합되어 있는 다른 사물의 아주 조그마한 부분도 없다》라고 샨티라크쉬타는 말한다.[11] 실재는 절대적 특수자들로 이루어져 있다. 그 속에는 일반성의 모든 흔적이 부존한다. 일반성, 유사성, 관계 또는 보편은 항상 상상되거나 구성된 것이다. 그러면 인식은 항상 하나의 보편이므로, 실제의 특수자와 그것의 완전히 다른 인식 사이의 연관은 무엇인가? 답은 다음과 같다.

사물들 속에는 한 조각의 공통실체도 없다. 우리가 보아온대로, 그것들 속에는 실체라고 할만한 것이 전혀 없는데, 어떻게 그것들 속에서 실체의 유사성이 있을 수 있는가? 그것들은 힘들이지 실체가 아니다. 그러나 아무것도 우리가 사물들, 또는 힘들, 절대적으로 다른 것이 유사한 결과를 산출한다고 가정하는 것을 막지 못한다.[12] 예를 들면, 구두치(*gūḍūci*)라는 식물은 해열효과를 내는 약으

11) TSP., 1장 9행 : 486쪽 20행 참조.

로 알려져 있다. 그것은 동일한-더 강하거나 더 약한 해열효과를 내는 약으로 알려진 다른 식물들과 모양이나 재료에 있어서 유사성이라고는 조금도 가지고 있지 않다. 그것들의 유사성은 실체의 유사성이 아니라, 유사한, 또는 거의 유사한 효과를 내는 유사성이다. 실제의 특수자가 물자체인 것처럼, 보편이 외부에 실재하는 사물이라고 한다면, 우리는 반드시 우리의 머리 속에 그 보편의 직접적인 반영을 가질 것이다. 그때 지성의 기능은 수동적인 수용성이다. 그러나 그것은 그렇지 않다!

불교논리학자들은 우리가 〈다르마키르티의 실험〉이라고 불렀던 것에 커다란 중요성을 부여하고 있다[13]; 말하자면, 관찰자의 마음이 부존할 때,[14] 즉 그의 주의가 다른 곳에 가 있을 때, 들어오는 자극은 대상에 의해서 완전히 수행될 수 있고, 감관들의 사진적(**photographic**) 기능은 완전히 이행될 수도 있지만, 《마음이 부존하기 때문에》, 어떤 인식도 따르지 않을 것이라는 사실. 관찰자는 아무것도 《이해하지》 못할 것이다. 그의 주의가 대상과 사진적 과정을 향해야만 하고; 과거의 경험이 환기되어야만 하며; 이름과 그것의 함축이 환기될때만; 관찰자는 《이해하기》 시작할 것이고, 재인식이 뒤따를 것이다.[15] 그것은 무엇을 의미하는가? 그것은 오성은 감관들과는 다른 개별적 기능이라는 의미이다. 오성은 감각의 수동적 장치의 기능에 뒤따르는 마음의 자발적인 활동이다. 이름의 함축이 외부의 실재라고 한다면; 그것이 대상 속에 있는 영원한 형식, 즉

---

12) TSP., 497쪽 16행 : 239쪽 27행 이하 참조.

13) 위 241쪽을 참조하라.

14) *anyatra-gata-citta*.TS., 241쪽 12행.

15) *sanketa-manaskārāt sad-ādi-pratyayā ime jayamānās tu laksyante, na akṣavyāpṛty*-anantaram, TA., 240쪽 17행.

대상이 《가담하고》 있는 형식이라고 한다면 ; 자극이 감관들에 도달하자마자, 재인식은 곧장 산출될 것이다. 그 행동이 습관적인 것이라면, 주의의 과정과 지나간 경험 그리고 이름의 상기는 대단히 빠른 속도로 계속될 수 있다.[16)]

그러나 그것이 습관적인 것이 아니라면, 그것은 점진적인 것이 될 것이고 내성에 의해서 밝혀질 것이다. 어떤 약용식물에 속하는 해열능력이 그것 속에 있는 영원한 형식을 의미한다면, 그것은 항상 결코 변화하지 않는 동일한 것이 될 것이다. 그러나 우리는 그것이 모든 개별적인 경우에 변화하고 있다는 것을 알고 있다. 그것은 그 식물의 질에 의존하는 것이고, 이 질은 다시 그것이 자라난 들과 그것의 재배상태, 비료 등의 질에 의존하는 것이다.[17)] 따라서 그것은 따로따로 모든 개별적 경우에 속하는 것이다. 하나의 경우 속에는 다른 것 속에 있는 것의 《아주 조그마한 부분도》 없다. 보편은 환각이고, 그것에 상응하는 어떤 충만한 실재도 없는 그저 이름에 지나지 않는다. 《이름에 의해서 지시되는 것의 토대를 의미하는 특수한 실재적 물자체[18)]는 오성의 변증법에 의해서 다루어지지 않는다는 것을 우리는 입증했다. 그러나 그 형식이 생산적 상상력[19)]이라고 불리우는, 예술가에 의해서 구성된 경험적 (비－궁극적) 실재는 외적인 것이 아니라 내적인 것이다.[20)] 지각과 개념[21)]의 차이를 모르는 사람들은 대상의 형식이 외적인 것처럼 보인다는 것에 주목하고, 그것이 마치 외적인 것처럼 뒤쫓는다. 그러나 이것은 그것 이 정말

16) TSP., 240쪽 25행.
17) TSP., 240쪽 5행.
18) *svalakṣaṇa.*
19) *kalpanā-šilpin.*
20) *antarmātra-ārūdha.*
21) *dṛšya-vikalpayor viveka-anabhijñātayā.*

로 외적이라는 것을 증명하지는 못한다.

예를 들면 막대기와 같은 외부의 대상들에 대한 우리의 행동은 우리들의 지각판단 속에 있는 경험적 세계로 투사된 것에 근거하고 있지만,[22] 사실은 그것들은 우리들 마음의 주관적 구성을 의미하는 것이다》라고 카말라쉴라는 말한다. 카말라쉴라는[23] 실재론자들에게 《게다가 당신이 증명하려고 하는 것은 일반적 관념들[24]이 (실제로 지각된)[25] 물체들과는 다른 어떤 것을 가리키고 있다는 것이다. 그러나 (이러한 일반적 실재들은 존재하지 않고), 그것들은 (개별적으로) 반영되지 않기때문에 잘못된 것이다》[26]라고 말한다. 실로 《소임(cowness)》으로서 묘사하는 것은 색깔, 특수한 모습과 (실제의 소가 소유하고 있는) (적절한) 이름이 배제된 것이다. (나의 머리 속에서) 내가 경험하는 심상은 색깔과 반영된 다른 (특수자들)을 가지고 있다. 그러면 그것의 양식이 색깔과 (이 모든 특수한 특징들)이 없어야 한다는 것은 어떻게 가능한가? 심상이 하나의 형식을 가져야만 하고 그것의 외부적 양식이 전적으로 상이한 (일반적) 형식이라는 것을 인정하는 것은 불가능한데, 왜냐하면 그 경우에 (모든 심상은 어떤 대상에 상응한다고 하는) 고도의 불합리(super-absurdity)[27]가 일어날 것이기 때문이다.

우리는 개념론에 반대하고 유명론에 찬성하는 버클리(Berkeley)의 논의가 실재론에 반대하고 유명론에 찬성하는 샨티라크쉬타와 카말라쉴라에 의해서 여기에서 반복되고 있는 것을 본다.[28] 그러나

22) *bahī-rūpatayā adhyavasita.*

23) TSP., 243쪽 17행 이하.

24) *anugāmi-pratyayānām.*

25) 즉, 왜냐하면 당신은 보편을 하나의 분리된 통일체로 간주하기 때문이다.

26) *tasya apratibhāsanāt.*

27) *ati-prasanga=sarvatra pravṛtti.*

버클리와 불교도들 간의 극심한 차이는 분명히 그 위대한 영국인의 주의를 끄는데 실패한 분명한 사실, 말하자면 그가 《특수한 색깔과 모양》이라고 부르는 것 또한 일반적인 것, 즉 그 아래에 있는 특수자들에 관해서 일반적인 것이라는 사실에 있다. 비일반적인 것은 엄밀히 《그 자체로서의》 사물이다. 예를 들면, 그것이 색깔 중의 푸른 색이라고 한다면, 이것은 이미 그것은 비-푸름이 아니고, 따라서 그것은 일반적인 것이며, 더 이상 《그 자체로서의》 것이 아니며, 그것은 《다른 것으로서》 있는 것이고, 상대적, 구성적, 변증법적이라는 것을 의미하는 것이다. 절대적으로 특수한 푸른 색은 표현할 수 없다. 그것은 감각의 《바로 그 최초의 순간》, 즉 《순수》 대상의 감각, 그 모든 특징적인 모습을 빼앗긴 대상,[29] 아직 오성의 변증법에 의해서 다루어지지 않은 대상[30]을 의미한다. 이 《순수》 대상은 우리들의 모든 지식의 토대이자 원인이다. 그것은 유효한 것이고 따라서 실재적인 것이다. 그러므로 그것은 보편적이고 따라서 비실재적인 심상 속에서 오성에 의해 《이해되거나》, 《겹쳐지는》 것이다. 그것은 일반적 영상 속에 있는 대상을 나타낸다. 최초의 순간에 대한 지식은 긍정적 지식인데, 그것은 순수실재를 인식한다. 심상에 대한 지식도 긍정적인 것인가? 아니다. 그것은 우리가 다음에서 보게될 것처럼 다만 구별적인 것일 뿐이다.

---

28) 버클리의 《어떤 손이나 눈을 내가 상상하건 그것은 어떤 특수한 형태나 색깔을 가져야 한다》라는 말을 다음과 같은 산스크리트어로 밖에는 번역할 수 없다 : *yad eva cakṣuḥ-pāṇy-ādi-vijñānam mayā vikalpyate, viśiṣṭa-varṇa-ākṛti-anugatam anubhūyate*. 이것과 카말라쉴라의 말을 참조하라 : 243쪽 20행-*vijñānam ca varṇa-ādi-pratibhāsa-anugatam anubhūyate.*

29) *prathamataram sarva-upādhi-vivikta-vastumātra-darśanam pravartate*. TSP., 241쪽 17행을 참조하라.

30) *na tad vikalpaiḥ spṛśyate.*

2. 보편 문제의 역사

보편의 문제는 분명히 상당히 이른 시기에 인도 사상가들의 관심을 끌었다. 철학의 전사(前史)인 반신비적인(semi-mythical) 시기에 속하고 보편, 특수 그리고 이름들에 대한 그것들의 관계에 관여했던 철학자들의 이름을 인용한다.[31]

두가지 주요한 교의들의 기원은 아마도 최초의 역사시대, 즉 상키야 학파의 발흥기에 속하는 것이 틀림없는데, 그것들 사이에서 학파들이 후에 갈라졌다. 원인과 결과의 통일에 관한 교의와 서로 협력하여, 보편과 특수에 관한 어떤 통일의 교의가 발전되었다. 보편의 실재성을 부정하는 불교의 교의는 원인과 결과의 분리에 관한 교의와 모든 존재의 분리된 미세한 요소들로의 분할에 관한 교의와 협조했다. 니아야와 바이쉐시카라는 두개의 연합된 학파 속에서의 내속이라고 하는 교의의 출현은 이 시기에 속하는데, 거기에서, 그 적대자들에 의해서 공격받은 실재론은 철학사에서 유례가 없을 정도로 강화되었다.

철학의 단계에서 주요한 활동가들의 상호입장이 체계적인 저술들 속에서 단언되는 세번째 시기에, 우리는 보편이라는 연극 속에서 다음과 같은 역할분배를 볼 수 있다.

극우파로서 우리는 니아야와 바이쉐시카라는 극단적 실재론자들을 보게된다. 그들은 다른이들 보다 늦게 나타난다.

31) TSP., 282쪽 24행 — *jātiḥ padārtha iti Vājapyāyanaḥ*(아마도 *Vajapyāyana-Kātyāyanau*로 읽어야 할것이다), *dravyam iti Vyādih, ubhayam Pāṇinih. Ruben. Die Nyāya-Sūtra*, 195쪽 이하 그리고 Otto Straus, ZDMG, 1927, 135쪽 이하를 참조하라.

중간에는 아마도 가장 이른 교의를 보여주고 있는 온건한 실재론자들인 자이나, 미맘사와 상키야 학파가 있다.

극좌파로서는 후기에 베단타 학파에 밀착한 불교도들이 있다.

불교도들은 아마도 몇몇의 정통학파들의 과장된 실재론의 간접적 원인이었던 것 같다.

바이쉐시카 체계의 격언들 중의 하나는 《일반과 특수는 인식에 상대적인 것이다》라는 진술을 포함하고 있다.[32] 이 격언은 비실재를 의미하는 상대주의의 의미로 해석될 수는 없는데, 왜냐하면 그 체계의 일반적 경향은 매우 실재론적이기 때문이다. 그 체계에 따르면 사물들은 동시에 상대적이면서 실재적일 수 있다.[33] 그 격언은 단순히 보편의 일반성은 상이한 정도를 가지고 있고, 이러한 정도는 서로 상대적이라는 것을 의미하는 것이다. 그 체계는 내속, 즉 말하자면 특수 속에서의 보편의 개별적 존재[34]를 인정할 뿐만 아니라, 게다가 차이라고 불리우는 두번째 거주자의 모든 특수한 사물들 속에서의 현존을 인정한다.[35] 모든 사물은 한편으론 다른 사물들과 유사하고, 다른 한편으론 상이하므로, 필연적인 실재론은 이 두 동거자, 즉 비유성과 비유사성의 모든 특수한 사물 속에서의 현존을 인정한다. 예를 들면 모든 원자는 차이라고 하는 특수한 실재를 감

32) V.S., I .2.3.

33) *apekṣiko vāstavaš ca kartṛ-karaṇādi-vyavahāraḥ*. Šrīdhara, 197.26을 참조하라.

34) *sāmānyāni…sva-viṣaya-sarva-gatāni*. Prašast. 314쪽 19행.

35) Prašast, 321쪽 2행 이하. 유가행자가 하나의 특수한 실재의 각각의 원자에서 차이(Differentiae) 라고 불리는 부가적 존재없이 그의 특별한 시각만으로 원자들 사이의 차이를 볼 수 있는가 하는 질문이 제기된다. 질문에 대한 답은 부정적이다. VS., I .2.5-6에 따르면, 일반성과 차이는 모든 실체, 질, 운동들에 존재하지만, 궁극적 실체들에서는 차이만이 존재한다. 이 궁극적 차이는 오직 Prašastapāda의 Bhāsya에 살아남아 있다.

추고 있다. 시간, 공간, 에테르, 영혼 등과 같이 모든 궁극적으로 편재하는 실재들은 그것들이 서로 혼합되는 것을 막는 궁극적 차이를 포함하고 있다. 실재적인 차이는 감관들에 의해서 지각된 개별적 단위들이다. 원자와 편재하는 실체들 속에서 그것들은 보통사람들의 눈으로는 지각될 수 없지만, 특수한 시각기능을 가진 요기(Yogi)는 그것들을 눈으로 직접 지각한다. 실재론은 더 이상 나아갈 수 없었다!

위에서 언급된 내속의 지각성 여부의 문제를 제외하고서는, 니아야-바이쉐시카 학파 속에서 실재론적 사상의 잇따르는 변화 또는 발전은 거의 없었다. 바이쉐시카 학파는 영원한 보편의 편재성에 관한 문제에 대해서 논쟁했다. 그들 중 일부는 그것이 각각의 특수가 존재하는 곳에서만 현존할 뿐이라고 주장했다. 나머지는 그것이 이러한 장소에서 현존할 뿐만 아니라, 나타나지 않는다고 하더라도, 그것들 사이에 있는 간격에[36] 현존하는 것이라고 주장했다. 프라샤스타파다는 첫번째 견해를 지원했고[37] 그것은 그 학파의 공식적인 교의가 되었다.

불교도의 보편에 대한 부정은 두 시기로 나누어진다. 첫번째 시기, 즉 소승시기에 추상, 종합, 보편성, 명칭부여는 정신적[38] 또는 일반적인[39] 특수한 힘들(*samskara*)로 간주되었다. 두번째 시기, 즉 논리학자들의 시기에 보편은 개념(*vikalpa*)으로 간주되었고 특수라는 객관적 실재와 대조되었다.

반보편주의적 경향에 있어서 소승불교와 같은 다른 교의는 없다.

---

36) NB. 그리고 NBT., 82쪽 18행 이하를 참조하라.

37) Prašastap., 311쪽 14행 : Šridhara., 312쪽 21행을 참조하라.

38) *citta-sampragukta.*

39) *rūpa-citta-viprayukta.*

여기에서 보편과 상응하는 것은 추상이라는 이름 아래 집합한다.[40] 그것을 가리키는 용어는 문법에서 실재동사를 표시하는데 사용되는 것과 같다. 그러나 여기에서 그것은 독자적인(*sui generis*) 정신적 에너지[41]로 특징지워진다. 설일체유부는 그것을 비정신적인 것, 즉 일반적 에너지[42]로 바꾼다.

일반성 또는 보편이라고 불리우는 것은, 유개념[43]이 여기에서 그 자체가 공통적인 그 아무것도 소유하고 있지 않는 것으로 추정되는 어떤 단위들을 결합시키고 있는 분리된 힘들로 바꾸어진 것처럼, 여기에서 구별의 기능으로 바꾸어 진다는 것은 명백하다.

이 근본적인 사상은 우리들 사유의 명칭부여－구성[44]으로서의 유개념이라고 하는 디그나가의 분류 속에서 그 명백한 표현을 발견한다. 그것은 개념론과 구별될 수 없는 종류의 유명론인데, 개념과 이름은 동일한 근거를 포함하는 것이기 때문이다.

3. 유럽의 몇몇 유사한 이론들

인도의 중세 논리학은, 유럽의 중세와 마찬가지로, 실재론과 유명론 사이의 투쟁으로 가득차 있다. 양파의 각각의 입장은 기원후 5－8세기에 불교논리학이라는 창조적 시기 동안에 고정되었다. 그 때부터 양 교의들은 무감각해졌고 어떤 근본적 변화도 없이 서로의 입장을 유지했다. 인도에서의 학파들은 거의 그들의 기본적 원리들

40) *saṃjñā*＝*udgrahaṇa*. 나의 CC., 17-18쪽을 참조하라.

41) *caitta*＝*citta-samprayukta-samskara.*

42) *nāma-saṃskāra*는 *citta-viprayukkta-saṃskāra*에 포함되어 있다.

43) *nikāya-sabhāgatā*＝*jāti* : 그것은 설일체유부에 의해서 *citta-viprayukta-saṃska*로 분류된다. 나의 CC., 105쪽을 참조하라.

44) *jāti-nāma-kalpanā*. 위 335쪽을 참조하라.

을 바꾸지 않는다. 그것들이 살아남았다면 그것들은 여전히 변화없는 상태에 있을 것이다. 플라톤의 학파가 모든 정치적 격변에도 불구하고 발생지에서 살아남아 별로 중요하지 않은 문체와 문학형식상의 변화만을 가진채 오늘날까지 계속되었다고 잠시 생각해 보자 ―이것은 정확히 인도 실재론의 입장을 나타내는 것일 것이다. 유명론은 불교논리학자들의 소멸과 함께 인도에서 사라졌다. 그러나 티벳에서 그것은 현재에 이르기까지 천년 동안 정확히 동일한 가르침을 계속해 왔다.

인도의 실재론자들은 보편은 외부세계의 대상들 속에 있는 실재적인 존재라고 주장했다. 그것은 1) 통일성, 2) 영원성, 3) 내속을 가지고 있는데[45]; 말하자면, 모든 특수한 개별자들 속에서 그것은 아무튼 그것의 완전함과 영원성으로 존재한다. 불교도들은 보편은 1) 그저 이름일 뿐이고,[46] 2) 그것은 적절한 외적 실재를 갖지않는 순전한 이름일 뿐이며[47] 3) 개념은 변증법적,[48] 즉 부정적인 것이라고 대꾸한다. 개념은 부정적인 것이라고 생각할때만 우리는 각각의 특수 속에 있는 일반의 통일성, 영원성 그리고 완전한 내속이라는, 어쩌면 절대적인 불합리성을 이해할 수 있다.

유럽의 투쟁과 인도의 논쟁 사이에는 의심할 여지가 없는 유사성이 있다. 그것의 일반적 경향은 비슷하지만, 상세한 것은 그렇지 않다.

첫번째 구별은 이것, 즉 인도에서 그 문제는 감관지각에 대한 두가지 상이한 이론에 밀접하게 연결되어 있다는 점이다. 실재론자들

45) *ekatva-nityatva-anekasamavetatva.*

46) *saṃjnā-mātram.*

47) *vastu-šūnyo vikalpah.*

48) *anya-vyāvṛtta=apoha.*

은 심상없는[49] 의식과 그것 속에 있는 외적 특수와 보편의 감관들에 의한 직접적 인식을 가정했다. 유명론자들은 외부의 세가지 보편을 내적 세계로 옮겨놓았고, 단순한 심상들—말하자면, 단순한 보편—의 내적 세계에 직면하고 있는 단순한 특수의 외계를 가정했다. 따라서 유명론은 감관과 오성은, 심상들이 항상 감각에 기능적으로 의존해서 일어나므로, 특수한 인과관계에 의해서 결합되어 있기는 하지만, 두가지 전혀 상이한 정신적 기능이라는 교의에 근거하게 되었다.

또 하나의 주요한 구별은 바로 전자의 결과이다. 불교의 특수 개념은 유럽의 것과 전적으로 다르다. 감각으로 이해되는 특수는 다름 또는 보편성을 전혀 포함하지 않은 바로 그 특수이다. 유럽의 모든 유명론과 개념론은 특수는 바로 구체적 보편이라고 하는 생각에 근거하고 있다.[50] 위에서 지적한대로, 인도에서의 경계선은 구체적 보편과 추상적 보편이 아니라, 절대적 특수와 절대적 보편 사이에 있다 ; 왜냐하면 이것들은 둘 다 보편이고 추상적인 것이기 때문이다. 차이는 오직 추상의 정도에 달려있을 뿐이다.

이 매우 중요한 구별을 가지고 우리는 인도에서의 싸움이 유럽 중세에서의 싸움과 상응한다고 생각할 수도 있다.[51]

근대유럽철학으로 돌아가서, 디그나가가 어떻게 버클리와 로크에 대답했을지를 상상해 보는 것은, 그들이 모두 그 문제를 토의하면서 둥근 탁자에 둘러앉아 있는 것을 상상해보면 쉽다. 《일반과 보편》은

49) *nirākāra.*

50) 둔스 스코투스(Duns Scotus)는 개별성(haeccitas)의 우선적 성격을 강조했지만,여전히 그것을 실체화된 일반이라고 간주하였다.오캄(Guillaume d' Occam)은 특수가 실재이고 보편들은 우리의 개별성들에 대한 직관적 지식으로부터 모은 것이라고 주장했다. 이것은 바로 인도의 견해에 가깝지만, 순수하고 절대적인 특수라는 개념은 그럼에도 불구하고 없다.

정신적 《관념》이다, 그것들은 《오성의 발명품과 창조물이다》[52]라고 다르마키르티는 단번에 인정했을 것이다. 그러나 《단순한 관념》이 구체와 특수가 될 수 있다는 것을 그는 단호하게 거부했을 것이다. 보편이 반드시 지성적인 것이라면, 지성적인 모든 것은 반드시 보편적인 것이 될 것이다. 자벌레가 탁자 위에 그리는 직선은 특수이지만, 나의 머리 속에 있는 직선은 보편이다. 그것은 무한한 것이고, 모든 시간과 장소의 모든 직선을 의미한다. 특수일 때 그것은 다른 특수도 《나타낸다》고 말할 필요는 없다. 하나이면서 반대되는 것을 나타낸다는 것 : 특수이면서 보편을 나타낸다고 하는 것은 불가능하다.

《단순한 관념》은 어떤 《힘》의 결과에 불과하다고 하는 것[53]은 또 전적으로 인도적인 생각이다. 그러나 이 힘은 《그 자체의 창조물》을 산출하는 오성을 자극시키는 힘일 뿐이다. 이것은 똑같이 소, 말, 나무, 정의, 무한성, 영원성의 《관념》을 구성하는 힘과 외연, 부피 등의 《주요한》 질들을 구성하는 힘 그리고 푸른색이라는 단순한 관념을 구성하는 힘을 가리킨다. 모든 관념들은 어떤 특수와 접촉해 있는 것이 틀림없고, 그것들은 《실재에 기초하고 있는(cum fundamento in re)》 것임에 틀림없다는 것은 사실이다. 로크가 말한대로, 그것들은 일반적 관념들에 관해서 《오직 표시》일 뿐이다.[54]

---

51) 아벨라르(Abelard) 가 극단적 유명론과 극단적 실재론 사이를 중재하려고 시도하면서 부분적으로 인도에서 발견되는 견해들을 표현했다는 것이 언급될 수 있다. 그는 보편이 이름 이상이고 하나의 술어(*sermo*), 심지어 하나의 자연적 술어라고 주장했다.우리는 일반 개념으로서의 보편이 항상 지각 판단의 술어이고 따라서 모든 보편들은 술어들에 불과하다는 것을 이미 보았다.

52) Locke, Essay, 3권 3장 11절.

53) 같은책, 2권 21장 2절.

54) 같은책, 2권 8장 7절, 10절, 17절.

일반적 관념들은 없고, 특수자를 위한 일반적 이름만이 있을 뿐인데, 《그 이름 중 어떤 것은 무관심하게 마음에 나타난다》는 버클리의 주장에 대해 아마도 디그나가는 다음과 같이 대답했을 것이다. 이름은 관념처럼 일반적인 것이다. 이름을 부여받을 수 있는 능력은 감각으로부터 구별될 때의 심상의 구별되는 표시이다. 이름붙일 수 있는 모든 사물들은 그것들을 가리키고 있는 이름들 만큼이나 일반적인 관념들이다. 추상적 관념과 이름 사이에 실재에 관한 아무런 차이도 없다.

다르마키르티도 그 심포지움에 참석하고 있다고 생각해볼 때, 그는 아마도 그의 독특한 어투로 로크에게 다음과 같은 방식으로 말했을 것이다. 《어떤 관념들은 적절하고, 다른 것들은 그렇지 않으며 ; 어떤 것들은 단순하고 개별적인 것이지만, 다른 것들은 오성의 창조물, 즉 외부에서 그 사물에 덧붙여진 것이라고 주장한다. 그런데 왜 그런가 ? 한 동아리의 관념들은 적절하고 다른 것은 그렇지 않다고 판결을 내리는 우주의 황제는 누구인가 ? 관념들은 관념들이고, 그것들은 실재가 아니다. 모든 것이 부적절하거나 또는 그 반대일 뿐이다 ! 》 그러나 로크가 대상들은 다양한 감각을 산출하는 《힘들》일 뿐이고 마음의 속의 상응하는 관념들은 그것들의 이름이 《우리들의 관념의 모사》가 아니듯이 외적 대상의 모사가 아니다라고 주장할 때, -다르마키르티는 이 특징을 일반적인 모든 《관념》으로 확장하면서 즉시 이것을 인정했을 것이다.

유럽논리학에 있어서의 실재론과 유명론 간의 싸움은 여전히 결판이 나지않은채로 남아있다. 싸우는 군대들은 전장을 포기했다. 근대 논리학자들의 대부분은 이 주제를 부적절하고 풀 수 없는 것으로 생략해 버렸다. 그러나 플라톤의 사상을 새롭게 해석하려는 시도를 가진 마르부르크(Marburg)와 후썰(Husserl)의 학파가 있다.

오히려 경험학파(school of Experience) 조차도 동일한 해결책에 의지하려는 필요성의 압력 아래 마음이 내키지 않는 것은 아니었다. 다르마키르티가 어떻게 이 전적으로 근대적인 교의에 대답할 것인가를 상상하는 것은 쉬운 일이다. 후썰에게 그는 다음과 같이 말했을 것이다 ;《당신은 관념적 대상이 실재로 존재하고,[55] 그것들이 그저 표현의 방법(*façon de parler*)인 것은 아니며,[56] 관념적 대상을 전적으로 거부할 수 있는 해석의 기술은 세상에 없다고 주장한다》.[57] 다른 한편으로 당신은 보편의 관념적 존재와 특수의 실재적 존재 사이에는 차이가 있다고 주장한다.[58] 우리는 이의를 제기할 수 없다! 실제의 불은 타오르고 요리하는 불이다. 관념적 불은 나의 머리 속에 있는 불이다. 나는 나의 머리 속에 있는 보편적 불의 존재를 결코 부정할 수 없다.[59] 그러나 특수한 불은 외부세계에 있고, 그것은 《궁극적 실재》,[60] 즉 《유효한 찰나점》을 의미하는 것이다.

플라톤 사상에 대한 나트롭의 방어에 대꾸함에 있어서 다르마키르티는 아마도 이렇게 말했을 것이다 :《당신은 플라톤의 이론은 x=A다라는 판단으로 축소되는데, 거기에서 x는 구체적인 것과 특수를 그리고 A는 보편을 나타내는 것이다라고 주장한다.[61] 양자는 존재하는 것인데, 왜냐하면 플라톤에게 있어서 존재는 x라는 요소의 완전한 한정이기 때문이다》.[62] 우리는 반대하지 않는다! 우리는

---

55) Log.Unt., II, 124쪽.

56) 같은책, 125쪽.

57) 같은책, 126쪽.

58) 같은책, 125쪽.《Wir leugnen es nicht···dass ein fundamentaler, kategorischer Unterschied bestehe, zwischen dem idealen Sein und realem Sein, zwischen Sein als Spezies und Sein als Individuelles》.

59) 이런 종류의 실재는 *svarūpa-sattā*라고 불린다. SDS, 26쪽을 참조하라.

60) *paramārtha-sat.*

61) Natorp, Plato' Ideenlehre, 390쪽.

다만 《궁극적으로 실재하는 것》은 플라톤이 가정한 보편이 아니라, 구체적 특수라는 조건을 덧붙일 뿐이다. 후썰의 말을 바꾸어 적용하면서, 다르마키르티는 《세상의 어떤 해석의 기술도, 실제의 불은 타오르고 요리하는 불이고, 나의 머리 속에 있는 관념적인 불은 물론 특수한 불을 한정할 수 있지만, 그것은 타오르고 요리할 수 없다는 분명한 사실을 없앨 수는 없다》고 말했을 것이다.[63] 우리는 반드시 궁극적 실재와 상상을 구별해야만 한다. 후자는 오직 표현의 방법으로서 실재할 뿐인 정신적 실재이다.

실재에 대한 두가지 전혀 상이한 개념이 있다는 것은 불교에서 가장 일반적으로 알려진 사실이다. 낡은 정의는 존재는 인식할 수 있는 것이라는 것이다.[64] 존재는 그 마지막 범주(12번)가 모든 정신적 항목[65]들을 포함하고 있는 12범주로 나뉘어져 있다.[66] 그러나 대승은 그 정의를 《실재는 유효한 것이다》로 바꿨고,[67] 그러한 것만이 외부의 궁극적으로 구체적인 것 그리고 특수, 즉 찰나점일 뿐이다. 내적 대상은 감각과 심상이다. 심상은 항상 보편이다. 그것은 순수상상(또는 천상의 꽃)[68]과 찰나점이라고 하는 실재에 대한 간접적 또는 《일반적》 관계를 가지고 있는 상상으로 나뉘어 진다. 이

62) 같은책, 391쪽. 《Existenz sagt vollstāñdige Determination des 'Diesen'》.

63) 이런 점에서불교도들은 경험주의 학파와 견해를 같이한다. James, Essays in radical empiricism, 32~33쪽 : B. Russell, Analysis of the Mind, 137쪽 이하를 참조하라－궁극적 실재는 오직 찰나점이라는 매우 중요한 차이와 함께.

64) *yat prameyam tat sat*. 그것은 또한 니아야학파의 정의이기도 한데, 그들은 *sattā-sāmānyam*과 *svarūpa-sattā*를 구분한다. NK., 162쪽 이하의 *prāmāṇyavada* 부분을 참조하라.

65) *dharma-āyatana=dharmāḥ.*

66) *dvādasa-āyatanani=sarvam jñeyam.*

67) *yad artha-kriyā-kāri tat sat=paramārtha-sat.*

68) *anupākhya.*

마지막 것은 필연적으로 보편이다.[69]

버트란드 럿셀에 의하면[70] 외부의 특수와 정신적 보편의 관계는 인과적인 것이다. 이것은 분리된 특수에 의해서 수행되는 상이한 자극들 사이의 유사성으로 보편의 실재를 대치한 불교이론의 부분과 상응하는 것일 것이다.

---

69) 이것 또한 불교의 삼단논법 이론에 의해 증명된다 : 대전제는 개념들이라는 간접적 실재와 그 법칙들인 일관성을 의미하고 소전제(결론포함)는 이 개념들을 감각적 요소라는 궁극적 실재에 관련시키는 것을 의미한다 : 후자만이 궁극적 실재이다.

70) Analysis of Mind, 227쪽—《외적 관찰에 열려있는 사실들은 우선 여러면에서 서로 매우 다른 자극에 의해 매우 유사한 반응이 산출되는 특수성을 갖는 습관들이다》. Outline of Philosophy, 172쪽 이하를 참조하라.

제 4 장
변 증 법
(DIALECTIC)

1. 디그나가의 '이름의 이론'

우리는 디그나가의 인식 드라마의 마지막 막에 도달했다. 이 드라마는 행동과 장소의 고전적인 통일로 특징지워진다. 인식의 단계에는 시종 두 사람의 등장인물(*dramatic personae*)만이 있을 뿐이다. 그것들은 실재와 관념이다. 전자는 흘러가는 것이고, 후자는 안정적인 것이다. 전자는 찰나점이라고 불리우고, 후자는 개념 또는 가끔 논리라고 불리운다. 제 1막에서 우리는 이해할 수 없고 표현할 수 없지만 생생하고 직접적으로 반영되는, 진정한 순수 속에서 나타나는 실재를 보았다. 《놀라운 일(prodigy)!》[1]이라고 다르모타라는 외치는데, 그것은 생생하면 할수록 이해하기 어렵다. 제 2막에서 우리는 간접적인, 또는 조건지워진, 개념 속에 있는 실재의 반영을 보았다. 판단은 겉보기에 양립할 수 없는 실재와 관념을 묶는 기능으로서 그 자체를 드러내고 있다. 추론은 판단의 확장으로서 나타나는데, 그것의 기능은 실재를 확장된 또는 추론된 개념들과 연결하는 것이다. 이러한 연결의 충족이유는 부차적인 성질이기는 하지

---

1) In Apoha-prakaraṇa.

만 두가지 매우 중요한 동일성과 인과성으로 나타난다 ; 그것들은 동일한 찰나점에 대한 관계와 두가지 상이한, 그러나 상호의존적인 찰나점에 대한 관계로 자신들을 드러낸다. 개념과 그것의 궁극적 실재에 대한 관계 사이에 있는 관계의 범주를 확립하고 있는 이 드라마의 제 2막은 선험적 분석론이라고 불리울 수 있는데, 그 앞에는 선험적 미학이라고 하는 제 1막이 있다. 이 마지막 막에서는 실재와 언어 사이의 관계가 나타난다. 표현할 수 없는 실재는 그럼에도 불구하고 이름에 의해서, 물론 간접적이지만, 지지될 수 있고, 실재에 대한 이름들의 행태와 그것들이 다룰 수 있는 실재의 부분을 확립하는 것은 그 드라마 작가의 의무가 된다. 앞으로 보게 될 것처럼, 이름들은 다만 변증법적으로 실재를 다룰 수 있을 뿐이므로, 이 드라마의 마지막 막은 불교의 유명론의 막이라고 불리울 수 있는데, 그것은 또한 불교의 변증법적 방법론의 막이기도 하다. 따라서 우리는 유명한 예의 결과로서, 선험적 미학, 선험적 분석론과 선험적 변증법을 보게 될 것이다 ; 선험적이라고 하는 까닭은 논리는 여기에서 궁극적 실재와 연관되는 것이기 때문이다.

실로 우리의 인식에서 언어라고 하는 부분은 무엇인가? 그것은 지식의 진정한 근원인가? 그것은 감관 그리고 지성과는 상이한 개별적인 근원인가 아니면 두가지 주요한 근원 중의 하나에 포함되어 있는 부차적인 근원인가? 첫눈에 참된 지식의 근원의 품위는 언어에 의한 증명을 거절할 수 없다. 여기에서 분석되고 있는 체계에 의하면 참된 지식의 근원은 무엇인가! 그것은 우리가 보아온 대로 모순되지 않은 경험이다. 참된 지식은 성공적인 지식이다. 그것은 모든 성공적인 합목적적 행동에 앞서는 것이다. 외부의 실재는 우리들의 인식기관에 자극을 일으키는데, 그것은 실재에 의해서 자극받을 때, 들어오는 자극이 발생하는 사물의 심상을 구성한다. 이러한 심상에 따라 우리는 행동을 취하고, 그 심상이 올바른 것이라면, 그 행동은 성공적인 것이 되고 목적이 이루어진다. 내가 강가에 다섯개의 사과가 달린 나무를 보고 사과에 손을 내민다. 그 행동은 성공적인 것인데, 왜냐하면 언어에 의한 증명이 옳았기 때문이다. 그런데 그것은 바로, 어떤 철학자가 생각하는대로, 말은 외적 실재의 적절한 표현이고 ; 대상과 그것의 이름 간의 연관은 근본적이고 영원한 것이며 ; 실재는 이름들로 엮어진 것이고, 이름이 없는 실재는 있을 수 없는 것이며 ; 따라서 이름은 실재에 앞서는 것이다 ; 언어는 일종의 생명력인데, 그것은 우리들의 개념을 만들고 그러한 개념들에 따라서 실재 그 자체를 만든다고 하는 것을 의미하는 것인가? 다음에서 우리는 이러한 여러가지 색조의 견해가 철학적 인도에서 나타나고 있다는 것을 보게 될 것이다. 불교도들은 그 모든 것을 단호하게 부정했다. 언어는 지식의 개별적 근원이 아니고 이름들은 실재의 적합하거나 직접적인 표현이 아니다. 이름들은 심상과 개념에 상응하는 것이고, 그것들은 단지 보편만을 표현할 뿐이다. 그러한 것으로서 그것들은 결코 실재의 직접적인 반영일 수 없는데, 왜냐하면 실재는 보편이 아니라 특수로 이루어져 있기 때문이다. 보편은 합목적적 행동이 도달할 수 없는 것이다. 개념이나 이름과 마찬가지로 그것은 실재의 간접적 또는 조건지워진[2] 반영이고 ; 그것은 실재의 《메아리(echo)》[3]이며, 실재적인 것이 아니라

2) 인도인들이 직접적 반영과 간접적 반영을 분명하게 구별했다는 것은 Parthasarathi의 다음 구절에 보인다(Šlokav, 559쪽) — *jñānākaram*··· *svalakṣaṇam va-bhāsamāṇam anubhāsate, šabdam iva prati-šabdaḥ*. 사실 정신적 심상(*jñānākā r a*)은 직접적으로 반영된 실재(*bhāsamānam svalakṣanam*)를 간접적으로 반영한다(*anu-bhāsate*). *bhāsanam*=*pratibhāsa*는 거울(*ādaršavat*)에서와 같은 반영이고, *anubhāsa*는 간접적 또는 조건지어진 반영이다.

3) 위의 주에 인용된 구절과 비교해보라.

논리적인 것이다. 실재에 대한 간접적인 인식인 언어는 추론과 다른 것이 아닌데, 그것은 또한 인식의 간접적인 양식으로 정의된다. 이름은 매개념으로서 그것을 통하여 그것의 대상이 인식된다. 매개념과 대개념 간의 연관은 여기에서 객관적 관계의 동일성에 근거하는 것이고, 연역법은 분석적인 것이고 논거의 세가지 국면이 실현된다; 예를 들면: 1) 이 대상은 항아리라고 불리운다, 2) 이러한 대상을 볼 수 있는 곳은 어디에서나 그것은 항아리라고 불리운다, 3) 이 이름은 결코 비-항아리에 적용되지 않는다. 그러나 이 이론-말하자면, 이름들은 논리적 이유처럼 실재의 간접적인 표시라고 하는 이론-은 디그나가 이론의 주요한 특징이 아니다. 그는 계속해서 모든 이름은 부정적 또는(우리가 표현하고 있는 것처럼)변증법적인 것이다라고 말한다.

따라서 인간 지성의 당연한 변증법은 인도에서 불교논리학자들에 의해 '이름의 이론'이라는 제목아래 고찰되고 있다. 그것은 일종의 유명론이다. 개념과 이름은 동일한 근거를 포함하고 있는데, 개념적 사유는 이름붙일 수 있는 사유, 즉 이름과 합치될 수 있는 사유로 정의되고 있기 때문이라는 것은 잘 알려져 있는 것이다. 디그나가는 《이름은 개념에서 생긴 것이다》. 그리고 역으로 《개념은 이름에서 생겨나는 것이다》라고 말한다. 그러므로 이름의 의미를 한정하는 것은 개념들의 기본적인 성격을 한정하는 것과 동일한 것이다. 개념론이 이름의 이론 아래에 온다고 하는 것은 불교의 이론이 나타났던 특수한 역사적 상황에 의해 설명될 수 있다. 어떤 학파들에게 있어서 언어는 감관과 지성에 일치하는 근본적이고 궁극적인 우리 지식의 특수한 근원이다. 이러한 이론들에 대항하면서 디그나가는 다음과 같이 말하고 있다:[4)]

말에서 나오는 지식은 (원칙적으로) 추론과 다른 것이 아니다. 실로 이름은,

예를 들면 《기원을 갖는다》는 말(이 말은 기원을 갖지않는 또는 영원한 사물과의 대조를 통해서만 그 자체의 의미를 나타낸다)처럼, 반대의 의미를 거부함으로써만 그 자체의 의미를 표현할 수 있다.

말에서 나온 지식이 (원칙적으로) 추론과 다르지 않다고 하는 것은 그것이 간접적 지식이라고 하는 것을 의미한다. 실로 지식은 직접적 또는 간접적인 것, 감관 또는 지성에서 기인하는 것, 지각(감각) 또는 추론(개념)일 수도 있다. 말에서 나오는 지식은 직접적인 것이 아니고, 그것은 감각이다. 그것은 간접적인 것이고, 추론을 통한 지식과 같다. 게다가 그것은 부정적이거나 변증법적인 것이다. 그러므로 직접적 그리고 간접적 지식, 감관과 지성의 대조에 있어서의 새로운 특징이 주어진다. 감관은 긍정, 즉 순수 긍정이다.[5] 지성은 변증법적, 즉 항상 부정적인 것이다. 그것의 긍정은 결코 직접적인 것도 순수한 것도 아니고, 그것은 필연적으로 어떤 다른 의미의 거부를 통한 그 자체의 의미에 대한 긍정이다. 흰색이라는 말은 모든 흰 대상들에 대한 인식을 전달할 수 없다. 그것들은 무한하고 아무도 그것들 모두를 알 수 없는 것이다. 또한 그것은 감관에 의해서 인식되는 외적 실재로서의 《흰색임》이라고 하는 보편적 형식에 대한 인식을 전달하지도 않는다. 그러나 그것은 흰색과 비-흰색 사이의 경계선을 가리키는 것인데, 그것은 흰색의 모든 개별적 경우에 인식되는 것이다. 흰색은 비-흰색을 통해서 인식되고, 비-흰색은 흰색을 통해서 인식된다. 소 또는 소임(cowness)도 마찬가지이다. 그것은 비-소와의 대조를 통해서 인식되는 것이다. 《기원을 갖는다》는 개념은 영원성과 그것의 대조, 그 이상도 그 이하도 전혀 포

4) Pram.-Samucc., V.1.
5) 위 301쪽과 비교해보라.

함하고 있지 않다. 부정은 상호적인 것이다. 기원을 갖는다는 것은 영원성의 부정을 의미하는 것이고 영원성은 기원의 부정을 의미한다. 동일한 것이 모든 개념과 모든 이름에 적용되므로, 우리는 이러한 의미로 헤겔과 더불어 《부정성은 우주의 영혼이다》라고 말할 수 있다. 그러나 헤겔은 세계에 논리만을 남겨두었을 뿐이므로 ; 그의 세계에는 부정밖에 없다. 불교도의 견해에 의하면 논리 이외에도 부정적이지도 변증법적이지도 않은 진정한 실재가 있다. 개념 또는 논리는 모든 부정적 그리고 변증법적인 것이다. 실재 또는 물자체는 긍정, 즉 순수긍정이며, 그것들은 비변증법적인 것이다. 부정은 마침내 그 진정한 면모를 드러낸다. 우리는 마침내 다음과 같은 곤혹스러운 문제에 답할 수 있다 :《도대체 왜 부정이 필요한 것인가? 긍정만이 필요할 뿐이다!》 인식은 실재에 대한 단정적인 인식이다. 부정도 실재에 대한 인식이라고 한다면, 왜 그 두 가지 것이 필요한가! 이제 우리는 대답할 수 있다. 직접적인 지식은 긍정이고, 간접적인 것은 부정이다. 그런데 순수긍정은 감각일 뿐이며 반면에 순수이성은 항상 변증법적, 즉 부정적인 것이다. 지식의 오직 두 가지 근원, 즉 감관과 지성만이 있을 뿐이라는 교의는 새롭고도 깊은 토대를 얻는다. 감관과 지성은 지식의 직접적 그리고 간접적 근원으로서 연관되어 있을 뿐만 아니라, 그것들은 긍정과 부정, 비변증법적 그리고 변증법적 근원으로서 연관되어 있는 것이다.

디그나가는 말에 의해서 전달되는 지식을 다루고 있는 그의 위대한 작품의 한 장에서 언어에 의한 지식은 직접적인 것이 아니고, 그것은 추론적, 상대적 그리고 변증법적인 것이라고 말하면서 시작하고 있다. 그리고나서 그는 다른 학파들의 상이한 이론들을 검토한다. 이름은 보편을 표현하는 것이라는 이론을 그는 《무한성과 불일치》 때문에 반대하고 있다.[6] 그의 비판은 보편은 특수 속에 있는 진정한 실재이며 감관에 의해서 직접 인식된다고 하는 견해를 향하고 있는 것이다. 보편은 무한한 특수들을 포함하고 있는데, 사람은 그것을 직접 인식할 수 없다. 다음에 그는 이름은 《차이》를 표현하는 것이라는 바이쉐시카 이론에 반대한다. 이 이론은 그 자신의 부정적 이름의 이론과 밀접하게 연관되어 있는 것처럼 보이지만, 그는 그것을 그것의 실재론 때문에 반대하고 있다. 우리가 이미 본 대로 바이쉐시카는 모든 특수한 존재들 속에서 실재적 차이, 즉 실재적 《다름》이 깃들어 있고, 그것에 의해서 모든 개별적 사물, 그리고 모든 원자들까지도 다른 사물들과 구별될 수 있다고 가정하였다. 그들은 더 나아가서 이름들이 사물의 세 범주들, 즉 추상적 보편, 구체적 보편, 특수를 표현한다는 니아야학파의 이론을 거부하였다.[7] 절대적 특수는 절대 말로 할 수 없으며 구체적 보편은 추상적 보편과 구별할 수 없다. 둘 다 보편이고 둘 다 추상적이다. 이름들은 물론 보편들을 표현하지만 과연 어떤 종류의 보편들인가? 이 보편들은 우리의 머리속에 있고 생산적 상상력의 힘에 의해 구성되며 본질적으로 부정적이고 상대적이고 변증법적이다. 다양한 견해들을 비판한 후에 디그나가는 지식이 《반대되는 것의 거부》의 방법에 의해 부정적이고 변증법적으로 실재를 인식하는 단어들에 의해 산출된다고 되풀이한다.

지넨드라부디는 디그나가의 원본의 이 부분에[8] 주석을 붙여 그의 이론을 다음과 같이 요약하고 있다. 여기에 전문을 번역해보기로 한다.

---

6) *ānantyād vyabhicārāc ca.* 같은책, Ⅴ.2 : TSP., 277쪽 27행 — *na jātiśabdo bhedānām vācaka ānantyāt.*

7) NS., Ⅱ, 1.65.

8) Visaḷa-amalavati, Tanjur, Mdo., vol.115(Peking), 285쪽 이하를 참조하라.

2. 이름들의 부정적 의미에 대한 지넨드라부디의 이론

a) 모든 이름들은 부정적이다.

(Pram-samucc-vrtti ad. 11). 《그러므로 한 단어의 의미는 어긋나는 의미의 거부에 놓여 있다》. 《이것은 (기원을 갖는 이름들에서 분명하게 보이는데) 이름들이 그 자체의 의미 안에 그에 어긋나는 의미의 거부를 포함하고 있다는 것을 의미한다.(이 이론은 처음에 언급되었고 이제) '모든 상충하는 의견들의 거부에 의해서' 입증된다》.

(Jinendrabuddhi, f. 285. a. 1.). 이것은 (단어들이 실재적 보편을 표현한다고 주장하는 모든 실재론적 의견들의) 거부를 요약함으로써 (디그나가가) (처음에 그가 언급하였던) 자신의 이론을 입증한다는 것을 의미한다.(상키야학파가 독립적 증명으로 인정하는) 반가언적 삼단논법의 긍정논법을 살펴보고 거부하면서 설명되었던 것을 가지고, 다른 의견들의 거부에 의해서 자신의 이론이 입증되는 것은 아니라고 주장할 수도 있다. 그러나 이 비판은 성립되지 않는다. 왜냐하면 처음에 언급되었던 (디그나가) 자신의 이론에서 그는 《기원을 갖는》 단어와 마찬가지로 단어 자체의 의미는 항상 반대되는 것의 거부를 통해서 표현된다고 말하기 때문이다. 그러므로 언어적 증거는 (원칙적으로) 추론과 다르지 않다는 것이 증명된다(285. a. 3). 언어가 지식의 독립적 근원이며 그것이 직접적 긍정에 의해서 보편과 (차이)를 표현한다고 주장하는 사람들의 이론을 거부함으로써 (언어가 긍정을 통해서가 아니라 부정을 통해서 보편을 표현한다는 저자의) 동일한 이론이 입증된다.[9]

(285. a. 4). 이 말은 (서론적 언급이다). (디그나가는) 그 자신의 이론을 상술하면서 증명하려고 한다.

(285. a. 4). 그런데 (《거부》라는 단어가) 여기에서 단순한 부정과 관련되는가, 아니면 특별한 종류의 부정과 관련되는가? 그리고 거기에 포함되는 결과는 무엇인가? 그것이 어긋나는 것에 대한 단순한 부정이라면, 단어들이 반대되는 것을 부정함으로써 《그 자체의 의미》를 표현한다고 언급하고 있는 원문과 모순될 것이다. 왜냐하면 (보통) 어떤 것에 대한 단순한 부정은 그 자체의 (직접적) 의미에 대한 (진술)과는 독립적으로 이루어지기 때문이다(285. a. 6). 의미의 일부분은 부정에 의해 제시될 수 있다. 단어는 (함축된) 부정이라는 방법으로 특별한 (포함된) 의미를 표현할 것이다. 이중의 의미라는 이 이론의 주장자들은 (디그나가의) 원문과 모순된다.[10)]

(285. a. 7). 그러나 만일 (《거부》라는 용어가 여기에서) 특별한 종류의 부정과 관련된다면,[11)] 반대되는 것을 똑같이[12)] 거부하는(즉, 반대되는 것을 거부하고 그 자체의 의미를 주장하는 다른 두 일을 똑같이 하는) 이 견해는 거부된다. 사실 부정의 부분이 부인(denial)의 기능밖에 갖지 못하는 것과 똑같이 (모든 단어는) 어긋나는 것에 대한 거부의 기능밖에 갖지 못한다는 의미이다.

(285. b. 1). 그러나 이중적 의미라는 견해가 참말로 다른 견해일까? 이 견해에서 발견되는 오류 (즉, 디그나가의 원문과 모순된다는) 오류는 (디그나가가 단어 《자체의》 의미를 말하고 있기 때문에) 다른 견해에까지 확장되어야 하는 것이 아닐까? 아니다, 그렇지 않다!

---

9) 지넨드라부디는 여기에서 디그나가가 여러 견해들을 거부한 이후에 그 자신의 이론과 관련하여 사용했던 《입증된다(*gnas-pa=vyavasthita*)》는 단어를 주석하고 있다.그러나 오히려 쓸모없는 주석이다.

10) 285.a.7의 첫번째 부분은 인쇄의 잘못에 의한 반복이다.

11) 이 특별한 종류의 부정은 또한 *paryudāsa*라고 불린다.

12) *mnan-par*를 *mñam-par*로 바로잡으라.

왜냐하면 반대되는 것의 거부는 (모든 단어의) 배타적 의미이기 때문이다. 그리고 (디그나가의 진술과도) 모순이 없는데, 단어 《자체의》 의미는 바로 반대되는 것의 거부이고 (그밖에 다른 것이 아니기) 때문이다.

그것이 여기에서 《반대되는 것의 거부》라는 말로 표현되는 것이다. 사실 디그나가의 원문의 목적은 단어가 《차이에 의해서》 그 자체의 의미를 표현한다는 것을 밝히는 것이었다.

(285. b. 2). 다른 고찰을 해보자! (우리는 명제와 이환을 삼단논법에서 다른 두 격들로 다루는데, 전자는 긍정이고 후자는 부정이다). 우리가 어떤 특별한 것을 명령한다면 우리는 그것이 어떤 다른 것과 다르다는 사실을 이해한다. 어떤 것을 명령하는 행위는 명제와 이환으로 이해된다. 그러므로 단어들은 긍정과 거부의 표현이다. 따라서 반대되는 것의 거부로 이해되어야 하는 이 관계의 일부분이 있을 뿐이다(285. b. 4). 그러나 여기에서 단어들이 배타적으로 특별한 의미들을 상징하고(그러한 의미들이 어긋나는 것의 부정이라고) 주장된다. (오직 하나의 의미만이 있으며, 긍정과 반대되는 것의 부정 사이에) 하나가 다른 하나를 특징지워주는 그러한 관계는 없다.

(285. b. 4). 그렇지만 우리는 일상생활 속에서 말의 단어들을 긍정의 의미만을 갖거나 부정의 의미만을 갖는 것으로 이해하지 않는가?

아니다, 그것은 그렇지 않다! (단어들은 부정들만을, 차이들만을 표현할 뿐이다!) 왜냐하면 어떤 (함축된) 부정도 없는 순수한 긍정은 의미없는 결과를 낳기 때문이다(그것은 명확한 결과를 가져오지 않는다)(285. b. 6). 마찬가지로 우리는 순수한 부정의 입장을 취할 수도 없다. (상응하는) 명제가 없는 이환도 없고 이환이 없는 명제도 없다.[13] 하나의 명제(또는 긍정적 공존)는[14] 직접적 의미로 이해되지만, 그것은 동일한 존재로서의 부정(또는 이환)이 없이는 불가능하다. 이환은 그 자체의 의미와는 다른 의미의 거부이다. 함축된 명제가 없이 존재하는 이환이란 생각할 수 없다.

(**285. b. 7**). 바로 이런 이유로 단어는 어긋나는 의미에 대한 거부와 그 자체의 의미의 긍정적 진술이라는 다른 두 일들을 성취하는 것이 아니다. 한 단어 자체의 의미의 본질은 그것이 다른 의미들과 다르다는 점에 있기 때문이다. 그것이 표현되는 한 우리는 바로 그 반대되는 것이 거부된다는 것을 느낀다.

(**285. b. 8**). 우리가 《쌍둥이－형제》라고 말할 때와 같다! 쌍둥이가 되기 위해서는 한 쌍이 필요하기 때문에 우리는 필연적으로 한 사람을 언급할 때 다른 짝이 있다는 것을 이해한다. 다른 두 항목들로 구성된 어떤 분류도 마찬가지이다. 그것들이 단지 둘로 이루어져 있기 때문에 하나가 지적되면 그것으로써 다른 하나와 구별된다.

(**286. a. 2**). 단어가 반대되는 것을 거부함으로써 그 기능을 다하는 것이라면 우리는 그 긍정적 의미를 표현하기 위해서 다른 단어를 찾아야 한다는 (반대가 제기된다)[15] 그러나 그것은 잘못이다. 왜냐하면 단어 자체가 반대되는 것을 거부하기 때문이다. 사실상 한 단어는 단순히 그 자체의 의미를 제시함으로써 그에 어긋나는 모든 것의 거부를 제시한다. 이 제시된 (부정적) 의미가 (긍정적 의미와) 분리될 수 없기 때문이다.

(**286. a. 4**). 그러므로 한 단어《자체의》 의미가 〈부정〉에 놓여 있다고

---

13) **NBT.**, 78쪽 22행을 참조하라－*ekasya, anvayasya vyatirekasya vā, yo(a)bhavániš cayaḥ sa cva aparasya dvitīyasya bhāva-našcaya-anantarīyakaḥ.*

14) *anvaya-vyatireka*는 *bhāva-abhāva*와 같다. **NBT.**, 79쪽 7행을 참조하라－*anvaya-vyatirekau bhāvābhāvau.*

15) 브하마하(**Bhāmaha**) 에 의해. **TS. TSP.**, 291쪽을 참조하라.

주장하더라도 조금의 모순도 없다.

b) 보편의 기원

(286. a. 4). 더 나아가서 (부정적이라면!) 이 (부정적 의미는) 무엇을 나타내는가? 그것은 말하는 사람이 가리키려고 하는 〈보편적 형식〉을 나타낸다. 그것은 사실상 단어와 다양하게 연결된다. 그러므로 단어는 말하는 사람이 표현하려고 하는 것의 증거이다.

(286. a. 5). 그러나 만일 하나의 단어가 (실재적) 보편을 표현하는 것이라면 (구체적) 정신적 심상이 단어에 상응하는 대상으로 간주되는 것은 어떤가? (사실 그렇다!). (전체) 보편을 구성하는 것은 바로 이 정신적 심상이다.(286. a. 6). 왜? (이 정신적 심상은 보편이다. 왜냐하면 그것은 많은 원인들이 결합된 결과를 나타내기 때문이다). 사실 시각을 (예로 들어보자). 그것은 (하나의 체계에 따라) 시각기관, 반영, 주의가 결합된 소산이거나[16] 또는 (실재론자들에 의하면) 영혼과 내적 감각, 외적 감각, 외적 대상과의 상호관계에 의해 산출된다. 이 모든 요인들은 분리된 단위들이고 그것들에는 스며있는 보편적 통일성이 없다.(그러나 그것들은 함께 하나의 결합된 결과를 산출한다). 그러므로 심사파와 다른 단일한 대상들이 어떠한 상호간에 스며있는 실재적 통일성이 전혀 없기 때문에 (모든 관찰자들이) 그들의 마음속에서 그것들을 독립적으로 경험함에도 불구하고 통일된 단일한 표상을 갖는 것이다. 그것들은 우리의 생산적 상상력의 기능을 자극하고 (이 상상의 여러 행위들이) 단일한 개념이 되는[17] 통일된 반영을 만들어낸다.[18]

---

16) 나의 CC., 54쪽 이하를 참조하라.
17) *tha-miḍad-par snañ-ba = abheda-pratibhāsa.*
18) *rnam-par-rtog-pai šes-pa = vikalpa-vijñāna.*

(286. a. 8). 그리고 이 (단일한 표상은) 어떤 방식으로 〈비－다름〉임에도 불구하고 다른 형식들을 갖는 (일련의 사물들을) 우리에게 표상해준다. 그것은 특징지워지는 (특수)와 특징지우는 (일반) 사이의 통일을 표상한다. 덮어씌우기에 의해서 그것은 이 (개별적 사물들의 다중성)에다가 그 자신의 구별되지 않은 반영을 겹쳐놓는 것이다. 개념들의 기능의 이 본질은 그것이 개별적 형식들의 차이를 지우고 (하나의 일반적 형식으로 그것들을 대체한다는데 있다).

(286. b. 1). 이제 이 (순수하게 내적인) 일반적 반영은 잘못된 인간성에 의해 외적인 것으로 믿어진다. 그것은 많은 다른 개별들을 카바하고, 그것들을 외부의 세계에 투사된 것으로 표상하고, 그것들에 인과적 유효성을 부여하기 위해 확장된다.

(286. b. 2). 그래서 순수하게 정신적인 것이 외부의 대상으로 바뀐다. 그것은 마치 (많은 실재적 대상들인 것처럼) 외부의 세계에 투사되고 퍼져나간다.[19] 그리고 이 투사가 실재적 보편을 표상한다고 믿는 것이 보통 사람들의 사고방식이다.[20] (286. b. 3). 우리가 한 단어의 의미가 그러한 보편이고 그것이 단순히 반대되는 것의 거부라고 주장하는 것은 어떤가? (사실 그렇다!) 바로 이 보편은 반대되는 것의 거부에 불과하다.(286. b. 3). 모든 외적 대상들을 다른 대상들과 구별짓는 것은 바로 반대되는 것의 거부라는 (정신적 작용)에 불과한 것인가? 사실 《차이》, 《반대되는 것의 거부》, 《다른 것의 제거》라는 말들은 같은 것을 표현하는 다양한 방식들이다. 우리는 차이라는 것을 그것을 부여받은 사물 위에 놓여있는 것이라고 인정하지는 않기 때문이다.

---

19) *kun-tun-hphro-ba-ñid*=*prapañcita.*

20) Lit. 286.b.2-3. 《이 전적으로 지성에 있는 사물들의 투사－확산은 사물들이 외적인 것처럼 인식자의 사유방식에 의해 보편으로 자리잡게 된다》.

(286. b. 5). 그러므로 (다음과 같은 의문이 일어난다). (우리의 인식과 말이 진리를 포함하고 우리를 실재와 관련시킨다면, 그리고 말이 단순한 보편과 단순한 부정을 표현하는 반면에 실재는 단순한 특수들로 구성된다면) 이 외적 특수의 자기동일적 본질, 물자체는 본질이 정신적이고 부정적인 것으로 바뀌는가? (286. b. 5). 이 질문은 잘못된 것이다. 궁극적 실재의 탐구에 종사하는 (초월론을 주장하는 철학자들은) 항상 (실재와 관념의) 구분을 알고 있지만 다른 것들은 모른다.(보통사람들은 항상 그것들을 혼동할 것이다) 왜냐하면 그들은 자신들의 머릿속에 지니고 있는 바로 이 심상이 유효하고 실재적이라고 생각하기 때문이다. 그들은 우리가 한 사물을 처음 보고 그것에 이름을 부여할 때, 이 사물에 대한 우리의 실천적 행동의 순간과 마찬가지로, 그것이 우리의 상상에 의해 구성되는 것과 동일한 사물로 남아있다고 믿는다(그들은 실재가 사유와 일치한다고 생각한다).(286. b. 7). 그러므로 그들이 〈반대되는 것의 거부〉가 외부의 실재라는 그들의 의견이 우리에게서 나온 것이라고 미룬다고 하더라도 그것은 바로 그들의 사유 습관에 따른 것일 뿐이다. 그러나 궁극적 실재를 탐구하도록 훈련된 교양있는 사람은 통일과 (보편의 실재를) 믿지 않을 것이다. 왜냐하면 각각의 반영과 (각각의 사물은) (독립적으로) 분리되어 있기 때문이다.

(286. b. 8). 더욱이 우리의 지성에 의한 일반적 관념을 생산하는 데 있어서의 유일한 기초는 바로 〈반대되는 것의 거부〉이다. 우리들은 (보편들이 본질상 부정적이라는 것을) 증명하기 위해서 단어들의 의미가 어긋나는 것의 거부에 있다고 말했다.(286. b. 9). (사실 이런 종류의 부정적 보편성이) 실재 자체에 포함되고 모순없이 받아들일 수 있는 (유일한 것이다)

(287. a. 1). 그러므로 유사한 표상들의 기초를 보여주는 실재는

바로 모순되는 것의 거부라고 가정한다고 하더라도 결코 모순은 아니다.(다른 개별적 사물들이 실제로 유사한 자극을 낳는다). 그래서 결과의 통일이 산출되고 그것이 동일한 결과를 산출하지 않는 개별들을 제쳐놓도록 용인한다.(동일한 자극을 산출하는 사물들이) 그래서 (초월적) 환각의 원인이 되고 보편의 형식을 갖는 잘못된 표상을 창조한다. 그러므로 (보편은 외부의 실재인 것처럼 환각적으로 나타나는 내부의 산물임이) 입증된다.[21]

c) 실재론자와의 논쟁

(287. a. 2). 보편이 (외적 실재라고) 주장하는 이 (실재론자)에게 다음과 같은 반대가 따른다. 만일 하나의 《나무》가 《비－나무》의 부정에 불과한 것이라면, 우리는 나무에 대한 첫번째 인식을 설명할 수 없다. 사실 우리가 처음 나무를 인식하는 순간에는 아직 비－나무가 무엇인지 모른다. 《비－나무가 무엇인가》라는 질문에 대해서 《그것은 나무가 아니다》라고 대답하고, 《나무가 무엇인가》라는 질문에 대해서 《그것은 비－나무가 아니다》라고 대답한다면 이것은 순환논법이 된다. 그러므로 단순히 반대되는 것의 거부에 의해서 단순히 상대적인 대상에다가 하나의 이름을 고정시키는 것은 불가능하다. 그것은 우리의 지성에 (독립적) 지위를 가지고 있지 않다.

(287. a. 5). (초월론자). 그러나 약속에 따라 당신이 (실재적) 보편에 《나무》라는 이름을 고정시킨다면, 그 때 당신은 비－나무들을

21) Lit. 287. a. 1－287. a. 2. 《그래서 사실 결과의 통일로 인하여 이 개별들은 그러한 결과의 비÷소유로부터 물러난다 : 자신의 마음 속에서의 내적 경험이라는 중개를 통해서 그것들은 환각적 결과를 (산출하고) 보편의 형식이라는 연결된 관념을 창출하는 힘의 원인들이 된다. 이것은 이미 설명되었다》.

제쳐놓는 것인가 아닌가? 당신이 (기꺼이) 그것들을 제쳐놓으려고 하더라도 이전에 나무가 무엇인지를 모른다면 어떻게 해야 하는지를 모를 것이다. 동시에 사실 인식하는 (인간의 마음)은 아직까지 나무가 무엇인지를 모른다. 그는 나무가 무엇이고 비-나무가 무엇인지를 알려는 욕구를 가지고 문제에 접근한다. 그리고 그것을 모른다면 어떻게 그가 단어의 (내포)에서 비-나무들을 제쳐놓을 줄을 알겠는가?

그것을 모르고서 반대되는 것의 거부가 없이 형성된 단어만 가지고는 그의 일상생활의 실천적 행동에서 (나무와 비-나무를) 구별하는 것이 불가능하다. 예를 들어 그가 (이전에 비-심사파가 무엇인지 모르고 있다면) 심사파라고 불리는 종류를 구별해내는 것이 불가능한 것이다(287. a. 7). 우리가 하나의 사물에, 이전에 그것을 (다른 사물들과) 구별함이 없이, 하나의 이름을 부여한다면, 우리는 우리의 실제 생활에서 (우리가 원하는 것에 도달하고 우리가 원하지 않는 것을 피하기 위한) 구별을 할 수 없다(287. a. 8). 사실 만일 우리가 나무라는 (용어의 일반적 의미를) 심사파 등등과 같은 그것의 종류들과 구분하지 않고, 나무 일반에다가 《나무》라는 이름을 붙인다면, 우리는 심사파가 아닌 (다른 종류의 나무를 얻고자 할 때) 어떻게 행동해야 할 지 모를 것이다(287. b. 1). 게다가 우리가 《나무》라는 용어를 미리 비-나무들과 구별하지 않은 채로 나무 일반에다가 적용한다면 그것은 모순이 될 것이다(287. b. 2). 그러나 이것을 (경우에 따라서) 보자! 보편이 실재하는 것이라고 주장하는 실재론자는 (다른 주장을 한다). 당신은 하고싶은대로 무엇이든 부정할 수 있지만(이라고 그는 말한다), (단순한 부정에 이해서는) 아무것도 얻지 못할 것이다! 그러나 우리 앞에 놓인 대상을 구별해서 지적함으로써 우리는 약속에 의해 그것의 이름을 확립하고 《이것은 나무이다》라고 말한다. 그러므로 약속할 때 지각되는 보편이건 (지각된 것과) 연결된 보편이건 (우리가 그것에 도달하려고 하거나 피하려고 하는) 시간에 우리의 행동 속에서 우리에 의해 인식될 것이다.

(287. b. 3). 그러므로 (이 이론에서) 행동을 위한 결론들이 (실재론자에게도 초월론자와 똑같지는 않을 것이다. 그는 나무를 인식하고 어떻게 행동할지를 알 것이다)!

(287. b. 3). (초월론자). 아니다! 결론은 《동일하지 않은 것이》 아니다! (결론은 동일할 것이다!) ()다음과 같은 딜레마를 살펴보자. 당신이 하나의 단일한 대상을 가리키면서 《이것은 나무이다》라고 언급할 때, 당신은 이 용어를 제한해서 쓰고 있는가, 아니면 제한없이 쓰고 있는가? 첫번째 경우에 그 의미는 《이것만이 나무이고 다른 것들은 없다》는 것이 된다. 만일 당신이 전에 어떤 나무도 본 적이 없고 비-나무가 무엇인지 전혀 모른다면 어떻게 이 이름이 어떤 명확한 의미를 전달할 수 있는가? (287. b. 4). 그러나 만일 당신이 《이것은 나무이다. 그러나 나무인 다른 대상들도 있다》라는 의미로 제한없이 말한다면, 그런 정보를 제공받은 사람이 (나무에 부딪히는 것을) 피하려고 할 때 어떻게 행동해야 할 것인가? 어려움은 (실재론자에게도) 절대적으로 똑같다! (그는 비-나무가 무엇인지 알아야 한다).

(287. b. 5). 나는 당신이 감관들에 의해서 하나의 사물을 지각할 때, 그것이 무엇에 반대되는가를 알고 (그리고 그것이 아닌 것과 구별하는 것이) 쉽다고 주장한다. 이런 의미에서 (실재론적 이론은) 어려움을 벗어난다(287. b. 6). 그러한 (명확한) 대상-그것이 무엇이건-에 대한 직접적 감관-지각을 받아들여 내가 다른 대상의 경우에는 다른 형식을 갖는 다른 심상이 (나의 머리속에 떠오른다)고 내적으로 느낄 때, 그리고 (내가) 이 형식이 그 사물의 이름이 (처음

으로 제시되었을 때) 보였던 형식과는 다르다고 (느낄 때) 그 때 나는 이질적인비－나무들로부터 나무를 구별해낼 수 있다. 바로 그 때 나는 《이것만이 나무이다》라는 것을 잘 알게 되고, 《이 형식이 반영되지 않은 모든 대상들은 비－나무들》이라는 것을 저절로 알게 될 것이다.(287. b. 1). (동일한 것의 직접적 지각이라는 사실 위에 서 있는) 이 이론은 〈상호부정〉의 이론 위에서는 불가능하다.[22] 왜냐하면 그 이론 위에서는 지각된 형식은 별개의 사물이고 맨처음 이름을 부여할 때 우리 앞에 서있던 사물은 결과적으로 더이상 감지될 수 없기 때문이다. 그리고 맨처음 이름을 부여할 때 보였던 구체적인 특수한 나무가 다른 나무에서는 결코 인식되지 않는다는 것도 알게 된다. 우리는 《이것은 (전에 우리가 보았던) 바로 그 나무이다》라고는 결코 말할 수 없다. 그러므로 팔라사나 다른 종류의 나무는 항아리나 다른 대상과 다른 만큼이나 지각된 특수한 나무와는 다를 것이다.(모든 종류의 나무들에 똑같이 존재하면서 그것들을 하나의 실재적 종으로 통일하는) 부당한 형식은 인정되지 않기 때문이다.

(288. a. 2). (초월론자). 그러나 보자! 당신의 이 이론은 부정이론과 유사하다! (당신은 동일한 부류에 속하는 사물들에 실제적으로 존재하는 부당한 실재들을 가정하고; 우리는 자체에 어떤 부당한 통일도 포함하지 않는 분리된 대상들에 의해 산출되는 유사한 자극을 인정한다) (288. a. 2). 사실 이 대상들(나무들)은 각각 분리된 사물(모나드)이다. 그러나 그럼에도 불구하고 그것들 각각은 그 본성에 의해서, 다른 대상들(비－나무들)이 산출하지 않는 인식상의 동일한 영향을 산출한다. 《이 사물들은 나의 인식의 원인이고 다른 것들은 아니다》라는 형식의 구별하는 판단을 산출함으로써 인간의 지성은 (논의영

---

22) *rnam-par-gcad-pai-smra-ba＝paricchcda-vāda＝paraspara-paribāra-vāda.*

역을) 두 동아리로 나누는 것이다.

그러므로 나의 이 인식은 (비록) 간접적이지만 하나의 일치하는 대상을 (일치하는 외부의 사물이 존재하기 때문이 아니라) 오직 일치하는 결과를 갖는 하나의 사물에 의해 그것이 산출되기 때문에 감지하는 것이다.(288. a. 4). 그러므로 동일한 결과를 산출하는 (다른 대상들의) 소산인 (우리 마음의) 이분화(작용)은 외부의 세계가 〈객관화하는 지각적 판단〉에 투사된 보편의 형식을 받아들이는 인식에 있는 것이다. 이 이분화는 외재성을 부여받은 것처럼 보이고, 인과적 유효성을 부여받은 것처럼 보이고, 어떤 종류의 다양한 연결을 부여받은 것처럼 보이는 분리된 개별적 심상들로 보인다.

d) 개인들의 경험이 인간 마음의 일치된 경험이다.

(288. a. 6). 지각 판단이 (자신의 정신적 심상을) 외부의 대상이라는 성격을 갖는 것으로 확립한다. 그러므로 그것은 (상상에서) 구성된다. 모든 관찰자는 그 자신의 가장 깊숙한 곳에서 그 자신이 심상들을 경험한다. 그럼에도 불구하도 (다른) 개인들의 상상작용은 서로 일치한다. 그것은 바로 똑같은 눈병을 앓고있는 두 사람의 시각적 경험과 같다. 그들은 둘 다 달을 이중적으로 본다 ; 그들 각자가 자신의 가장 깊은 곳에서 그 자신의 심상만을 보지만, 그들은 자신들이 동일한 (이중적 달을) 보고 있다고 설득된다.

(288. a. 7). 그러므로 환각때문에 우리는 다른 대상들에 퍼져 있는 단일한 보편적 형식을 지각하는 것으로 보인다. 멀리 있는 나무들과 비교해보아 (여기의) 이 나무들도 또한 나무들이다. 그래서 (일반적 의미를 고정하는데 있어서) (그렇게 환각적으로 외화된) 심상을 산출하는 원인이 아닌 대상들은 배제된다. 그 때 우리는 어긋나는 형식을 가진 모든 대상들이 비－나무들이라는 것을 자연스럽게 알

아차리게 된다.

e) 결 론

(288. a. 8). 분리된 사물로 지각되고, 그럼에도 불구하고 동시에 자각되기도 하고 자각되지 않기도 하며, 나무와 비-나무 사이의 차이를 산출하기도 하며, 감관들에 의해 지각될 수 있는 통일체인 그러한 사물(즉, 보편적 사물)은 존재하지 않는다. 왜냐하면 이 (나무와 비-나무)는 지팡이와 지팡이를 짚은 사람처럼 분리적으로 지각되지 않기 때문이다(288. b. 1). 하나가 다른 하나의 간접적 표시가 아니기 때문에 그것들은 그렇게 감지되지 않는다(그것들은 변증법적으로 통일된다. 하나의 존재는 동시에 나무들의 긍정이자 비-나무들의 부정이다).

(288. b. 2). 하나의 (개별적 사물)에서 지각되는 동일한 형식이 다른 하나에서도 지각된다. 만일 동시에 이 명확한 형식을 갖기도 하면서 갖지 않기도 하는 어떤 것이 존재한다면, 동시에 나무이면서 비-나무이기도하다면, 오직 그 때에는 나무 자체인 실재적 개별을 가질 수 있을 것이다.

(288. b. 3). 우리의 반대자들은 단어들의 부정적 의미라는 이론의 참된 본질에 대해서 무지하다. 그들은 (우리들이 결코 고백한 적이 없는) 이론을 우리에게 전가한다. 그들은 이 이론이 모든 실재에 대한 거친 부정을 의미한다고 주장하면서 언제나 우리를 모욕할 준비가 되어 있다. 단지 부정의 본질이 무엇이냐는 것에 대한 이 냉정한 해설에 의해서 우리는 그들의 모든 반대들을 거부해왔고 (우리는) 우리의 적이 분쇄되었다고 (생각한다).

그를 거부하기 위해서 위대한 행동이 (디그나가에 의해) 성취되어야 했는데, 이제 이 광범한 주제에 대해서는 충분히 다루었다!

3. 단어의 부정적 의미에 대한 샨티라크쉬타와 카말라쉴라의 이론

다음은 단어(*apoha*)의 부정적 의미에 대한 디그나가의 동일한 이론을 약간 다른 방식으로 진술해 본 것이다. 그것은 샨티라크쉬타와 그의 주석가인 카말라쉴라에 속한다.[23] 그것은 우리가 말하는 단어들이 직접적으로는 개념이나 보편을 의미하지만 간접적으로는 특수한 실재적 사물과 관련된다는 사실을 강조한다. 그들은 사물을 또한 부정이라고 부른다 ; 왜냐하면 그것은 그 자체로 독특한 것이고 《세 세계들 모두에 대한 부정》이기 때문이다.[24] 그것은 《존재론적》(*arthātmaka*) 부정, 즉 부정적 개념의 긍정적 기초이다. 주요한 생각은 지넨 드라부디에 의해 강조된 것과 동일한데, 단어가 부정을 통해서 그 자체의 의미를 표현한다는 것이다. 그러므로 단어는 부정적이다. 부정없이는 단어는 아무것도 표현하지 않으며, 오직 변증법적으로, 즉 서로간의 상호부정을 통해서 어떤 것을 표현할 수 있다. 로체는[25] 그가 다음과 같이 말했을 때 이 이론에 매우 근접하고 있었다. 《내용의 긍정적 단정과 다른 모든 것의 부정적 배제는 매우 밀접하게 연결되어 있으므로, 우리는 단순한 긍정의 의미를 표현하기 위해서 오직 부정을 의미하는 표현들을 이용할 수 있는 것이다(?!)》. 이것은 놀랍게 표현되었지만 디그나가의 명제와 정확하게 일치한다.

그럼에도 불구하고 로체는 이름에는 긍정이 있고 부정은 여기(이

---

23) T. S. 274－366쪽(*śabdārtha-parīṣā*)을 참조하라.

24) *trailokya-vyāvṛtta.*

25) Logik2, 11장.

름과 개념)에서 긍정과 매우 다른 것이라고 생각한다. 불교도들이 참된 긍정이 어디에 놓여있다고 생각하느냐 하는 것은 다음에서 드러나게 될 것이다. 계속해서 샨티라크쉬타를 인용해보자.

(316. 25). 그는 말한다 : 《부정은 이중적이다. 그것은 특별하거나(special)[26] 단순하다(simple).[27] 특별한 것은 반대되는 것의 긍정을 포함한다. 차례로 그것 또한 이중적인데 그것은 논리적이거나[28] 존재론적이다.[29]》

(317. 2). 논리적 종류의 제한된 부정은 (많은 대상들에) 퍼져있는 동일한 형식을 갖는 (보편처럼) 우리의 자각적 판단들에서 인식되는[30] 정신적 심상[31]이다.[32]

존재론적 종류의 제한된 부정은 순수실재를 표상한다. 반면에 모든 비실재적인 것(즉, 모든 관념)은 그것으로부터 배제된다.(그것은 불자체이다)[33]

(317. 5). 논리적으로 부정적인 의미의 본질을 이제 정의해보자.

하리타키나 다른 약초들이 그것들 모두에 퍼져있는 보편적 형식을 갖지 않고도 동일한 해열작용을 갖는 것처럼, 얼룩 암소나 검은 암소 등은 본질상 분리된 것들임에도 불구하고 그들 가운데 어떤 보편의 실재도 갖지않고도 동일하게 되풀이되는 한결같은 심상의

---

26) *paryudāsa.*
27) *prasajya-pratiṣedha.*
28) *buddhy-ātmaka.*
29) *artha-ātmaka.*
30) *adhyavasita.*
31) *buddhi-pratibbāsa.*
32) 즉, 한 사물에서 보편인 것은 단순히 반대되는 것의 부정이다.
33) Lit. 《본질이 물(the Thing, *ārthatmā*)인 (부정)은 이질적 (관념)으로부터 순화된(*vyāvṛtta*) 물 자체의 본질(*svalakṣaṇa*), 물(*artha*)의 참된 본질(*svabhāva*)이다》.

원인이 된다는 것은 전에 언급하였다.[34] 이것은 단순히 행동의 유사성이다.[35] 이러한 유사한 유효성의 기초 위에서 그것들에 대한 즉각적인 경험에 의해 개념적 지식이 산출된다. 이 개념적 인식에서 대상의 형식, 심상, 반영이 나타난다.[36] (반영과 대상은) 동일시된다.[37] (그러나 이 반영은 변증법적 개념임이 입증되고) 부정의 이름(반대되는 것의 거부)이 그것에 적용된다. 그것은 하나의 개념이고[38]이고 정신적이며[39] 외적인 것은 전혀 포함하지 않고 (관찰자의 머릿속에 있다). 그것은 단순히 지각적 판단에서 (외적인 것으로 상상된 것이다).[40]

(317. 25). 그러나 왜 부정의 이름이 (이 전혀 부정같이 보이지 않는 심상에) 주어지는가? 네가지 이유가 있는데,(하나는 주요한 것이고 셋은 파생적인 것들이다). 주요한 것은 다음과 같다. 심상 자체는 오직 다른 심상들과 구별되기 때문에 나타나는 것이다.(만일 그것이 다른 것들과 구별되지 않는다면 그것은 아무것도 나타내지 않는다). 그것은 다른 것들과 구별되고 다른 것들을 부정하기 때문에 〈부정〉이라고 불리는 것이다.[41]

그러나 자체에 외부의 특수한 대상을 전혀 가지고 있지 않음에도 불구하고 일반적 심상은 다른 세 가지 점에서 그것과 연결된다.

1) 심상은 우리의 합목적적 행동들을 인도하고 우리로 하여금 특수한 외부의 대상에 도달하도록 해주는 원인이다. 그러므로 심상

34) TS., 239쪽 19행 : TSP., 329쪽 7행 그리고 497쪽 15행을 참조하라.

35) *ekārtha-kāritayā sāmyam.*

36) *artha-ākāra, artha-pratibimbaka, artha-ābhāsa*(서로 바꾸어 쓸 수 이쓴 용어들).

37) *tādātmyena.*

38) *savikalpaka.*

39) *jñane samānādhikaranyam.*

40) *adhyavasita.*

41) *aṣiliṣṭa-vastu=anya-asambaddha-vastu.*

은 실제로는 특수한 사물의 결과임에도 불구하고 원인으로 간주된다 ;

2) 또는 반대로 합목적적 행동에 도달한 대상은 (그것 또한 결과임에도 불구하고) 원인으로 간주된다 ; 왜냐하면 일반적 심상은 특수한 대상의 직접적 감관-지각의 결과이기 때문이다. 그것은 심상을 산출하는 방편이다.[42)]

특수한 사물과 생산적 상상력의 구성에 불과한 그것의 (일반적) 심상을 동일시하는 것은 인간 마음의 자연스런 환각이다.

(318. 9). 존재론적 부정으로 넘어가자.[43)]

부정의 이름은 또한 (간접적으로) 물자체에도 적용될 수 있는데, 왜냐하면 그것이 다른 모든 것들과의 차이 또는 부정을 포함하고 있기 때문이다. 어긋나는 것의 거부(라는 특징)도 있다. 이것은 사실이다. 그래서 부정의 의미가 간접적으로[44)] 물자체에도 적용된다는 것이 암시된다.[45)]

(318. 15). 단순한 부정의 본질은 무엇인가? 예를들어 단순한 부정은 암소가 비-암소가 아니라는 것을 의미한다. 이 경우에 반대되는 것의 거부라는 의미는 매우 분명하다.

(318. 18). 그래서 부정의 세 형식들을 헤아리고서 저자는 그것

42) Lit.(318. 1) 《결과의 질을 원인에 전가함으로써, 즉 (실제로 특수한) 사물에 도달하는 원인이 됨으로써 그것은 다른 것들로부터 구별되거나 : 또는 원인의 질을 결과에 전가함으로써 구별된다. 그는 그것을 보여준다. 왜냐하면 그것은 비연결된 사물의 문을 통과해 가기 때문이다. '비연결된'이란 다른 것에 묶여있지 않다는 것이다. 이것은 바로 사물의 문, 방편이다. 그것의 직접적 지각 때문에 그러한 심상(개념)이 일어난다》.

43) *arthātmaka-apoha.*

44) *na mukhyataḥ*로 읽으라.

45) 물자체(*svalakṣaṇa*)의 직접적 의미는 순수긍정(*vidhi-svarūpa*)이라는 결과가 된다.

들을 주제, 즉 단어의 의미와 연결시키고 있다.

단어는 첫번째 종류의 부정을 암시하는데, 왜냐하면 단어는 외부의 대상과 동일시되는 심상(이 심상은 부정적이다)을 불러일으키기 때문이다.

(318. 21). 사실 인식이 단어를 통해서 교환될 때,(우리의 의식에) 반영되는 것은 단어의 의미이다. 하나의 단어가 인식될 때 순수한 (또는 단순한) 부정은 확인되지 않으며, 감관지각에서처럼 (긍정, 즉) 대상의 직접적 반영을 갖는 것도 아니다. 그러면 우리는 무엇을 갖는가? 우리는 외부의 대상과 관련되는 단순히 언어적인 지식을 갖는다. 그러므로 한 단어의 올바른 의미는 사물의 심상에 있고 다른데 있는 것이 아니다. 왜냐하면 언어적 지식에서 이 심상은 (외부의) 대상과 동일시되는 것으로 보이기 때문이다(318. 26). 대상과 그것의 언어적 지시 사이의 연결은 인과적인 것이다…… 한 단어의 의미는 그것을 통해 불러일으켜지는 심상에 놓여 있다(319. 7). 그러므로 (우리의 이론에 대한 반대가 제기되는데, 그 반대는 즉) 《순수부정은 한 단어가 발음될 때 의식에 나타나는 것이 아니다》라는 것이다. 이 반대는 근거없는 것이다. 우리는 결코 한 단어의 의미가 순수부정이라고 인정한 적이 없다.

(319. 9). 그러므로 단어에 의해 제시되는 부정적(또는 명백한) 의미의 대상의 (명백한) 심상에 불과하다. 그것은 직접적으로 그 이름에 의해 불러일으켜진다. 그것이 그러므로 단어의 주요한 의미이다. 다른 두 의미들(사물 자체와 단순한 부정)은 그것에 종속되고 따라서 그것들을 인정하는데 모순은 없다(319. 12). 이 의미, 즉 심상의 의미가 단어에 의해서 직접적으로 교환될 때, 부정 또는 단순한 부정의 의미는 그것에 함축된 것으로 제시된다. 왜 그런가? 반영된 암소의 심상의 본질은 예를 들어 그것이 다른 심상, 예를 들어 말의

심상의 본질이 아니라는데 있다. 그러므로 단순부정은 (모든 명백한 심상과) 분리할 수 없는 종속적 의미이다.

(319. 21). 특수, 물자체의 (존재론적) 의미는 (또한 주요한 의미의 결과이다). 실재적 사물과 이름 사이의 연결은 간접적이고 인과적이다.[46]

(319. 23). 처음에 우리는 (우리의 감관들에 현존하는) 존재하는 그대로의 사물을 내적으로 경험한다. 그리고나서 그것을 언어로 표현하려는 욕구가 일어난다. 언어 기관들이 움직이기 시작하고 단어가 발음된다. 단어가 이러한 간접적 방식으로 불(fire) 등과 같은 외부의 사물과 연결될 때, 우리는 모든 비유사한 사물들과 구별되는 특수한 대상을 암시적으로 인식한다.

(319. 25). 그러므로 부정의 두번째, 세번째 의미, 즉 단순부정으로서의 의미와 다른 모든 것들과 구별되는 사물 자체와 관련되는 의미라는 이 두 의미들은 부정의 은유적(부차적) 의미이다.(주요한 것은 심상 또는 모든 다른 개념들과 구별되고 따라서 그것들의 부정을 나타내는 개념의 의미이다).

(320. 7). (이 이론에 따라서 단어들이 단순한 부정을 나타낸다거나 따라서 긍정을 나타내는 다른 것이 발견되어야 한다고 하는 반대는[47] 근거가

---

46) B. Russel, Analysis of Mind, p.227과 비교해보라-《(실재적 보편을 인식의 실재적 대상으로 간주하는 브렌타노의) 이 견해에 따르면, 하나의 특수한 〈고양이〉는 지각될 수 있는 반면에, 보편적 〈고양이〉는 인식된다. 그러나 우리가 보편을 다루는 이러한 전체적인 방식의 관점은 정신적 행위와 그 〈대상〉의 관계를 단순히 간접적이고 인과적으로 간주할 때 포기되어야 한다…(=*pāramparyeṇa kārya-kāraṇa-lakṣaṇaḥ pratibandhaḥ*. TSP., 319쪽 22행). 물론 정신적 내용은 항상 특수하고(?), 그것이 무엇을 〈의미하는가〉에 관한 의문은…오직 그것의 인과적 연결들을 아는 것에 의해서 밖에는…해결될 수 없다》.

47) 브하마하에 의한 반대.TSP., 291쪽 7행을 참조하라.

없다). 왜냐하면 우리는 특수한 (실재적) 사물이 이름에 의해서도 제시된다고 주장하기 때문이다. 그리고 이 의미는 부정이 아니고 긍정이다. 그것은 단어의 간접적 의미이다. 우리가 한 단어가 《표시한다》라고 말할 때, 이것은 그것이 그 한정된 개념(또는 심상)에 포함되는 부정을 산출한다는 것을 의미한다 ; 그것은 다른 모든 심상들과 구별되고 (또한) 그 자신의 대상, 특수한 사물을 다른 모든 사물들과 구별하는 심상을 산출한다.

그래서 우리의 스승(디그나가)의 이론은 전혀 모순을 포함하지 않는다.(그것은 단어의 의미에 어떤 긍정의 여지도 남겨두지 않는 단순한 부정을 가정하지 않는다……)

(315. 15). 《실재론자 웃됴타카라의 대항-이론은 각각이 실재적 통일, 영원한 존재, 그리고 그것을 얻은 모든 특수에 전적으로 내속하는 존재를 나타내는 실재적 보편들을 가정한다. 그의 이론에 따르면 지식에 명확성과 일관성을 부여하는 것은 이 실재적 보편의 현존이다. 그러나 우리의 스승 디그나가는 그의 부정적(또는 명백한) 의미들이 (실재적 보편들에만 속한다고 가정되는 모든 이익들을 갖는다고 대답한다), 그것들은 통일성을 갖는데, 왜냐하면 그것들이 각 (특수)에서 동일하기 때문이다 ; 그것들은 (논리적으로) 영원한데, 왜냐하면 그것들의 (부정적) 기초가 결코 파괴당하지 않고 (모든 변화하는 개별에서 동일하게 남아 있기) 때문이다 ; 그것들은 충분히 완전하게 모든 개별에 내속한다. 그것들은 (순수하게 부정적이고 상대적이지만) 통일성, 영원성, 그리고 내속을[48] 갖는다. 그래서 단어의 의미는 부정, 즉 다른 의미들과의 (구별)이다. 이 이론이 더 바람직한데, 왜냐하면 (실재론적 이론과 비교해보아) 많은 이점들을 갖고 있기 때문이다!》[49]

---

48) *ekatva* ; *nityatva-anekasamavetatva*.

이상과 같은 것이 불교변증법의 본질이다. 그것은 모든 개념들과 그것들을 표현하는 이름들이 부정적인데, 왜냐하면 그것들이 반대되는 것의 부정을 통해서 자기 자신의 의미를 표현하기 때문이라고 주장한다. 어떤 해석자들에 따르면 이것이 헤겔 변증법의 근본적 의미이기도 하다고 하는데, 우리는 다른 용어가 없기 때문에 그것을 불교변증법이라고 부르기로 한다. 그러나 불교도들에 따르면 원인과 결과 사이에는 모순이 없고(단순한 다름만이 있다) 개념의 자기 발전도 없다는 점을 우리는 눈여겨 살펴보아야 한다. 발전과 운동은 실재에 속하는 것이지 논리에 속하는 것이 아니다.[50)]

그러나 다른 한편 불교변증법은 유명론과 실재론의 싸움에 대한 해결을 포함하고 있다. 개념들은 순수하게 부정적이기 때문에, 그것들의 보편성, 안전성, 내속은 정신적, 논리적, 변증법적인 것으로 설명된다. 보편이 오직 다른 사물들과의 구별이라는 부정적 표시라면 그것이 동시에 완전하고 지속적으로 많은 사물들에 현존한다는 것은 모순이 아니다. 모든 개념들과 이름들이 부정적이기 때문에,

---

49) 디그나가의 변증법에 대한 지넨드라부디, 샨티라크쉬타, 카말라쉴라의 이 언급에다 우리는 원래 동일한 주제에 관한 다르모타라의 소논문의 번역을 부가하려고 하였다(Apoha-nāma-prakaraṇa, Tanjur, Mdo, vol.112, 252~264쪽 이하). 그것은 아마도 그 주제를 가장 잘 드러내줄 것이다.그러나 이 책에 그것을 삽입하자면 책의 부피가 너무 커진다. 그리고 2권 부록5, 1부 '서론'에 번역되어있는 바챠스파티미쉬라의 요약은 주로 이 작품에 근거하고 있다. 이론의 핵심은 같지만 모든 설명은 자신의 방법을 따르고 있다. 바챠스파티미쉬라의 설명에 따르면 다르모타라는 외부의 실재와 그것에 대한 우리의 주관적 심상의 동일화, 그리고 이 심상들의 객관적 실재를 믿는 환각에 대한 설명을 포함하고 있는 무시된 차이(*bheda-agraha*)의 이론으로서 아포하(*apoha*)-이론을 특히 강조했음을 알 수 있다.

50) 모순의 변증법과 반대의 변증법을 날카롭게 구분했던 사람들(예를 들어 크로체Benedetto Croce같은 사람)은 불교도들이 오직 전자를 인정하고 후자를 지워버린다는 점을 주목할 것이다.

불교도들은 아마도 부정성이 세계의 영혼이라고 주장한 헤겔이 옳다고 말했을 것이다. 그러나 세계는 또한 영혼으로만 구성된 것이 아니고 몸으로 구성된 것이기도 하다. 불교도들이 보는 세계의 몸이 무엇인지에 대해서는 다음에 보게 될 것이다.

4. 불교변증법의 발전에 대한 역사적 스케치

불교도들의 변증법은, 몇몇 문제들에만 영향을 끼친 별로 중요하지 않지만 특징적인 씨앗들로부터 점차로 그 본질이 인식의 특별한 근원으로서 변증법적이라고 밝혀졌던 오성의 일반적 이론으로 발전하게 되었다. 우리는 불교변증법의 발전을 세 시대로 구별할 수 있다 ; 1) 초기(소승), 2) 초기 대승 3) 비판적 논리학파.

초기의 기록들은 불교를 세운 사람들이 형이상학적 질문들에 대해서 대답하기를 거부했다는 진술을 포함하고 있다. 이 질문들은 다음과 같다 : 1) 세계의 시작에 관한 네 질문들 ; 즉, 시작이 있는가, 없는가, 아니면 둘 다인가, 아니면 둘 다 아닌가, 2) 세계의 끝에 대한 유사한 네 질문들, 3) 몸과 자아 사이의 동일성에 대한 네 질문들, 4) 성인들이 죽은 후에 살아남는가 아닌가하는 두 질문들. 특징적인 네짝씩의 형식화가 플라톤이 그의 파르메니데스에서 유사한 문제들을 다루면서 사용했던 것과 비슷하다는 점이 눈에 띌 것이다.[51)]

---

51) 올덴버그(H.Oldenberg) 교수는 불타에 대한 그의 유명한 책에서(현재는 불교의 관념들에 대한 오히려 소박한 언급으로 인상적이지만) 불교의 초기부터의 변증법적 성격을 간과하지 않고 있다. 그는 "소크라테스가 오는 장소에는 궤변론자들이 없을 수 없었다"라고 말한다(Budda10, 80쪽). 그러나 궤변론이라는 의미에서 변증법적 성격은 초기 불교에 속할 뿐만 아니라 또한 그것이 무한과 절대라는 궁극적 문제를 다루기 시작할 때 인간

현학적인 형식화를 제거해버리면, 열네개의 질문들은 두개의 근본적 문제들, 즉 무한성의 문제와 절대의 문제로 환원할 수 있다. 어떤 문제들을 진술하는데 있어서 뿐만 아니라 그 해결에 있어서도 칸트의 이율배반과 유사성은 명백하며 학자들의 주의를 끈다.[52)]

이것들은 예라는 대답도 아니오라는 대답도 또는 둘 다라는 대답도 둘 다 아니라는 대답도 답으로 주어질 수 없는 문제들이다. 그것들은 절대 대답할 수 없지만 인간의 마음이 필연적으로 마주치게 되는 문제들이다. 그것들을 다루는 우리의 이성은 《변증법적으로》, 즉 자기모순적으로 된다.

대승학파는 이 평결을 인간오성일반, 그리고 예외없이 모든 개념들에까지 확장시켰다. 그것들은 모두 분석해나가면 모순을 포함하는 것으로 드러난다. 인간의 마음은 환각의 논리를 포함하고 있는데, 왜냐하면 개념과 일치하는 대상은 결코 주어지지 않기 때문이다. 그것은 서로 지양하는 부분들로 구성되어 있다.

챤드라키르티는 대승적 방법의 주요한 개념을 다음과 같은 말로 요약하였다.[53)]

《단순한 사람은[54)] (이분법의) 밑바닥[55)]까지 내려가보지도 않고 물

마음의 자연스런 변증법도 포함한다(같은책, 81,232,315쪽 이하). 올덴버그 교수는 이 변증법이 《적절히 현명하다(moderately clever, *wenig gewandt*)》고 하지만, 이러한 평가는 별로 중요하지 않은데, 왜냐하면 그것은 불교를 이해하는데 필수적인 *duḥkha, dharma, saṃskāra, pratītya-samutpāda*같은 기본 전문용어에 대한 올바른 이해와 번역이 아직 초보적이었을 때에 속하기 때문이다.

52) O. Franke, Kant und die alt indische Philosophie in 《Zur Erinnerung an Immanuel Kant》, Halle, 1904, 137~138쪽 : Nirvana, 21, 205쪽을 참조하라. 무한분할 가능성의 이율배반에 대해서는 아래 제5부 '외부세계의 실재' 6. '관념론'부분과 S. Schayer, Prasannapada, XXIX쪽을 참조하라.

53) Mādhy, vrtti, 350쪽.

54) *bāla-pṛthag-jana.*

질과 (마음 등)을[56] 상상하고(즉, 변증법적으로 구성하고) 이분화한다.[57]…… 그러나 그러한 모든 (상상된 변증법적) 개념들은[58] 언제 시작했는지도 모르는 세계-과정과[59] 같이 시작된 뿌리깊은 사유습관을[60] 형성한다. 그것들은 (우주의 원초적 통일로부터) 다양성속으로의 분산[61]과정에서 생긴다. 그래서 다음과 같은 (변증법적) 개념들의 (짝이 생겨난다)[62] ; 인식과 인식 대상 ; (표현되는) 객체와 (그것을 표현하는) 주체 ; 행동자와 행동 ; 원인과 결과 ; 항아리와 헝겊 ; 열반과 승(vehicle) ; 여자와 남자 ; 이익과 손해 ; 기쁨과 고통 ; 명예와 불명예 ; 꾸중과 칭찬 등등.[63] 이러한 모든 세속적인 다양성은, 모든 분리된 존재의 본질이 상대적이고 (궁극적으로 비실재적이라고) 지각되자마자, (실재의) 허공에 어떤 흔적도 남기지 않고 사라진다》.

챤드라키르티는 그의 예들에서 모순대당과 반대대당을 같은 자루속에 집어넣었다. 항아리와 헝겊은, 헝겊이 비-항아리들의 범위에 들어가므로, 간접적으로 반대된다. 남자와 여자의 반대는 완전한 이분법이다. 꾸중과 칭찬, 또는 더 정확하게 칭찬과 비-칭찬의 반대는《완전하고 상호적인》배제, 또는 모순이다. 오성에 의해 만들어진 모든 것들은 쌍으로 만들어지거나 또는 지넨드라부디가 표현한대로 오성의 영역에는《쌍둥이 형제들》이 있을 뿐이다. 그러한 쌍의 각 부분은

55) *ayonišaḥ.*
56) *rūpādi.*
57) *vikalpayantaḥ.*
58) *vikalpāḥ.*
59) *anādi-saṃṣara.*
60) *abhyāsa.*
61) *vicitrāt prapancāt.*
62) *vikalpa*는 개념과 논리적 이분을 의미한다,=*dvaidhī-karaṇa.*
63) 이 이분법의 예들과 Lasson, Wissenschaft der Logik, vol. Ⅰ, p.LⅦ, 서론에서 헤겔의 변증법을 설명하면서 인용한 예들을 비교해보라.

상대성, 또는 한계의 상호부정에 의해 서로를 지양한다. 그 결과는 칸트가 표현한대로 표상할 수 없는 부정적 영(*nihil negativum irrepraesentabile*)이거나, 또는 중관학파의 언어로 하면 《모든 분리된 대상들의 공》[64] 그리고 분산되지 않은 단일한 실재, 비-다양의 전체이다.[65]

불교논리학파는 오성의 모든 개념들의 변증법적 성격을 충분히 인정하고 있지만 지식의 전적인 비실재성을 반대하고 모든 쌍의 변증법적 개념들 뒤에 있는 비-변증법적 물자체라는 순수 실재를 인정한다.

디그나가의 이론은 아마도 논리적인 면에서 바이쉐시카학파가 마음에 품고 있던 견해들의 영향을 받았을 것이다. 이 학파는 아마도 모든 개별적 사물, 즉 편재하는 실체들 뿐만 아니라 원자들에도 있는 객관적 실재라고 가정한 차이의 범주 때문에 그러한 이름을 가졌을 것이다. 이 견해에 따르면 모든 대상은 그 안에 존재하는 유사성과 비유사성을 포함한다.[66] 만일 우리가 이 두 존재들을 차이라는 단일한 것으로 환원하고 그 실재적 성격을 제쳐놓는다면, 우리는 바로 디그나가의 이론의 본질, 즉 순수하게 부정적이고 순수하게 정신적인 보편들이라는 것을 이해한 것이다.

다른 점들에서와 마찬가지로 이 점에서도 바이쉐시카와 불교논리학자들 사이에는 어느 정도의 공통적 기반이 있는 것으로 보인다.

---

64) *sarva-bhāva-svabhāva-šūnyatā*=*sarva-dharma-šūnyatā*.

65) *nisprapañca*.

66) 위 673쪽을 참조하라. VS. I .2.6의 말은 범위의 한 쪽 끝, *sattā*에는 *sāmānya*만 있고 *višeṣa*는 없으며, 반면에 다른 끝, 원자들과 편재하는 실체들에는 *višeṣa*가 있고 *sāmānya*는 없다는 이론을 제시한다. 그러나 이미 **Prašastpāda**는 *antya-višeṣas*만을 가정한다. *atyantavyāvṛtti-hetuḥ*와 *svato-vyāvarakatvam*에 대한 이후의 정의는 불교도의 *vyāvṛtti*=*apoha*와의 유사성을 제시한다.

전자가 실재론적 원리들을 견지하고 후자가 관념론적 견해들을 고수함으로써 커다란 차이를 보여주고 있음에도 불구하고 말이다.

부정적 이름들이라는 디그나가의 이론의 운명은 불교논리학 일반의 운명과 같았다. 그것은 태어난 땅에서 불교의 소멸 이후까지 살아남지는 못했다. 불교와 함께 그 이론은 티벳으로 넘어갔고 거기에서 지금까지도 살아남아 있다. 인도에서 그 이론이 출현하자 다른 모든 학파들의 일치된 저항이 있었다. 심지어 불교의 부정이론을 따랐던 《불교도들의 친구》 프라브하카라조차도 부정적 이름들이라는 그들의 이론만큼은 전혀 받아들일 수 없었다. 그가 미맘사학파를 상당한 정도로 따라갔다고 하더라도 분명 미맘사학파로 남아있을 수는 없었다. 미맘사학파는 디그나가의 이론에 대항하는 싸움에서 지도자가 되었다. 말과 이름에 대한 평가가 종교적 숭배의 성격을 갖는 학파－그들에게 단어는 그것이 표시하는 사물들과의 영원한 결합속에 존재하는 영원한 긍정적 존재이다. 그들에게서 단어는 무엇보다도 성전(the holy Scripture)의 단어이다 ; 이 학파는 분명히 이름들을 차이를 나타내는 단순히 관습적인 부정적 기호로 환원시키는 이론에 대해서 최고로 놀랄 따름이다. 단어들의 긍정적 의미가 신에 의해 확립되었다고 믿는 나아야학파도 그 이론에 대해서 우호적인 눈길을 보낼 수는 없다. 모든 형태의 실재론자들의 주장은 항상 똑같다.

긍정적 사물들도 있고 부정적 사물들도 있다. 실재는 존재에도 있고 비－존재에도 있다. 긍정적 사물들은 긍정적 이름들에 의해 표시되고, 부정적 사물들은 부정관사 《비(non)》의 부가에 의해 표시된다.

수사학자 브하마하는 단어들이 실제로 모두 부정적이라면 긍정적 사물들을 위한 다른 단어들, 또는 표현수단들이 있어야 한다는 이유로 디그나가의 이론을 반대한다.[67] 《암소》라는 단어의 의미가 실제로 비-암소의 부정이라면 뿔과 턱 아래로 처진 살, 그리고 다른 특징적 기호들을 갖는 가축에 대한 긍정적 지각이라는 다른 사실을 표현하기 위해서 다른 단어가 필요할 것이다. 한 단어가 두 개의 다른, 그리고 심지어 반대되는 의미들을 가질 수는 없다. 부정의 이론에 따르면 부정의 의미가 주요한 것이고 긍정적 의미는 그것을 뒤따르는 것이기 때문에, 우리는 따라서 암소가 처음에는 《비-암소》의 관념을 갖고 다음에는 암소라는 부차적 관념을 갖는다고 생각한다.

이 반대는 불교도들이 부정적 의미가 우선 제시되고 긍정적 의미가 뒤따른다고는 결코 주장하지 않는다는 것을 고려해보면 해결된다. 반대로 그들은 긍정적 의미가 직접적이지만 부정적 의미가 없으면 그것은 아무것도 아니며 둘은 동일하다고 인정한다.

쿠마릴라의 주요한 반대는 다음과 같은 주장이다.[68] 불교도가 《암소》의 의미가 부정적이라고, 그것이 《비-암소가 아니라》고 주장할 때, 그는 단지 실재론자가 주장하는 동일한 의견, 즉 긍정적 종류인 《암소》에는 참된 객관적 실재가 있다는 의견을 다른 말로 표현한 것에 불과하다. 《비-암소가 아니다》라는 것이 반대되는 것의 긍정을 함축하는 부정이라면, 비-암소의 부정은 암소의 긍정과 동일하다. 사실 불교도들은 《비-암소가 아니다》라는 말로 어떤 종류의 대상을 제시하고 있는 것일까? 모든 연장을 제거해버린 엄격하게 있는 그대로의 개별적 사물인가? 그러한 사물을 말로 할 수 없기 때문에, 이것은 불가능하다. 그러므로 같은 부류의 모든

67) TSP., 291쪽 7행 이하.
68) Šlokav. Apoha-vāda, kar.1.ff : TS. and TSP., 292쪽 이하를 참조하라.

개별에 현존하는 말로 할 수 있는 암소의 본질이 있다는 것을 인정해야 한다. 이 일반적 본질은 실재론자들의 보편이다.

그러나 불교도가 《비-암소》라는 말로 반대되는 것의 긍정이 없는 단순한 부정을 의미한다면 이것은 외부세계의 실재를 부정하는 순수한 관념론이다. 미맘사학파는 그것을 존재론적 이론이라고 반대했었는데, 이제 그것이 이름들의 의미에 관한 이론이라는 옷을 입고 다시 나타나고 있다.

실재론자들의 주장은 많고 다양하고 교묘하다. 여기에서 그것들을 인용하는 것은 필요없을 것이다. 그것들은 모두 이런 근본적인 것으로 환원할 수 있다 : 긍정적 이름들이 있는데 그것들은 보편들에 상응한다 ; 보편들은 감관들에 의해 지각된 실재와는 외부의 사물들이다 ; 또한 감관들에 의해 지각되는 실재들인 부정적 사물들도 있다.

그러나 디그나가의 이론이 모든 형태의 실재론자들에 의해 전적으로 거부되었지만, 그 간접적 영향은 후기 니아야학파에 의해 채택된 부정적 정의라는 방법에 살아남았던 것으로 보인다. 그들은 반대되는 것의 거부를 통해서 사실을 기술함으로써 부정적 측면에서 거의 모든 정의를 내렸다. 표현을 더 분명하게 하기 위해서 우리가 반대되는 것을 언급하는 것은 잘 알려져있고 자연스런 말의 특징이다. 그러나 니아야학파는 논리적 구별을 위해 전혀 쓸모가 없는 경우에 조차 반대적 정의라는 방법을 쓴다. 예를 들어 동반(Concomitance)을 결과와 원인의 필연적 연결이라고 정의하는 대신, 원인과 《결과의 절대적 비-존재라는 짝의》 연결이라고 정의한다. 연기가 논리적 이유라고 말하는 대신 《연기의 절대적 비-존재의 짝》이라는 식으로 언급한다.[69] 그러한 뒤틀린 부정적 정의들은 후기 니아야에서 매우 유행하고 그것의 특징적 모습을 형성하게 된다.

5. 유럽의 몇몇 유사한 이론들

a) 칸트와 헤겔

앞에서 우리는 모든 이름들과 모든 개념들의 부정적 본질에 관한 디그나가의 이론을 언급하였다. 우리는 가능한한 디그나가 자신과 그에 대한 인도의 해석자들의 말로 그 작업을 수행하였다. 우리는 그것을 변증법이론이라고 불렀다. 우리는 또한 그것을 부정의 이론 또는 실재의 이론이라고 부를 수 있다. 이 이름들을 쓸만한 충분한 이유들이 있는데, 그것들은 직접 바꾸어 쓸 수는 없다고 하더라도 서로 매우 가까이에 서있다. 이 책에서 취해온 방법에 따라 이제 계속해서 유럽철학사에서의 몇몇 유사한 이론들을 인용해보기로 하겠다. 그것들은 같은 점과 다른 점을 통해서 인도의 관점에 대한 생각의 실마리를 열어줄 것이며, 동시에 우리가 디그나가의 이론을 가리키기 위해 가장 적절한 용어로 변증법을 택할 것을 정당화해줄 것이다.

고대 그리이스와 중세 유럽에서 발견되는 유사한 이론들에 대해서는 모순율을 검토하면서 어느정도 언급했기 때문에 놓아두고 근대 철학에 주의를 기울여보자.

칸트에 의하면 변증법은 환각의 논리이지만,[70] 모든 환각의 논리는 아니다. 두 종류의 환각이 있는데,[71] 하나는 경험적이거나 단순

---

69) *hetu-samaṇaḍhikarana-atyanta-abhāva-pratiyogi-sādhya-samānādhikarañyam.* 여기에서 *hetu*는 *dhūma*이고 *sādhya*는 agni이다. Tarkasangraha(Athalye), 247, 289쪽을 참조하라.

70) 칸트는 이 변증법이라는 용어의 사용을 고대로까지 소급시킨다. CPR., 49쪽. Grote, Arist., 379쪽을 참조하라.

71) 같은책, 242쪽.

하며 다른 하나는 인간의 이성이 1) 무한, 2) 무한분할가능성, 3) 자유의지, 4) 필연적 궁극존재를 다룰 때의 자연스런 환각이다. 이것들은 네 이율배반들, 즉 논리적으로 '예'라고도 '아니오'라고도 대답할 수 없고 따라서 인간이성의 자연스런 환각을 나타내는 문제들이다. 이것은 다소간 소승의 관점에 상응한다. 소승의 관점에 의하면 세계의 기원에 관한 질문들, 세계의 종말에 관한 질문들, 무한분할가능성의 문제, 절대적인 영원한 존재의 존재문제는 긍정적 의미에서건 부정적 의미에서건 해결할 수 없다. 대승불교도 마찬가지로 두 종류의 환각을 가정하는데, 하나는 원래적 또는 본래적인 것이고[72] ; 다른 하나는 단순한 오류이다. 전자는 또한 인간의 마음이 《내적인 재앙》[73]이라고 불린다. 그러나 모든 보편과 모든 개념이 인간마음의 자연스런 환각이라고 선언되기 때문에 자연적인 환각의 명단은 엄청나게 증가한다.

이것은 헤겔의 관점에 상응한다. 그는 제한된 수의 네 이율배반들이라는 칸트의 이론에 답하여 《개념들만큼이나 많은 이율배반들이 존재한다》고 선언한다.[74] 모든 개념들은 그것이 개념인한 변증법적이다. 칸트에 의하면 상응하는 심상들이나 개념들뿐만 아니라 모든 경험적 대상들도 변증법적이 아니다. 이 대상들은 우리에게 《주어진다》. 다양한 직관을 포함하고 있고 또한 생산적 상상력에 의해 구성되지만, 그럼에도 불구하고 그것들은 《주어진다》. 그것들은 감관들에 주어지지만 오성에 의해 한번 더 재구성된다.[75] 어떤 칸트

72) *mukhyā-bhrāntib.*

73) *antar-upaplavaḥ*. TSP., 322쪽 7행을 참조하라.

74) Wiss. der Logik, Ⅰ. 184(Lasson)-《(es können) so viele Antinomien aufgestellt werden, als sich Begriffe ergeben》.

75) CPR., 40쪽. 불교도들에 의하면 오직 맨처음 순간(*pratamatara-kṣaṇa*)만이 《주어진다(*nirvikalpaka*)》.

해석자들은[76] 《주어지면서》 한번 더 구성되는 사물들의 이중적 기원에 당혹한다. 그들은 이 점에 관해서 칸트가 왔다갔다 하면서 결정을 못내리는 것을 발견하는 경향이 있다. 인도철학자들에 의하면 오직 극단적 구체와 특수, 찰나점만이 《주어진다》. 나머지는 모두 생산적 상상력과 인간 오성의 자연적 변증법에 의해 구성된 해석이다. 만일 우리가 칸트에 대해서 《주어지는 것》은 오직 물자체라고 해석하고－그리고 그러한 해석에 대한 지지를 그의 원문에서 찾아내는데 실패하지 않는다면[77]－이 점에서 그와 인도인들 사이에는 일치가 있을 것이다. 그러다면 경험적 대상들은 전적으로 선험적 실재의 기초 위에서 구성될 것이다. 그러나 그것들은 변증법적으로 구성되지는 않을 것이다.

반면에 디그나가에 의하면 그것들도 또한 무한성 등의 관념들과 마찬가지로 변증법적으로 구성될 것이다.[78] 이것은 헤겔의 견해들과 일치한다. 헤겔은 말한다 : 《개념의 보편성은 부정성을 통해서 정립된다 ; 개념은 오직 그것이 그 자체의 부정의 부정인 한에서 그 자체와 일치한다》.[79] 이것은 모든 보편들이 부정적이라고,[80] 즉 암소는 그

76) Fr. Paulsen Kant, 171쪽.

77) 특히 에버하르트(Eberhard)에 반대하는 그의 논문 35쪽의 문단을 참조하라 (Kirchmann). 에버하르트는 묻는다 : 《누가 사물에 감성을 부여하는가?……우리는 우리가 원하는 것을 고를 수 있고, 그렇게 해서 우리는 물자체에 도달하게 된다》. 칸트는 대답한다 : 《지속적으로 유지되는 비판이 감성에 따라 표상능력을 규정하는 능력을 가질 때에만 그렇다. 그러나 그것은 사물 자체는 아니다》. 만일 이것이 생산적 상상력을 자극함으로써 상응하는 심상을 불러일으키는 능력(Grund＝Kraft)으로 해석된다면 일치는 거의 완전할 것이다.

78) 위 686쪽을 참조하라. 《인식가능성》이라는 일반개념조차도 상상된 《비인식가능성》의 짝으로 해석되어야 한다. TSP., 312쪽 21행에 있는 디그나가의 Hetu-mukha로부터의 인용과 비교해보라.

79) Wiss. der Logik, Ⅱ. 240.

자체의 부정의 부정 이외의 것이 아니라고, 그것은 《비－암소가 아니라고》 하는 인도의 이론과 정확하게 같게 들린다. 헤겔은 말한다[81] : 《변증법은 자신과 타자, 즉 비－자신에 대한 영원한 숙고이다》. 그는 계속해서 말한다 : 《부정적인 것은 또한 긍정적이다. 모순적인 것은 절대적인 무, 영을 가져오지 않으며, 본질적으로 그 자신의 특수한 내용들의 부정을 가져온다》.[82] 칸트가 이율배반들을 확립했을 때 그가 내딛은 걸음은, 헤겔에 의하면,[83] 《무한히 중요하다》. 왜냐하면 그럼으로써 변증법이 《이성이 필연성으로 다시 주장되었기 때문이다》. 《개념의 한정은 긍정으로 놓여진 부정성이다》. 이것은 스피노자의 명제 〈한정된 모든 것은 부정이다(*omnis determinatio est negatio*)〉이며, 그것은 《무한한 중요성을 갖는다》.[84]

헤겔의 변증법의 이 측면과 디그나가의 이론 사이에는 분명한 완전한 일치가 있다. 개념이 의미하는 것은 바로 반대되는 것의 부정이다. 부정은 상호적이다. 긍정은 상대적이어서 그것은 본래의 긍정이 아니고 또한 부정이기도 하다. 그러므로 헤겔은 《빛은 부정적이고 어둠은 긍정적이다 ; 선은 부정적이고 악은 긍정적이다》라고 주장한다.[85]

그러나 그는 더 나아간다. 칸트에 의하면 모순의 반대되는 두 부분들은 서로 지양하고 결과는 영이다(*nihil negativum irrepraesentabile*).[86] 헤겔에 의하면 그것들은 서로 지양하지 않고 결과는 영이 아니며

80) *anya-vyāvṛtti-rūpa.*
81) Encyclop., 192쪽.
82) W. d. Logik, Ⅰ. 36.
83) 같은책, Ⅱ. 491.
84) 같은책, Ⅰ. 100.
85) 같은책, Ⅱ. 55.
86) 《Versuch (über) den Begriff der negativen Grössen》, 25쪽(Kirchmann).

오직《그 자체의 특수한 내용들의 부정》이다.[87] 이것은 아마도 모든 개념들이 부정적이라고 선언하면서 헤겔이 어떤 종류의 참된 긍정을 발견해내야 한다는 의무감을 느꼈음을 의미할 것이다. 그래서 그는《긍정과 부정은 동일하다》[88]고 선언한다. 하나의 대상의 비-존재는 그것의 존재에 포함된 계기이다.[89] 그는 말한다 :《존재는 그것의 타자, 비-존재를 갖는 것이다》.《모든 것은 오직 다른 것이 있음으로 말미암아 그대로 있는 것이다 ; 그것은 타자를 통해서 존재한다 ; 그 자신의 비-존재를 통해서 그것은 현재의 그것일 수 있다》라는 이 명제로부터 그는《존재는 비-존재와 동일하다》또는《긍정과 부정은 동일하다》는 명제로 넘어간다.[90] 디그나가는 논리학자로서 반대로《타자는 무엇이건 동일한 것이 아니다》라고 생각한다.[91] 다른 관점에서 보면, 즉 초논리적 관점에서 보면 디그나가는 일원론자로서 세계의 유일한 실체 안에서의 모든 반대되는 것들의 궁극적 동일성과 합류를 인정하는 것이 사실이다. 그는 전체의《공(voidness)》[92]을 인정할 것이다. 그러나 이 형이상학적이고 종교적인 관점은 논리적인 관점과 주의깊게 구별되어야 한다.

(우리가 디그나가에게서 발견하는) 관점의 이중성은 헤겔이 칸트로부터 물려받아 오성과 이성을 구분하는데에 살아 있다. 그는 말한다[93] :《오성은 명백하고 확고하게 대상들의 차이에 매달려 있지만 이성은 부정적이고 변증법적이다》. 이성에게는 긍정과 부정 사이에

87) W. d. Logik, Ⅰ. 36.
88) 같은책, II. 54.
89) 같은책, II. 42-양쪽은 서로 부정적이다(beide sind negativ gegeneinander).
90) 같은책, II. 55.
91) *yad viruddha-dharma-saṃsṛṣṭam tan nānā.*
92) *prajñā-pāramitā=šūnyatā=jñanam advayam.*
93) W. d. Logik, Ⅰ. 6.

차이가 없지만, 오성에게는 이 차이가 가장 중요하다. 이성은 오성의 모든 한계들을 무화시키고 모든 차이들을 차별없는 전체로 융합시킨다.

헤겔과 디그나가 사이에는 또하나의 매우 중요한 차이가 남아있다. 헤겔은 그가 우리들의 지식의 두 이질적인 근원으로서 감관과 오성의 차이를 부정하는 것과 똑같이 순수감각 안에서 지각되는 물자체를 부정한다.[94] 그에게 감관들은 영혼의 변형이다.[95]

감관, 오성, 이성의 세 인식 기능에 관한 칸트, 헤겔과 디그나가의 입장을 대략 요약해보면 다음과 같은 점들을 알 수 있다.

1) 칸트는 다음과 같은 세 인식 기능들을 가정한다 : 감관, 오성, 이성, 그것들 중에 이성만이 변증법적이다.

2) 헤겔은 감관과 오성의 차이를 폐지하고 오성과 이성의 관계를 바꾼다. 모든 대상들, 또는 개념들은 오성에 의해 비-변증법적으로 그리고 이성에 의해 변증법적으로 관찰된다.

3) 디그나가는 오성과 이성의 차이를 폐지하지만, 감관과 오성 사이의 근본적인 차이는 유지한다. 감관들은 지식의 비-변증법적 근원이고 오성은 계속 변증법적이다.

4) 칸트와 디그나가는, 감관과 오성의 근본적인 차이를 주장하는데 일치하는 것과 똑같이, 물자체를 모든 참된 지식의 궁극적, 비-변증법적 근원으로 보는 공통의 인식을 나누어가지고 있다. 다른 한편 헤겔은 물자체의 변증법적 파괴라는 점에서 피히테와 셸링을 따른다.

94) Phaenomenologic, 427쪽 : W. d. Logik, II. 440쪽 이하를 참조하라.

95) Encyclopädie, 418. 그러나 순수 감성이 《내용상으로 가장 풍부하지만 사유상으로 가장 빈약하다》는 생각은 또한 순수감각의 순간(*nirvikalpaka*)이라는 디그나가의 생각에도 적용될 수 있다.

5) 칸트의 체계에서 실재(물자체)는 논리를 벗어난다. 헤겔의 체계에서 그것들은 혼동된다.[96] 디그나가의 체계에서 그것들은 논리의 영역에서 흩어지지만, 형이상학의 영역에서 일원적 전체로 흡수된다.

b) 밀(J.S. Mill)과 바인(A. Bain)

우리는 이제 마침내 절대로 부정이 아닌 명확한 생각은 없다는 것을 알게 되었다. 아무것도 부정하지 않는 생각은 또한 아무것도 긍정하지 않을 것이다. 디그나가는 모든 단어가 부정을 통해서 그 자체의 의미를 표현한다고 말한다. 부정이 함축된 결과라고 생각하는 것을 잘못이다. 단어 자체는 부정적이다. 부정성은 세계의 영혼이다. 변증법, 또는 상호 부정은 오성에 의해 결정되는 모든 것들의 부정성이다. 우리의 정신적 눈이 바라보기 시작하고 우리의 감정을 언어적 기호로 표현하려고 시도하자마자, 우리의 대상은 이미 모순에 둘러싸이고 우리의 생각은 변증법적으로 된다.[97]

지성이《이해하기》시작하자마자, 즉 감관들에 의해 제시된 재료를 변증법적으로 다루기 시작하자마자 그것은 이미 어떤 것을 부정한다. 그러므로 이해의 실제이름은 이분법,[98] 딜레마, 하나가 다른 하나의《완전하고 상호적인 부정인》두 부분으로의 분할이다.

우리는 이제 계속해서 몇몇 근대 유럽 철학자들이 인도의 이론에서는 다소간 주어졌던 해답을 찾기 위해 내내 더듬거리고 있었

96) 그러나 비－존재와 동일한 순수 존재라는 헤겔의 개념은 어느정도《그 자신의 무화(annihilation)》를 나타내는 인도의 순간적 존재를 생각나게 한다.

97) Palagyi, Neue Theorie d. Raum u. Zeit, Ⅶ쪽 이하.

98) *vikalpa*＝*dvaidhī-karana*：그것은 또한 개념을 위한 이름이기도 하다. 즉＝*eki-karaṇa*.

다는 사실을 보여주기 위해 부정에 관한 의견들을 인용해 보고자 한다.

말은 긍정적 이름들과 부정적 이름들이 있다고 생각한다.[99] 그러나 부정적 이름들이 자주 긍정적으로 표현되고 긍정적 이름들이 부정적으로 표현되기 때문에, 어느 것이 긍정적이고 어느 것이 부정적인지 결정하기는 쉽지 않다. 예를 들어 《불유쾌한》이라는 단어는 실제로 《고통스런》을 의미하는 긍정적 단어이고, 《게으른》이라는 단어는 실제로 《일하지 않는》을 의미하는 부정적 단어이다. 만일 우리가 어느 이름들이 실제로 긍정적이고 어느 이름들이 실제로 부정적인가 묻는다면 어떤 대답도 분명하게 주어질 수 없다. 그것들은 부정적이고 이것이 모두이다.

그래서 밀은 계속해서 법률학의 언어로 《민사상의(civil)》라는 단어는 《형사상의(criminal》, 《교회법상의(ecclesiastical》, 《군사상의》, 《정치상의》라는 단어의 반대라고 언급한다. 이것은 《민사상의》라는 단어가 부정적이라는 것을 의미한다. 그것이 부정을 포함하고 있지 않다면 전혀 어떤 의미도 갖지 않는다. 그러나 《민사상의》라는 단어가 부정적이라면 왜 모두가 부정적이라고 선언하지 않는가? 그는 말한다. 왜냐하면 《모든 긍정적 이름에는 그에 상응하는 부정적 이름이 만들어질 수 있고》, 우리는 주어진 단어가 부정적 의도로 만들어졌는지 긍정적 의도로 만들어졌는지 결코 알 수 없기 때문이다. 이 언급은 부정적 이름들에 관한 디그나가의 이론의 씨앗을 포함하고 있다.

말의 다른 언급들은[100] 인도의 생각들과 비교해보면 매우 재미있다. 그는 말한다 : 《'결성사(privative)'라고 불리는 한 무리의 이름

---

99) Logik, Ⅰ. 43 이하.

들이 있다 ; 그것들은 어떤 속성을 가지고 있을 것이 기대되는데 그것을 가지고 있지 않은 것의 이름으로서 긍정적 이름과 부정적 이름을 합친 것만큼이나 중요하다 ; 예를 들어 〈눈먼(nblind)〉이라는 단어는 〈못보는(not seeing)〉 것과는 다른데, 왜냐하면 후자는 오직 볼 것이 기대될 때 볼 수 있거나 보았던 것들에만 적용될 수 있기 때문이다》. 이 언급은 다르마키르티와 지그바르트의 부정에 관한 이론의 씨앗을 품고 있는데, 그것은 결성사라고 불리는 이름들에만 제한할 것이 아니라 모든 부정 일반으로 확장되어야 한다. 결론은 분명히 모든 이름들은《동시에 긍정적이고 부정적인데》, 왜냐하면 모든 것이 어느 면에서는 결성사이기 때문이라는 것이 될 것이다.

이 결론은 바인에 의해 강력히 주장되었는데, 그것은 그가 기대하지 않았던 결과를 가져와 그는 헤겔적 이단에 빠져서 경험주의의 신념을 배신했다고 비난을 받았다.[101]

그는 사실 모든 이름들이 동시에 긍정적이고 부정적이어서, 동시

100) 아마도 로크의《결여된 원인들로부터의 긍정적 관념들》(Essay, book, ch. Ⅷ, 1～2)에 의해 제시된 것같은데, 그것은 아마도 그 원인들이《주어에서의 결여》일지라도,《참된 긍정적 관념들이다》.

101) Bradley, Logic2, 158쪽.《경험론 학파가 헤겔의 기본적 오류에 떨어진다면 그것은 흥미로우면서도 운명의 아이러니일 것이다. 밀(J.S.Mill)이 찬성한 바인 교수의 〈상대성의 법칙〉은 최소한 그러한 방향으로의 표류 경향을 보여준다. "본래의 우리의 인식은 두 속성들의 상호부정으로 설명된다. 각각은 긍정적 존재를 갖는데, 왜냐하면 다른 쪽이 그 부정으로 현존하기 때문이다"(Emotions, 571쪽). 나는 바인 교수가 이 불길한 말에서 실제로 그가 말한대로를 의미하고 있다고는 생각하지 않으나, 그가 벼랑끝에 서 있는 것만큼은 사실이다. 〈경험론〉 학파가 사실들에 대한 지식을 갖는다면 그들은 헤겔의 죄가 전혀 결점에 있는 것이 아니라 〈상대성〉의 과도함에 있다는 것을 알게 될 것이다. 바인 교수의 말대로 "우리는 오직 관계들만을 안다"고 말한다면, 그 관계들은 긍정들과 부정들과의 사이에 있으며, 그것은 정통 헤겔주의의 주요 원리를 받아들인 것이다》.

에 부정이 아닌 긍정도 없고 동시에 긍정이 아닌 부정도 없다고 주장했다. 그래서 본래의 긍정도 없고 본래의 실제적 부정도 없으며 모든 이름은 동시에 긍정하고 부정한다고 하는 결과가 된다. 이것은 거의 디그나가의 견해의 본질과 같은데, 바인 교수는 그가 심연으로 떨어지고 있다는 느낌이 없이 동일한 것을 주장하였다. 그는 분명 부정성이 우주의 영혼이라고는 생각하지 않았다. 그는 긍정적인 것들과 부정적인 것들이 있고 동일한 단어가 둘 다 표현한다고 생각했다(!). 그러나 동일한 이름이 부정적인 것뿐만 아니라 긍정적인 것의 표시라면, 어느것이 부정적이고 어느것이 긍정적인지 결정하기는 전혀 불가능하다. 바인은 말한다[102]:《사실 긍정과 부정은 언제나 자리를 바꿀 준비가 되어 있다》. 그래서 모든 것들이 서로 부정적이기 때문에 모두가 부정적이라는 결론만이 가능하다.

우리가 본대로 칸트는 논리적 반대와 실재적 반대라는 중요한 구분을 했다.[103] 그는 말한다:《논리적 불일치에서(즉, 모순에서) 한 사물의 술어들이 서로 지양하는 관계와 결론들이 서로 지양하는 모순만이 고려된다》. 둘 중에서 어느 것이 실제로 긍정적(*realitas*)이고 어느 것이 부정적(*negatio*)인지 제시되지 않는다. 그러나 빛과 어두움, 추위와 더위 등의 반대는 역동적이다. 반대의 두 부분들은 실재적이다.

이 반대는 논리적 모순이 아니라 실재적 다름이고 역동적 불일치이다.

우리가 본대로 같은 이론이 다르마키르티에 의해 표현된다.[104] 그는 논리적 모순이[105] 실재적이고 비-실재적인 모든 대상들은 포괄

102) Logic, Ⅰ. 58.

103) Essay on Negative Magnitudes(Kirchmann's ed.), 26쪽 : CPR. 참조.

104) NBT., 70쪽 22행.

한다고 말한다. 다른 한편 역동적 불일치는 오직 몇몇 실재적 짝에 현존한다. 푸름과 비-푸름 사이의 반대는 논리적이다. 전자가 후자의 부정인만큼 후자도 전자의 부정이다. 푸름과 노랑, 항아리와 헝겊의 반대는 단순한 다름이다. 다르모타라는 말한다 : 《모든 원자들은 동일한 공간을 점유하지 않지만, 그들의 지속은 서로 방해하지 않고》 가까이에서 평화롭게 공존한다.

이제 칸트와 다르마키르티에 의해 분명하게 구별되었던 이 두 종류의 반대는 한편으로는 바인에 의해 다른 한편으로는 헤겔에 이해 뒤섞인다. 바인은 말한다 : 《우리는 하나의 의자가 어떤 반대되는 또는 상호관계하는 사실도 포함하지 않는 절대적이고 비연결적인 사실이라고 가정할 수도 있다. 그러나 그것은 전혀 그렇지 않다》.[106] 그것은 그 의미가 매우 넓은 비-의자를 포함한다. 그러므로 바인에 의하면 의자는 단순히 비-의자의 부정이고, 비-의자는 단순히 의자의 부정이다. 두 부분들은 서로의 부정이다.

c) 지그바르트

지그바르트는 밀과 바인, 브래들리를 당황하게 했던 문제를 취급했는데,[107] 그것은 디그나가가 그의 위대한 작품의 제 5장에서 낱낱이 탐구했던 것과 같아 보인다. 《모든 이름들은 항상 부정적이다》라고 디그나가는 말한다. 《몇몇 이름들, 이른바 '결성사'는 동시에 부정적이고 긍정적이다》라고 밀은 말한다. 《모든 이름들은 항상 동

105) *paraspara-parihāra.*

106) Logik, Ⅰ. 61.

107) 지그바르트는 여기에서 밀, 바인, 브래들리를 언급하지는 않지만 그의 「논리학」 22장의 12~13부에서 그들에 의해 논의되고 있는 문제에 관한 그의 견해를 표시하고 그들에게 대답하고 있는 것은 분명하다. 그것은 187쪽에서 《눈먼》이라는 단어를 설명하려는 시도에서 분명하게 드러난다.

시에 부정적이고 긍정적이다》라고 바인은 말한다. 《주의하라!》고 브래들리는 말한다.[108] 《당신은 실제로 당신이 말하는 것을 의미하는가? 당신은 헤겔식 변증법의 심연으로 떨어지고 있다!》. 그리고 지그바르트는 브래들리의 경고에 귀를 기울인 것처럼 보인다. 그는 헤겔주의의 심연에 떨어지지 않으려고 조심하고 있다; 그가 얼마나 성공을 거두었는지 여기에서 살펴보기로 하자.

그는 말한다.[109] : 《모든 사물들이 예나 아니오, 존재와 비-존재로 되어있다고 하는 이론은 트렌델렌버그(Trendelenburg)》가 지적한 대로 토마스 캄파넬라(Thomas Campanella)에 의해 처음으로 명확하게 표현되었다. 이 견해에 따르면 《하나의 명확한 사물은 단지 그것이 다른 것이 아니므로 존재하는 것이다. 인간은 긍정이지만 단지 돌도 아니고 사자도 아니고 당나귀 등등도 아니기 때문에 인간인 것이다》. 지그바르트는 이 견해가 논리와 실재를 혼동함으로써 완전한 헤겔주의로의 길을 준비하는 위험한 이단이라고 거부한다. 그러나 그는 부정을 전혀 설명할 수 없다고 고백한다! 그는 말한다.[110] : 《질문은 왜 우리가 우리의 부정적 사유라는 짝을 발견할 수 없는 실재의 세계를 인식하기 위하여 주관적 우회를 해야 하는가를 알려는 것이다》. 이 질문에는 아무런 답도 주어지지 않는다. 지그바르트는 확실히 부정을 희생하고서 헤겔주의로부터 도피하고 있다! 모든 이름들은 부정적인 짝들이 찾아지지 않기 때문에 긍정적이어야 한다!

그래서 그는 계속해서 비양립성(incompatibility)이 부정에 의해 설명될 수 있느냐고 묻는다. 《인간》은 모든 《비-인간》과 비양립적

108) Logic2, 158쪽.
109) Logik, Ⅰ. 171.
110) 같은책.

이다. 동일한 것이 동시에 인간이면서 비－인간일 수는 없다. 그러나 《비－인간》, 아리스토텔레스의 비－인간(οὖχ ἀνζρωπος)은 실재적인 것이 아니다.[111] 그것은 인간을 제외하고 논의영역 안에 있는 모든 것을 의미한다. 그것은 인간에 대한 심상이 없다는 것을 의미한다. 지그바르트는 《인간에 대한 심상의 부존 자체가 또 하나의 심상은 아니다》라고 말한다. 그러므로 비－A는 실재하는 것이 아니기 때문에, 지그바르트는 A에 포함되는 대상들과 비－A에 포함되는 대상들 사이에는 전혀 반대가 없다고 결론을 내린다. 그것들은 투쟁없이 가까이에서 평화롭게 공존한다. 그것들이 함께 동일한 주어를 서술할 수 없다는 것은 사실 경험에 의해 알려져 있고 《부정에 의해 설명될 수 있는 것》이 아니다. 이런 식으로 지그바르트는 부정을 처리하고 헤겔주의의 위험으로부터 벗어난다. 《인간》이라는 이름은 순수하게 긍정적이고 전혀 부정을 포함하지 않으며, 비－인간이라는 이름은 전혀 아무것도 아니다.[112]

그러나 지그바르트에 의하면[113] 《부정을 통한 반대의 기원을 부정하는

111) 지그바르트는 칸트의 부정(Infinite)판단을 비웃고 그것을 웃음꺼리로 만들려고 시도하였다(같은책, 182～185). 로체는 화를 내면서 그것을 공격하였다(Logik2, 62쪽). 그러나 코헨은 그것을 방어하였다(Logik, d.r.Erk., 74쪽). 불교도의 관점에서 보면 부정판단을 반대하는 모든 비난은 비－A와의 차이를 함축하지 않는 절대적 A는 없기 때문에 비－A도 A와 같은 정도로 실재적이라는 사실을 지적함으로써 폐기된다. 둘 다 변증법적 구성들이다. 게다가 A는 비－A만큼 무한하다. 예를 들어 《이것은 희다》라는 판단은 두 무한들 사이의 경계점에 관련된다. 지그바르트는 그가 《흰》은 제한되어야 하는데 그렇지 않으면 무한하게 될 것이라고 말했을 때, 간접적으로 이것을 인정한 것처럼 보인다. 위의 책 182쪽과 비교해보라－《그러나 모든 흰 사물들이 없다면 〈흰〉이라는 단어는 무슨 의미를 가질 것인가!》.

112) 같은책, 178쪽－《인간과 사자에 대한 표상은 본래 검은 색과 붉은 색, 또는 검은 색과 흰 색만큼 대조적이지는 않다》. 지그바르트는 분명 오직 사자가 사람을 공격하여 먹어치울 때만 사람과 사자의 개념에 상호 반대가 있을 것이라고 생각하고 있다.

것이 불가능하게 보이는》 경우가 있다. 그러한 것들은 《결성사적》 이름들이다.[114] 《사실 〈눈먼〉이란 못보는 것을 의미한다고 하는 이외로 보는 것과 〈눈먼〉의 관계를 표현하는 것이 가능할까 ? 》 그래서 〈눈먼〉이란 시각의 단순한 파생이고 우리는 《부정에 의해 산출된 반대를 갖게 될 것이다》. 《그래서 내가 한 부분을 부정하거나 또는 그 짝을 주장하는 것, 내가 〈그는 못본다〉라고 말하거나 또는 〈그는 눈이 멀었다〉라고 말하는 것은 절대적으로 같을 것이다》. 그래서 보는 것은 눈이 멀지 않았다는 의미이고 〈눈먼〉은 못보는 것이라는 의미가 될 것이다. 최소한 몇몇 이름들은 본래 부정적이고 헤겔주의의 위험은 다시 급박하게 될 것이다 ! 지그바르트는 이렇게 말한다.[115] : 《그렇지 않다는 것을 입증하기 위해 증명할 필요는 없다 ! 사람이 보지 않는다해도 그가 왜 보지 않는가는 언급되지 않는다. 그러나 그가 눈이 멀었다고 말한다면 그로 하여금 볼 수 있게 하는 기관이 파괴되었다는 것이 암시된다》. 사람은 분명 주의력이 부족하거나 거리가 멀어서 또는 보는 기능을 잃어서 보지 못할 수 있다. 그는 《못보지만》 눈이 먼 것은 아닐 수 있을 것이다 ! 사람들은 지그바르트 교수와 같은 뛰어나게 총명한 논리학자가 그렇게 어리석은 주장을 하는 것을 보고 참으로 놀랄 것이다 ! 그는 한 사람이 같은 시간에 같은 눈이 멀고 안멀 수는 없지만, 다른 시간에 다른 눈은 멀고 안멀 수 있다는 것을 잊고 있는 것처럼 보인다. 사실 보는 것과 눈먼 것은 서로 지양하지 않을 것이다. 그렇지 않으면 그것들은 서로 지양하고 둘 다 《지양한다》. 즉, 둘 다 긍정적이 아니고 둘 다 부정적이다.

---

113) 같은책, 185쪽.
114) 여기에서 분명 지그바르트는 밀과 로크에 의해 제기된 논의를 취하고 있다.
115) 같은책, 186쪽.

결성사적 이름들이 실제로 긍정적이라는 것을 입증하고서 지그바르트는 한 걸음 더 나아가서 부정적 이름들은 전혀 없고 모두가 긍정적이라고 주장한다! 그는 《사실 모든 부정은 오직 판단의 영역에서 의미를 갖는다》라고 말한다.[116] 비－A라는 형식은 전혀 의미를 갖지 않는다. 논리적 분할의 항들, 일반적 관념의 부류에 속하는 항목들은 서로 배제하고, 그러므로 각각이 그 자체 안에 다른 것의 부정을 포함한다고 추측하는 것은 자연스럽다. 그러나 지그바르트에 이하면 이것은 환각이다.[117] 《검은 색과 흰 색, 사선과 수직선 등이 마치 한 아버지의 아들들인 것처럼 서로 특수한 반대를 갖는다고 생각하는 것은 환각이다》.[118] 지그바르트는 반대 대당과 모순 대당이 있다는 것을 인정하지만,－우리는 후자를 완전히 둘로 나눌 수 있고 전자를 셋이나 더 많은 항목들로 나눌 수 있다.[119] 오직 판단들에서 만이다.

116) 같은책, 181쪽.
117) 같은책, 180쪽.
118) 디그나가가 지그바르트와 정반대되는 견해를 예증하기 위해서 같은 예에 호소하고 있다는 것은 재미있는 일이다(**Pr. samucc., V. 27**). 그는 여러 종류의 일반 관념이 《라자의 아들들처럼 서로 반대된다》고 한다. 라자가 죽은 후에 그의 아들들 사이에 그들의 공동 재산이 제왕의 권력을 둘러싸고 싸움이 시작된다. 하나가 《그것은 내 것이다》라고 말하면 다른 아들들도 똑같이 말하여 결과는 내전으로 번졌다. 마찬가지로 심사파와 팔라사 그리고 다른 나무들도 보편적 나무라는 공동 재산을 둘러싸고 싸운다. 이 싸움은 물론 논리적이거나 상상된 것이고 실재적인 것은 아니다. 그것은 더위와 추위, 빛과 어두움과 같은 경우에는 실재적으로 보일 것이다. 그러나 다르마키르티가 입증한대로 이것들은 논리적 모순 관계가 아니라 인과 관계의 경우들이다.
119) 같은책, 368쪽. 《이른바 모순 대당과 반대 대당의 구분은 두 항이나 그 이상의 항을 구분하는 것과 맞아떨어진다》. 그러나 그렇지 않은 것이 남자와 여자, 오른쪽과 왼쪽은 모순적인 동시에 실재적 짝이지만 인간과 비－인간은 모순적이고 순수히 논리적이다.

이름들은 대당이 아니다. 〈수직선과 사선〉은 있다. 그러나 〈수직선과 비-수직선〉은 없다. 《비-A라는 형식은 전혀 의미를 갖지 않기 때문이다!》 같은 방향으로 끈질기게 나가면서 지그바르트는 현존은 있지만 부존과 비-존재는 없다고 주장해야 했을 것이다; 모든 것은 존재이다! 그러므로 그것을 주목하지 않으면 우리는 다른 끝, 〈비-그것은 그것에 속하지 않는다〉로부터 헤겔주의로 빠져들게 될 것이다. 객관적 실재에 부정이 없다는 이론의 결론은 거기에 부정밖에 없다는 이론의 결론과 똑같다.[120]

이 문제에 대한 인도인들의 태도가 어떤 것인지는 매우 분명하다. 즉,

1) 모든 명확한 사물들을 부정적이다. 명확은 부정을 의미하다.

2) 그것들은 a) 직접적으로 모순이라는 의미에서 부정적이고, b) 간접적으로 반대라는 의미에서 부정적이다.

3) 그것들은 오직 그 자체의 부정의 부정으로서 긍정일 수 있다.

4) 순수한 긍정은 오직 물자체이다.

5) 다른 모든 사물들은《타자로서의 사물들》, 즉 부정없이는 아무것도 아닌 다른 어떤 것의 부정이다.

---

120) 자연에는 실재적 부정이 없고 대상들의 비양립성은《부정에 의해 설명되지 않고》 단순히 경험으로부터 얻은 궁극적 사실이라는 것을 입증하기 위해 지그바르트는 전혀 불가능한 주장들을 한다. 그는 말한다 :《우리는 우리로 하여금 다른 색깔들로 칠해진 동일한 표면을 보도록 해주는 우리의 시각기능의 조직을 상상할 수 있다》(Logik, Ⅰ, 179). 만일 지그바르트가 동일한 사물이 동시에 푸르고 노랄 수 있다고, 즉 푸름이자 비-푸름일 수 있다는 의미로 그런 말을 하는 것이라면-다른 의미는 아닐 것이다-그는 헤겔주의로부터 벗어나는 대가로 부정을 희생시키는 것 뿐만아니라 논리 자체를 희생시키고 있는 것이다. 그는 비-푸름은 무한하고 비실재적이기 때문에 푸름과 비-푸름 사이에는 반대가 없다고 생각한다. 마찬가지로 푸름과 노랑도 서로 평화롭게 공존할 수 있기 때문에 그것들 사이에는 어떠한 모순도 없다!

6) 직접적 모순(부정)은 동일한 사물의 존재와 비－존재 사이에 있다.[121]

7) 간접적 모순은 쌍으로 된 제한된 대상들 사이에 숨어 있는데, 하나가 필연적으로 다른 하나의 비－존재에 포함되기 때문이다.[122]

8) 모든 대상은 우선 동일한 보편에 포함된 종류들을 배제한다.[123]

9) 다른 모든 대상들은 그것들을 포함하는 보편들의 상호배제를 통해서 배제된다.[124]

10) 이 직접적, 간접적 모순(또는 다름)은 논리적이다.[125] 그것은 동일성은 방해하지만 평화적 공존은 방해하지 않는다.[126]

11) 또한 〈추위와 더위(heat and cold)〉와 같은 역동적 반대가 있다.[127] 그것은 실제로 인과관계이고[128] 뜨거움과 비－뜨거움(hot and non-hot)이 논리적 모순을 방해하지 않는다. 논리적 반대는 그것들의 동일성을 배제하지만, 역동적 반대는 그것들을 가까이에서 지속시킨다.[129]

---

121) NBV., 70쪽 5행－*bhāva-abhāvayoḥ sākṣad virodhaḥ.*

122) 같은책, *vastunos tu anyonya-abhāva-avyabhicāritayā virodhaḥ.*

123) Pram. samucc., ad V. 27－그것들은 《내란에 휩쓸린 라자의 아들들과 같다》.

124) 같은책, ad V. 28－《심사파라는 단어는 직접 항아리를 배제하지 않는다. 왜? 동질성이 없기 때문이다》. 그러나 항아리는 보편의 토기에 속하고 심사파는 식물에 속하며, 이 둘은 모두 보편의 고체(*pārthivatva*)에 속한다. 그러므로 심사파는 직접적으로가 아니고 《친구의 적에게 그렇게 하듯이》 항아리를 배제한다.

125) NBT., 70쪽 23행－*lākṣaṇiko'yam virodhaḥ.*

126) 같은책, 70쪽 20행－*saty api ca asmin virodhe sahāvasthānam syād'api.*

127) 같은책, 70쪽 22행－*vastuny eva katipaye.*

128) 같은책, 68쪽 9행－*yo yasya viruddaḥ sa tasya kimcitkara eva…viruddho janaka eva.*

129) 같은책, 70쪽 20행－*ekena viorodhena śītoṣṇayor ekatvam vāryate anyena sahāvasthānam.*

12) 동일한 토대의 두 성질들은 오직 다소간의 배제를 통해서만 다르다. 그것들은 부분적으로 동일하다.[130]

13) 모순은 오직 명확한 개념들 사이에서만 존재할 수 있다. 순수감각의 순간뿐만 아니라 전적으로 비한정적인 물자체도 모순율의 경계를 넘어선다. 그것들은 비-변증법적이다.[131] 그것들은 모든 차이, 즉 모든 모순을 배제한다.

사실 어떤 매개도 없고 상호간에 하나가 다른 하나의 완전한 부정을 나타내는 두 대립물들 사이에는 논리적 모순이 있다 ; 그리고 다른 한편 매개항들을 인정하고 반대되는 부분들이 직접적으로 하나가 다른 하나의 부정을 나타내지 않는 단순한 다름 또는 역동적 반대가 있다. 밀과 지그바르트는 《불유쾌한(unpleasant)》이 단순히 《유쾌한(pleasant)》의 부정이 아니고 긍정적이며 《눈먼(blind)》도 그렇다고 한다. 그러나 그들은 같은 사실이 같은 시간과 같은 감관에 〈유쾌하고 불유쾌할 수 없다〉는 것을 잊고 있다. 《불유쾌한》이 《비유쾌한(not-pleasant》 이상이라면, 그것은 단지 《비-유쾌한》이 단순히 《비-유쾌한》과 단순히 《비-유쾌한》 이상인 《불유쾌한》 또는 《고통스러운(painful》으로 더 나눌 수 있기 때문이다. 모순은 항상 절대적 이분법이고 그것은 우리가 짝의 한 부분을 긍정하거나 다른 부분을 부정하거나 아주 똑같다. 분할이 절대적 이분법이 아니고 셋이나 그 이상의 부분으로 나누일 때, 그 명제는 바뀐다. 푸름과 비-푸름은 모순적이어서 푸름은 비-푸름이 아니고 비-푸름은 푸름이 아니다. 그러나 푸름과 노랑은 간접적으로 모순이다. 푸름을 부정하는 것은 노랑을 주장하는 것을 의미하지 않으며 그

130) Pram. samucc., V. 28－*rten-gyis hyal-ba med-pa-ñid.*

131) NBT., 70쪽 7행－*na tu aniyata-ākāro'rthaḥ kṣaṇikatvādivat,* (*kṣaṇa＝svalakṣaṇa＝vidhi-svarūpa＝pratyakṣa＝paramārtha sat.*)

반대도 마찬가지이다. 노랑은 비-푸름에 포함되고 오직 이 이유때문에 그것은 푸름과 양립할 수 없다. 그러므로 푸름은 비-푸름이 아니고, 〈눈먼〉은 〈비-눈먼〉이 아니고, 암소는 비-암소가 아니고, 나무는 비-나무가 아니다, 등등. 모든 이름들은 이런 의미에서 부정적이다.

그러므로 푸름과 노랑은, 막 언급한대로, 노랑은 비-푸름에 포함되고 푸름은 비-노랑에 포함되기 때문에 양립할 수 없다. 그러나 나무와 심사파는 심사파가 비-나무에 포함되지 않기 때문에 비양립적이 아니다. 그것들은 그러므로 불교의 동일율이라는 의미에서 《동일하다》.[132] 비양립성 또는 《고서술불가능성(uncompredicability)》은 부정과 모순율에 의해 충분히 설명되었다. 모든 명확한 사물들은 예와 아니오로 구성된다. 그러나 그것이 불교도들이 헤겔적 이단에 빠졌다는 것을 의미할까? 중관파들은 확실히 그런 면을

132) 지그바르트에 의하면(앞의책 179쪽) 왜 어떤 질들이 양립불가능한지에 대해서 법칙이 주어질 수 없다. 그것들은 동일한 주어에 대해서 동시에 술어일 수는 없지만, 이것은 부정에 의해 설명될 수 없다. 그것은 궁극적 사실이다. 불교도들에 의하면 그것은 필연적으로 항상 모순율의 지배를 받는다. 아리스토텔레스 이후로 결성과 비양립성(ςτέρησιζ, ἐναντιὀτηζ)이라는 부정의 두 근거들이 논리학에서 구분되어왔다. 전자는 분명 실제적인 부정 판단, 즉 지각 판단에 대응하는 《비-지각》의 판단 ; 《여기에는 항아리가 없다(왜냐하면 나는 어떤 것도 지각하지 않기 때문이다)》라는 형식의 판단이다. 후자는 두 개념들(또는 두 술어들)과 그것들 사이의 부정적 연사를 포함하는 부정적 공존, 또는 이환이다. 후자는 모순율에 기초하고 있고, 따라서 지그바르트 자신의 언급에 의하면 두 판단들 사이의 비양립성으로 간주된다. 긍정 판단의 경우와 같이 우리는 (한 개념을 갖는) 고유판단과 (두 개념들 사이의) 공존 판단을 구별할 수 있다. 그리고 동사 《이다》가 전자에서는 존재를 의미하고 후자에서는 연사를 의미하는 것처럼, 부정적 측면에서도 동일한 구별을 할 수 있다. 결성은 비-존재를 의미한다. 비양립성은 비연결을 의미한다. 티베트어로 전자는 *med-dgag*(=*abhāva-pratisedha*)라고 불리우고 후자는 *min-dgag*(=*sam-bandha-pratisedha*)라고 불리운다.

가지고 있지만 논리학자로서는 아니었다. 그들의 구원이 여기에서 서술될 것이다.

d) 긍정이란 무엇인가

이제 모든 이름들과 개념들이 부정적이라면, 그것들에 포함되어 있는 부정이 없이는 그것들이 절대적으로 아무것도 의미하지 않는 다면 ; 그리고 다른 한편으로 모든 개념들이 함축된 지각적 판단에서의 술어라면, 그것은 모든 판단들이 마찬가지로 부정적이라는 의미인가? 아리스토텔레스가 판단의 정의에 긍정과 부정을 도입한 것은 전적인 오류인가? 헤겔이 옳아서 세계에는 오직 부정만이 있고 긍정은 전혀 없다는 것이 가능한가? 지그바르트가 부정의 존재를 정당화하려고 당황하고 있는 것은 잘못된 길로 접어든 것인가? 이런 질문들에 대한 인도의 대답은 다음과 같다. 독립적 개념과 그에 상응하는 지각적 판단 사이의 모든 차이는 후자가 두 이질적 요소들인 비-변증법적 주어와 변증법적 술어를 포함하고 있다는 사실에 있다. 긍정은 주어, 《이것》이라는 요소에 포함된다. 예를 들어 《기원을 갖는 것(having an origin)》이라는 개념은 영원성의 부정 이상을 포함하지 않고, 영원성의 개념은 기원의 부정에 불과하다. 그 자체로서는 이 개념들은 긍정이나 실재를 포함하지 않는다. 그 자체로서는 그것들은 서로 지양하고 결과는 부정적 영(nihil negativum)이 될 것이다. 그러나 《항아리임(jarness)》과 같은 구체적 개념도 마찬가지이다. 개념이 본래 긍정적이라면 《항아리가 있다》라는 판단은 쓸모없는 반복을 포함할 것이며, 《항아리가 없다》는 판단은 모순이 될 것이다.[133] 개념과 이름은 오직 판단에서만 긍정적이 된다. 지그바르트는 부정이 오직 판단에서만 의미를 갖고[134] 모든 이름들은 그 자체로 긍정적이라고 생각했다. 그 반대가 진실일 것이다! 긍정은 오직 지각적 판단(또는 삼단논법의 소전제)에서만 자신을 드러낸다. 모든 술어들, 즉 모든 개념들과 이름들은 그 자체로 부정적이다. 개념이 그 자체로는 긍정적이 아니고 본래 어떠한 존재의 요소도 포함하지 않는다는 것은 칸트가 존재론적 주장들을 비판하면서 이미 입증한 것이다.

그래서 아리스토텔레스가 간접적으로 옳았다는 결과가 된다. 그런 의미에서 그의 정의는 〈모든 지각적 판단에는 긍정의 요소와 부정의 요소가 있다〉는 것으로 바뀌어야 한다.[135] 판단은 전혀 이질적인 것들 사이의 결합이고, 관념적 내용을 실재의 한 점에 관련시키는 것이다. 헤겔이 우리의 지식의 두 근원들의 차이를 무시한 것도 잘못이고, 지그바르트가 부정의 힘을 충분히 평가하지 못한 것도 잘못이다. 그러나 지그바르트가 실재는 외부로부터 주어질 때에만 부정을 포함한다고 주장한 것은 옳았다. 그는 개념 또는 이름도 외부로부터 주어질 때에만 긍정을 갖는다고 덧붙여야 했다. 그러한 것이 아마도 디그나가가 유럽 논리학의 세 대표자들에게 주었을 대답이다.

순수한 또는 실재적 긍정은 오직 모든 감관-인식의 맨 첫 순간에 포함된다. 내가 즉각적인 인상을 받았다고 가정해 보자. 나는 충격

133) 2권 부록3의 서론 및 부록5의 6장을 참조하라.

134) Logik, Ⅰ. 181～2. 《부정은 판단의 영역에서만 의미를 갖는다…'아니오'와 '…이 아니다'는 하나의 문장 또는 명제에서만 의미를 갖는다》.

135) 이런 관점에서 보면 《이것은 항아리이다》와 《이것은 항아리가 아니다》라는 판단은 《이것》이라는 요소에서는 둘 다 긍정적이고, 《항아리》와 《비-항아리》라는 요소에서는 둘 다 부정적이다. 비-항아리가 항아리의 부정인 것과 똑같이 항아리는 비-항아리의 부정이기 때문이다 ; 그것들은 상호 부정이고 《이것》이라는 부가된 요소를 통해서만 긍정적이 될 수 있다. 이것은 《이것은 비영구적이다》와 《이것은 비-비영구적이다》라고 하는 경우와 같은 때에는 더 분명하게 된다.

을 받는다. 그 인상은 생생하고 뚜렷하다. 나는 당황한다. 맨 처음 순간에 나는 아무 것도 《이해하지》 못한다. 그러나 이 절대적 불명확성이라는 조건은 오직 한 순간만 지속된다. 바로 다음 순간에 그것은 분명하게 되고 점차로 명확하게 된다. 명확성은 부정이다(Definitio est negatio). 이해의 과정은 점진적 발전일 수 있다. 우리는 우리가 부정하는만큼 이해한다. 우리가 실재를 직접적으로 분명하게 인식할 수 있을 때, 그것을 인식하기 위해 부정이라는 주관적 우회로가 도대체 왜 필요한 것이냐고 지그바르트는 묻는다.

이 질문에 대해 유일하게 가능한 대답은 우리는 두개의 결합된 지식의 근원들을 가지고 있는데 그것들 중의 하나만이 직접적이라는 것이다. 감관들에 대상이 《주어지지만》,[136] 이해되지는 않는다. 그것은 계속 진행되는 부정의 과정에서 점차로 이해된다. 비-**A**를 술어로 포함하는 판단은 그러한 의미에서 무한하지만, 순수 감각의 맨 첫순간 뒤에 바로 시작한다. 우리가 푸름을 비-푸름과 대조하지 않는다면, 우리는 푸름을 결코 인식할 수 없을 것이다. 예를 들어 직접 감관들에 의해 하나의 나무를 배타적으로 지각한다고 주장하는 사람들은 지넨드라부디가 말한대로,[137] 동시에 동일한 대상에서 나무와 비-나무를 보아야 한다. 즉, 그것들을 동시적으로 보아야 한다. 그러나 부정은 감각의 기능이 아니고 오성의 기능이다. 지식의 두 근원들 중에서 하나는 긍정이고 다른 하나는 부정이다.

모든 유럽 철학자들 중에서 헤르바르트가 불교도들처럼 순수 감각과 긍정을 동일시했던[138] 유일한 사람으로 보인다.[139] 그는 다음과

---

136) 감관-지각에서 대상들은 *sva-sattayā pramāṇam*이고 오성(*anumāna*)에서 대상들은 *jñatatvena*(=*apohena*) *pramāṇam*이다. Tatp., 9쪽 8행을 참조하라.

137) 위 701쪽을 참조하라.

138) *svalakṣaṇam*=*paramārtha-sat*=*vidhi-svarūpam*=*nirvikalpaka-pratyakṣam.*

같이 말한다.[140] : 《우리가 주목하지 못할지라도 감각에는 절대적 긍정이 포함된다. 오성에서 우리는 반대되는 것의 거부를 통해서 그것을 새롭게 만들어냄으로써 시작해야 한다》.

이것은 또한 물자체의 개념을 변증법적으로 파괴하는 것이 가능하다고 생각해왔던 사람들에게 주는 대답이기도 하다. 물론 순수존재, 순수 인과관계, 순수 대상, 물자체는 오성에 의해 반대되는 것의 거부를 통해서 변증법적으로 《새롭게 구성된다》. 그러나 이러한 또는 저러한 감각이라는 특수한 사실, 이러한 또는 저러한 찰나점이라는 특수한 유효성, 《조금의 〈다름〉도 포함되지 않는》 물자체, 이러한 것들은 궁극적 실재이고, 그것에 상응하는 감각은 순수 긍정이다.

칸트 이후 독일의 탁월한 논리학자가 헤겔적 부정주의를 피하려고 노력한 것을 살펴본 것은 매우 교훈적이었다. 그의 노력은 거의 성공적이지 못했는데, 이것은 해답이 아주 가까이에 있었고, 그 자신의 말에 의해 반은 표현되었다는 점에서 더 주목할만하다. 부정이 실재의 인식에 전혀 쓸모없고 그럼에도 불구하고 전혀 피할 수 없는 것이라는 사실에 당황하면서 그는 이렇게 말한다.[141] 《(스피노자, 헤겔 그리고 다른 사람들의) 의견에는 항상 부정 자체와 그것의 가정된 객관적 기초, 즉 다양한 사물들 중에서 각각의 개별성과 유일성을 본래 갖고 있는 것에 대한 혼동이 포함되어 있다. 그것들이 아닌 것은 그

139) 그러나 칸트는 다음과 같이 언급한다. 《감각적 직관에서의 실재의 전적인 부존은 전혀 지각될 수 없다》(CPR., 141쪽). 《현상(지각판단?)에서 감각에 상응하는 것이 물자체(실재, *Sachheit*)를 구성한다》(117쪽). 따라서 순수감각(*kalpanā-poḍha-pratyakṣa*)은 물자체에 상응하고 순수 긍정 또는 절대 명제를 포함한다.

140) Metaphysik, II, 202 ; 위 301쪽을 참조하라.

141) Logik, I, 171.

존재와 본질에 속하지 않는다. 그것은 비교하는 생각에 의해서 밖으로부터 주어진 것이다》. 부정은 비교하는 또는 구별하는 생각이다. 부정과 구별하는 생각은 바꿀 수 있는 용어들이다. 헤겔이 부정성이 세계의 영혼이라고 말한 것은 전적으로 옳다. 그러나 세계의 몸은 부정이 아니다. 그것은 긍정과 심지어 《긍정의 본질이다》.[142] 지그바르트의 말로 하면 그것은 《모든 단일한 사물의 개별성과 유일성을 본래 갖고 있는 것》이다. 그것은 아직 아무것도 《밖으로부터 전혀 주어진 적이 없는》 것이다. 샨티라크쉬타가 말한대로 그것은 《조금이라도 다른 것을 섞음으로써 다른 것과 (아직) 동일화되지 않은》 것이다.[143]

우리는 이제, 만일 모든 개념들이 본래 《예》와 《아니오》를 포함하고, 두 부분들이 서로 지양한다고 하더라도 ; 만일 이러한 의미에서 그것들이 존재와 비－존재를 포함한다고 하더라도 ; 만일 《암소》가 《비－암소》의 부정에 불과하고 《비－암소》가 《암소》의 부정에 불과하다고 하더라도 ; 그것은 그러한 변증법적 개념들의 밑바닥에 긍정이 없다는 의미는 아니라는 점을 볼 것이다. 칸트가 지적한대로 그것은 그러한 상호부정의 결과가 무(**Nought**, *nihil negativum irrepraesentabile*)라는 것을 의미하지는 않는다. 헤겔과 마찬가지로 디그나가도 그들의 철학이 절대적 영으로 인도한다는 비난에 대해서는 강력히 반발할 것이다. 지넨드라부티는 말한다 : 《우리의 반대자들은 단어들의 부정적 의미라는 이론의 참된 본질에 대해 무지하다. 그들은 (우리들이 결코 고백한 적이 없는) 이론을 우리에게 전가한다. 그들은 이 이론이 모든 실재에 대한 거친 부정을 의미한다고 주장

---

142) *vidhi-svarūpam.*

143) TS., 1쪽 6행－*aṇiyasāpi nāṃšena mĩsrībhūtaparātmakam,* (i.e.pratịtya-*samutpannam arthaṃ svalakṣaṇam jagāda*).

하면서 언제나 우리를 모욕할 준비가 되어 있다》.[144] 헤겔은 말한다 :《모순은 절대적 무, 영을 가져오는 것이 아니라, 본질적으로 그 자신의 특수한 내용의 부정을 가져온다》.[145] 칸트는 아마도 《그 자신의 특수한 부정은》 바로 무라고 대답했을 것이다. 그러나 불교논리학자들에게는 순수 사물이 있는 것처럼 순수 실재가 있다. 그것은 《자체 안에 가두어진》 사물, 순수감각에 인식되는 사물이다. 그것은 신선한 인상의 특징인 밝은 생생함의 첫 순간이다. 사물은 충분히 구체적이지만 매우 불명확하게 인식되고, 지그바르트가 말한대로 《가두어져 있다》. 그러나 그것이 《자유롭게 되어》 지성에 의해 통제되는 영역으로 들어가자마자 그 생생함은 사라지고 거기에 발맞추어(*pari passu*) 명확하게 된다. 그것은 생생함에서 잃은 것을 명확함에서 얻는다. 생생함과 명확함은 반비례한다. 존재, 인식가능성, 인과관계와 같은 고도로 추상적인 관념들은 구체적 실재로부터 이탈하여 전적으로 죽은 것처럼 보인다. 항아리 또는 암소(즉, 항아리임, 암소임) 등과 같은 관념들은 감각적 인상의 구체성에 매우 가까운 것처럼 보인다. 그럼에도 불구하고 그것들 또한 고도로 추상적인 관념들과 마찬가지로 이분화 원리에 기초한 개념적 사유의 구성이다. 지성이 일깨워지자마자, 그것이 《이해하기》 시작하자마자, 그것은 비교하고 변증법적이 된다. 본질상 그것은 직접적 인식의 능력이 아니다. 《그것은 매우 놀랄만한 것이 아닌가!》라고 다르모타라는 말한다. 그는 말한다.[146] :《우리의 개념들이 실재의 (개념적으로) 명확한 본질을 매우 잘 인식하면서도 명확한 실재 자체를 만들어낼 수 없다는 것은 매우 신기한 일이 아닌가?》 (그것들은 보편만을 인

144) 위 702쪽을 참조하라.

145) Wiss. d. Logik, Ⅰ. 36 ; Encyclop., 82.

146) *Apoha-nāma-prakaraṇa,* Tanjur, Mdo, vol. 112, fol. 253.b.8－254.a.2.

식하고 특수를 명확하게 인식하는 것은 절대로 불가능하다). 그는 계속한다 :《아니다. 여기에는 조금의 신기한 구석도 없다. 개념들은 본질상 상상이다. 그것들은 우리의 지식에 실재를 부여하는 것이 아니고 일관성을 부여한다.[147] 그러므로 명확한 것은 무엇이건 필연적으로 개념적 사유의 대상이다. 대상의 즉각적으로 감지되는 형식은 어떤 명확함도 갖지 않는다 ! 》

하나의 사물에 대한 관념이 또한 하나의 보편이고, 그것이 모든 개별적 사물에서 되풀이되며, 그것의 내포에 모든 사물의 전체성을 포함한다는 것은 반대되어 왔다.[148] 사실 존재, 실재, 사물임, 실체성은 일반 개념이고 불교도들은 그것은 부정하지 않는다. 만일 이 일반 개념들이 존재하지 않는다면 우리는 그것들을 이름붙일 수 없다. 모든 이름은 보편과 관련된다. 그러나 구체적 물자체, 이 어떤 것(*Hoc Aliquid*)은 일반개념이 아니고 일반 관념의 모순 대당 부분이다. 일반 관념은 관념적인 것으로 그 짝으로서 참된 실재를 요구한다. 그 자체 안에 가두어진 것으로서의 사물은 실재이다 ; 그것은 특수, 개체, 실재적인 것이다. 순수 긍정은 전-논리적인 것이고, 논리는 항상 부정적 또는 변증법적이다.[149]

앞서 언급한 것으로부터 디그나가의 입장이 헤겔로부터 변증법을 취하고 칸트로부터 물자체를 취한 것과 같다는 것이 분명해졌을

---

147) *rnam-par-rtog-pa-rnams-ni…dnōs-po nēs-pa-ñid-du skyes-pa-rtogs-pa yin-gyi, de-gag dnōs-po yod-pa-ñid nes-pa-ni ma-yin-no.* 같은책.

148) 자이나에 의해. TSP., 487쪽 22행(kar. 1713)을 참조하라.

149) 우리의 인식에서의 이 전-논리적 요소는 아마도 원시인의 인식에 현존하고 있다고 관찰되고 묘사되었던 것과 같을 것이다. 오성은 여기에서 낮은 능력을 가지며, 전혀 없는 것은 아니지만 전혀 미분화된 《복합-성질》에 가깝다. 그 자체는 지성적이 아니기 때문에 인식불가능하지만 ; 모든 미래의 지성적 작용의 근원이다. Levy-Bruhl, Lesfonctions mentales dans les sociétés inférieures(Paris, 1910) ; S. Randolf, 앞의책, 206쪽 이하.

것이다. 그러나 동시에 그가 헤겔의 변증법 뿐만 아니라 칸트의 물자체에서도 많은 미스테리를 제거했고 그럼으로써 이 이론들의 적들을 무장해제시킨 것처럼 보인다. 사실 인식은 판단이고 판단의 존재론적 패턴은 《이것은 항아리이다》 또는 더 정확하게 《항아리임의 심상은 이 순간적 사건과 관련된다》는 형식으로 환원된다. 그것은 지각적 또는 실재적 판단이다. 그것은 《이것》이라는 요소에서는 지각이고 항아리임이라는 요소에서는 판단이다. 전자는 엄격하게 《그 자체로서의》 사물에 관련되고 후자는 《다른 것으로서의》 사물에 관련된다. 전자는 실재이고 후자는 관념이다. 전자는 감성적이고 후자는 간접적 인식이다. 전자는 순수한 대상이고 후자는 순수한 변증법이다. 전자는 긍정이고 후자는 부정이다. 전자는 직접적 인식이고 후자는 간접적 인식이다. 두 요소들이 전자는 직접적으로 후자는 간접적으로 동일한 궁극적 실재에 관련되므로, 샨티라크쉬타는 물자체가 오성의 논리적 변증법의[150] 존재론적 기초[151]라고 말한다.[152] 칸트는 《현상들에서(우리는 판단들에서라고 말해야 한다) 감각(〈이것〉이라는 요소)에 상응하는 것이 물자체를 구성한다》라고 말한다.[153] 헤겔은 《모든 사물들은 본래 모순적이고, 이 모순은 발전된 무이다》라고 말한다.[154] 이것은 순수 존재의 논리적 술어가 변증법적이라는 의미로 해석될 수 있다.

그러므로 헤겔에 의해 칸트를 보충하고 칸트에 의해 헤겔을 보충함으로써 우리는 디그나가를 만날 것이다.[155]

---

150) *jñāna-ātmaka-apoha.*
151) *artha-ātmaka-apoha.*
152) TS., 316쪽 28행 ; TSP., 317쪽 2행.
153) CPR., 117쪽.
154) W.d.Logik, II.58.

이런 유사함들이 근사치라고 주장할 필요는 없다. 그것들은 모든 유사함들이 그렇듯이 차이의 생략이다.[156]

e) 울리치(Ulici)와 로체(Lotze)

보편의 문제와 마찬가지로 부정, 변증법, 부정(Infinite)판단, 물자체의 문제도 어떠한 궁극적 해결없이 근대논리학에 의해 버려져왔다. 이 문제들은 연결되어 있어서 하나의 해결은 다른 모든 것들의 해결을 의미한다. 헤겔 이후의 독일은 신비화된 변증법들을 과식하여 그런 문제들을 포기했을 뿐만 아니라 거부감조차도 느꼈다. 지그바르트는 부정과 변증법에 접근할 때마다 그것들을 충분히 이해했던 유일한 사람은 아니었다.[157]

울리치 교수의 논리학 해설은 그런 점에서 주목할만하다. 그는 오성을 《영혼의 구별하는 활동》으로 정의한다.[158] 그는 《구별하는 활동》을 부정과 구별해야 했다. 그렇지 않으면 영혼 자체가 부정이 될 것이고 그것은 헤겔주의이다. 그는 《모든 차이는 대상들 사이의 상호 부정 뿐만 아니라 상호 통일도 포함한다》고 말한다.[159] 이것도 또한 대단한 헤겔주의이다 ; 그것은 동시에 비-존재인 존재이다. 그러나 울리치는 그가 《헤겔이 그의 현학적 변증법에 의해 헛되이 입증하려했던》[160] 명제인 〈동시에 비-존재이면서 존재인〉 《순수

155) 여기서 우리가 《반대의 변증법》이 아니라 《모순의 변증법》을 언급하고 있다는 것을 되풀이할 필요는 없을 것이다.

156) *bheda-agraha.*

157) Lotze, Logic2, 40 ; Trendelenburg, Log.Unt., Ⅴ. Ⅰ, 3장 ; E.V.Hartmann, Ueber die dialectische Methode ; 그리고 많은 다른 책들을 참조하라.

158) Ulrici, Compendium der Logik2, 33쪽-unterscheidene Thätigkeit der Seele. 45, 52쪽을 참조하라.

159) 같은책, 59쪽.

160) 같은책, 57쪽.

존재》로부터 빠져나왔다고 굳게 믿고 있는 듯이 보인다. 그러나 그가 그의 입장을 설명할 때 그는 단지 헤겔 자신의 주장을 다른 말로 하고 있는 것에 불과하다. 사실 헤겔은 말한다.[161] : 《모든 것은 우선 오직 다른 것이 존재하기 때문에 존재한다. 그것은 다른 것, 그 자신의 비-존재를 통과하는 것이다. 다음으로 그것은 다른 것이 존재하지 않기 때문에 존재한다. 그것은 다른 것의 비-존재를 통과하는 것이다. 그것은 자신에서의 반영이다》. 그는 양쪽의 각각이 서로 자리를 바꿀 수 있고, 《부정적이라고도 또한 긍정적이라고 할 수 있다》고 결론을 내린다.[162] 울리치는 이 이론이 참된 긍정을 부정하고 부정주의의 심연으로 떨어지는 것을 의미한다는 점을 알고 있다. 그러므로 그는 《우리가 어떤 것을 구별할 때, 우리는 그것을 하나의 존재로서 긍정적으로 받아들인다》라고 강력히 주장한다.[163] 그러나 이 존재는 또한 비-존재로 자신을 드러낸다. 사실 그는 다음과 같이 설명한다.[164] 《우리가 푸른 색으로부터 붉은 색을 구별할 때, 우리는 그것을 푸른 색의 부정으로 받아들인다. 그러나 동시에 우리는 또한 푸른 색과 붉은 색의 반대적 연결을 확립하여 푸른 색을 비-붉은 색으로 받아들인다. 그러므로 붉은 색은 푸른 색이라는 우회로를 통하여 빙 돌아서 그 자신과 함축적으로 연결되는 것이다》. 《비-존재라는 우회로를 통해서》 그 자신과 연결되는 것은 참으로 흥미로운 존재가 아닌가! 그리고 울리치는 그가 헤겔의 주장을 거부한다고 생각하면서도 그것을 단순히 되풀이 하고 있는 것이 아닌가! 그리고 그가 《모든 단어는 반대되는 것의 거부를 통해서(즉, 부정을 통해서) 그

161) W.d.Logik, II,42.
162) 같은책, 43쪽.
163) 앞의책, 60쪽.
164) 같은책.

자신의(즉, 긍정적) 의미를 표현한다》고 말할 때, 그것은 정확하게 디그나가의 주장에 약간의 변경을 가한 것이 아닌가.

이와 함께 울리치는《명확한 붉은 색》이라는 예를 들면서 말한다.[165)]《붉음과 마찬가지로 붉은 색은 오직 동시에 비-푸름, 비-노랑 등이기 때문에, (이 부정들을 통해서) 우리가 붉음이라고 부르는 명확한 색이 되는 것이다》. 붉음의 긍정성은 줄어들어버렸다. 그것은 명확하지만 명확함이란 지성적이라는 의미이고, 필연적으로 부정적이거나 변증법적이다. 헤겔적 《순수 존재》[166)]로부터 벗어나려고 하지만, 그럼에도 불구하고 그는 심연으로 떨어지고 만다!

지그바르트는 울리치의 위험스런 입장을 알아차리고 그를 구원하려고 서둘렀다.[167)] 그는 말한다 :《표상이 오직 구별을 통해서 명확하게 된다고[168)] 주장하는 이론, 이 이론은 구별 자체가 오직 이미 존재하고 있는 구별된 표상들 사이에서만 가능하다는 것을 잊고 있다》. 그는 계속해서 말한다.《붉음에 대한 감각, 또는 더 정확하게 명확한 붉음은 특징적 내용을 갖는 매우 긍정적인 것이다》. 그래서 이 매우 명확하고 매우 긍정적인 것, 이 매우 명확한 형태의 붉음은 오성측으로부터의, 또는 울리치의 말로 하면,《영혼의 구별하는 활동》으로부터의 어떠한 도움없이도 상당한 정도로 구별된다는 결과가 된다. 오성은 끼어들지 않거나 이미 다른 것들에 의해 행해진 것을 고치는 역할을 한다.

로체는[169)] 분명 이 이중적 작업을 강조하기 위해서 그것을《긍정

---

165) 같은책, 60쪽.

166) 같은책, 59쪽-das Hegel'sche reine Sein.

167) Logik, Ⅰ.333n.

168) 이것은 물론 표상이《정의를 통해서 명확하게》또는《구별을 통해서 다르게》된다는 것을 의미할 수 있다. 여기에서 '다르게'와 '명확하게'는 거의 같다.

적 단정》[170]이라고 불렀다. 그러나 이미 언급한 것처럼 그는 이 단정이 분명히 《다른 모든 것들의 배제》와 연결되어 있고, 우리가 《긍정의 단순한 의미를》 특징지우려고 할 때, 우리는 오직 《다른 것의 배제》, 즉 부정을 의미하는 표현을 통해서만 할 수 있다고 말한다. 오직 부정을 통해서 표현될 수 있는 긍정이란 참으로 재미있다! 그것은 다시 정확하게 우리의 단어들이 반대되는 것의 거부를 통해서 그 자신의 의미를 표현한다는 디그나가의 명제가 아닌가? 로체는 《이 긍정과 이 부정은 하나의 나눌 수 없는 생각이다》[171]라고 말한다. 그 생각이 《하나이고》, 《나눌 수 없기》 때문에, 그것은 긍정과 부정이 동일하다고 말하는[172] 헤겔과 유사하지 않은가?

지넨드라부디의 요약으로부터[173] 우리는 인도인들 또한, 로체가 생각한 것처럼 긍정과 부정이 이 점에서 《하나의 나눌 수 없는 생각》인지, 또는 오히려 하나가 다른 하나의 결과인 두 독립적 생각들인지 하는 문제에 당황했음을 추측할 수 있었다. 디그나가의 평결은 그것이 동일한 생각이라는 취지이다. 그것은 또한 헤겔의 이론이기도 하고, 로체는 헤겔의 위기를 구해보려는 그의 모든 희망에도 불구하고 거기에 동의한다. 로체와 헤겔과 관련시켜 볼 때, 불교도의 입장은 지식의 다른 두 근원들이라는 이론에 의해 구별된다. 붉은 색 이외의 다른 아무 색들도 없다고 가정한다면, 우리는 확실히 붉은 색을 지각하지만 그것이 붉다는 것을 결코 알지 못할 것이다.[174]

---

169) Logik2, 11장 26쪽.

170) eine bejahende Setzung.

171) 같은책, 26쪽 – 《Jene Bejahung und diese Verneinung sind nur ein untreunbarer Gedanke》.

172) W.d.Logik. II.54 – 《Das Positive und Negative ist dasselbe》.

173) 위 690쪽을 참조하라.

로크는 디그나가의 입장에 매우 가깝다. 그는《분명한 관념(clear idea)》과 《명백한 관념(distinct)》의 차이를 지적한다.[175] 분명한 관념은《그것으로 마음이 충분하고 뚜렷한 지각을 갖고 잘 배치된 기관에 정당하게 작용하는 대상을 밖으로부터 받아들이는 것》이다. 명백한 관념은《그 안에서 마음이 모든 다른 것들의 차이를 지각하는 것》이다. 이 말로 로크는 디그나가의 이론의 지극히 중요한 점을 건드리고 있다. 그는 확실히 분명한 것이 명백하지 않고 명백한 것이 분명하지 않다고 말하려는 것은 아니었다. 그러나 그는 분명함은 감관들에 의해 산출되고 명확함은 오성에 의해 산출된다고 말한다. 그가 한걸음 더 나아가서 분명함이 오직 순수 감각에서 발견되고 거기에서는 어떤 명확함(또는 부정)도 전혀 발견되지 않으며, 명확함(부정)은 오성의 배타적 기능이라고 말했다면, 디그나가와의 일치가 완전해졌을 것이다. 그러나 그러한 한걸음은 부분적으로 헤겔 변증법의 심연에 떨어지는 것일 뿐만 아니라, 물자체와 다른 특징들을 갖는 선험적 철학으로 떨어지는 것을 의미한다.

존슨(W.E. Johnson)은 그의 논리학에서[176] 같은 차이를 확실하게 언급한다. 그는《심상들도 지각들도 개별적 사물의 구체성과 특수성을 반영하지는 않는다. 그것은 정신적 과정들의 즉각성과 대조해볼 때 결정적인 것으로 묘사되어야 한다》고 말한다. 대조는 사물과 과정들 사이에가 아니라 특수한 감각의 신선함과 개념의 일반성 사이에 필요하다. 로크가《분명한 관념》이라고 부른 것은 여기에서 명확한 사물이라고 불린다. 로크가《명백한》이라고 부른 것은 여기에서《즉각적인》이라고 불린다. 같은 혼동이《결정적》이라는 표현과 관

174) *nīlam vijānāti, na tu nīlam iti vijānāti_Pram. samucc. vrtti ad* Ⅰ.4와 비교해보라.
175) Essay, book, Ⅲ, ch. ⅩⅩⅨ, 4.
176) Logic, Ⅰ, p. ⅩⅩⅨ.

련하여 산스크리트 용어들인 니야타(niyata), 아니야타－프라티브하사(aniyata-pratibhasa)에서 발견된다.[177] 감각은 그 유일성에서 결정적이고 심상은 그 일반성에서 결정적이다. 대조는 더 편리하게 생생한 (감각)과 모호한 (심상);《실재적》특수와《순수한》보편이라는 용어들에 의해서도 표현된다. 이 맥락에서《실재적》과《순수한》이라는 용어는 궁극적, 또는 칸트가 말한대로 선험적이라는 의미이다. 처음에 그것은 감관들과 오성이라는 오히려 사소한 구분에 불과했다. 이 단순한 구분이 맨처음 라이드(Reid)에게 매우 중요하게 여겨졌고, 그의 후계자들에 의해 소홀히 여겨졌다 ; 그것은 칸트에 의해 그 선험적 근원까지 철저히 추구되었고, 그의 후계자들에 의해 다시 소홀히 여겨졌다.

지그바르트는 부정의 기초인 그러한 긍정은《본래 사물의 특수성과 유일성을 갖고 있다》고 말한다. 로체는 모든 이름에는《긍정적 단정》이 있다고 말한다. 존슨은 모든 지각에는《개별적 사물의 구체성과 특수성》이 있다고 말한다.《개별적 사물의 구체성과 특수성》은 확실히《특수한 것의 특수한 특수성》을 의미하는 것에 불과하다! 이중 삼중이 표현들은 저자들이《조금의 다름도 포함하지 않는》매우 특수한 것을 얻어야만 했다는 것을 느끼도록 해준다.

177) 2권의 찾아보기와 niyata라는 용어에 대한 노우트와 비교해보라.

제 5 장
외부 세계의 실재
(RRALITY OF THE EXTERNAL WORLD)

1. 실재란 무엇인가.

불교논리학자들이 말하는 실재가 무엇인지에 대해서는 앞에서 이미 언급하였다.[1] 실재가 이중적어서[2] 직접적이면서 간접적이라는 것도 언급했다. 직접적 실재는 감각의 실재이고[3] 간접적 실재는 감각과 관련된 개념의 실재이다.[4]

순수한 실재, 즉 순수한 감각의 실재도 있고, 순수한 관념, 또는 순수한 추론도 있다. 순수한 관념은 감각과 관련되지 않는 개념의 비-실재이다. 더욱이 실재는 특수라고 불리우고 관념은 보편이라고 불리운다. 실재는 또한 사물이며 관념은 생각, 즉 비-사물이다. 절대적인 실재는 《그 자체로서의》 사물이다. 그것은 순수한 긍정이다.

비실재는 《다른 것으로서의》사물 또는 다른 것과 구분되는 사물이다. 그러므로 그것은 (변증법적)부정이다. 그래서 우리는 1) 실재

1) 위 113쪽을 참조하라.
2) 위 123쪽을 참조하라.
3) *nirvikalpakam.*
4) *savikalpakam.*

2) 감각 3) 특수 4)《그 자체로서의》 사물 5) 긍정이라고 불리우는 한편과 1) 관념 2) 개념 3) 보편 4)《다른것으로서의》 사물 5) 부정이라는 이름으로 각각 불리우는 다른 한편으로 이루어지는 일반적 이분법을 가지게 된다.

이 이분법의 두번째 부분은 완전히 통일적이며 전적으로 내적이다. 외부 세계의 보편과 부정은 전혀 없다. 그러나 첫번째 부분은 그렇게 완전히 통일적으로 보이지 않는다. 그것은 외적인 것과 내적인 것이라는 두 부분으로 나누어져 있다. 내적인 것은 감각이고, 외적인 것은《그 자체로서의》 사물이다.

실재의 정의는 대승과 소승 사이의 주요한 논쟁점이었다. 초기의 학파들은《모든 것은 존재한다》[5]라는 원리의 수호자들이었다. 이 슬로건은 〈요소들〉[6] 이 존재한다는 의미로 설명된다. 그것들은 75 종류 또는 12종류의 범주들로 정리된다.[7] 그것들은 주체와 객체, 내적 항목들과 외적 항목들을 포함한다. 감정, 관념, 의지의 조합은 색, 소리, 만질 수 있는 감각-자료, 즉 물질의 조합과 마찬가지로 실재의 〈요소〉이다. 존재라는 의미에서 물질과 관념 사이에는 차이가 없다. 모든 것은 똑같이 실재적이다. 그러므로 사물과 그 질들 사이에 실재성의 정도 차이는 없다.《존재하는 모든 것은 하나의 사물이다》.[8] 항아리의 실재는 색깔(한 사물), 모양(다른 한 사물), 딱딱함(세번째 사물), 이미지(다시 또 하나의 사물)등의 실재이다. 그러나 그것들이 하나의 항아리에서 조합되는 것처럼 그렇게 절대적으로 실재적인 것은 없다. 항아리는 구성이다. 그것은 〈자아〉가 그것의

---

5) *sarvam asti.*

6) *dharma.*

7) *sarve dharmāḥ*＝dvādaša-āyatanāni.

8) *vidyamānam dravyam*. CC,26쪽 주를 참조하라.

모든 〈요소들〉, 즉 다섯 스칸다들(skandhas)이 《사물들》, 즉 〈요소들〉임에도 불구하고 구성인 것과 마찬가지이다.

영원한 것들인 〈열반〉, 〈공간〉도 또한 〈요소들〉, 그러므로(ergo) 사물들이다. 요소, 실재, 존재, 사물은 서로 바꿀 수 있는 용어들이다.[9)]

대승불교에서 이것은 급격히 변했다. 대승불교는 초기에 부동의 전체만이 절대적으로 실재하는 것이라고 선언하였다. 논리학자들은 〈실재〉란 〈관념〉에 반대되는 것이라고 보았다. 관념, 감정, 의지뿐만 아니라 모든 것이 지성에 의해 구성되는 것이었다. 모든 〈보편〉, 질, 지속, 연장은 실재가 아니고 관념이었다. 실재란 오직 엄격한 의미에서 《조금의》 지성적 구성도 포함하지 않는 사물이다. 그러한 사물은 실재 자체이며 〈물자체〉이다. 그것은 바로 순수 감각에 상응하는 칸트적인 실재(Realitat), 사물자체(Sachheit)이다.[10)]

〈실재〉에 대한 관점의 이같은 커다란 차이는 결국 〈열반〉또는 〈영원〉 개념의 차이를 가져왔다. 소승불교에서 그것은 〈공간〉이 하나의 사물인 것과 똑같이 하나의 〈요소〉, 하나의 사물이다. 대승불교에서 그것은 독립적 〈요소〉도 아니고 독립적 사물도 아니다.[11)]

그러므로 논리학파에게 〈실재〉는 〈관념〉과 같은 수준에 놓여질 수 있는 것이 아니었다. 실재는 오직 감각 가능한 세계(mundus senstilis)이다. 개념들은 단순히 기능적 실재성만 갖는다. 주제가 이중적 성격을 지니기 때문에 논리도 또한 이중적이다. 일치의 논리가 있고 실재의 논리가 있다. 전자는 두 개념들 사이의 상호관계의 논리이고, 후자는 이 개념들을 실재와 관련시키는 논리이다. 전자는 삼단

---

9) *dharma*=*vastu*=*bhava*=*dravya.*

10) CPR., 117쪽.

11) Nirvāṇa, 45쪽 이하를 참조하라.

논법의 대전제에 포함되는 논리이고, 후자는 소전제 또는 지각 판단에 포함되는 논리이다. 감관-지각, 판단, 추론, 삼단논법, 논리적 오류에 대한 우리의 분석은 논리의 이 이중적 성격을 충분히 밝혀 주었을 것이다. 논리적 오류가 일치에 대한 오류(또는 대전제에서의 오류)나 실재에 대한 오류(또는 소전제에서의 오류)와 구별되는 것과 똑같이 ; 진리도 또한 일치의 진리(또는 대전제의 진리)와 실재의 진리(또는 소전제, 지각 판단의 진리)로 나누어진다.[12]

2. 외부란 무엇인가

외적인 것이란 넘어선다는 것을 의미한다. 인식의 외부란 인식을 넘어서는 것, 인식을 초월하는 것, 인식의 바깥쪽에 존재하는 대상을 의미한다. 만일 실재가 외적이라면 실재적인 것과 외적인 것은 서로 바꾸어 쓸 수 있는 용어이다. 그러나 대상은 절대적으로 인식을 넘어서 놓여있는 것이 아니다. 헤겔은 절대적으로 인식을 넘어서 놓여있고 절대적으로 인식불가능한 칸트의 〈물자체〉를 비난하였다. 그러나 실재를 감각과 특수한 사물의 두 부분으로 나눌 절박한 필연성은 없다.

주체-객체, 내적-외적이라는 상대적 용어들은 그 상이한 의미들을 고려에 넣지 않는다면 오해를 불러일으키기 쉽다. 우리의 생각, 감정, 의지는 내성에 의해 감지된다.[13] 그것들은 내성의 《대상들》이지만 외적인 것은 아니다. 생각 자체는 내성적, 즉 자기의식

12) 지각 판단이 우리를 감각에 관련시키기 때문에, 실재라는 이 개념은 우리에게 칸트의 《경험(감각)의 물질적 조건들과 연결된 것은 실재적이다》라는 원리를 상기시켜준다.

13) *sva-samvedana.*

적이다. 이 경우에는 헤겔이 일반적 주체-객체의 관계로 확장시켰던 주체와 객체의 사이에 동일성이 있다. 외적인 물질 세계와 내적인 정신 영역 사이의 주체-객체 관계는 전혀 다르다. 외적인 것은 실재적이고 유효하지만[14] 내적인 것은 관념적이고 상상된 것이다.[15] 태우고 요리하는 불은 실재적이지만 내 머리 속에서 상상하는 불은 관념적이다. 그러나 관념이라고 해서 전혀 비실재적이란 의미는 아니다. 실재적인 것과 관념적인 것은 인과적으로 연결되는 두 이질적 실재들이다. 외적 대상은 내적 심상의 원인이다. 그것들은 관련의 동일성에 의해서가 아니라 인과관계에 의해 연결된다. 실재와 관념을 혼동하는 〈관념론자〉의 입장에서 볼 때에만 그것들 사이에 동일성이 존재하는 것이다. 외부의 사물은 특수이다. 그것은 움직이고 순간적이고 능동적이다. 내부의 심상은 보편적이고 불변이고 수동적이다.

감각에 상응하는 외적 대상을 가정하는 필연성은 심리적인 것이지 논리적이 아니며 절대적인 것도 아니다.

3. 세 종류의 세계들

사물의 세계나 생각의 세계로 인도하는 논리의 길과는 독립적으로 〈전체 우주〉에 대한 초논리적 직관으로 인도하는 〈신비주의〉의 길이 있다. 그러므로 각각의 권리를 가지고 존재하고 있는 세 다른 세계들, 또는 존재의 세 다른 영역들이 있는 셈이다. 〈우주〉가 부동의 〈유일무이한 통일〉을 드러내는 궁극적으로 형이상학적인 영

14) *artha-kriya-kāri.*
15) *buddhy-ārūḍha.*

역이 있다. 감각과 개념으로 인식되는 〈물질〉과 〈관념〉의 다원적 실재를 드러내는 논리적 영역이 있다. 그리고 〈물질〉은 전혀 없고 〈관념〉만이 있는 제 삼의 중간적 영역이 있다. 〈물질〉 자체는 하나의 관념이다. 파르메니데스의 세계뿐만 아니라 아리스토텔레스의 세계도 있고, 그것들의 중간에 플라톤의 관념세계도 있다. 이 세 세계들은 서로 배제하기는 커녕 각각의 권리와 영역을 가지고 존재하고 있고, 상호 보완적이다. 그것들 중의 어느 것에 도달하느냐는 우리가 어디에서 출발하느냐에 달린 것이다. 만일 우리가 논리, 그리고 그것의 《법칙들중의 법칙》인 모순율로부터 출발한다면, 우리는 소박한 실재론자의 세계나 비판적 실재론자의 세계인 다원적 세계에 도달할 것이다. 만일 우리가 초논리로부터 출발하고 모순율을 무시한다면 우리는 바로 〈일원론〉으로 빠져들게 될 것이다. 만일 우리가 사물과 관념의 이중적 세계를 감지하는 〈내성〉으로부터 출발한다면, 그리고 만일 우리가 사물들의 논리적으로 여분인 이중성을 제거하고 관념들만의 객관성을 인정하다면, 우리는 완전한 관념론에 들어가게 될 것이다. 디그나가는 〈일원론자〉의 입장에서 그의 〈프라즈냐파라미타－핀다르타〉를 썼고, 〈관념론〉을 방어하기 위해 〈알람바나－파릭사〉를 써서 그의 논리학의 거대한 체계를 수립했는데, 그의 주요 관심사는 비판적 실재론을 정초하는 것이었다. 그는 내성과 심상들을 모두 제거하고 외부 사물들의 직접 지각만을 남겨두는(미맘사학파나 바이쉐시카학파처럼) 소박한 실재론을 피하였다.

4. 비판적 실재론

외부 세계의 실재의 문제에 대한 불교논리학자들의 이론이 무엇이었던가를 되풀이하는 것은 불필요하다. 이 책 전체는 직접적이건 간접적이건 이 독특한 중심 문제에 관련되고 있다. 제1부에서 우리는 감성에 직접 반영되는 외부 세계에 대해 살펴보았다. 제2부의 제3장에서 우리는 우리의 오성에서의 외부 세계의 간접 반영을 살펴보았다. 추론과 삼단논법에서 소전제는 지성의 구성물들이 항상 실재와 관련을 맺도록 하기위해 존재한다. 우리의 모든 지식이 외부 사물의 구체적 실재와 결합되어 있지 않다면, 개념들의 변증법적 성격은 그것을 무로 돌리고 말것이다. **외적인 것은 실재적이다. 그것은 바로 실재이다.** 실재적, 외적이란 말은 바꾸어 쓸 수 있는 용어들이다. 그러나 외적 실재는 오직 순수 감각안에서 직접적으로 인식된다. 또는, 더 정확하게, 인식되는 것이 아니라 반영된다. 감각은 특수한 개별 사물을 감지한다. 오성은 오직 《일반적》 사물을 인식한다. 그것은 특수를 인식하지 못한다. 일반없이 명확한 인식은 없으며, 일반은 관념이다. 그러므로 〈실재〉와 〈관념〉은 서로 모순대당이다. 실재는 관념이 아니고, 관념은 실재가 아니다.

외부의 실재는 더욱이 유효하다. 그것은 원인이다. 관념은 하나의 심상이며, 인과적으로 유효한 것이 아니다. 하나의 심상은, 합목적적 행동을 준비하는 매개 고리로서, 오직 은유적으로만 유효할 수 있다.

게다가, 〈실재〉는 역동적이다. 외부의 대상은 〈물질〉이 아니라 〈에너지〉이다. 실재는 행동이 그것으로부터 시작되어 나오는 촛점들과 합목적적 행동이 수렴되는 점들로 구성된다. 《실재는 일이다》. 실재는 순간적이며, 에너지의 중심이자 역점(Kraftpunkte)인[16] 찰나점들로 구성된다.

16) *yā bhūtiḥ saiva kriyā.*

이 다원적 실재와 이 관념 사이의 관계는 어떠한가? 그것은 인과적이고 간접적이다.[17] 실재는 메아리처럼,[18] 그리고 《문틈으로 새어들어오는 보석의 반짝임처럼》 인간의 지성에 의해 간접적으로 감지된다. 실재는 변증법적 개념들의 상부구조에 의해 마음에 《끼워넣어진다》. 감각가능한 질들이 외적 자극에 대한 반응이라는 주관적 기분일뿐만 아니라, 이른바 원초적 질들, 연장, 지속,시간, 공간, 존재, 비-존재, 실재, 일반, 인과등이 모두 오성의 주관적 구성물들에 불과하다.

만일 〈시간〉, 〈공간〉, 그리고 모든 외부의 현상들이 〈오성〉의 구성물들이라면, 그것이 어떠한 종류의 실재이며 어떠한 가치가 있는가 하는 질문이 자연스럽게 떠오를 것이다. 아니, 심지어 〈실재〉, 〈인과관계〉, 〈실체〉등과 같은 근본적 생각들까지도 미지의 궁극적 실재에 대한 주관적 해석이 아닐까? 대답은 매우 간단하다. 실재는 감각이고 감각에 불과하며 순수한 감각이다. 나머지는 모두 〈오성〉에 의한 해석이다. 감각으로 《주어진》 것이 실재적이고, 구성이 아니라는 것은 아무도 부정할 수 없을 것이다! 외부와 내부 사이의 관계 문제는 그래서 장면을 달리하여 감각과 심상 사이, 감성과 오성 사이, 지각과 개념 사이, 특수와 보편 사이의 관계문제로 넘어간다. 특수와 보편 사이의 관계에 대한 존재론적 문제는 논리적으로나 인식론적으로는 감관들과 오성 사이의 관계 문제이다. 이제 문자 그대로 이질적인 이 두 영역들이 《어떻게든》 연결되어야 한다. 간격이 《어떻게든》 메꾸어져야 하는데, 다음과 같은 방식에 의해서만 메꾸어질 수 있다. 우선 연결은 인과적이다. 심상은 감각에 의해

17) 위 708쪽의 주를 참조하라.
18) Pārthasarathimiśra ad Ślokav., 559쪽을 참조하라.

《산출된다》; 다시 말해서 심상은 기능적으로 감각에 의존한다. 그러나 그것으로는 충분하지 않다. 심상을 산출하기 위해서 협조하는 다른 원인들이 있다. 순수 감각은 《동형화(conformity)》에 의해 후자와 구별된다.[19)]

이해할 수 없는 관계를, 《절대적으로 유사하지 않은 사물들 사이의 유사성》으로 설명되는 《동형화》라는 단어로 명명하는 것은 물론 문제의 해결이 아니다. 우리는 이 신비로운 《동형화》에 대해 여러번 언급하였고 2권에서 우리는 다른 각도로 그것을 보고 있는 원문들을 번역하게 될 것이다. 그러나 불교의 변증법적 방법을 분석하고난 지금은 그 이론에 대한 더 나은 이해가 가능하다. 모든 개념들에서와 마찬가지로 유사성은 여기에서 부정적이다. 그것은 부정적 측면에서의 유사성이다. 절대적 특수와 순수 보편 사이에는 조금의 유사성도 없지만, 그것들은 공통의 부정에 의해 결합된다. 공동의 적을 쫓아버림으로써 그들은 유사하게 된다.

그것이 이른바 《동형화》이다. 그것은 부정적 유사성이다.

그러므로 물을 따른다(pouring water)는 사실에서 드러나는 유효한 한 찰나점은 절대적으로 특수한 감각이다. 그러나 그것을 다른 사물들로부터 구별함으로써 그것은 항아리의 일반적 특성을 부정적으로 받아들인다. 그래서 불은 열에 대한 엄격하게 개별적인 감각이며, 그 이상은 아니다. 그러나 반대되는 것의 거부를 통해서 그것을 다른 사물들에 대립시킴으로써, 우리는, 오직 부정적으로, 과거, 현재, 미래 세계의 모든 불을 포함하는 보편적 관념을 구성할 수 있다. 명백한 망상(offenbare Grille)이므로 논리학에서 사라져야 한다고 로체(Lotze)가 생각했던 비－A(non-A)야말로 논리학의 실재

19) *tadutpatti-tatsārūpyābhyām viṣayatā.*

적 본질이자 《세계의 영혼》이다. 그러한 것이 바로 특수인 외부와 보편인 내부 사이의 관계이다. 그것은 감성과 지성 사이의 관계와 같다.

5. 궁극적 일원론

그러한 것이 인식에 대한 논리적 분석의 결과이다. 궁극적 요소들로 환원시켜 본다면 인식은 외부의 〈물자체〉, 〈물자체〉에 상응하는 순수 감각, 순수 감각을 뒤따르는 심상으로 구성된다. 지식은 주체와 객체라는 두 측면을 포함한다. 가장 단순한 요소들로 환원시킨다고 하더라도 두가지이다. 논리는 더이상 나아갈 수 없다. 그것은 주체와 객체를 구분할 수 없는 일원적 〈전체〉로 결합하는 더 높은 종합을 구성할 수 없다. 이 단계는 초논리적이다. 즉, 그것은 형이상학에 빠짐, 모순율의 부정, 논리학에의 도전을 의미한다. 그러나 불교논리학자들에게 진리는 논리적 평면과 초논리적 평면이라는 다른 두 평면들에 존재한다. 디그나가와 다르마키르티는 스스로를 관념론자라고 부르지만, 그들은 논리학에서는 실재론자들이며 형이상학에서는 관념론자들이자 일원론자들이기도 하다. 논리학에서 실재와 관념은 분리되지만, 디그나가는 《지혜의 클라이막스는 일원론》이라고 말한다. 바로 최후의 〈절대〉에서 주체와 객체는 합체된다. 디그나가는 이렇게 말한다. 《우리는 이 영적 비-지속, 즉 우주의 일원적 실체를 불타, 즉 그의 이른바 우주몸과 동일시한다》.[20] 철학은 여기에서 종교로 넘어간다.

지넨드라부디는 말한다.[21] : 《외부 세계의 존재를 부정하는 철학

20) Bibl. Buddh.에 있는 Abhisamaya-alaṃkāra판 서문을 참조하라.

자의 관점에서, 인식의 근원과 결과 사이에 본래 어떠한 구분도 포함하지 않는 그러한 지식에서 〈파악하는 〉 측면과 〈파악되는〉 측면을 구분하는 것이 어떻게 가능하겠는가?》(대답은 다음과 같다): 《이것임(즉, 절대적 실재)의 관점에서 보면 전혀 차이가 없다!》. 그러나 〈선험적 환각〉의 방해를 받기 때문에 (우리는 오직 굴절된 실재만을 지각한다). 우리가 아는 모든 것은 주체와 객체 사이의 차이를 구성함으로서 구분되는, 실재의 간접적 외관일 뿐이다. 그러므로 인식과 그 대상의 구분은 《절대적 실재》의 관점에서가 아니라 경험적 관점에서 행해지는 것이다. 그러나 본래 구분되지 않는 것이 구분되는 것처럼 보이는 것은 어찌된 일인가? 환각을 통해서이다! 이 환각은 물론 선험적 환각이며 인간의 마음의 자연스런 환각이자 내재적 재앙이다.[22]

일원론자들의 주장에 대해서는 〈불교의 열반개념〉에 대한 우리의 작업에서 상세하게 진술하였다. 대승불교도들에 대한 비-불교도들의 가장 흔한 비난은 그들이 외부 세계를 꿈(svapnavat)으로 본다는 것이다.[23] 그러나 이 꿈에서 깨어나라는 표어의 의미는 상이한 학파들에서 매우 다르게 나타난다. 다르마키르티에 의하면 꿈에서 깨어나라는 문구는 오직 심상은 심상이어서 깨어있을 때나 잘 때나 본질적으로 같다는 것을 의미한다. 깨어있을 때에 간접적 반영으로서의 심상들이 어느정도 꿈인 것과 같이, 꿈에서일지라도 그것들은 실재와 전혀 동떨어진 것들은 아니다.

---

21) 2권 부록4의 10장을 참조하라.

22) *antar-upaplava = mukhyā bhrāntiḥ.*

6. 관념론

관념론을 옹호하기 위해 제출된 주요한 논점들을 다시 살펴보자. 〈일자이며 불변의 전체〉인[24]인 유일한 실재를 주장하는 일원론자들은 실재는 〈전체〉가 아니라 〈관념〉[25] 이라는 주장으로부터 도전을 받는다. 그것은 무한히 다양하고,[26] 계속 변화하고,[27] 모든 살아있는 존재들에서 자신을 밝게 드러낸다.[28] 그것만이 홀로 존재한다. 왜냐하면 자체만으로 하나의 사물로 가정되는 비-정신적, 물질적 사물이란 불가능하기 때문이다. 그것은 다음과 같은 두 주요한 이유 때문에 불가능하다. 즉, 1) 그것은 모순에 포함되고,[29] 2) 외부 세계의 파악은 불가해하기 때문이다.[30] 지식은 자기 자리를 버리고 외부의 물질적 사물을 여행하여 그 형태를 파악하고 이 노획물을 가지고 자기자리로 되돌아가야 하기 때문에-실재론자들이 가정하는 것처럼-불가해하다.

외부의 물질적 사물이라는 가정이 모순이라는 것은 우리가 다음과 같은 이율배반을 고려할 때 분명하게 된다. 외부의 사물은 반드시 단일하거나 합성적이다.[31] 제 3의 가능성은 없다.[32] 만일 그것이

---

23) NS., Ⅳ.2.31을 참조하라.
24) TSP., 550쪽 10행-*yathopaniṣad-vādinām.*
25) *vijñānam.* 같은책, 540쪽 8행.
26) *anantam.* 같은책.
27) *pratikṣaṇa-viśarāru.* 같은책.
28) *ojāyate sarva-prāṇabhṛtām.* 같은책.
29) *artha-ayogāt* ; 같은책, 559쪽 8행을 참조하라.
30) *grāhya-grāhaka-lakkṣuṇa-vaidhuryāt.* 같은책.
31) *ekāneka-svabhāvam.* 같은책, 550쪽 26행 ; 그것은 *paramāṇu*와 *avayavin*을 의미한다. 같은책, 551쪽 6행을 참조하라.
32) *tṛtīya-rāśy-abhavena.* 같은책, 550쪽 18행.

단일하지도 않고 합성적이지도 않다는 것이 증명된다면, 그것은 그것이 무(nothing), 즉 《천상의 꽃》[33]이라는 당연한 증명이 될 것이다. 천상의 꽃은 사실 단일하지도 않고 합성적이지도 않다. 합성이 반드시 단일한 부분들로 구성되어야 한다는 것은 다음과 같은 고찰에 의해 증명된다. 우리가 합성된 모든 부분들로부터, 비합성에 이르기까지 모든 합성을 하나 하나 제거해간다고 가정해보자. 이 비합성된 나머지는 부분이 없으며, 나눌 수 없게 될것이다. 그러나 그것은 또한 비-연장적이 될 것이다 ; 찰나적인 정신적 대상과 같이 : 그것은 하나의 찰나점이 될 것이다 ; 순간적 감정과 같이 : 그러므로 그것은 단순한 관념이 될 것이다.[34]

또 하나의 주장은 다음과 같은 고찰에 기초하고 있다. 비연장적 원자인 단일한 부분이 똑같은 다른 원자들에 의해 둘러쌓여 있다고 가정해본다면, 다음과 같은 질문을 제기해볼 수 있다 ; 그것은 이웃하고 있는 정면이나 후면의 원자들과, 동일한 면으로 대면할 수 있는가?[35] 동일한 면으로 대면할 수 있다면 원자들은 합체할 것이고 합성은 없다.[36] 다른 두 면들과 대면한다면 그것은 최소한 두 면들을 가질 것이고, 따라서 두 부분들을 갖는 것이다. 그것은 하나의 합성이 될 것이다.[37]

---

33) *vyomotpalam.* 같은책, 550쪽 17행.

34) **CPR.**, 352쪽 그리고 **TSP.**, 552쪽 2행 이하를 참조하라-*apacīyamāna-avayava-vibhāgena…yadi niraṃśāḥ(syuḥ), tadā na mūrtā vedanādivat sidhyanti.* 칸트는 이렇게 말한다. 《모든 구성이 사유로 지양된다면 구성된 부분과…따라서 (연장을 갖는) 실체는 없을 것이다》. 산스크리트어는 독일어의 번역인 것처럼 보인다.

35) *yena ekarūpeṇa ekāṇv-abhimukho…tenaiva apara-paramāṇv-abhimukho yadi syat.* 같은책, 556쪽 11, 31행. 동일한 주장이 바수반두와 디그나가에 의해 반복되고 있다.

36) *pracayo na syāt.* 같은책, 556쪽 12행.

일부 원자론자들(또는 단자론자들)은 다음과 같은 방어를 시도한다. 원자들이 공간을 점유하는 물질의 최소의 부분들이 아니고 공간 자체라고 가정해보자.[38] 공간은 부분들이 아니라 공간들로 구성되며, 최소의 부분도 또한 공간이고 따라서 나눌 수 있다. 그것은 수학적 공간이고 무한히 나눌 수 있다. 그러나 그럼에도 불구하고 그것은 관념이 아니라 공간이다.[39] 여기에 대한 답은 다음과 같다 : 비록 당신의 말들이 연장적 원자를 부정한다고 확신하더라도,[40] 그것들은 실제로 원자의 존재를 함축하고 있다. 사실 합성을 설명하기 위해 단일한 것을 가정한다면 그것은 이 원자들이 공간을 점유하는 물질이라는 것을 함축하는 것이다.[41] 우리는 입자가 아닌 단일한 수학적 점 이외에도, 똑같이 단일하면서도 공간의 부분들과 같이 단순한 집적에 의해 공간을 채울 권리를 갖는 물리적 점들도 인정해야 한다. 이것은 불가능하다. 그러므로 단일하면서도 동시에 단

---

37) *dig-bhāga-bhedo yasya asti, tasya ekatvam na yujyate.* 같은책, 557쪽 19행.

38) *pradeša.* 야코비 교수는(*ERE.,* Ⅴ.II, 199쪽) 자이나 교도와 함께 *pradeš a* 가 하나의 점을 의미한다고 가정한다. 그러나 TSP., 557쪽 21행은 그것이 분할할 수 있다고 분명히 언급한다(*tatrāpy avayava-kalpanāyām*). 분할할 수 없고(*niraṃša*) 연장이 없는(*amūrta*) 원자들은 공간을 점유하는 입자들과 연결하여 논의된다(552쪽 1행 이하). 더 나아가서 《(그것을 가정하는데 있어) 다른 면들을 가정하지 않고(*dig-bhāga-bheda*) 말로 그것을 부정한다고 하더라도, 그것은 당신이 가정하는 합성등에 함축되어있다(*samyuktatvādi-kalpanā-balād āpatati*)》고 언급된다. 그것은 물리적 원자를 지탱하고 있는 수학적인, 무한히 분할가능한 공간과 같다. 수학적 공간에서 우리는 무한분할가능성을 가지며 물리적 원자에서 합성의 가능성을 갖는다. 칸트는 단자론자들이 비슷한 어리석음을 저지르고 있다고 비난한다. 그의 두번째 이율배반의 반명제에 대한 고찰과 비교해보라. CPR.,357쪽.

39) *yadiparam anavasthaiva* (*syāt*), *na tu prajñapti-matratvam.* 같은책, 557쪽 22행.

40) *dig-bhāga-bhedo* (*the different faces*) *vācā nābhyupagatas.* 같은책. 558쪽 18행

41) *samyuktādi-dharma-abhyupagama-balād eva āpatati.* 같은책.

일할 수 없는 원자는 무(nothing)이다. 그것은 《천상의 꽃》이다.[42] 집적은 그것이 원자들로 구성된다고 가정되므로 더이상 불가능하다.

원자가 하나의 관념이고 이 관념이 문자 그대로 공허하지 않다면, 그것은 반드시 하나의 기초를 가져야 한다고 반대자는 주장한다. 그 기초는 무엇이 되었건 실재적 원자일 것이다.[43] 불교도는 대답한다. 그렇다, 사실이다. 바이쉐시카는 티끌,[44] 즉 햇빛 속을 떠돌아 다니는 먼지의 입자가 그러한 기초라고 가정한다. 그러나 〈자아〉도 또한 하나의 실재이다! 원자의 심상이 원자라면, 구성된 〈자아〉도 실재하는 〈자아〉가 될 것이다. 실재하는 〈자아〉는 실재하는 〈요소들로〉 구성되지 않는다.[45] 사실상 단일성은 어떠한 지각으로부터도 추론될 수 없다.[46]

티끌의 직관으로부터 원자를 연역한다는 생각은 《(소박한 실재론의) 어리석은 견해들에 대한 연구와 가르침에 기초한 전통의 익은 과일이다》.[47] 그러한 것이 〈관념론자〉의 가장 중요한 주장이다.

그의 두번째 주요한 주장은 주체－객체의 2분법이 오성의 구성이라는 사실을 강조하는 것이다.[48] 그러한 모든 구성들과 마찬가지로 그것은 변증법적이다. 주체는 비－객체이고 객체는 비－주체이다. 모순된 부분들은 둘의 공통 기초인 더 높은 단일한 실재에서

42) *ekāneka-svabhāvena šūnyatvād viyad-abjavat.* 같은책, 558쪽 10행.

43) *yat tad upādānam sa eva paramāṇur iti.* 같은책, 558쪽 21행.

44) (*trasa*)-*reṇuḥ.* 같은책, 558쪽 22행.

45) *ātma-prajñapter atmaiva kāraṇam syāt, na skandhāḥ.* 같은책, 558쪽 23행.

46) *na tāvat paramāṇūṇam ākāraḥ prativedyate.* 같은책, 551쪽 7행 ; die Simplicität aus keiner Wahrnehmung, welche sie auch sei, könne geschlossen werden (Kant).

47) 같은책, 558쪽 21행.

48) 같은책, 559쪽 8행 이하.

하나가 된다. 이 상반되는 것들이 함께 흘러들어가는 이 실재는 무엇인가? 그것은 단일한 순수 감각의 찰나점이다. 궁극적으로 확실한 사실은 감각-기관이 정상상태에 있는 사람의 순수 감각이다.[49] 나머지는 모두 어느 정도 구성이다. 이 순수 감각은 찰나적이고, 본래 절대적으로 유일하며, 본래 전혀 비지성적이다. 그것은 오성에 의해서, 즉 다시 말해서 구성에 의해서 연장을 가질 수 있고 통합되며 해석된다. 오성은, 실재 자체이고 의식할 수 없는 어떤 감각이 3중의 덮개(tri-puti)안에 들어 있는 것으로 해석되어야 한다는 것을 드러낸다.[50] 첫째는 〈자아〉이고 ; 둘째는 대상, 즉 항아리이고 ; 세째는 〈자아〉와 항아리를 결합시키는 과정이다. 그래서 〈오성〉은 주체, 객체, 과정이라는 3중의 구성을 통해서 순수한, 실재적 감각을 대체한다. 객체와 과정으로부터 떨어진 〈자아〉에는 조금의 순수한 실재도 없다. 그것은 전적으로 구성이다. 객체인 항아리에도 순수한 실재는 전혀 없다.

그것은 지성에 의한 단일한 감각의 해석이다. 과정에는 더더구나 어떠한 실재도 없다. 주체와 객체로부터 분리된 인식은 존재하지 않는다-그것이 찰나적 감각이 아니라면-. 인식자, 피인식자, 인식의 3조에 상응하는 유일한 하나의 실재적 단위가 있는데, 그것은 감각이다. 존재는 일자와 전화한다(Ens et unum Convertuntur). 하나의 통일체는 하나의 실재이다! 그러나 〈오성〉은 그것을 삼중의 덮개 안에 감추어져 있는 하나의 핵으로 만든다. 구성된 항아리임(jarness)과 순수 감각의 〈통합〉이 있다. 이 통합은 《동형화(conformity)》라고 불리운다. 동형화는 말하자면 감각의 《형식화(formity)》,[51]

49) *svastha-netrādi-jñanam.* 같은책, 550쪽 14행.

50) *vedya-vedaka-vitti-bhedena.* 같은책, 560쪽 1행.

51) *tādrupyād iti sārupyād.* 같은책, 560쪽 18행.

즉 감각이 하나의 형식을 부여받는 것이다. 그것들은 논리적으로 동일하게 된다. 감각과 개념은 심리적으로 동일하지 않다.[52] 그것들은 다른 두 순간들이며, 하나는 다른 하나의 원인이 된다. 그러나 불교의 동일율이라는 의미에서 보면 그것들은 동일하다. 그것들은 둘 다 우리를 실재의 동일한 점에 관련시키며, 객관적 관련의 동일성이라는 면에서 동일하다. 개념은 다른 순간에 산출되기는 하지만 바로 감각을 산출했던 것과 동일한 것에 관련된다. 다르마키르티는 묻는다.[53] 《어떻게 근원과 결과, 과정과 내용, (노에시스noesis와 노에마noema)가 동일한가?》 그리고 그는 대답한다 :《동형화를 통해서》,[54] 즉, 감각의 《형식화》를 통해서, 감각에 상상적, 일반적 형식을 부여함으로써.[55] 그리고 그것들은 왜 동일한가? 왜냐하면 감각은《그 자체로서의》 사물을 나타내고, 동형화는《다른 것으로서》 동일한 사물이기 때문이다. 우리는 지금 《다른 것으로서》란 말이 변증법적으로[56] 다른 것에 대한 부정이라는 것을 알고 있다. 감각과 개념의 동일성은 부정적이다. 본래 순수한 동일한 감각이 비-항아리들에 대한 반대에 의해서 항아리의 심상이 된다. 그 이상의 구분을 통해서 어느 정도의 변증법적 개념들이 항아리라는 단순한 감각에 덧붙여질 수 있다. 이 순수 감각은 사실 그 감추어진 내용들로 볼 때 《가장 풍부한 것》이자, 명확한 사유라는 점에서 볼 때 《가장

52) 이 문제에 대해서 개념과 사물은 논리적으로 동일하지만(*kalpitam*), 개념은 심리적으로 사물의 결과(*bāhyāttha-kāryam*)라고 생각하는 다르모타라와 비교해보라. NBT., 59, 60쪽 4행 이하.

53) NBT., 14쪽 15행.

54) *artha-sārūpyam asya pramāṇam.* 같은책.

55) *ākāra*=*ābhāsa*=*sārūpya*=*anya-vyāvṛti*=*apoha.*

56) NBT., 16쪽 3행을 참조하라-*asārūpya-vyavṛttya* (*apohena*) *sārūpyam jñānasya vy-avasthāpana-hetuḥ.*

빈약한 것》이다!

실재론자는 묻는다. 진리의 검증을 위해서 지식의 유효성이 가정되지 않았는가? 합목적적 행동을 통해 얻은 대상이 궁극적 실재를 나타낸다고 선언되지 않았는가? 그러나 성공적 행동을 통해 얻은 그 대상이 외적인 것인가? 관념론자는 그렇다고, 성공적 행동은[57] 실재에 대한 검증이라고 대답한다. 그러나 외부의 물질적 대상은 필요하지 않다. 성공적 행동은 단순한 관념,[58] 성공적 행동으로 보이는 것의 드러남이다.[59] 하나는 나의 머리 밖에 존재한다고 가정되고 다른 하나는 나의 머리 속에 존재한다고 가정되는 이중적인 성공적 행동은 전혀 필요없다. 단일한 성공적 행동으로 충분하다. 《세퍼드보다도 영리하지 못한》 단순한 인간들이 깊이 생각해보지도 않고 외부 세계에도 실제로 연장을 갖는 물체들이 있다는 생각에 빠진다는 것은 사실이다.[60] 그러나 철학자는 이 지각된 대상의 복사를 가정할 논리적 필연성이 없다는 것을 알고 있다. 당신이 우리의 표상들에 상응하는 원인으로서 외부의 실재를 가정하는 것처럼, 우리는 내재하는 대상과 원인을 가정한다. 지식은 움직이고 있는 실재이고, 매 순간은 선행하는 순간에 의해 엄격하게 제약을 받는다. 외부의 원인을 가정하는 것은 전혀 쓸모없다. 우리에게 있어서는 의식의 선행하는 순간이[61] 당신이 그것을 위해 외부적 원인의 존재를 가정했던 바로 그 기능을 수행한 것이다.

57) *artha-kriyā-saṃvādas.* 같은책, 553쪽 21행.

58) *jñanam eva arthakriyạ-samvādas.* 같은책, 553쪽 23행.

59) *artha-kriyā-avabhāsi jñanam.* 같은책.

60) *yad etad dĕsa-vitānena pratibhāsamānam avicara-ramaṇīyam āgopāla-prasiddham rūpam.* 같은책.

61) *samanantara-pratyaya=ālaya-vijñāna=vāsanā.* TSP., 582쪽 19행을 참조하라.

7. 외부 세계의 비실재에 대한 디그나가의 논문

이 저작은 저자가 주석을 붙인 8행시로 된 짧은 논문으로 **《인식의 대상에 관한 시문》**[62]이라는 제목이 붙어있다. 이 논문의 주장은 간단히 말해서 다음과 같다.

그것은 외부의 대상이 원자이거나 또는 원자들의 집적이어야 한다는 선언으로 시작한다. 그것이 원자도 아니고 원자들의 집적도 아니라는 것이 증명될 수 있다면, 그것은 상응하는 외부의 실재를 갖지 않는 관념에 불과하다.

그러므로 무한 분할가능성의 이율배반, 즉 분할가능한 대상에 대한 경험적 관점의 모순적 성격은 디그나가가 인식 대상의 관념성을 주장하고 외부 세계의 실재를 부정하기 위한 주요한 논거가 된다. 그의 논리 안에서 디그나가는 외부의 대상을 감각을 자극하고 심상의 구성을 수반하는 순간적 힘으로 가정한다. 그의 논문에서 디그나가는 외부의 대상이 이중적이라고, 즉 원자와 그 집적으로 구성된다고 보는 바이쉐시카의 견해를 들어 비판한다. 집적은 그것을 구성하는 부분들을 넘어서 존재하는 독립적 사물로 가정된다. 그래서 그는 원자들이 일치하는 심상들을 산출하지 않는다고 확증한다. 그것들이 심상들의 숨겨진 원인이라고 가정하더라도 이것이 그것들이 대상이라는 것을 입증하지는 않는다. 왜냐하면 감각능력은 원인이지만 대상은 아니기 때문이다.[63] 하나의 원인이 항상 하나의

62) Ālambana-parīkṣā ; 티베트어와 중국어 번역이 출판되었고, 스스무 야마구찌와 앙리뜨 메이어에 의해 프랑스어로 번역되었다(Paris, 1929).《외부의 대상(*ālambana*)》과 《대상 일반(viṣaya)》의 차이에 대해서는 나의 CC., 59, 97쪽을 참조하라.

대상인 것은 아니다. 독립적 사물로서의 하나의 집적은 바이쉐시카가 창조한 환각이다. 그것은 이중의 달이다.[64] 우리는 감각과 심상을 설명해줄 대상을 원한다. 그러나 원자들은 심상들을 산출하지 못하고 집적들은 감각들을 산출하지 못한다 ; 각 부분은 작업의 반밖에 실행하지 못한다.[65] 디그나가의 견해에 따르면 원자는 《천상의 꽃》이다.[66] 왜냐하면 사물들은 나눌 수 없고 ; 두번째 〈존재〉로서의 집적은 두번째 달에 불과하기 때문이다.

원자들의 응집은 형태의 차이를 설명하지 못한다. 항아리와 접시는 동일한 원자들로 구성된다.[67] 그것들의 상이한 배열과 수는 상이한 심상을 설명할 수 없다. 배열과 수는 독립적 사물들이 아니기 때문이다. 이 형태들은 현상, 주관적 형태, 또는 관념이다.[68]

그러므로 가정된 분할가능한 원자들, 가정된 집적들과 대상의 형태들은 모두 관념에 불과하다.[69]

바이쉐시카의 실재론을 논박한 후에 디그나가는 《감각 기관에 의해 지각되는 대상은 외적인 것이 아니다》라고 결론짓는다.[70]

그는 계속해서 〈관념론〉의 주요 원리들을 입증한다.[71] 인식의 대

---

63) Ālambanap., karika1 ; TSP., 582쪽 17행에 인용되었다 ; *yadīndriya-vijñ a p t e ḥ paramāṇuḥ kāraṇam bhavet* ; 내 기억대로라면 분명 카말라쉴라에 의해 인용되었다.

64) 같은책, kar. 2 ; Vijñanavadins에 의하면 비연장적인 원자들은 연장된 사물을 산출하지 않을 것이다 ; TS., 552쪽 20행을 참조하라 ; Ālambanap., kar. 5(야마구찌) 재판 35쪽을 참조하라.

65) 같은책, ad kār.2 — *yan-lag-gcig ma-thsān-bai-phyir* ; 야마구찌, 30쪽을 참조하라.

66) TS., 558쪽 10행을 참조하라.

67) 같은책, kār.4 ; 33쪽에 번역되었다.

68) *buddhi-viśesṣa.* 같은책, 33쪽을 참조하라.

69) *sāṃvṛta.* 같은책, kār.5 ; 35쪽에 번역되었다.

70) 같은책, 37쪽.

상은 외적인 것임에도 불구하고 내성에 의해 내적으로 인식되고 우리에게 드러나는 대상이다.[72] 궁극적 실재는 그러므로 《관념》이다.[73] 논리학에서 외부의 찰나점, 즉 〈물자체〉였던 것이 여기에서는 내적인 《관념》이다. 주체와 객체는 둘 다 내적이고, 내부의 세계는 이중적이다. 〈푸른 헝겊 조각〉과 〈푸름에 대한 감각〉 사이에는 차이가 없다. 동일한 관념이 인식되는 대상과 인식의 과정으로 간주될 수 있다.[74]

사건들을 지각하는 진행과정을 설명하는 것이 남았다.(실재론자들에 의하면 외부의 세계에서 사건들을 지각하는 과정은 카르마의 생명력(**Biotic Force of Karma**)에 좌우된다). 이것은 물질적 우주를 대신하는 〈의식의 잠재의식집적(subconsciou Store of Consciousness)〉[75]과 실재론적 카르마를 대신하는 지성적 생명력을 가정함으로써 달성된다.[76]

실재론자(설일체유부)는 《시각은 대상과 감각 기관의 기능적 의존에 의해 살아난다》[77]고 선언하는 경전의 구절을 지적한다.[78] 이 구절을 어떻게 이해해야 하는가? 디그나가는 대상은 외적이고 감각 기관은 〈생명력〉이라고 대답한다.[79] 사실상 기관을 대표하는 것은 눈동자가 아니고 상응하는 감각 기능이다. 외부의 세계 대신 의식의

---

71) 같은책, kār. 6~8.

72) 같은책, kār.6 ; TSP., 582쪽 11행에 모두 번역되었다. 그것은 다음과 같은 의미이다-《대상의 본질은 외적으로 보이지만 내적으로 인식되는 것이다 ; (그리고 이것은) 그것이 (물질에 대한) 인식이 (아니기 때문이고), (물질에 의해 산출되는 것이 아니라) (그 자체의) 원인을 갖기 때문이다》.

73) *vijñapti-matrata* 또는 *vijñāna-mātratā*. TSP., 582쪽 7행 ; Triṃšika, kar.17을 참조하라.

74) 주체(*viṣayin*)와 객체(*viṣaya*)의 통일은 여기에서 그것들의 불가분리성으로부터 연역된다. 같은책, kār.7(야마구찌, 40쪽). 이것은 헤겔의 방법과 유사하다. W.d.Logik, II, 440쪽.

75) *ālaya-vijñana*. 같은책, 40쪽 ; TSP., 582쪽 19행 ; *samanantara-pratyaya*.

잠재의식적 집적을 가정하고 육체적 감각 기관들 대신 〈생명력〉을 가정함으로써 우리는 인식의 과정을 설명할 수 있을 것이다. 모순은 없을 것이다.[80)]

이 관념론의 주요한 생각은 외부 세계에 대한 가정이 전혀 쓸모없으며, 실재론은 그에 상응하는 관념론으로 쉽게 바뀔 수 있다는 것이다. 모든 것이 다른 이름 아래, 다른 해석이 가해져 남아 있게 된다.

논문의 두번째 부분은 아상가의 관념론에 대한 개괄이다. 디그나가의 독창성은 〈무한〉이라는 사실에 우월성을 부여한 데서 드러난다. 무한하고 무한히 분할할 수 있는 외부의 세계는 비실재적이며 《관념》이다. 그리이스에서와 마찬가지로 관념론은 회의주의의 기초위에 세워졌다.

---

76) 생명력(*vāsanā*)은 이중적이다. 그것은 진행 순간을 동질적인 다음 순간(*sajātiya-vāsanā*)과 연결시키고, 별개의 감각들을 공통의 개념이나 이름(*abbhilāpa-vasana* ; *vikalpa-vāsanā*)아래 가져온다. **Khai-ḍub**, 2권을 참조하라. **TSP.**, 582쪽. kār.7(*šakty-arpaṇāt*…), 8(*avirodhab*)의 13-15부는 서로 연결된다. 디그나가는 모든 의식적 순간이 다음의 동질적 순간을 수반하는 힘(*š akti-vāsanā*)을 갖기 때문에, 모든 순간을 과정으로 그리고 내용으로 간주하는데 모순은 없다 ; 노에마와 노에시스는 동일하다고 말한다. 그럼에도 불구하고 디그나가는 또한 그것들을 서로 따르는 것으로(*krameṇāpi*) 표상하는데 모순이 없다고 말한다. 우리는 아마도 심리적으로는 시간과 정도의 차이가 있지만 논리적으로는 동일하다고 말할 수 있을 것이다. 그것은 또한 다르마키르티가 NB.14.16 이하와 18.8에서 언급했고 2권 부록4.5~12에서 지넨드라부디가 설명하고 있는데서 확인되는 *pramāṇa*와 *pramāṇa-phala*의 문제와 같다.

77) *avatarana*를 kār. 7c-d와 비교해보라 ; 42쪽에 번역되어있음.

78) *rūpam pratītya cakšuš ca cakṣur-vijñānam utpadyate.*

79) 같은책, kār.7c-d ; *šaktiḥ*=*indriyam.*

80) 같은책, kār. 8 ; 43쪽에 번역되어있음.

8. 유아론(solipsism)을 논박하는 다르마키르티의 논문

다르마키르티는 유아론의 형태를 띄는 관념론을 위협하는 것이 얼마나 위험한지를 잘 알고 있었다(유아론은 관념론의 직접적 결과이다). 그러므로 그는 그의 위대한 총서에서 이 문제를 뽑아내어 《**다른 마음들의 존재에 대한 확인**》[81] 이라는 제목의 특별한 논문을 만들어 연구에 헌신했다. 이 논문은 특별히 복잡한 경우에 적용되는 다르마키르티의 인식론의 다양한 전체를 포함하고 있기 때문에 매우 흥미를 준다. 지면관계로 여기에서 그 논의의 전체를 언급할 수는 없다. 다만 간단히 요약하기로 한다.

다르마키르티는 관념론을 불합리하게 유아론으로 환원시키는 실재론자들의 일반적 주장이 전혀 쓸모없다고 선언함으로써 시작한다.[82] 실재론자는 유추에 의해서 다른 마음들의 존재를 추론할 수 있다고 생각한다. 그는 그 자신의 말과 움직임이 그의 의지에 의해서 야기되는 것을 곧 느낀다 ; 그래서 그는 다른 사람의 말과 움직임을 관찰하게 되면 유추에 의해서 그 원인이 반드시 있어야 한다고 결론짓고 그것이 바로 다른 사람의 마음을 가리키는 것이라고 생각한다.

---

81) Santānāntara-siddhi ; 티베트어 번역이 탄주르에 보존되어 있다.원문에 두가지 주석이 붙어있는데, 하나는 비니타데바에 의한 것이고 다른 하나는 몽고학자 Dandar(Bstan-dar)Lha-rampa에 의한 것으로 내가 Bibl.Buddhica에 편집해넣었다. 러시아어 번역은 두 종류인데 하나는 축자역이고 하나는 자유로운 문체의 번역이다. 내가 1922년에 페테르스부르크에서 출판하였다.

82) Sūtra1.

그러나 관념론자는 약간 말을 바꾸어서 동일한 결론을 이끌어낸다. 그가 다른 사람의 말과 운동에 대한 심상을 갖게 되면 그는 이 심상이 반드시 원인을 가져야 하고 이 원인이 다른 사람의 마음이라고 결론을 내릴 것이다. 관념론자는 말한다[83] :《우리 자신의 의지에 의해 야기된 우리 자신의 운동과 말에 대한 표상들은 우리 자신의 의지에 의해 야기되지 않은 것들과는 다르다. 첫째는《나는 간다》,《나는 말한다》라는 형식으로 나타난다. 둘째는《그는 간다》,《그는 말한다》라는 형식으로 나타난다. 그러므로 둘째 부류는 첫째와 다른 원인을 가지고 있다는 것이 확인된다. 이 원인은 다른 사람의 의지이다.》

실재론자는 묻는다[84] :《왜 둘째 부류의 삼상들이 다른 사람의 의지와 같은 원인 없이 나타난다고 가정하지 않는가?》관념론자는 대답한다 :《만일 합목적적 행동에 대한 심상들이 그것들을 산출하는 의지없이 나타날 수 있다면 우리의 행동과 말에 대한 우리의 모든 표상들은 일반적으로 의지에 의해 산출될 수 없기 때문이다. 한 세트의 심상들은 우리의 몸에 연결되고 다른 세트의 심상들은 연결되지 않는다는 사실로 인한 차이는 한 세트는 의지에 의해 산출되고 다른 세트는 의지에 의해 산출되지 않는다는 것을 의미하지는 않는다.둘은 모두 의식적 의지에 의해 산출된다. 합목적적 행동과 말에 대한 심상들의 반만 그것들을 산출하는 의지와 연결된다고 주장할 수는 없다. 모두 연결되어 있다》.

관념론자는 주장한다 :《우리가 자신에 대해서 합목적적 행동과 말로 표상하는 것은 무엇이건, 그것이 우리 자신의 몸과 연결되건

83) Sūtra11.

84) Sūtra12.

85) Sūtra22.

그렇지 않건간에, 필연적으로 의식적 의지에 그 기원을 갖는다. 우리가 합목적적 행동이라고 부르는 것의 일반적 본질은 우리가 의식적 의지라고 부르는 것과 다양하게 연결되어 있다》.[85]

실재론자는 그가 다른 사람의 합목적적 행동들을 직접 지각한다고 생각한다. 관념론자는 그가 실재적인 외부의 운동들을 감지하는 것이 아니라 단지 그 심상들을 감지한다고 생각한다. 이 심상들의 원인인 의식적 의지가 존재하지 않는다면 그는 이 심상들을 갖지 못할 것이다. 어떤 부류의 심상들이라는 기초 위에서 의지를 추론할 때, 실재론자들과 관념론자들 사이에 절대적으로 본질적인 차이는 없다.

관념론자는 외부의 실재를 상응하는 실재가 없는 심상들로 구성되는 꿈이라고 생각하고 있다고 실재론자는 지적한다. 그러므로 그 자신의 운동과 말은 내성에 의해 즉각 입증되지만 다른 사람의 행동은 꿈이 될 것이다.

이에 대해서는 관념론자는 대답한다[86] : 《합목적적 행동들이 의식적 의지의 존재를 가리키는 것이라면 필연적으로(그리고 항상) 깨어있을 때와 마찬가지로 꿈에서도 그러할 것이며, 아니라면 둘 다에서 아닐 것이다. 우리가 의식적 현존으로부터 독립적으로 합목적적 행동들에 대한 심상을 가질 수 있다고 인정한다면, 합목적적 행동이라는 기초 위에서 의지를 추론할 수는 없을 것이다. 이 행동은 어떤 의지의 현존 없이도 가능하기 때문이다》. 실재론자는 말한다[87] : 《그러나 꿈은 환각이다. 우리가 꿈에서 보는 심상들은 실재와 관련되어 있지 않다. 그것들은 상응하는 실재가 없는 단순한 심상들이

86) Sūtra53.
87) Sūtra55.

다.》 이에 대해서 관념론자는 대답한다 :《한 세트의 심상들은 상응하는 실재가 없고 다른 한 세트의 심상들은 상응하는 실재를 갖는다고 판단하는 권리를 누가 당신에 부여하였는가 ? 》 심상은 심상일 뿐이다. 그것이 한 경우에 실재에 대한 심상이라면 모든 경우들에 있어서도 실재에 대한 심상이어야 한다. 꿈과 다른 심상들의 차이[88]는 단순히 깨어있을 때에는 합목적적 행동들에 대한 심상들의 실재와의 관계가 직접적인 반면에 꿈이나 몽롱한 상태에서는 그것이 간접적이라는 것뿐이다. 실재의 사실과 그 심상 사이에는 때때로 방해가 있지만 실재의 사실이 전혀 없다고는 할 수 없다. 우리는 꿈에서 학생이 선생님 댁에 가서 인사를 하고 방석을 깔고 앉아 교재를 읽고 되풀이 하며 열심히 배우는 등등의 일들을 볼 수 있다. 이 모든 심상들은 꿈에 나타나지만 실재와 연결되어 있지 않다고 할 수는 없다. 사실 실재와 그 심상 사이에는 때때로 방해가 있다. 그러나 외부의 실재와의 연결이 전혀 없다면 그것은 존재할 수 없다. 관념론자는 말한다[89] :《어떤 상응하는 실재도 없는 심상들이 존재한다는 것을 인정한다면 그것은 전혀 다른 문제이다 ! 그 때에는 우리의 모든 심상들이 예외없이 일치하는 실재가 없는 심상들이 될 것이다. 왜냐하면 그것들은 모두 〈선험적 환각〉, 즉 환각세계의 존재인 〈보편왕국〉의 산물이기 때문이다》.

그 다음으로 다르마키르티는 다른 사람의 마음의 존재에 대한 그의 생각을 그의 인식론과 조화시키고 있다. 서로 완전히 독립적이면서 외부의 세계에 대해 동일한 환각을 가지고 있는 두 개인들의 생각의 일치는 보통 동일한 눈병을 앓고 있으면서 두개의 실재하

88) Sūtra84.
89) Sūtra58.

는 달들을 보고 있다고 설득당한 두 사람들 사이의 일치로 설명된다.[90] 우리의 지식의 근원은 두가지, 즉 지각과 추론이다. 그것들은 우리의 합목적적 행동에서 우리는 인도해주기 때문에 참된 근원들이다.[91] 직접적인 감관 지각은 다른 사람의 마음을 인식하는데 적용할 수 없다. 추론이 실재론자와 관념론자 모두에게 유일한 근원이다. 이 추론은 다른 살아있는 존재들에 대한 우리의 합목적적 행동들에서 우리를 인도해 줄 수 있다. 그러므로 다른 사람의 마음의 존재를 확인해주는 것은 간접적 근원이다. 그것은 관념론자에게와 똑같이 실재론자에게도 올바른 인식의 근원이다. 이런 점에서 차이가 없다. 논리의 측면에서 볼 때 유아론은 실제적 위험이 될 수 없다.

9. 외부 세계의 실재에 대한 문제의 역사

엄격하게 말하자면 초기 불교의 체계에는 통일된 내부의 자아에 맞서는 통일된 외부의 세계는 없다. 그리고 자아의 실재도 부정된다. 이것이 불교의 출발점이다. 자아는 순수 의식이라는 요소로 대체된다. 순수 의식 이외의 다른 모든 요소들은 외적이다. 감정, 생각, 의지는 자의식적이라고 간주되지 않는다. 그것들은 순수 의식이라는 이 독립적 요소와 관련지어볼 대 외적 요소들이며 《대상들(viṣaya)》이다.

감정과 생각은 촉감이나 색깔처럼 의식의 외부에 있다. 요소들로 분석되는 단일체가 인격(pudgala)이다. 그것은 상호적 인과관계를 통해서 모인 별개 요소들의 집적에 불과하다. 이 인격은 보통 외부 세계에 놓여 있다고 가정되는 요소들과 그에 상응하는 〈보통 내부

90) Sūtra65.

91) Sūtra72 이하.

의 세계라고 불리는 것〉의 요소들을 포함하고 있다. 그러한 인격에 대해서 모든 요소들은 내적이다. 각각의 모든 요소들은 다른 모든 요소들에 대해서 서로 외적이다. 두 푸드갈라가 외부 세계의 대상을 관찰할 때, 그것은 두 독립된 복합물의 합성으로 들어가는 것이다. 작고한 로젠베르그(O. Rosenberg) 교수는 그러한 경우에 하나의 공통의 대상인 존재를 가정해서는 안되고 각 푸드갈라마다 다른 두 대상들의 존재를 가정해야 한다고 생각하였다.

바수반두는[92] 외부의 요소와 내부의 요소에 대한 문제를 다음과 같은 방식으로 다루었다 : 《자아나 인격이 전혀 존재하지 않는다면 그것과 관련하여 외적이나 내적인 존재의 요소들이 어떻게 외적이나 내적일 수 있는가?》 대답은 의식이 은유적으로 자아라고 불린다는 것이다. 의식이 자아라는 (잘못된) 생각을 지지해주기 때문이다. 《불타 자신은 그러한 표현을 사용하였다. 시각 기관이나 다른 감각 기능들은 상응하는 감각들을 위한 기본적 요소이다 ; 다른 한편 의식은 자아에 대한 (잘못된) 지각을 위한 기본적 요소이다. 그러므로 이렇게 의식과 유사한 관계로 감각 기관들이 내적 요소들의 항목에 끼어들게 되는 것이다》.

외부의 대상과 내부의 대상에 대한 이러한 혼동은 바이바시카로 하여금 우리가 꿈에서 보는 것조차도 실재하는 외부의 대상이라고 잘못 주장하도록 만들었다. 다르마키르티는 그러한 의견을 비웃었다. 그는 바이바시카에게 말한다 : 《너무 완고해서 당신은 그렇게 어리석은 주장을 하지만 그것은 분명 경전과 논리에 어긋나는 것이다. 나는 꿈에서만 볼 수 있는 그러한 존재들의 실재를 믿게 되지 않으리라는 점을 당신은 알아야 한다》. 《그것은 내가 꿈에서 창문의

92) AKBh.adI.39 : CC.,58쪽 이하를 참조하라.

틈새로 나의 방에 들어오는 코끼리를 보았다면 그 코끼리가 실제로 방으로 들어왔다는 것을 의미할 것이며 ; 내가 꿈에서 내가 자고 있는 방을 떠나는 자신을 보았다면 내가 이중적이라는 것을 의미할 것이다. 등등》.

어떤 경우에도 소승의 관점은 완전히 실재론적이다. 개인적 삶의 객관적 요소들은 주관적 요소들과 마찬가지로 실재적이다.

대체적으로 말해서 실재하는 외부의 세계는 소승에서는 긍정되고 대승에서는 부정되며 논리학파에서는 부분적으로 재긍정된다.

사실상 대승의 모든 학파들에서 그것은 부정된다. 그러나 중관학파의 극단적 상대주의에 반대해서 마이트레야-아상가가 세운 학파는 최종적 절대로서 주체와 객체로 나누어지지않는 〈순수관념〉[93] (citta-mātram=vijñapti-mātram)[94]을 가정하고 다른 모든 관념들을 환각(parikalpita)으로 돌리기도 하였다. 그러한 관념론은 플라톤식의 관념론과는 정반대이다. 이 두 불교 학파들 사이의 차이는 매우 미묘한 것이어서 아상가 자신도 다른 저술가들과 마찬가지로 두 체계들을 따라 쓰는 것을 주저하지 않는다.[95]

새로운 이론은 일련의 정전들(canonical sutras)에 처음으로 나타나는데, 그중에서도 산디니르모타나경(Sandhinirmocana-sutra)은 티베트에서 근본적인 것으로 간주된다.[96]

그러나 인도에서 종교적 작품들(sutras)은 항상 동일한 주제를 체계적으로 제시하는 과학적 요약(sastras)을 수반한다.[97] 그의 〈대요약(Great sastra)〉에서 초기 18학파들의 교의를 요약했던 바수반두는 세

93) Triṃśikā, kār.25.

94) D.T.Suzuki,Lankāvatāra, 241쪽 이하 : 이 용어들의 차이를 보라. 그러나 나는 더이상 구분하지 않는다.

95) 다음에 인용되는 오버밀러(E.Obermiller)의 논문을 참조하라.

소요약집에서 새로운 해석의 원리들을 정초하려고 하였다.[98] 그가 이 작업에 착수하기에 앞서서 그의 형제인 아상가가 한 작품에서 동일한 주제를 다루었다.[99] 이 작품들에서 바수반두는 1) 관념론을 찬성하는 논리적 주장들, 2) 저장된 의식(alaya-vijnana)의 이론, 3) 요소들의 변화된 체계, 4) 모든 요소들의 3중적 본질의 이론을 다루었다.

물질의 실재를 반대하고 관념론을 찬성하는 논리적 주장들은 다음과 같다. 1) 우리가 외부의 대상을 가정하건 감각이나 심상과 같은 내부의 원인을 가정하건 세계의 모습은 동일하게 남아있다.[100] ;

---

96) Avatamsaka, Lankāvatāra, Ghanavyūha 그리고 사실상 칸주르의 Mdo부문의 대부분의 경들이 동일한 부류에 속한다. 이 학파에 대해서는 Sylvain L vi, Sūtrālankāra(Paris, 1907), Matériaux pour…Vijñaptimātra(Paris, 1932) ; L.de la Vallée Poussin, Vijñaptimātratāsiddhi de Hiuen Tsang, (1928) ; D.T.Suzuki, Studies in the Lankāvatārasūtra(London, 1930) ; S.N.Das Gupta, Philosophy of Vasubandhu(I.H.Q., 1928), Philosophy of the Lankāvatāra, in Buddhistic Studies(Calcutta, 1931) ; S.Yamaguchi and Henriette Meyer, Dignaga's Ālambana-parīkṣā(J.Asiatique, 1929) 참조. 이러한 업적들에도 불구하고 불교의 관념론에 대한 문제는 아직 풀리지 않았다. 번역은 아주 형편없다. 새로운 빛은 아마도 티벳의 전통을 연구하는 것으로부터 올 것이다. 특징은 아상가가 Māddhyamika-Prāsangika와 Vijñanavāda 체계 사이에서 방황했다는 것이다. 오버밀러의 논문 《The Doctrine of Prajñāpāramitā as exposed in the Abhisamayālankāra and its Commentaries》(Acta Orientalia,1932) 4장을 참조하라.

97) 이러한 종류의 경들에 대해서는 나의 논문을 참조하라.《La Litterature Yogācāra d'aprés Bu-ston》, in the Muséon ; in E.Obermiller, Bu-ston's History, vol. I , 53~57쪽(Heidelberg, 1931).

98) 그것들은 Mahāyāna-pañca-skandhaka, the Viṃšatika, the Triṇšikā이다. 뒤의 둘은 실바인 레비에 의해 발견되고 편집되고 번역되었다.

99) The Abhidharma-sangraha. 티벳의 라마승들 사이에 이것은 높은 아비다르마(*stod*)라고 불리운다. 반면에 바수반두의 위대한 작품은 낮은 아비다르마(smad)라고 불리운다.

100) TSP., 553쪽 27행—*yathā bhavatām bāhyo'rtha iti tathā tata eva (samanantara-pratyayād eva) niyamaḥ siddhaḥ* ; *Viṃšatikā*, kār.1~9를 참조하라.

2) 주체와 객체의 관계는 불가해하다. 의식이 그 외부에 있는 대상으로 나아가서 그것의 형식을 파악하여 다시 돌아온다고 상상하는 것은 매우 어리석은 가정이다.[101] ; 3) 물질의 무한한 분할가능성은 분명히 원자라는 것이 단순한 관념에 불과함을 보여준다.[102]

모든 관념의 씨앗들의 저장(ālaya-vijñāna)이라는 이론은 외부의 세계를 대체하기 위한 것이었다.[103] 우리의 삶에서 사건들의 일관된 흐름은 생명력(vāsanā)의 영향아래 하나하나 출현하는 이 관념들의 저장에 그 기원을 가지고 있다. 모든 관념은 외부의 세계가 아니라 그것이 출현하고 또 돌아가는 저장에 《동일한 종류의 직접적》[104] 원인을 가지고 있다.

요소들의 체계에서의 변화를 다음과 같이 도표로 나타내보면 분명하게 된다.[105]

받아들이는 여섯 기능들	관념들의 대상적 측면들	관념들의 여덟 종류
1. 시각	7. 색깔	13. 시각적
2. 청각	8. 소리	14. 청각적
3. 후각	9. 냄새	15. 후각적
4. 미각	10. 맛	16. 미각적
5. 촉각	11. 촉감(물질)	17. 촉각적
6. 마음 (kliṣṭa-manas)	12. 정신현상 (dharmāḥ)	18. 지성적(비감각적) 관념들
		19. 관념들의 잠재 의식적 저장
		20. 절대적 관념

19번째와 20번째의 항목이 소승의 원래 도표에 덧붙여진 것이다.

물질의 열 요소들(1−5번과 7−11번은)은 상응하는 관념들로 전환된다. 6번 항목은 경험적 자아(*klisṭa-manas*)가 되는데,[106] 왜냐하면 그것의 이전의 의미(*citta-mātram*)가 지금은 *20*번으로 옮아갔기 때문이다. 모든 관념의 출현을 앞서는 순간은 그 저장(*19*번)에 포함되고, 모든 요소들의 궁극적 통일은 《이것임(*tathatā*)》 또는 《절대적 관념(*citta-mātram*)》, 즉 20번에 포함된다. 관념들의 창고에서의 절대적 관념의 실현(*pariṇama*),[107] 그것의 주체와 객체로의 이분화, 경험적 자아와 그에 의해 인식되는 모든 관념들의 출현을 설명하는 진화의 이론이 묘사되었다. 그리고서 바수반두는 분류의 12번 항목에 포함되는 모든 정신적 현상, 즉 이전에 모든 비−감각적 항목들을 포함했던 이른바 다르마(*dharmah*)를 나열하였다.[108]

세계 진화의 과정을 그의 작품의 첫부분에서 절대적 관념으로부터 다양한 상상된 세계로의 하강이라고 표현했던 바수반두는 끝부분에서 주체와 객체라는 이분의 억압을 통해서 다양성으로부터 단일성으로의 상승과정이라고 한번 더 묘사하였다.[109]

---

101) TSP., 559쪽 8행 이하를 참조하라. 거기에서 *grāhya-grāhaka-vaidhuryam*은 동일하게 드러난다는 것이 바수반두에 의해 되풀이되고 있다. 레비의 찾아보기를 참조하라.

102) Viṃšatikā, kār. 11∼14. 이것은 Dignaga, Ālambana-parīkṣā의 주요한 주장이고; 자주 인용된다. 예를들어 S.Lévi. Matériaux, 52쪽 주.

103) Triṃš., k.15 외.레비의 찾아보기를 참조하라.

104) TSP., 582쪽 19행. *samanantara-pratyaye=alayākhye.*

105) 나의 CC.,97쪽의 표를 참조하라.

106) Triṃš., k.6.

107) 같은책, k.1.

108) 같은책, kār. 9∼14.복수 다르마들(*dharmāḥ*)을 사르베 다르마들(*sarve dharma-h*)과 같이 같은 단어로 번역하는 것은 커다란 잘못이다. 잘못은 《색깔》을 의미하는 단어를 《소리》를 의미하는 단어로 번역하는 것만큼이나 크다. *āyatana12*와 *āyatanas7∼11*의 차이는 *āyatanas7*(색깔)과 *8*(소리)의 차이보다 크다.

그러한 것이 그 교의와 관련하여 보통 관념론학파(vijñāna- 또는 vijñapti-mātratā)라고 불리는 학파에서 나타나는 수정된 〈요소들의 이론〉이다.

이 이론의 형성은 논리학파의 홍기와 동시적이었다. 그것은 또한 마지막 수정이었으며, 그 이후로는 자취를 감추었다. 그것은 아직까지도 학교에서 역사적 과거로서 연구되고 있지만, 새로운 논리학파들은 그것을 전혀 중요하게 생각하지 않으며, 전적으로 논리의 연구로 대체되었다. 불교는 더이상 요소들의 이론이 아니다.[110] 다르마(*dharma,* 불교교의)는 더이상 아비다르마(*abhidharma,* 요소들의 이론)가 아니고아비다르마는 과거에 속한다. 이 중요한 변화는 형이상학이 비판학파에 의해 대체되고 인식론이 주요한 철학이 되었던 유럽철학에서의 변화와 어느정도 비슷하다.

불교논리학파가 어떻게 관념학파로부터 나타나게 되었는지에 대해서는 앞에서 이미 언급하였다.

외부 세계의 실재에 대한 불교도들의 사색은 막다른 골목에 이르렀다. 그 문제는 중요하지 않은 것으로 결론이 났다. 중요한 것은 논리학이었고, 그것은 우리가 외부의 실재를 가정하건 부정하건 마찬가지였다. 이 흥미로운 결과는 초기의 극단적 다원론자들과 후기

---

109) 같은책, k.26.

110) 산디니르모카나(Sandhinirmocana)와 아상가의 관념론은 모든 다르마들을 *parikalpita,paratantra,parinispauna*의 셋으로 나누는 것이 가장 뚜렷한 특징이다. 바수반두의 관념론에서는 이 분류와 무한분할가능성이라는 주장이 둘 다 중요하다. 디그나가의 해설에서는 세 분류가 빠지고(빠진 것은 또한 심리학적 부분이다) 무한분할가능성의 주장이 다시 근본적 주장이 된다. 그런데 바수반두의 작품에 있는 다르마라는 용어를 모든 곳에서 동일한 단어로 간주한 것은 매우 어리석은 일이었다. 바수반두 자신은 그의 **Vyākhyā-yukti**에서 이 용어의 전혀 다른 의미들을 강조하는데 세심한 주의를 기울이고 있기 때문이다. 오버밀러의 Bu-ston 번역, History, 18쪽 참조.

의 극단적 일원론자들이 타협하는 과정에서 얻어진 것이었다. 일원론자들은 관념론학파로 발전하였다. 중관학파로부터 유가행학파가 생겨났다. 다원론자들인 설일체유부는 비판적 사우트란티카학파로 발전하였다. 후자는 분명 외적 현상의 뒤에 〈물자체〉라는 실재가 있다고 가정한 최초의 학파였다.

논리학자들은 타협하여 혼합된 사우트란티카－유가행학파를 세웠다.

10. 유럽의 몇몇 유사한 이론들

철학을 비교하는 후세의 역사가들은 반드시 무한한 분할가능성이라는 주장의 커다란 중요성을 주목하게 될 것이다. 유럽철학에서와 마찬가지로 인도철학에서도 그것은 관념론의 가장 강력한 무기로 나타난다. 그것은 다른 이율배반들과 함께 칸트의 우유부단한 균형에 영향을 끼쳐 그로 하여금 그의 〈순수이성비판〉의 후반부에서 관념론으로 기울어지도록 하였다. 그것은 바수반두와[111] 디그나가가[112] 그들의 특별한 종류의 관념론을 수립하기 위해 주장했던 주요한 주장이었다. 그것은 엘레아학파가 그들의 일원론을 수립하기 위해 이론무장을 하는데 상당한 역할을 했다. 제논의 주장들은 주로 분할가능성의 이율배반에 기초가 있음이 칸트와[113] 헤겔에 의해서[114] 입증되었다. 뿐만 아니라 그것은 로크(Locke)와 흄(Hume)을 관념론으로 기울어지는 위험스러운 지경으로까지 몰고 갔다. 사실

---

111) Vimšatikā, kār.11.
112) Ālambanap., kār.1.
113) CPR., 409쪽(1판 502쪽).
114) W.d.Logik, Ⅰ.191.

로크는 이렇게 말했다[115]：《어떤 유한한 사물의 무한한 분할가능성은 우리로 하여금 이런 결론을 내리게 한다…그것은 비물질적인 지적 실체라는 생각으로부터 이끌어낼 수 있는 어떤 것보다도 더 어렵고 더 분명한 어리석음을 수반하다.》 흄도 마찬가지로 이렇게 말한다[116]：《인간의 반역적 이성을 길들이고 복종시키기 위해 고안된 설교조의 교의 가운데서 무한한 분할가능성의 교의와 그것이 가져온 결과보다 더 충격적인 것은 없었다.》 이 이율배반에 헤겔은 큰 관심을 기울였다.[117] 그는 칸트식의 해결을 비난하고 《변증법적》 해결을 제안하였다. 그는 《연속과 분리는 서로 다른 하나가 없이는 존재할 수 없다. 그러므로 그것들의 통일이 진리이다》라고 말한다. 그러나 칸트는 무한한 분할가능성이 외부의 실재, 독립적 사물들에 적용될 수 없다고 주장했을 뿐이다. 그것을 순수 수학에 적용하는 데는 아무런 장애도 없다. 헤겔은 외부의 사물을 지워버렸기 때문에 무한한 분할가능성이라는 선험적 관념에 반대해서는 안되었다. 그러나 만일 변증법적 해결이 외부의 대상에 적용된다면 그것은 동일한 원자가 이중적이라는, 즉 연장을 가지면서 동시에 연장을 갖지 않는다는 자이나의 견해와 유사한 것이 될 것이다.[118] 《그러한 것은 바보들이나 가질 수 있는 어리석은 의견이다》라고 샨티라크쉬타는 주장한다.[119]

불교의 변증법적 방법에 따르면, 연속은 분리의 부정에 불과하고

---

115) Essay, II, XXIII, 31.

116) Essay on Hum. Und., 12부 2장.

117) 앞의책, I.191.

118) TSP., 554쪽 1행 이하.；같은책, 557쪽 21행 이하를 참조하라. 아마도 *pradešas*의 무한분할가능성에 대한 자이나의 교의일 것이다. 단자론자들의 주장을 참조하라. CPR., 357쪽(1판 440쪽).

119) TSP., 554쪽 10행.

원자는 연장의 부정에 불과하다. 외부의 사물은 단순하거나 혼합된 것은 아니므로, 그것은 이 반대되는 것들의 통일이 《그것들의 진리》라는 의미도 아니고 ; 외부의 사물이 단순하면서 동시에 혼합적이라는 의미도 아니고 ; 비판적으로 고찰할 때 외부의 사물은 《천상의 꽃》임이 입증된다는 의미이다.[120] 관념론을 옹호하는 헤겔 자신의 주요한 주장은[121] 내재적 대상을 가정하는[122] 다르마키르티의 주요한 주장과 일치한다.

다음의 심포지움에서 우리는 외부 세계의 실재에 대한 유럽의 가장 유명한 견해들을 인도와 비교해 볼 것이다.그러나 이 문제에 대한 칸트와 디그나가의 입장은 특별히 언급할만한 가치가 있다. 칸트의 입장이 항상 분명한 것은 아니라는 사실은 잘 알려져 있다.[123] 그의 물자체에 대한 일상적인 비난, 즉 인과와 실재는 오성의 구성이기 때문에 그것이 하나의 원인일 수도 없고 하나의 실재일 수도 없다는 것은 내 생각으로는 그리 중요한 것이 아니다. 실재와 인과는 우리를 연장과 지속을 갖는 사물들에 관련시키는 것이지 궁극적 실재의 찰나점에 관련시키는 것이 아니다.[124] 다르마키르티의 범주표를 보면 인과의 범주가 어디에 놓여있는지 곧 알 수 있다.[125] 그것은 관계의 논리, 일관성의 논리, 대전제의 논리에 속한다. 물자체는 실재의 논리, 지각 판단의 논리, 소전제의 논리에 속한다. 그것은 모든 다섯 범주들(실체, 질, 운동, 보통명사, 고유명사)의 공통

120) TSP., 550쪽 17행.

121) 앞의책, II.441쪽.

122) 같은책, 559쪽 8행 이하. 주요한 두 주장들 중에서 디그나가는 첫번째(*artha-ayogāt*)를 더 강조하고 다르마키르티는 두번째(*grāhya-grāhaka-vaidhuryā t*)를 선호했던 것으로 보인다.

123) Windelband, Über die Phasen der Kantischen Lehre vom Dinge an sich(Vierteljahrsschrift f.Philosophie, 1877, 244쪽 이하.).

주어이다.[126] 칸트의 잘못은 아마도 일관성의 논리와 실재의 논리, 두 개념들을 가진 판단과 한 개념을 가진 판단의 차이를 강조하지 않은데 있을 것이다.[127] 그의 인과의 범주는 가정 판단으로부터 연역한 것이다.

그것은 우리가 본대로 디그나가와 다르마키르티도 마찬가지이다. 그러나 물자체는 관계가 아니고 가정 판단으로부터 연역한 것이 아니다. 그것은 모든 지각 판단의 주어이다.[128] 물자체는 원인자체(cause-in-itself)[129]와 동일함을 의미한다. 실재의 관념은 우리가 본대

124) 아리스토텔레스에 의하면 감각가능한 특수 '이 어떤 것(*Hoc Aliquid*)'은 모든 보편들이 결정자 또는 부수자로서 붙어있는 궁극적 주어라고 선언된다. 그리고 이 조건이 결핍되어 붙어있지 않은 보편은 완전한 존재에 끼어들 수 없다(Grote, Arist., App.1).에쎈티아 프리마(*Essentia Prima*)로서의 이 어떤 것은 아리스토텔레스의 범주 체계에 들어가 있지만, 그것은 적절하게 말해서 비-범주이며 비-술어이다. 그것은 항상 주어, 순수 주어, 순수 사물, 모든 술어들의 공통주어이다. 술어는 항상 보편이다. 실재, 인과, 사물임(Thingness)은 항아리임(jar-ness)과 같이 술어들이지만, 실재의 궁극점도 아니고 모든 보편들의 밑바닥에 놓여있는 궁극적 원인도 아니다.

125) 위 387쪽을 참조하라.

126) 우리는 《이것은 실재이다》, 《이것은 인과이다》, 《이것은 실체성이다(또는 실체성을 갖는다)》라는 판단을 할 수 있다. 실재, 인과, 실체성의 개념은 술어이고 따라서 범주이지만, 《이것》이라는 요소는 술어가 아니다. 그것은 주어이며 모든 술어들의 진정한 주어이다. 주어는 비-범주를 의미하며, 주어는 결코 술어가 될 수 없다. 우리가 《이것임》이라는 개념을 구성한다고 하더라도 개별적인 《이것》과 보편인 《이것임》의 차이는 여전히 남아있을 것이다.

127) 가끔 그에게 떠오른 이 차이는 '비판적 결정(이율배반 7부)'에서 그가 두 개념들 사이의 연결이 《시간에 의해 전혀 제한되지 않는》 대전제의 논리와 현상들이 사물 자체와 관련되는 소전제의 논리를 구분하여 고려하고 있는 데서 드러난다.

128) 칸트가 두가지 다른 인과관계가 있다고 보았다는 것이 파울젠(Fr.Paulsen)의 견해이다. 그의 Kant2, 157쪽을 참조하라.

129) *yā bhūtiḥ saiva kriyā.*

로 역동적이다.

칸트는 버클리와 혼동되지 않고 물자체를 〈분석〉에 의해 확립되는 것으로 해두기를 원했음에도 불구하고, 그의 입장은 그의 전 주장을 절대적 관념론[130] 쪽으로 끌고가는 〈선험적 변증법〉 안에서 동요하였다. 무한의 변증법(무한한 분할가능성)은 외부 세계의 실재에 대한 인간의 자연스런 믿음을 갉아먹고 날려버렸다. 이런 일은 이전에 인도에서 일어났던 것의 반복처럼 보이기 때문에 이 문제에 대한 칸트와 디그나가의 입장을 정리해 보는 것이 필요하게 된다. 다음과 같은 다섯가지로 정리할 수 있을 것이다. 칸트는 이렇게 말한다 :

1) 우주론적 변증법을 해결하는 열쇠는 모든 (외부의) 《대상들은 단순한 표상이다 ; 연장을 가진 존재들과 일련의 변화로서 그것들은 우리의 사유 밖에서는 아무런 존재도 갖지 않는다》는 사실에 있다.[131]

2) 그러나 그것들은 꿈은 아니다 ; 상응하는 어떤 실재도 갖지않는 단순한 심상들이지만 꿈과는 구별된다. 버클리의 〈경험적 관념론〉은 그것들이 꿈이라고 주장하지만, 〈선험적 관념론〉은 그것들이 〈실재적〉이라고 주장한다. 〈선험적〉이라는 용어가 다른 맥락에서는 무엇을 의미하건, 여기에서는[132] 〈꿈이 아닌 것〉과 동시에 외적이 아닌 것을 의미한다. 이 언급에 따르면 우리는 이중 세트의 심상들, 즉 실재가 없는 꿈에서의 심상들과, 실재이기는 하지만 어떠한 일

130) E. Caird, 앞의책, II.136－《(비판의 초기에) 물자체는 우리의 감성에 영향을 미치는 대상으로 나타나는 반면에, 말기에는 마음이 요구하는 본체로 나타난다. 왜냐하면 그것은 경험에서 자체에 적합한 대상을 발견하지 못하기 때문이다》.즉,초기에 그것은 사물이고 말기에 그것은 관념이다.

131) CPR., 400쪽.

132) 같은책, 401쪽(1판 491쪽).

치하는 외적 실재도 없는(문자 그대로!) 심상들을 가져야 한다.

3) 《의식의 대상으로서의 우리 마음의 내적 감각적 직관》, 즉 자아도 실재하는 자기가 아니다.《왜냐하면 그것은 시간의 조건 아래 있기 때문이다.》[133]

4) 인식되는 대상과 인식하는 자아가 각각 실재적이 아니라면 이 두 비-실재를 연결하는 인식의 과정도 실재적일 수 없다. 그러나 이것은 칸트에 의해 언급된 것이 아니다. 〈관념론〉이라는 말은 분명히 주체, 객체, 인식의 과정, 즉 인도의 〈3중구조〉를 포함하는 관념을 함축하고 있다.

5) 그러나 우리는《감수성의 한 종류로서의 감성에 상응하는 어떤 것을 가져야 한다.》[134] 그것은 〈선험적 대상〉, 즉 독립적으로 존재하는 사물이다.《우리는 우리의 가능한 지각들의 전 범위와 연결을 선험적 대상에 돌릴 수 있으며, 그것은 모두 경험에 앞서서 독립적으로 주어진다고 말할 수 있다.》《그러나 그것들은 일련의 경험적 회귀 안에서 파악되지 않는다면 우리에게 아무것도 아니며 따라서 대상들이 아니다.》[135]

이 다섯가지 점들에 대한 디그나가와 다르마키르티의 대답은 아마도 다음과 같은 것이 될 것이다.

1) 외부의 물질적 대상은 관념이다. 어떤 것이 무한히 분할가능하다고 말하는 것은 그것이 수학적 대상, 즉 관념에 불과하다고 말하는 것이 된다.

2) 왜 한 세트의 심상들은 심상들이면서 실재적이고 다른 한 세트의 심상들은 똑같이 심상들이면서 비-실재적인가? 심상은 심

133) 같은책.
134) 같은책.
135) 같은책.

상일 뿐이다. 깨어있는 상태에서 심상은 실재와 직접적으로 연결되고, 꿈에서나 다른 병적 상태에서는[136] 실재와 간접적으로 연결된다.

3-4) 이 실재는 순수 감각의 찰나점이다.[137] 오성에 의해서 그것은 인식자, 피인식자, 인식의 〈3중의 덮개(trip-puti)〉 안에 포섭된다. 이 세항목들은 실재의 반대되는 형식을 나타내는 것이 아니고, 단지 동일한 실재에 대한 대조되는 태도들일 뿐이다.[138]

5) 궁극적 실재(즉, 순수 감각)만이 모든 변증법적 사유-구성으로부터 자유롭다.

그것은 주체와 객체의 이분법의 기초이며, 그 위에 모든 논리가 기초하고 있다. 이 논리는 외부의 물자체를 가정하는 실재론자들과 그것을 부정하는 관념론자들에게 똑같이 받아들여질 수 있다. 후자에게 주체와 객체의 관계는 오성에 의해 상상된 이분법이다. 전자는 주체와 객체가 〈주어져 있다〉는 평면에서 출발한다.

디그나가의 칸트에 대한 주요한 비난은 칸트가 관념론과 실재론의 이중의 가능성을[139] 지각하는데 실패했다는 것이 될 것이다. 우

---

136) 칸트는 《미친 상태에서와 마찬가지로 꿈에서도 표상은 상상능력의 단순한 영향일 수 있다》고 말한다(CPR., 781쪽) ; 그러나 그것은 오직 이전의 외적인 지각들을 통해서만 그러한 영향을 갖는다. 위 773쪽의 다르마키르티의 견해와 비교해보라.

137) 간접적으로 실재를 모든 일반 존재(*saṃvṛti*)에 나누어주는 이 순수 감각이 없다면 아이러니칼하게도 《당신의 최고의 논리는 모든 사물들이 예외없이(*bhūtāny-eva*) 존재하지 않는다》고 주장하는 실재론자들이 옳을 것이다.

138) 그러한 것이 《모든 철학의 훌륭한 출발점》이라는 문제에 대한 디그나가의 해결이다. 그것은 단순한 《어떤 것》이다. 그것은 실재적 주체와 실재적 객체를 함축하는 데카르트의 '나는 생각한다. 그러므로 나는 존재한다'와 대조가 될 것이다. 한스 드리슈(Hans Driesch)의 공식 《나는 의식적으로 어떤 것을 가지고 있다》(즉, 나는 그것을 붙잡지 않고 가지고 있다)는 말은 더욱이 《등급》의 실재를 함축하는 것으로 설일체유부의 견해에 상응한다. 그것은 실제로 《나는 의식적으로 모든 것을 가지고 있다》는 것을 의미한다.

리는 외부의 물자체를 승인하고 주체와 객체라는 최종적 이분법을 고려하지 않는 정신적 수준에 머무를 수도 있고, 그것을 고려하고 다른 수준에 머무를 수도 있다.[140] 거기에 모순은 없을 것이다. 우리가 외부의 대상들을 말할 때 그것이 현상을 의미할 뿐이라는 사실을 마음에 새긴다면 언어상의 변화도 거의 없을 것이다.[141]

그러한 것이 또한 지그바르트의 의견이기도 하다.[142] 그에 의하면 직접 《주어지는 것은》 표상의[143] 현존일 뿐이다. 인도인들에 의하면

139) 빈델반트(앞의 책)에 의하면 칸트의 외적 물자체에 대한 거부는(그는 그것을 그의 교의의 세번째 국면이라고 부른다) 그의 가장 큰 업적이다.《학문이 제기해왔던 문제에 대해 표상밖에는 아무 것도 없다고 한 이 생각은 칸트가 신을 대신해서 인류에게 준 선물이다》. 다른 한편으로 물자체라는 가정은(그는 그것을 두번째 국면이라고 부른다) 전혀 의미도 없고 필요도 없다.《의미도 없고 필요도 없는, 그래서 성가시고 질긴 허구》. 그러므로 칸트는 어떻게든 인간에게 신성한 선물과 의미없는 번민을 같은 책에서 같은 문제와 관련하여 주려고 했던 것이다! 눈에 띄는 모순에 대해 칸트를 비난하면서도 빈델반트 자신은 그 모순을 명확히 한 것 같지 않다!

140) 디그나가의 입장은 이 점에서 형이상학과 실재론을 동시에 신봉하는 일부 근대 철학자들의 견해와 어느정도 유사하다. 사실 니콜라이 하르트만으로 하여금 형이상학에 의해 칸트를 보충하도록 이끌었던 것은 주체－객체의 《아포레틱》이었다. 그에 비하면 무한성의 아포레틱은 그에게 일부분일 뿐이었다. 이 두 주장들(*grāhya-grāhaka-vaidhurya*와 *artha-ayoga. TSP.*, *559*쪽 *8*행 참조)은 또한 디그나가가 형이상학적 관념론에 의해 그의 실재론적 논리를 보충하도록 했던 주요한 이유였다.

141) 그의 관념론 논박에서(CPR., 778쪽 이하) 칸트는 우리의 의식이 사물들에 대한 의식이라는 것을 입증하고 따라서 우리 밖의 공간에 놓여있는 외적 사물들의 존재를 증명한다; 다시 말해서 객체없는 주체는 없다. 헤겔은 주체와 객체의 동일성을 증명하기 위해 정확하게 같은 생각을 사용하고 있으며, 인도인들도 마찬가지로 주체－객체의 이분(*grāhya-grāhaka-kalpanā*)이 변증법적이라고 주장한다. 칸트는 《우리가 잘못 외부의 사물들에 부여하는 표상의 원인은 우리 자신 안에 놓여있다》고 말한다(같은책, 780쪽). 이것 또한 인도의 견해이기도 하다. 인도의 관념론자들은 우리가 이미 본대로 생산적 상상력의 내적 힘(*vikalpa-bhāvanā*)으로 경험의 실제적 힘(*anubhava-bhāvanā*)을 대체한다.

142) 앞의책, Ⅰ,408쪽.

그것은 순수 감각일 뿐이다. 그것과 외부의 대상과의 연결은 두번째 단계이다. 주관적 관념론자들은 이 단계의 필요성을 인정하지만, 그것은 단지 모든 지각이 우리를 넘어서 존재한다고 상상된 어떤 대상과 관련되어야 한다는 것을 의미할 뿐이다. 이 상상의 행동을 통해서 우리는 상상의 《두번째 평면》에[144] 도달할 뿐으로 독립적 외부의 세계에 도달하는 것은 아니다.[145]

객관화의 필요성은 사실 심리적인 것이다.[146] 심상들의 세계 너머로 실재적 객관세계를 가정할 논리적 필연성은 없다. 모순은 없다고 디그나가는 말한다.[147]

인도의 입장에서 보면 칸트의 동요는 둘 다 가능한 두 이론들 사이에서의 동요였다. 칸트는 다른 두 세계에 대한 사색에 의해 인도되었지만, 그에게 있어서 둘은 논리적으로 양립할 수 있는 것이 아니었다. 이 이중의 가능성은 지그바르트에 의해 열린다.

지그바르트가 올바르게 언급하고 있는 것처럼,[148] 감각이라는 직접적 확실성으로부터 외부의 사물에 있는 그것의 원인을 추론하는

---

143) Vorstellung.

144) 같은책. 《eine zweites Stadium des Vorstellens》.

145) 같은책. 《die Wirklichkeit welche wir behaupten ist nur eine Wirklichkeit von Erscheinungen, nicht von Dingen, welche von uns unabhängig wären》.

146) 같은책, I, 409쪽. 단어와 그 원인의 연결에서 예시되는 여러 다른 종류의 연결들에 대한 다르모타라의 흥미있는 견해를 참조하라(NBT, 60쪽). 단어와 그것이 발음될 때의 의도(*abhiprāya*) 사이의 연결은 인과적이고 실재적, 또는 심리적(*vāstava*)이다. 단어와 그것이 표현하는 외부의 대상 사이의 연결은 인과적이고 구성적, 즉 논리적(*kalpita*)이다. 단어와 그것이 표현하는 개념(pratīti) 사이의 연결은 논리적(*kalpita*)이자 동일성(*svabhāva-hetutvam*)의 하나이다.

147) Alambanap., kār.8(45쪽에 번역).

148) Logik, I.409-《der psychologischen Nötigung eine solche (äussere Welt) anzunehmen, keine logische Notwendigkeit entspreche》.

것은 심리적인 요구일 뿐이다.

논리적 필연성은 없다. 심리적으로 감각이 한 순간이라면 자극을 산출하는 것은 그에 앞선 순간이다. 외부의 감관에 의한 감각 다음으로 오는 순간은 내부의 감관에 의한 주의나 감각의 순간인데[149] 그것은 지성적 감각의 일종이다. 그리고 마지막으로 지성적 심상의 순간이 온다.[150] 대상과 인식의 관계는 간접적이고 인과적이다.[151] 그러나 논리적으로 그것은 동일성의 관계이다.[152] 다르모타라는 묻는다 : 《결정되는 부분과 결정하는 부분을 포함하는 동일한 인식이란 무슨 말인가 ? 》[153] 《동일한 단일체 안에 원인과 그 결과를 가정하는 것은 모순이 아닌가 ? 》[154] 그리고 그는 대답한다 : 이것은 가능하다-부정에 의해서 ! 사실 푸른 헝겊 조각에 의해 산출된 순수 감각은[155] 비－푸름이라는 부정에 의해서 한정을 받는다. 다르다고 간주된 동일한 사물이 원래 다른 것처럼 되는 것이다. 객관성은 인과성 더하기 동일성에 기초하고 있다.[156] 그러므로 직접적이고 이중적이 아닌 인식은 순수 감각뿐이다. 그것은 모든 것을 포함한다. 그것은 내용에 있어서 가장 풍부하고 사유에 있어서 가장 빈약하다. 그러나 사유는 부정에 의해서 그것을 명확하게 한다. 부정은 사유의 본질이다.

명확함, 오성, 동형화, 《형식화》, 부정, 모순의 거부, 심상, 개념,

---

149) *mano-vijñāna*＝*mānasa-pratyakṣa.*

150) 2권 부록3 서론을 참조하라.

151) *tad-utpatti. NBT.,* 40쪽 7행－*prameya-kāryam hi pramāṇam.*

152) *sārūpya*＝*tādrūpya*＝*tādātmya.*

153) NBT, 15쪽 22행－*vyavasthāpya-vyavasthāpana-bhāvo'pi katham ekasya jñanasia.*

154) 같은책, 15쪽 19행－*yena ekasmin vastuni virodhaḥ syāt.*

155) 같은책, 16쪽 3행.

156) *tadutpatti-tatsārūpyābhyām viṣayatā.*

이분법은 순수 감각이라는 하나의 근본적 행위를 발전시키는 다른 방식들에 불과하다. 자체로서의 사물은 자신을 비-자체로, 타자로 표상함으로써 자신을 드러낸다.

불교 교의의 이 부분을 우리는 유럽에서도 발견하지만, 그것은 칸트에게서가 아니라 헤겔에게서이다.

11. 외부 세계의 실재에 대한 인도-유럽 심포지움

a) 첫번째 대화 : 주제——일원론

첫번째 베단타 : 처음에 실재한 것은 무(Nought)였다.[157)]

두번째 베단타 : 처음에 실재한 것은 존재도 아니고 무도 아니었다.[158)]

세번째 베단타 : 처음에 실재한 것은 유일한 존재, 유일무이한 자(the One-without-a-Second)였다.[159)] 그것은 브라만이다.

네번째 베단타 : 브라만은 우리 자신과 동일하다. 《그것은 너이다 ! 》[160)]

파르메니데스 : 무는 없다.[161)] 우주는 일자(the One)이다. 그것은 부동(immovable)이다.

데모크리투스 : 부동은 무이다. 그것은 빈 공간이다. 그것은 움직이는 원자들로 가득 차 있다.[162)]

---

157) Chāndogya, Ⅲ, 19쪽 1행 ; Deussen, Allg. Gesch.d.Phil. Ⅰ,145, 199, 202쪽, 그리고 그의 Sechzig Upanishads, 155쪽을 참조하라.

158) Ṛgv. 10, 129쪽 1행.

159) Chāndogya, Ⅵ, 2쪽 1-2행.

160) *tat tvam asi.*

161) οὐχ ἔστι μὴ εἶναι.

162) μὴ μᾶλλον τὸ δὲνῆ τὸ μηδέν. H.Cohen, Logik d.r.Erk, 70쪽을 참조하라 ; μὴ ōν=*tadanya*+*tadviruddha*=*paryadāsa*=*parihāra* ; ουχ ōν=*abhāva.*

불교도 : 빈 공간은 없다. 그것은 소멸하는 요소들을 무한히 포함하고 있다. 소멸하는 요소들이 다 소멸하게 되면 거기에 무(열반)가 있다.

나가르쥬나 : 모든 소멸하는 대상들은 상대적이고 비어있다. 그 무 또는 큰 공허(the Great Void)가[163]가 유일한 실재이다. 그것은 불타(우주적 몸-Cosmical Body)이다.

스피노자 : 하나의 실체만이 있다. 그것은 신(우주적 몸)이다.

디그나가 : 최고의 지혜는 일원론이다.[164] 이 통일체는 불타(영적 몸)이다.

다르마키르티 : 의식의 본질은 나누어지지 않는다![165] 주체와 객체는 환각적 분할이다. 그것들의 통일이 불타의 전지(Omniscience, 영적 몸)이다!

유가행 **불교도** : 주체와 객체의 분할로부터 자유로운 불타의 지식을 제외하고 그 밖의 다른 모든 지식은 환각적이다. 왜냐하면 그것은 주체와 객체로 구성되기 때문이다.[166]

b) 두번째 대화 : 주제—이원론과 다원론

상키야 : 영원한 원리는 하나가 아니고 둘이다. 그것은 영혼과 물질이다. 둘 다 영원하지만 전자는 영원한 부동(stability)이고 후자는 영원한 변화이다. 둘 사이에는 상호관계가 전혀 불가능하다. 그러나

163) *mahā-śūnyatā=sarva-dharmāṇām paraspara-apekṣatā.*

164) *prajñā-pāramitā jñanam advayam, sa Tathāgataḥ.* 나의 *Abhisamayālaṃkāra*판 서론을 참조하라.

165) *avibhāgo hi buddhyātma.* 자주 인용되는 다르마키르티의 시. SDS, 32쪽을 참조하라.

166) *sarvam ālambane bhrāntam muktvā Tathāgata-jñānam, iti Yogācāra-matena.* NBT-Tipp, 19쪽을 참조하라.

후자의 변화는 전자의 부동의 빛에 의해 비추어진다. 내적 물질인 여섯가지 받아들이는 기관들과 그에 상응하는 여섯가지 종류의 외적 물질이 상호작용한다. 그러므로 이중적 외재성이 있다 ; 하나는 영혼과 관련한 물질의 외재성이고 다른 하나는 다른 종류의 물질과 관련된 한 종류의 물질의 외재성이다. 신은 없다!

데카르트 : 옳다! 두 실체들이 있을 뿐이다, 하나는 연장을 갖는 것이고 다른 하나는 의식이다. 그러나 둘 다 영원히 변화하고 있다. 실체들의 조화로운 운동을 시작하게 하고 조절하는 신이 있다!

소승불교도 : 신도 없고 자아도 없으며, 영적으로나 물질적으로 지속하는 실체도 없다. 순간적으로 반짝하고 빛났다가 사라지는 요소들(*dharmas*)이 있을 뿐이다. 그리고 그 요소들을 연결하여 집적시키는 **의존적 기인**의 법칙이 있다. 상키야에서와 같이 여섯가지 받아들이는 기관들과 그에 상응하는 여섯가지 대상적 영역들이 있다. 그러므로 여기에도 이중적 외재성이 있다. 하나는 서로 관련되는 모든 요소들의 외재성이고 다른 하나는 여섯가지 받아들이는 기관들과 관련된 여섯가지 대상적 영역들의 외재성이다.

상키야 : 이 요소들은 하부-원자적 단일체들(*guṇas*)이다. 그것들은 무의식적이고 영원히 변화하고 있다.

헤라클레이투스 : 이 요소들은 영원한 변화의 법칙에 따라 나타났다가 사라지는 번쩍임이다.

데모크리투스 : 이 요소들은 (물질적) 원자들이다.

헤르바르트 : 이 요소들은 (비물질적) 실재들이다.

마하 : 이 요소들은 감각들에 불과하다. 자아와 물질은 순전히 신화이다. 철학이 더 이상 자아의 실재에 관심을 기울이지 않는다면, 전체의 연결을 설명하기 위한 감각들의 **기능적 상호의존**이라는 인과적 법칙만 남을 것이다.

죤 스튜어트 밀 : 이른바 실체는 감각들의 영원한 가능성에 불과하다. 《실체들이라고 간주된 물질과 정신이라는 생각은 단순히 우리의 감각들의 명령에 의해 생긴 것이다.》 현상은 실체에 의해서가 아니라 (의존적 기인이라는) 영원한 법칙에 의해 나타나는 것이다.

나가르쥬나 : 의존적 기인은 시작도 없고 끝도 없고 변화도 없다. 그것은 절대이다. 그것은 열반, 영원한 관념아래 있는 (*sub specie aeternitatis*) 세계이다.[167]

c) 세번째 대화 : 주제－소박한 실재론의 논리와 비판적 논리

디그나가 : 그러나 영원한 관념아래 있는 우주는 신비한 직관에 의해서만 인식될 수 있다.[168] 그것은 논리에 의해 입증되지 않는다!

챤드라키르티 : 그것은 논리의 폐기를 통해 입증될 수 있다![169] 모든 논리적 개념들은 상대적이고 비실재적이므로 다른 비－상대적이고 절대적인 실재가 필요한데 그것은 큰 공허이다. 그것은 불타의 우주적 몸이다.

디그나가 : 논리를 통해서 《우리는 우리의 지식의 근원들과 그에 상응하는 대상들과 관련하여 일상생활에서 무엇이 일어났는지를 과학적으로 서술할 뿐이다.[170] 우리는 그것들의 선험적 실재를 고려하지 않는다!》 논리를 통해서 우리는 외부 세계의 실재를 승인할 수 있다.

챤드라키르티 : 논리가 절대의 인식에로 이끌지 않는다면 그것이

167) 나의 Nirvāṇa, 48쪽을 참조하라.
168) *yogi-pratyakṣa.* 같은책 16쪽 이하를 참조하라.
169) 같은책, 135쪽 이하.
170) 같은책, 140쪽 이하.

무슨 필요가 있는가?[171]

디그나가 : 실재론자들은 논리에 서투르다. 그들은 잘못된 정의들을 가지고 있다. 우리는 그것들을 바로잡으려고 할 뿐이다![172]

실재론자 : 외부의 세계는 우리에게 진정한 실재로 인식된다. 램프가 가까운 곳에 있는 대상들을 비추듯이 순수한 의식의 빛이 외부 세계의 대상들을 비춘다. 심상들이나 내성은 없다. 자의식은 추론적이다.[173]

유가행 불교도 : 심상들도 있고 내성도 있다. 《우리가 푸른 헝겊 조각을 지각하는 것을 의식하지 못한다면 우리는 그것을 지각할 수 없다. 세계는 맹목적으로 남아있고 아무것도 지각하지 않을 것이다》. 그러므로 외부의 대상들은 전혀 없다. 왜 우리가 지식의 대상적 측면을 이중으로 해야 하는가?

실재론자 : 그러나 우리의 지각들의 계속적인 변화는[174] 경험의 힘에 의해서만 생길 수 있다. 그것들은 외부 세계의 변화에 따라서 변화한다![175]

불교도 : 우리는 변화를 설명하기 위해서 일종의 생명력을 가정할 필요가 있다. 그것은 경험의 힘이거나[176] 생산적 상상력의 힘이거나[177] 환각의 힘일 것이다.[178] 당신이 후자를 가정한다면 외부 세계라는 환상 안에는 어떤 실재도 없을 것이다. 당신이 첫번째를 가정한

171) 같은책.

172) 같은책.

173) 2권 부록4, 3장 1절을 참조하라.

174) *kadācitkatva.*

175) 2권 부록4, 3장 4절과 NK, 259쪽 11행을 참조하라.

176) *anubhava-vāsanā.*

177) *vikalpa-vāsanā=vikalpasya sāmarthyam.*

178) *avidyā-vāsanā=māyā.*

다면 쓸모없는 이중적 실재가 있게 될 것이다. 당신이 두번째를 가정한다면 현상적 실재에 더하여 선험적 동일성을 갖게 될 것이다.[179)]

실재론자 : 당신의 이론은 《값을 치루지 않고 물건을 사는 것》과 같다.[180)] 사실 외부의 세계는 단순한 찰나점들로 구성되어 있지만 상상을 통해 색칠된 지각가능성을 산다. 그러나 그것은 그 대가로 아무런 값도 치루지 않는다. 그것이 색깔이 없는 점들로 구성되어 있기 때문이다! 《예를 들어 인과가 감관들을 통해서 볼 수 있는 것이라고는 아무도 말하지 않는 것처럼》 만일 감각과 오성이 전혀 이질적이라면 어떻게 순수 감각이 오성의 순수 개념 아래 파악될 수 있겠는가?[181)]

칸트 : 한편으로는 범주와 동일하고 다른 한편으로는 구체적으로(*in concreto*) 주어진 대상과 동일한 제 3의 것이 있어야 한다.

다르마키르티 : 개입하는 것은 일종의 지성적 감각이다. 우리는 순수 감각의 최초 순간 뒤에 순수 감각과 추상적 개념 사이에 개입하는 내적 감관에 의한 지성적 감각의 순간을 가정해야 한다.[182)] 더욱이 그것들 사이에는 동형화나 통합이 있다.[183)]

실재론자 : 이 동형화나 통합은 무엇인가?

바수반두 : 그것에 의해서 인식이(감관들에 의해 야기되기도 하지만) 감관들이 아니라 대상을 인식한다는 말이다.[184)] 대상은 인식의 원인

---

179) 사우트란티카 실재론자와 유가행(관념론) 불교도 사이의 상세한 논쟁에 대해서는 2권 부록4, 3장 3절을 참조하라.

180) *amūlya-dāna-kraya.* Tātp, 269쪽 9행을 참조하라.

181) CPR, 113쪽 ; 대부분의 *verbatim*은 NBT, 69쪽 11행의 내용과 일치한다=*na nispanne kārye kaščij janya-janak-bhāvo nāma dṛṣṭo'sti.*

182) *mānasa-pratyakṣa* 이론에 대해서는 2권 부록3을 참조하라.

183) NK., 258쪽 18행-*tatsārūpya-tadutpattibhyām viṣayatvam.*

184) 2권 부록4, 1장을 참조하라.

들 중에서 가장 우선적이다.

다르마키르티 : 통합이나 동형화는 《절대적으로 유사하지 않은 것들 사이의 유사성이다.》[185] 사실 개체로서의 모든 사물들은 그 자체로 다른 사물들과는 절대적으로 다른 사물들이다. 그러나 우리가 그 (자체로서의) 절대적 비유사성을 보아넘기는 수준에서라면 그것들은 유사하게 된다. 그것들은 공통의 부정을 통해서 유사하게 된다. 그것이 바로 모든 심상들이 보편들이고 모든 보편들이 상호부정인 이유이다. 부정은 우리의 오성의 본질이다. 감관들은 긍정일 뿐이다.[186]

헤겔 : 나의 변증법에 따르면 부정은 객관적 세계의 본질이며 주관적 세계에서도 마찬가지이다.

다르마키르티 : 우리는 개념들의 부정과 대비되는 긍정을 가져야 한다.

헤르바르트 : 순수 감각만이 긍정이다. 그것은 절대적 명제이다!

디그나가 : 우리의 논리학은 외부세계의 존재를 긍정하는 사람뿐만 아니라 그것을 부정하는 사람에게도 똑같이 받아들여질 수 있는 것을 목표로 한다. 두 종류의 인식되는 본질(특수와 보편)이 있다는 것은 아무도 부정하지 않을 것이다. 특수는 항상 외부의 세계에 있고 보편은 항상 우리의 머리에 있는 것으로 보인다.

버클리 : 실재적 보편이나 추상적 관념들은 없다.

디그나가 : 특수한 관념들은 전혀 없다. 관념은 항상 추상적이고 일반적이다. 특수한 심상은 형용 모순(*contradictio in adjecto*)이다. 특수들은 외부의 세계에만 존재한다. 순수 감각을 제외한 우리의 마음

---

185) *atyanta-vilakṣaṇānam ¯salakṣaṇyam.* Tātp, 339쪽을 참조하라.

186) *pratyakṣam=vidhi-svarūpam.*

에서는 보편들만을 갖는다.

버클리 : 그러나 존재한다는 것은 지각된다는 것을 의미한다(*esse est percepi*). 외부의 세계는 지각되는 것 밖에 존재하는 것이 아니다.

디그나가 : 존재한다는 것은 유효하다는 것을 의미한다.

칸트 : 근대 철학이 아직까지도 외부 세계의 실재에 대한 의심을 넘어서는데 성공하지 못하고 있다는 것은 〈수치〉이다! 물자체들이 없다면 우리에게 나타나는대로의 현상들이 그러한 물들이 될 것이다. 사물들은 우리의 감관에 〈주어지고〉, 〈인식된다.〉 즉, 오성에 의해 그 범주들을 따라 구성되는 것이다.

샨티라크쉬타 : 그렇다! 순수 감각은 물론 비-구성적이지만, 오성이 사물에 대한 (일반적) 심상을 산출하도록 자극하는 찰나점(Kraftpunct)이다.

다르모타라 : 그것은 커다란 불가사의가 아닌가! 감관들은 〈사물〉을 밝고 생생하게 드러내지만 아무것도 명확하게 이해하지 않는다. 지성은 명확하게 이해하지만 생명력 없고, 모호하고, 흐릿하고, 일반적이다 ; 그것은 보편만을 구성한다. 그러나 불가사의는 쉽게 설명된다. 오성(이해)은 상상이다!

d) 네번째 대화 : 주제-물자체

야코비(그리고 다른 사람들) : 물자체들이 실제로 존재한다고 하더라도 우리의 감성에 영향을 주지는 못한다 ; 왜냐하면 주관적 범주로서의 인과는 물들 사이가 아니라 현상들 사이에서만 가능하기 때문이다.[187]

쟈이나 : 바로 그렇다! 전 세계의 다른 모든 사물들과 절대적으

187) F.H.Jacobi,Werke, II, 301쪽 이하.

로 공통점이 없는, 엄격하게 그 자체로서의 사물이란 비－실재, 천상의 꽃이다! 당신이 그것을 비－실재와 구분하려고 한다면 당신은 인과나 실체와 마찬가지로 〈사물임(Thingness)〉도 실재적 범주로 인정해야 한다.[188)]

다르모타라 : 사물임, 인과, 실체는 물론 오성의 일반적 범주이다. 그것들은 일반적이고 변증법적이다. 그러나 단일한 순수 감각은 일반적인 것도 아니고 상상된 것도 아니고 변증법적인 것도 아니다. 일반성이 의존하는 한계가 있다. 인과 자체는 느낄 수 있는 사실이 아니고,[189)] 그것에 대한 해석이다. 그러나 물자체는 원인, 실재, 유효한 찰나점, 역동적 실재, 통일체, 〈다르거나〉 〈반대되는〉 것이 아닌 엄격하게 그 자체로서의 사물이다. 궁극적 특수, 궁극적 원인, 궁극적 실재, 실재적 사물, 실재적 단일체, 물자체, 연장도 지속도 갖지않는 사물은 동의어이다. 그러나 그렇다고 해서 인과, 실재, 사물임, 통일체등이 동일한 것을 관점에 따라 다르게 보는 일반적 용어이거나 다른 범주들이 아니라는 의미는 아니다. 순간적 물자체보다 진정한 직접적 실재는 없다. 그것의 인식만이 순수한 긍정이다. 그것은 변증법적이거나 부정적이 아니고 직접적이고 긍정적이다. 그러므로 인과와 실재가 오성을 위한 개념이나 범주라는 사실은 물자체가 순수 감각 안에서 인식되는 실재라는 사실을 조금도 방해하지 않는다.

헤겔 : 당신의 물자체는 환상이다![190)] 그것은 공허이다.[191)] 그것은

---

188) TS, kār. 1713－*tasmāt kha-puspa-tulyatvam icchatas tasya vastunaḥ, vastutvam nāma sāmānyam eṣṭavyam, tat-samānatā.*

189) *na kašcid janya-janaka-bhāvo nāma dṛṣṭo'sti.* NBT, 69쪽 12행.

190) 《Gespenst》.W.d.Logik, II, 441쪽을 참조하라.

191) 같은책, 440쪽－《형식적 개념은 공허한 물자체에 대한 주체이다》.

192) 같은책 - 《ein absolutes Jenseits für das Erkennen》.

모든 인식을 절대적으로 넘어서는 것이다.[192] 그러면 인식은 모순이 된다. 즉, 결코 인식되지 않는 실재에 대한 인식이 되는 것이다.[193]

데모크리투스[194] : 환상이 아닌 물자체는 현상적 실재 전체를 떠받치고 있는 물질적 원자에 불과하다.

에피쿠루스 : 물자체(αρχή)는 진공이나 운동과 함께 물질적 원자이다.

루크레티우스 : 우리는 원리(*principium*)나 근원(semen)을 인정해야 하는데, 그것은 물질적 고체 원자이다.

헤겔 : 이 원리는 원자나 〈절대적으로 넘어서는 것〉이 아니고, 인식이라는 관념에 포함된다. 인식이라는 바로 그 관념이 홀로 존재하는 대상을 요구한다는 것은 사실이지만, 인식이라는 개념이 그 대상이 없이는 실현될 수 없기 때문에 대상은 인식을 넘어서는 것이 아니다. 《인식이 그 자체를 확신하게 되는 한, 그것은 또한 대상과 대립되어 있다는 사실이 하찮다는 것을 확신하게 된다.》[195] 그러므로 인식을 넘어서고 그것에 대립되는 것으로서의 물자체는 사라지고, 명확한 모든 것은 〈그 자체로서의〉 사물이 아니고 〈다른 것으로서의〉 또는 〈반대되는 !〉 사물이라는 일반 법칙에 따라 인식의 주체와 객체는 합체한다.

다르모타라 : 하나의 사물이 다른 사물과 관련할 때나 그것에 포

---

193) 같은책 - 《ein Erkennen dessen was ist, welches zugleich das Ding-an-sich nicht erkennt》.

194) 우리는 데모크리투스를 유물주의와 우주에 대한 기계적 해석의 선구자로 간주한다. 그를 《분명한 이성주의적 관념론자》로 바꾸어버린 킹켈(W.Kinkel, History, 1권 215쪽)의 견해는 매우 낯설다.

195) 같은책 - 《das Object ist daher zwar von der Idee des Erkennens als an sich seiend vorausgesetzt, aber wesentlich in dem Verhältniss, dass sie ihrer selbst und der Nichtigkeit dieses Gegensatzes gewiss, zu Realisierung ihres Begriffes in ihm komme》.

함될 때에만 명확하게 된다는 것은 사실이다. 그러나 그것이 명확하게 될 때에 발맞추어(*pari passu*) 일반적이고 모호하게 된다. 생생하고 밝은 것은 구체적 특수, 그 자체로서의 사물뿐이다.

다르마키르티 : 우선, 물자체가 결코 인식되지 않는 것에 대한 인식을 의미한다는 것은 사실이 아니다. 그리고 대상과 인식의 관계가 포함이나 동일성의 관계라는 것도 잘못이다. 사실 물자체가 절대적으로 인식할 수 없는 것을 의미한다면 우리는 그것의 존재에 대해서 어떤 암시도 가질 수 없다. 그것은 우리의 오성에 의해 인식되지도 않고 〈이해〉되지도 않으며 순수 감각 안에서 감관들에 의해 인식될 뿐이다. 그것은 밝고 생생하게, 즉각적으로 직접 인식된다. 그것에 대한 인식은 찰나적이다. 우리는 그것을 〈말로 할 수 없는것〉이라고 부른다. 그러나 그것은 절대적으로 말로 할 수 없는 것은 아니다. 우리는 그것을 〈물〉, 〈자체〉, 원인, 찰나점, 유효성, 순수 대상, 순수 존재, 실재, 궁극적 실재, 순수 긍정등등으로 부른다. 다른 한편 오성은 간접적 인식, 판단, 추론, 상상, 분석, 일반성, 모호함, 부정, 변증법을 의미한다. 생산적 상상력은 일반적이고 변증법적인 것만을 상상할 수 있다. 그러나 감관들은 실재를 인식하고 실재는 특수이다.

다르모타라 : 논리학에서 인식의 객체와 주체의 관계는 동일성이 아니다. 객체는 주체에 포함되지 않는다. 모든 관계들을 〈다름(otherness)〉으로 환원하고 반대되는 것들이 동일하다고 선언하는 것은 잘못이다. 인식과 대상의 관계는 인과적이다.[196] 대상과 인식은 인과적으로 상호관련된 두 사실들이다.

196) NBT, 40쪽 5~7행－《*pramāṇa-sattayā prameya-sattā sidhyati*··*prameya-kāryam hi pramāṇam*; 108쪽에 번역.

e) 다섯번째 대화 : 주제－변증법

헤겔 : 주체와 객체, 외부와 내부의 관계는 언뜻 보기에 두 실재들 사이의 인과 관계로 보인다.[197] 그러나 그것들을 유기적 전체로 간주하면 그것들 내부에 인과 관계는 전혀 없다.[198] 원인에 앞서 존재하는 결과도 없고,[199] 결과로의 변화를 제외하고는 원인에 실재하는 것도 없다.[200] 그러나 그것들의 동일성에도 불구하고 원인과 결과는 모순적이다. 변화와 운동은 사물이 그 자체에 모순을 내포하고 있을 때에만 가능하다.[201] 운동은 모순의 실재이다.[202]

카말라쉴라 : 우리는 인과와 모순을 구별해야 한다. 인과는 실재적이고 모순은 논리적이다. 무지의 어둠 속에서 시각 기능을 잃어버린 단순한 사람만이 인과와 모순을 동일시할 것이다.[203] 그러나 철학자들은 모순과 단순한 다름, 다름과 필연적 상호의존, 인과와 공내속(또는 동일성) 사이의 차이를 알아야 한다. 그들은 우리 스승 다르마키르티의 관계들에 대한 이론을 알아야 한다.

하르트만(헤겔에게) : 변증법은 단순한 발광이다![204]

197) Phenomenology, 238쪽(마음과 몸의 인과에 관하여).

198) 같은책, 291쪽－《indem das Fürsichsein als organische Lebendigkeit in beide auf gleiche Weise fällt, fällt in der That der Kausalzusammenhang zwischen ihnen hinweg》.

199) Encycl.of philos.Science, 151쪽－《Es ist kein Inhalt in der Wirkung…der nicht in der Ursache ist ; -jene Identität ist der absolute Inhalt selbst》.

200) 같은책, 153쪽 - 《dieser ganze Wechsel ist das eigene Setzen der Ursache, und nur dies ihr Setzen ist ihr Sein》.

201) W.d.Logik, II.58쪽－《nur insofern etwas den Widerspruch in sich hat bewegt es sich》.

202) 같은책, 59쪽 - 《die Bewegung ist der daseiende Widerspruch selbst》.

203) 위 613쪽과 641쪽을 참조하라.

204) 《Eine krankhafte Geistesverirrung》.E.v.Hartmann, uber die dialectische Methode, 124쪽.

다르마키르티(헤겔에게) : 당신의 변증법은 전적으로 옳다 ; 그러나 오성, 즉 구성된 개념들의 영역에서 그럴 뿐이다! 개념들은 변증법적으로 상호관련되어 있다. 실재는 의존적 기인이라는 인과 법칙에 의해 상호 관련된다. 더욱이 주체와 객체가 합체하는 궁극적 실재가 있다. 그러므로 상상된 실재(Parikalpita), 상호의존적 실재(Paratantra), 궁극적 실재(ParinişPanna)가 있다.

12. 결 론

분석의 과정에서 우리는 다양한 체계들과 다양한 시대의 많은 사상가들로부터 부분적으로 또는 전체적으로 유사한 것들을 인용했다. 그러나 그렇다고 인도의 체계가 잘 알려진 몇몇 관념들을 이따금씩 떠올리게 할 뿐인 분리된 조각들로 이루어진 잡동사니라고 결론을 내리는 것은 옳지 않다. 아마도 그 반대가 진리일 것이다. 부분들이 하나의 꽉 짜인 일반적 구도 안에 그렇게 완전하게 들어맞고 하나의 단일하고 단순한 관념으로 환원될 수 있는 다른 체계는 아마도 없을 것이다. 이 관념은 우리의 지식이 두 이질적 근원들, 즉 감성과 오성을 갖는다는 것이다. 감성은 실재의 직접적 반영이다. 오성은 실재의 간접적 반영인 개념들을 만들어낸다. 순수감성은 신선한 감각의 첫번째 순간, 순간 X일 뿐이다. 이 신선함이 사라지는 때에 지성이 〈이해하기〉 시작한다. 이해는 판단이다. 판단은 X=A인데, X는 감성이고 A는 오성(이해)이다. 추론 또는 삼단논법은 확장된 판단 X=A+A1이다. X는 이제 소전제의 주어이다. 그것은 계속 감성을 나타낸다. A+A1의 연결은 이유와 결과의 연결이다. 이유는 충분 이유 또는 3중의 이유이다. 그것은 오직 두 종류, 즉 동일성의 이유와 인과의 이유로 나누인다. 그것은 오성에 의해 만들어진 개념들의 일관성을 입증하며 대전제에서 표현된다. 그것들과 감성적 실재와의 연결은 소전제에서 표현된다. 이 부분에서 교의는 지식의 오직 두 근원들이 있다는 근본적 관념의 발전일 뿐이다.이해의 변증법적 성격이라는 교의는 동일한 근본적 관념의 더 나아간 모습인데, 왜냐하면 〈감관들과 오성〉과 동일한 〈비-변증법적 근원과 변증법적 근원〉이라는 오직 두 근원들이 있기 때문이다.

특수들의 세계인 외부의 세계와 보편들의 세계인 내부의 세계는 감관들과 오성의 두 영역에 불과하다. 특수는 〈그 자체로서의〉 사물이고 보편은 〈다른 것으로서의〉 사물이다.

그리고 마지막으로 모든 철학의 궁극적 수준까지 올라가면 우리는 감성과 오성의 차이가 다시금 변증법적이라는 것을 발견하게 된다. 그것들은 본질적으로 서로간의 부정이고, 서로 지양하여 최종적 일원론으로 흡수된다.

그러므로 동일한 오성은 1) 판단, 2) 충분 이유, 3) 추론의 이중적 원리인 동일성과 인과, 4) 보편인 내부 세계의 구성 5) 그리고 모든 개념들에 포함된 이분법과 상호 부정에서 스스로를 드러내는 특수한 기능이라고 특징지워져야 한다. 이 모든 다섯 기능들에서 오성은 항상 동일하다. 그것은 순수 감각의 모순 대당 부분이다. 디그나가가 그의 위대한 작품의 머리에 다음과 같은 격언을 실은 것은 옳았다:《단지 지식의 두 근원들, 즉 직접적인 것과 간접적인 것이 있을 뿐이다.》

디그나가의 체계는 일원론이다!

주요한 논리적 개념들

분석판단(*svabbāvānumāna*)

동일성을 통한 두 개념들의 연결을 성립시켜주는 동반의 판단(동일한 객관적 관련을 갖는 다른 두 개념들 자체의 연결이 아니다)(384, 635쪽) ; 술어는 (심리학적으로) 실제적인 사유에 포함되는 것이 아니라 논리적으로 함축되어 있다(414쪽) ; 이런 의미에서 모든 수학적 판단들은 분석적이다(399쪽 주93, 414쪽) ; 〈동일율〉, 〈관계〉, 〈범주〉 항목을 참조하라.

아비타판챠카(*avītapañcaka*)

상키야 학파의 다섯 부정 삼단논법(446쪽, 부록)

범　주(1)

명칭부여 또는 지각판단에서 야기되는 다섯 궁극적 술어들(*pañcavidba-kalpanā*)(334쪽 이하).

범　주(2)

동반의 판단에서 야기되는 세 궁극적 관계들(*avinābbāva*)(379쪽) ; 〈관계〉 항목을 참조하라.

인과관계(1)

궁극적(*pratītya-samutpāda*) 인과관계는 모든 찰나점들의 그 이전의 점들에의 기능적 의존이다(119쪽) ; 이 이론은 불교철학의 《가장 빛나는 보석》이다(197쪽) ; 인과관계는 유효성(*artba-kriyā-kāritva*)이다 ; 유효성은 존재(*sat*)와 동의어이다(197쪽) ; 실재적 또는 궁극적 존재(*paramārtba-sat*)는 유효성의 순간(*kṣaṇa*)이고, 그것은 물자체(*svalakṣaṇa*)이다(122, 205, 288쪽) ; 그것은 순수감각(*nirvikalpaka-pratyakšа*)에 상응하는 형상에 있는 요소이다 ; 인과관계의 다양성(212쪽) ; 인과관계의 무한성(212쪽) ; 의존적 기인(*pratītya-samutpāda*)의 다른 네 의미들(219쪽 이하).

인과관계(2)

은유적 인과관계는 한 현상의 다른 필연적으로 선행하는 현상에의 종속(*kālpanika-kārya-kāraṇa-bbāva*)이고 관계의 범주이다(468쪽 이하).

동형화(*sārūpya*)

1) 감각(*nirvikalpaka*)과 개념(*savikalpaka*) 사이 또는 2) 외부의 실재의 찰나점(*kṣaṇa*=*svalakṣaṇa*)과 구성된 정신적 심상(*jñāna*=*ākāra*=*pratibbāsa*=*ābbāsa*=*kalpanā*=*vikalpa*=*adbyavasāya*=*niscaya*) 사이 또는 3) 《그 자체로서의》 사물(*svalakṣaṇa*)과 현상(또는 《다른 것으로서의》 사물, *sāmānya-lakšaña*=*anya-vyāvṛtti*=*apoba*) 사이의 관계(330, 756쪽) ; 그것은 《절대적으로 유사하지 않은 사물들의 유사성》(*atyanta-vilakṣaṇānām sālakṣaṇyam*)이다(757쪽) ; 이 유사성은 비유사성의 무시(*bbeda-agraba*)에 의해서 또는 일반적 부정(*apoba*)에 의해서 산출된다(757쪽) ; 실재와 심상의 이 관계는 이중적인데, 그것은 동시에 인과관계이자 동일성이며(*tadutpatti-tatsārūpyābbyām*), 실재론자에게는 심리적으로 인과관계이고 관념론자에게는 논리적으로 동일성이다 ; 왜냐하면 감각과 개념은 동일한 것을 지시하기 때문이다 ; 순간과의 《동형화》는 순간의 《형식화》이다(*sārūpya*=*tādrūpya*=*tādātmya*)(765쪽).

모 순(*virodha*)

두 개념들의 상호적이고 완전한 배제(*paraspara-parihāra*)(604쪽) ; 또는 두 판단들(655쪽) ; 모순율은 배중율이고 이중부정이다(604쪽) ; 모순율에 종속되는 《다름》의 법칙(612쪽) ; 모순율의 다양한 공식(614쪽 이하) ; 모순의 기원(599쪽) ; 논리적 모순과 구별되는 역동적 반대(604쪽) ; 역사(618쪽) ; 자이나교도들에 의한 모순율의 부정(621, 783쪽) ; 비교(622쪽 이하).

이 환(*vyatireka=modus tollens*)

명제 또는 동반과의 상호관련(*anvaya=modus ponens*)(435, 457쪽) ; 논리적 의미를 갖는 유일한 종류의 환위(459쪽) ; 둘은 존재 그리고 비-존재로서 상호관련된다(*anvaya-vyatirekau=bhāva-abhāvau,* NBT., 797) ; 그러므로 그것은 모순율의 한 측면이다(앞과 같음) ; 삼단논법의 제 2격(461쪽) ; 삼단논법 규칙 법전의 제 2, 제 3규칙은 함께 필연적이고 보편적인 판단들을 산출한다(375, 462, 474쪽).

환 위(Conversion)

(주어와 술어의 단순한) 환위는 논리학에 쓸모가 없는데, 왜냐하면 그것은 보편적이고 필연적인 판단들을 가져오지 못하기 때문이다(458쪽 이하) ; 판단에서 주어와 술어의 논리적 위치는 고정된다(328쪽) ; 지각판단에서 이어떤 것(Hoc Aliquid)이라는 요소는 항상 주어이고 술어는 보편이다(343, 353쪽) ; 다양한 동반의 (추론적) 판단에서 주어는 항상 이유(매개념)이고 술어는 결론(대개념)이며 이 순서의 역전은 오류이다(458쪽 이하).

연 사(Copula)

오직 분석판단에서(633쪽) ; 주어와 술어를 연결하는 세 방식들(659쪽) ; 부정적 연사(589쪽 이하, 734쪽 주132).

변증법

1) 논쟁에서의 공격과 방어 기술, 논리학의 선구(510쪽)
2) 매우 교묘한 주장, 또한 부정직한 주장, 올가미, 궤변(512쪽 이하)
3) 환각의 논리(716쪽)
4) 무한과 절대의 문제를 다룰 때의 인간 마음의 자연스런 환각, 그러한 개념들의 이율배반(709쪽 주51)
5) 모든 개념에 포함되어 있는 이율배반(717쪽)
6) 오성의 이분화 과정(370쪽)
7) 사실상의 변증법, 모순율을 부정하는 자이나교도의 객관적 변증법(621, 783쪽) ; 인도의 관점으로 보면 헤겔은 그의 변증법에서 네 가지 전혀 다른 관계들을 혼동하였다(641쪽 주106).

불교 변증법(*apoba*)

서로 모순적으로 반대되는 부분들로 구성된 쌍의 항으로 모든 개념을 간주하는 방법(〈이분화〉를 참조하라) ; '예'나 '아니오'로 구성되는 모든 것들(*astināsti*)(727쪽) ; 오성 자체는 항상 부정적이며, 《다른 것으로부터》 구별하는 또는 부정하는 능력이다(685쪽 이하) ; 사물을 《그 자체로서》가 아니라 《다른 것으로서》 인식하는 방법, 명확함은 순수긍정인 감성과 대조되는 부정성이다(302, 737쪽).

이분화(*dvaidbī-karaṇa, vikalpa, apoba*)

서로 완전히 배제하는 두 부분들로 구성된 쌍이라는 방법을 통해서만 개념들을 구성할 수 있는 인간 오성의 근본적 특징(710쪽 이하) ; 오직 오성의 영역에서 태어난 《쌍둥이 형제들》(711쪽) ; 〈모순〉, 〈이환〉, 〈변증법〉을 참조하라.

오 류(Fallacy)

오류의 분류(481쪽) ; 오류는 논리적 오류로서가 아니라 각각 《애매성》 또는 《함정(chala)》으로 간주되는 언어를 통해서 작동한다(513쪽) ; 실재에 대한 오류, 또는 소전제(*asiddha*)의 오류(491쪽 이하) ; 일관성의 오류, 또는 대전제(*anaikāntika*)의 오류(499쪽) ; 거꾸로 된 이유의 오류(496쪽) ; 이율배반적 오류(504쪽) ; 다르마키르티와 그 자신의 부가에 의한 오류의 거부(506쪽) ; 대개념과의 동반과 관련되는 매개념의 모든 가능한 위치에 대한 철저한 목록인 디그나가의 《바퀴(*betu-cakra*)》(483쪽 이하) ; 불교오류체계의 역사(510쪽 이하) ; 바이쉐시카에 대한 영향(517쪽) ; 니아야학파에 대한 영향(523쪽) ; 아리스토텔레스의 「궤변적 논박」과의 비교(531쪽 이하).

동일성(*tadatmya*)

동일성의 다른 네 법칙(633쪽) ; 불교의 법칙은 두 다른 개념들을 실재의 동일한 점에 관련시킨다는 것을 의미한다(626쪽 이하) ; 개념들은 하나가 다른 하나에 포함된다는 의미에서 동일하다(380, 633쪽) ; 우리의 모든 주장들이 기초하고 있는 두 위대한 원리들중의 하나(467쪽).

환 각(*bbrānti, vibbrana*)

환각은 선험적(*mukbyā*)이거나 경험적(*prātibbāsikī*)이다(246쪽) ; 선험적 환각은 무엇보다도 무한과 절대를 다룰 때 인간의 오성이 갖는 자연적 환각(*buddber antar-upaplava*)이다(709쪽 주51) ; 그러나 그것은 또한 인간 오성의 모든 구성물에 내재하고 있다(717쪽) ; 환각의 논리는 변증법적이다(716쪽) ; 환각은 결코 감관들에 의해 생기지 않으며, 감관들은 판단할 수 없기 때문에 잘못을 범할 수 없다(249쪽) ; 환각은 항상 오성이 감각을 잘못 해석함으로써 생긴다(249쪽) ; 《비-환각적(abhanta)》이라는 특징을 감관-지각의 정의에 도입한 것은 아상가였고, 디그나가는 그것을 제외시켰고, 다르마키르티는 재도입했고, 다르모타라는 그것을 《비-지성적》, 즉 순수를 의미하는 것이라고 해석했다(247쪽 이하).

귀 납(Induction)

귀납은 예(*example, udābaraṇa*)라는 이름으로 인도의 삼단논법에 포함된다(428쪽); 디그나가에 의하면 그것은 독립된 항목이 아니고 대전제의 기초로서 대전제에 포함된다(428쪽); 귀납의 두 방법인 일치와 차이(*sādbarmya, vaidbarmya*)는 삼단논법의 명제와 이환의 두 격에 상응한다(434쪽); 귀납은 연역과 불가분의 관계이다(455쪽); 추론에서 귀납의 부분은 세밀하게 살피지 않으면 거의 인식되지 않는다(455쪽).

추 론(*svārtba-anumāna*)

표시에 의한 대상의 인식(356쪽); 추론은 지각판단의 외연이다(356쪽); 추론의 공식은 《X=B, 왜냐하면 그것은 A이기 때문이다》, 여기에서 X는 지각판단에서와 마찬가지로 동일한 주어이고, B와 A는 이유와 결론과 관계되는 두 술어들이다(356쪽); 추론은 세 개념들을 갖는다(358쪽); 주어는 소개념이고 항상 《이것》이라는 요소이다(357쪽); 그것은 풍부한 현상들에 의해서 은유적으로 대체될 수 있다(359쪽); 추론적 술어는 추론에서 인식되는 대로의 것이다(360쪽 이하); 〈이유〉를 참조하라; 추론에 대한 다양한 정의(362쪽); 추론은 오직 보편을 인식한다(362쪽); 그것은 본질적으로 하나의 (추론적) 인식이지 (명제들의 집합이 아니다)(365쪽); 추론은 실재에 대한 인식이라기 보다는 일관성에 대한 인식이다(367쪽 이하), 〈관계〉를 참조하라.

순간적 존재(*kšaṅikatva*)

모든 불교 체계가 《단번에(eka-praharenaeva)》 수립되는 근본적 교의(139

쪽) ; 궁극적 실재는 순간적이고 활동적이다(142쪽) ; 그것은 보편적 흐름이다(143쪽) ; 실재하는 것은 오직 유효성의 순간이다(141쪽) ; 이것을 입증하는 논의들(144쪽 이하) ; 이 유일한 실재적 순간에 존재는 비-존재를 수반하며, 《순간적 사물은 그 자체의 소멸을 표상한다》(161쪽) ; 찰나점만이 비-구성적이며 궁극적으로 실재적이다(177쪽) ; 미분(179쪽) ; 역사(180쪽) ; 비교(189쪽) ; [실재], 〔[인과관계], [물자체]〕를 참조하라.

내 성(*sva-samvedana*)

의식은 항상 자기-의식이다(259쪽) ; 디그나가는 모든 실재론 학파의 견해와 소승불교에 널리 퍼진 견해를 반대한다(263쪽).

판단(1) ; **지각판단**(*adbyavasāya*=*vikalpa*=*niščaya*)

외부의 실재의 찰나점과 구성된 심상, 또는 개념과의 동일화에 관한 오성의 결정(327쪽) ; 그 형식, 《이것은 암소이다》(327쪽) ; 지각판단의 주어는 항상 《이것》이라는 요소이고, 술어는 항상 보편이다(328, 343쪽) ; 공식은 X=A, 여기에서 X는 순수감각이고 A는 개념 또는 심상이다(328쪽) ; 그것은 《절대적으로 비유사한 사물들 사이에 유사성을》 성립시킨다(151쪽) ; 이 사실은 《동형화(sarupya)》라고 불리운다 ; 참된 판단은 지각판단이다(350쪽 이하) ; 종합으로서의 판단(330쪽) ; 분석으로서의 판단(338쪽) ; 외부의 세계로 심상을 필연적으로 투영하는 것으로서의 판단(341쪽) ; 명칭부여로서의 판단(332쪽) ; 역사(344쪽) ; 비교(348쪽).

판단(2) ; **(추론적) 동반의 판단**(*vyāpti*)

두 (분석적) 개념들 사이의, 또는 (종합적, 인과적) 사실들 사이의 판단(348쪽).

칼파나(*kalpana*)

정리, 구성, 생산적 상상력, 술어, 범주(*pañcavidba-kalpanā*), 이분법(*vi-kalpa*)(338쪽 이하) 등등.

운 동(*kriyā*)

운동은 불연속적이다(166쪽).

부 정(Negation)

부정은 이중적인데, 부존(ατέρηαιξ=*anupalabdbi*)이거나 반대(ένaντιότηξ =*virodha*)이다(685쪽) ; 전자는 비-지각의 판단이다(545쪽) ; 후자는 모든 개념이나 이름의 구별 또는 정의(*pariccbitti*=*vyavaccbitti*)에 있다(677쪽) ; 감관-지각은 결코 부정적이 아니고, 감각은 항상 긍정이다(301, 735쪽) ; 부정은 항상 간접적 인식 또는 추론이다(549쪽) ; 부정은 빈 공간에 대한 직접적 인식이며 거기에서의 상상적 현존을 부정된 대상으로 거부하는 것이다(545쪽) ; 이 견해와 지그바르트의 이론 사이의 일치(584쪽) ; 단순한 부정(*svabbāvānupalabdbi*)과 연역적 부정(*kāryādi-anupalabdbi*)(554쪽 이하) ; 연역적 부정의 10격(562쪽) ; 단순한 부정으로 환원될 수 있는 모든 것(572쪽) ; 이 부정은 오직 감성(*sensibilia*)과 관련된다(572쪽) ; 형이상학적 대상들의 부정불가능(575쪽) ; 모든 이름, 판단, 그리고 오성 자체에 내재하는 부정(685쪽, 〈변증법〉을 참조하라) ; 역사(579쪽) ; 비교(584쪽).

팍샤-다르마타(Pakṣa-dbarmatā)

삼단논법의 두 번째(적용) 명제, 소전제와 결론의 결합(426쪽).

특수(=특수한 대상, *svalaksaṇa*) 물자체(the Thing-in-Itself)

지 각(=감관-지각, *pratyakṣa*)

우리의 지식(*pramaṇa*)의 두 근원들중의 하나, 그것은 순수감각(*nirvikalpaka*)이다(239쪽) ; 순수감각의 실재(241, 281쪽) ; 네 종류의 직접 직관(256쪽) ; 역사(268쪽) ; 비교(275쪽) ; 사비칼파카(*savikalpaka*), 《이것은 암소이다(so'yam gauh)》라는 형식의 지각판단.

실 재(*vastu*=*sat*=*paramārtbasat*=*artba*=*dravya*=*dbarma*)

1) 소승불교에서 모든 합성된 것의 비실재(관념)와 대비되는 요소들의 실재 ;

2) 중관학파에서 모든 요소들의 비실재성(상대성)과 대비되는 궁극적 전체의 실재 ;

3) 상상력의 모든 구성물들(외부의 실재)의 비실재(관념)와 대비되는, 순수감각에 상응하는 것, 즉 물자체의 실재(122, 141, 749쪽 이하).

이 하(*betu*=*linga*=*sādbana*)

모든 주장의 요점, 매개념, 또는 중심점(361, 371, 380쪽) ; 우리의 모든 주장들은 두 커다란 원리(이유)에 근거하고 있는데, 그것은 동일성과 인과관계(*tādātmya-tadutpatti*)이다(380, 467쪽) ; 완전한 논리적 이유는 23(*tri-ru-pa*)개인데, 그것은 세 개의 형식적 조건들을 갖는다(그것은 또한 삼단논법규칙의 법전을 나타낸다)(373쪽) ; 그리고 그것은 내용적으로 3중적이며 동일성이나 또는 인과관계 또는 부정에 기초하고 있다(380, 421, 433쪽 ; 이유는 a) 유사한 경우들에서만의 현존, b) 비유사한 경우들에서는 전혀, 그리고 c) 주어에서 전적으로 라는 세 형식적 조건들을 충족시킨다면 《충분하다》, 즉 필연적(*niščita*)이다(373-4쪽) ; 한 규칙에 대한 또는 동시에 한 쌍의 규칙에 대한 위반은 상응하는 오류를 수반한다(482쪽) ; 유사한 경우와 비유사한 경우 사이에는 오직 9개의 가능한 이유의 위치들이 있다(485쪽 도표) ; 이 충분한, 또는 필연적인 이유(부정 제외)는 동일성(동일한 관련) 또는 인과관계(비-동일적, 그러나 독립적 관련)로 구분되며, 제 3의 가능성은 없다(380, 468쪽) ; 상응하는 (추론적) 판단들은 분석적이거나 종합적이다(383쪽).

관 계(*sambandba saṃsarga*)

관계는 관계된 것들 이외에 본질적으로 실재적인 아무것도 나타내지 않는다(376쪽) ; 시간과 공간 속에서의 관계는 생산적 상상력에 의해 구성된다(144쪽 이하) ; 필연적 의존(*avinābbāva-niyama*)의 관계(378쪽) ; 수학적, 역동적 관계(416쪽 주) ; 의존적 부분과 그것이 필연적으로 의존하는 부분이 항상 있다(380쪽) ; 의존적인 부분은 이유(《충분한》, 필연적인, 또는 매개념)이고, 그것이 의존하는 부분은 결론(필연적 술어 또는 대개념)이다(380쪽) ; 보편적 관계, 필연적 관계라는 오직 두 종류의 관계가 있는데, 그것은 동일한 실재(*tādātmya*)와 관련되는 관념들의 관계이거나, 또는 인과관계(*tadutputti*)라고 불리는, 사실들 사이의 관계이다(380-1쪽) ; 그것들은 각각 분석적(수학적, 논리적) 연역(*svabbāvānumāna*)과 종합적(인과적, 역동적) 추론(*kāryā numāna*)을 산출한다(383쪽 이하) ; 이 관계 목록 철저하다(391쪽) ; 〈범주(2)〉, 〈분석 종합 판단〉을 참조하라.

지식의 근원(*pramāṇa*)

직접적 근원 또는 감성과 간접적 근원 또는 오성이라는 오직 두 개의 근원이 있다(125, 237, 364, 409쪽) ; 그것들이 상호배제하는 (논리적) 관계(상동) ; 그것들의 불가분리성(278쪽) ; 감성의 요소없는 오성은 공허하고 오성의 작용없는 지식은 맹목이다(279, 328쪽).

공 간(*dīs, ākāša*)(=연장, *vitāna, stbaula*)

생산적 상상력의 구성(146쪽).

충분이유(*pramāṇa-viniščaya*=*hetu*)

모든 논의의 보편법칙(470쪽) ; 이는 두 커다란 원리, 동일성과 인과관계(*tādātmya-tadutpatti*)에 기초하고 있다(467쪽).

삼단논법(*parārtbānumāna*)

추론을 언어로 표현한 것(419쪽) ; 삼단논법은 일반명제와 적용명제라는 두 명제들로 구성된다(424쪽) ; 일반명제 또는 대명제는 두 개념들 사이의 불가분적 연결(*avinābbāva*=*vyāpti*)을 표현한다 ; 적용명제 또는 소명제(*pakṣa-dbarmatā*)는 일반법칙을 실재의 특수점에 관련시키는 것을 표현하는데, 그것은 사실상 지각판단이다(426쪽) ; 결론 또는 테제에 대해 따로따로 언급하는 것은 쓸모없다(427쪽) ; 예(귀납)는 독립항이 아니다(428쪽) ; 삼단논법의 격은 오직 두 가지이다(431, 460쪽) ; 다른 모든 아리스토텔레스의 격들은 잘못된 교묘함이다(467쪽) ; 대전제는 동반(=명제) 또는 이환(*anvaya-vyatireka*)을 나타내며, 그것은 가정적(조건적) 판단이다(474쪽) ; 삼단논법의 두 격은 반가언삼단논법의 긍정논법과 부정논법이다(431, 462쪽) ; 상키야 학파가 아마도 부정논법에 최초로 호소했을 것이다(445쪽, 〈부록〉 참조) ; 아비타-판챠카(*avita-pancaka*)(446쪽) ; 이 두 격은 둘 다 귀납법의 두 주요한 방법, 즉 일치의 방법과 차이의 방법에 상응한다(434, 452쪽) ; 이환의 가치(457쪽) ; 인과적 삼단논법(467쪽).

종 합(*samavadbāna*=*ekīkaraṇa*=*kalpanā*=*vikalpa*)

종합은 이중적인데, 1) 한 개념 안에서의 다양한 직관의 종합과, 2) 두 개념들의 종합이다(410쪽) ; 한 개념에서의 감지와 재인식의 종합(*vitarka, vicāra*), 오성의 첫 두 단계(325쪽).

종합판단(*kāryānumāna*)

두 사실들 사이의 필연적 의존에 대한 판단—이 상호의존은 인과관계이다(383, 392쪽).

물자체(*sva-lakšaña*)

엄격하게 있는 그대로의 사물로서 《다른 것으로서의》 사물이 아니고 《조금의 다름도 포함하지 않는》 사물(*aṇīyasāpti na aṃsena aparātmakam*)이다(285쪽) ; (논리적 영역에서의) 궁극적 실재(288쪽) ; 그것은 초월적이다(285쪽) ; 절대적 특수(285쪽) ; 하나의 심상으로 표상불가능하며 언표불가능하다(291쪽) ; 유효한 찰나점(297쪽) ; 단자 원자와의 관계(298쪽) ; 그것은 역동적이다(296쪽) ; 생생한 심상을 산출한다(293쪽) ; 그것은 논리학에서 순수긍정(*vidbi-svarūpa*)에 상응한다(301쪽) ; 아리스토텔레스의 제1실체, 이어떤 것과의 관계(309쪽) ; 헤르바르트의 《절대명제》와의 관계(315쪽) ; 칸트의 물자체와의 관계(312쪽) ; 칸트의 정의 《현상에서 (순수)감각에 상응하는 것이 물자체로서의 모든 대상들의 초월적 사실(Reality, Sachheit)을 구성한다》와의 일치(313쪽).

시 간

지속(*stūla-kāla, stbiratva*)으로서의 시간, 오직 찰나점으로서 실재적인(*kšaña*=*svalakšaña*) 생산적 상상력의 구성.

오 성(*kalpanā, vikalpa, buddbi, nīscaya*)

감각이 아닌 지식의 근원(237쪽) ; 간접적 인식, 사유-구성, 생산적 상상력, 판단, 추론, 종합(여러가지의 한 개념에의 종합이건 두 개념들의 한 동반판단에의 종합이건 간에), 사유의 세 법칙, 즉 모순, 동일성, 인과적 연역을 포괄하는 명칭, 지식의 변증법적 근원, 본래 있는 그대로의 대상에 대한 인식이 아닌 《다른 것으로서의》 대상에 대한 인식(805쪽) 등.

보 편(*sāmānya-lakṣaṇa*)

실재론자들에 의하면 보편은 단일성, 영원성, 그리고 류(class)의 모든 특수에서의 내속(*ekatva-nityatva-ekasamavetatva*)을 가지며, 디그나가에 의하면 보편은 단순한 개념(*saṃjñā-mātra*), 단순한 부정(*apoba*)이며, 이름들은 항상 부정적이다(672쪽 이하) ; 보편은 《절대적으로 비유사한 사물들 사이의 유사성》이다(2권 〈부록〉 5, 6장, 340, 7) ; 실재적인 것은 특수이고, 거기에는 조금의 공통적 또는 일반적 내용도 없다(665쪽) ; 공통적 내용의 실재는 행동의 유사성에 의해 대체된다(665쪽) ; 외부의 실재의 유효한 찰나점은 첫 순간에 생생하고 특수한 심상을 일으키며, 생생함이 사라지는 만큼 모호하고 일반적으로 된다(293, 681쪽) ; 그러므로 개념과 부정으로 해석될 때 보편이 논리적 단일성, 논리적 안정성(영원성), 그리고 특수에서의 내속을 갖는다는 것은 납득할 만하다(707쪽) ; 특수는 《자체로서의》 사물이고, 보편은 (헤겔에서처럼) 《다른 것으로서의》 사물이다(718－9쪽).

부 록

우이(Ui)교수는 텐다이 대학에서 최근 출판한 저서에서 중국 자료들[1]의 확실성을 다루었는데, 거기에서 그는 세-측면의 논리적 이유가 바수반두에 앞서 상키야 학파와 나야사우마스(Madhyantanusara-sastra)[2]에 의해 도입되었다고 입증하였다. 앞서 언급한대로[3] 실제로 상키야 학파에 기인하는 것은 다섯 부정논법(avita-hetus)의 법전인 반가언적 삼단논법의 부정논법에 속한다고 생각되는 특별히 입증하는 힘이다. 이 삼단논법에서 소전제는 아무 것도 아니지만, 이유의 첫 번째 측면과 대전제가 두 번째의 이환인 세 번째 측면과 상응한다는 것은 사실이다. 사실상 반가언적 삼단논법은 세 측면들의 존재를 전제하고 있다. 디그나가의 입장의 독창성은 두 번째와 세 번째 측면을 등가로 취급한 점에 있다. 이런 기반 위에서 디그나가는 부정논법이 독립적 증명 방법이 아니라고 생각한 상키야 학파와 의견을 달리한다(N. Muka, 번역 21쪽 참조). 이 변화가 의미하는 큰 중요성은 디그나가의 변증법에서 드러난다.[4] 반가언적 삼단논법, 명제와 이환, 이유의 세 측면들의 도입은 아마도 상키야에 기인할 것이다. 그러나 그 전체 이론의 인식론적 중요성, 디그나가의 논리학에서의 위치는 그럼에도 불구하고 니아야 학파가 항상 주장하듯이 바로 디그나가 자신에 의해서만 확립되었으며, 나는 이 책의 독자들이 그것을 인식하는데 실패하지 않기를 바란다.

---

1) 『Madhyantanusara-sastra』. 티베트에는 알려지지 않았고, 용수와 아상가(?)에 의해 구성되고 동위(Eastern Wei)의 고타마 프라즈냐류치에 의해 543년에 번역되었다고 말해지는 책(B. Nanjio, No. 1246).

2) Tucci, Pre-Dignage Texts, 29쪽 주 참조.

3) 위 445쪽 참조.

4) 그것은 아리스토텔레스의 삼단논법보다는 스토아학파에 의해 개발된 삼단논법에 더 가깝지만, 스토아학파의 삼단논법은 디그나가와 동일한 결론을 이끌어 내지는 않는다.

보 유

(61쪽 주190) 용수의 여섯 진본 저작에 대해서는 나의 『열반』 66쪽 이외에도 E. Obermiller, Buston trans., 51쪽, 그리고 동일한 저자의 The Doctrine of Prajnaparamita(Reprint from Acta Orient., vol. 10, 51쪽) 참조. Vaidalyaprakana는 분명 위작이다.

(80쪽 주226) 나의 친구 올덴버그(S. Oldenberg)는 고 훌쯔쉬(Hultzsch) 교수가 이미 ZDMG(1915), 69권 279쪽에서 슈타인 경(Sir A. Stein)의 Rajatarangini 번역의 오류를 바로잡으려는 시도를 했었다는 점을 상기시켜 주었다.

(427쪽 셋째줄) 더 정확한 공식 : R은 P 《이거나(와 동일하거나)》 P《이다(에 의해 산출된다)》: 그러므로 S는 R+P 《이다(를 포함한다)》: 《이다》의 세 의미를 참조하라(441쪽).

(528쪽 도표) 논리적 오류에 대한 옛 니아야 체계에 대해서는 이제 터치 교수의 매우 흥미있는 개관을 참조하라 : Tucci, Pre-Dignaga Texts, 20쪽.

옮기고 나서

일천구백팔십구년 여름에 시작했던 작업을 이제야 끝마치게 되니 시원하기 그지없다. 다른 책을 번역했더라면 몇 배나 되는 분량을 번역하고도 남을 시간을 이 책의 번역에 투자하였다. 번역하면서 가장 어려웠던 점은, 오자와 탈자가 심심치 않게 튀어나왔을 뿐만 아니라, 무엇보다도 저자가 러시아 사람으로서 영어로 저술을 한 탓에 그야말로 '러시아식' 영어를 구사하고 있었다는 점이다. 예를 들어 영어에서 관용구로 쓰이는 말들에도 저자는 한 낱말마다 모두 의미를 부여해서 쓰고 있었다(사실 이런 것을 알게 된 것조차도 번역을 한참이나 진행한 뒤의 일이었다). 그래서 옮긴이는 저자의 표현을 바로 잡아가면서 번역을 할 수밖에 없었는데, 그러다가 제대로 되어있는 원문을 잘못 번역할 수도 있다는 중압감에 내내 시달렸다. 그 어려움이야 비슷한 경험을 해보지 않은 사람이 어찌 알랴!

그럼에도 불구하고 옮긴이가 이 번역이 완벽하게 되었다고 주장하는 것은 아니다. 징검다리를 만드는데 맨 앞에 돌 하나를 놓는다는 심정으로 작업을 하였다. 이 번역이 기초가 되어 후일에 더 나은 번역이 나올 수 있을 것이다. 옮긴이로서는 짧은 실력을 가지고 머리가 하얗게 되도록 고민했다는 말밖에 할 수 없다.

번역을 하면서 세웠던 원칙은 불교나 논리학을 잘 모르는 일반 독자도 이해할 수 있도록 〈가능한한〉 불교나 논리학 용어를 줄이고 일반 용어를 써서 번역한다는 것이었다. 이 점에서 불교나 논리학을 전공하는 독자들에게는 오히려 더 어색하게 여겨지는 번역이 있을지도 모르겠다. 그러나 옮긴이는 한 사람의 독자라도 더 쉽게 읽을 수 있도록 번역해야 하는 것이 옮긴이의 책임이라는 것을 믿어 의심하지 않는다.

6년 동안 이 책의 번역에 매달리면서 옮긴이가 의지했던 것은 다음과 같은 한 마디였다.

"문화가 한 차원 더 성숙해지기 위해서는 번역이 필수적이다."

일천구백구십오년 삼월 십구일

석가산 아래 석가샘 옆에서

옮긴이 임 옥균은 쓰다.

옮긴이 임 옥 균

성균관대학교 대학원 동양철학과 수료(철학박사)
성균관 한림원 수료(한문연수)
성균관대학교 유학대학 동양철학과 강사
현재 서일전문대학 교수

논문 :
대진철학에 나타난 '주자학적 사유'의 비판에 관한 연구(외)
번역 :
중화의 지혜(민족사, 1991, 공역) 외

불교 논리학 2

지은이 — 테오도르 체르바츠키
옮긴이 — 임 옥 균
펴낸이 — 이 규 택

佛紀 2539年(1995) 12月 30日 初 版 1刷 發行
佛紀 2549年(2005) 3月 10日 初 版 3刷 發行
佛紀 2555年(2011) 2月 10日 初 版 4刷 發行
佛紀 2565年(2021) 2月 25日 初 版 5刷 發行

© 펴낸곳 — 經 書 院
주 소 — 110-170
서울・鍾路區 堅志洞 55-2
登錄 1980. 7. 22. 제1-37호
☎ 편 집 (02) 733-3345
☎ 영 업 733-3346
☎ FAX (02) 722-7787

ISBN 978-89-92062-03-9
※ 파본은 바꾸어 드립니다.
값 33,,000 원